디지털 사회의
기본가치

디지털 사회의 기본가치

2023년 6월 10일 초판1쇄 인쇄
2023년 6월 15일 초판1쇄 발행

엮은이 김상배·안태현
지은이 김상배·표광민·이원경·유지연·김도승·윤정현·안태현·백욱인·송경재·송태은·유인태

편집 김천희
디자인 김진운
마케팅 김현주

펴낸이 권현준
펴낸곳 ㈜사회평론아카데미
등록번호 2013-000247(2013년 8월 23일)
전화 02-326-1545
팩스 02-326-1626
주소 03993 서울특별시 마포구 월드컵북로6길 56
이메일 academy@spayoung.com
홈페이지 www.sapyoung.com

ISBN 979-11-6707-106-4 93340

* 본 연구는 과학기술정보통신부 및 정보통신기획평가원의 정보통신·방송 연구개발사업의 일환으로 수행하였음.
[방송통신정책연구(2021-0-02161), 디지털 사회에서 국민이 기본적으로 누려야 할 가치에 대한 연구]
This work was supported by the ICT R&D program of MSIT/IITP.
[2021-0-02161, A Study of the Fundamental Values That Should be Shared by All Citizens in a Digital Society]

디지털 사회의 기본가치

김상배 안태현 엮음

김상배 표광민 이원경 유지연 김도승 윤정현
안태현 백욱인 송경재 송태은 유인태 지음

사회평론아카데미

차례

총론　　　**디지털 사회의 기본가치** _ 김상배　　　　　　　　　007

제1부 ｜ 근본가치

제1장　　**존엄** Dignity _ 표광민　　　　　　　　　067
제2장　　**자유** Freedom _ 이원경　　　　　　　　　101
제3장　　**평등** Equality _ 유지연　　　　　　　　　129
제4장　　**정의** Justice _ 김도승　　　　　　　　　157

제2부 ｜ 실행가치

제5장　　**안전** Safety _ 윤정현　　　　　　　　　191
제6장　　**교육** Education _ 안태현　　　　　　　　　231
제7장　　**노동** Labour _ 백욱인　　　　　　　　　259

제3부 | 구현가치

제8장   **민주** Democracy _ 송경재   295

제9장   **평화** Peace _ 송태은   349

제10장 **지속가능성** Sustainability _ 유인태   383

저자 소개   434

찾아보기   438

총론
디지털 사회의 기본가치

김상배
서울대학교 정치외교학부

I 머리말

1 연구의 목적과 필요성

사회 전반에 디지털 기술의 혜택이 미치면서 우리 삶의 많은 부분에서 디지털 변수가 일상화되는 사회, 이른바 디지털 사회가 도래했다. 기술혁신과 경제발전 등의 양적인 기준을 넘어서 정치사회적 차원에서 디지털 기술의 개발 및 발전 방향에 대한 논의가 진행되는 가운데 디지털 사회 전반이 지향할 우리의 삶에 대한 근본적 고민의 필요성이 제기된다. 특히 디지털 사회의 도래가 본격화되고 있는 현실에서 국민이 기본적으로 누려야 할 권리와 존엄 및 가치에 대한 논의의 필요성도 제기된다. 기존에 법학적 관점에서 디지털 기본권에 대해 문제제기가 있었고, 최근에는 사회학적 관점에서 '사회적 가치'에 대한 문제제기가 있으나, 디지털 전환의 시대를 열어갈 철학적, 사상적, 이론적, 개념적 기반을 모색하는 관점에서 디지털 사회의 기본가치를 본격적으로 고찰한 연구는 부재한 상황이다.

디지털은 자율성, 다양성, 창의성 등의 가치를 실현하면서 사회 제 영역에 영향력을 미쳐 왔으며, 이러한 영향력과 잠재력은 디지털 기술로 인해 더욱 확장되고 광범위하게 작용할 것으로 전망되고 있다. 그러나 다른 한편으로는 디지털 사회의 도래에 따른 가치 충돌과 사회 역기능이 증폭될 것으로 우려되고 있어 이들 가치의 관계에 대해서 성찰이 필요하다. 이러한 맥락에서 제기하는 '디지털 사회에서 국민이 기본적으로 누려야 할 가치'란 미래 과학기술 및 사회발전 방향의 바탕이 되거나 발전을 위한 중요한 기준이 되어야 할 가치를 의미한다. 다시 말해, 아무리 디지털 사회가 발달하더라도 기술발달의 트렌드에 휩쓸리지 않고 국민이 당연히 누려야 할 가치를 의미하며, 이는 향후 무분별한 디지털 기술의 개발과 적용에서 발생할 문제점들을 성찰하는 플랫폼의 역할을 할 것이다. 이러한 문제의식을 바탕으로 이 연구는 디지털 사회의 기본가치 개념의 본질과 디지털 전환으로 변화하는 가치의 중첩적·양면적 특성을 분석하고 미래방향을 전망함으로써 중장기적인 사회발전 전략 수립에 기여하고자 한다.

이 연구의 목적은 개인과 공동체 삶을 정치, 사회, 경제, 과학, 기술의 관점에서 고찰함으로써, 변화하는 시대를 구성하는 본질적 양상과 핵심적 가치를 도출하는 데 있다. 디지털 사회의 구조와 작동방식을 설명하는 개념과 원칙을 이론적, 사상적으로 검토하는 한편, 국민이 기본적으로 향유하고 요구할 수 있는 권리와 혜택을 체계적으로 논의한다. 디지털 기술과 인간의 생활이 광범위하고 복잡하게 연계되어 가는 현실에 대한 기술과학적 분석과 인문사회적 통찰을 결합하려고 시도하였다. 디지털 전환을 이끌고 맞이하는 우리의 삶에서 디지털 기술 발전으로 인해 실현되거나 기대되는 이로움과 가치를 포괄적으로 탐구하는 학제 간 연구를 수행하였다.

디지털 강국이자 중견국middle power으로서 한국이 처해 있는 국내외적 역량과 처지는 기존 연구와는 맥을 달리하여 새로이 디지털 사회의 기본가치와 원칙에 대한 고민을 펼쳐야 할 필요성을 제기한다. 디지털 강국의 양적 성과를 넘어서, 그리고 개도국으로서의 국제적 위상을 넘어서 한국은 포스트 디지털 전환 시대의 가치에 대한 고민을 어떻게 펼칠 것인가? 즉 기술의 문제를 넘어서 이를 포괄하는 정치, 경제, 사회 가치의 내용과 방향을 어떻게 설정할 것인가?

지난 수십 년 동안 한국은 디지털 기술의 발전에 힘입어 단기간에 급속한 경제발전을 이루어냈으며, 현재 선진국의 수준을 넘어 지속적 발전을 이루기 위한 발판을 마련하는 중요한 시점에 도달했다. 디지털 기술은 경상수지 흑자와 경제성장을 촉진하는 동인으로 결정적 역할을 수행했으며, 이러한 과정에서 디지털 기술 정책은 다양한 가치, 예를 들어 경제성장, 국력제고, 효율성, 삶의 질, 녹색성장 등 다양한 범위를 포괄하는 키워드를 중심으로 수립되어 왔다. 또한 고도성장기 '경제적 가치'의 화두와 함께 민주화 시기엔 민주주의로 대표되는 '정치적 가치'를 추구해 왔다. 그러나 민주화 이후에도 정치에 대한 냉소는 위험수위에 처해 있는 상황이다. 이러한 맥락에서 '사회적 가치'에 대한 논의를 포함한 사회 전반의 가치, 그것도 빠르게 전개되는 디지털 사회를 전제로 한 새로운 가치에 대한 고민이 절실히 필요하다. 이러한 새로운 기본가치를 높이지 않고는 한국의 미래 성장도 어려울 뿐만 아니라 양적 성장을 이루더라도 내적으로 취약한 사회를 창출할 우려가 있다.

이러한 맥락에서 이 연구는 미래지향적 시각에서 한국이 모색할 디지털 사회의 기본가치가 무엇인지, 그리고 그것이 이 시대에 왜 쟁점이 되는

지에 대하여 거시적·이론적·체계론적 논의를 진행하였다. 이를 위해서는 한국에서 미래 디지털 기본가치가 중요한 이슈로 제기된 맥락으로 시대적 전환의 성격을 이해해야 할 것이며, 그동안 성공적으로 진행된 산업화와 민주화 이후, 왜 한국이 중대한 시대적 전환기에 들어섰음에도 어떤 가치를 지향할지에 대한 방향감각을 잃었는지에 대한 진단이 필요하다. 새로운 가치의 모색이 시대적 화두가 되었음에도 아직 학계와 정책 현장에서는 새로운 가치의 내용과 의미가 무엇인지, 왜 중요한지에 대한 연구, 그리고 구체적으로 디지털 기술을 통해 어떻게 사회를 이롭게 할 수 있을지 등에 대한 논의가 충분하지 않다. 이러한 맥락에서 이 연구는 이러한 이해와 진단을 디지털 사회의 10대 기본가치라는 개념적 렌즈를 통해서 시도하였다.

이 연구의 문제제기는 글로벌 어젠다로 이미 부상한 디지털 사회의 기본가치에 대한 연구와 맥을 같이한다. 예를 들어, 2020년 "디지털 협력을 위한 로드맵"이라는 제목으로 발간된 유엔사무총장 보고서는 4차 산업혁명의 빠른 변화가 가져올 혜택에 대한 기대와 함께 이러한 변화가 야기할 디지털 역기능에 대한 신랄한 지적을 가하고 있으며, 그 연속선상에서 새로운 가치 설정의 필요성을 제기하였다. 4차 산업혁명 시대 기술혁신은 우리 사회가 직면한 다양한 문제를 해결할 수 있는 실마리가 될 수 있으며, 4차 산업혁명 시대의 기반 기술은 사회적 가치 실현의 촉매제enabler로 주목을 받고 있다고 지적하였다.

그러나 디지털 기술 도입의 부작용도 최근 다양한 분야에서 두드러진다고 지적하면서 다음과 같은 일곱 가지 문제점을 거론하였다. ① 소셜 미디어 오용과 가짜뉴스 및 인종차별 정보 확산 및 데이터 침해 행위, ② 세계보건기구WHO를 비롯한 병원 및 제약 연구소를 대상으로 한 사이버 공격, ③ 감시기술과 개인의 프라이버시 및 권리 보호 간 균형 파괴, ④ 불균등한 디지털 접근성의 문제점과 글로벌 차원의 디지털 격차, ⑤ 디지털 기술 발전이 야기하는 환경과 생태계 파괴, ⑥ 온라인상 벌어지는 아동 대상 성 학대와 착취, ⑦ 디지털 기술 거버넌스 구축의 시급성 등이 그것이다.

글로벌 차원의 문제제기라는 시각에서 보아도, 한국도 국내적 차원의 미래 디지털 사회에서 모색할 기본가치에 대한 고민을 진행해야 할 것이며, 국제적 차원에서도 디지털 협력을 위한 로드맵에 동참한다는 차원에서 적극적인 대응이 필요하다. 디지털 강국인 동시에 글로벌 중견국으로 성장한 국력의 위상에 걸맞은 디지털 정책의 국내외적 추진을 위해서 미래 디지털 사회에 국민과 인류가 누려야 할 기본적 가치에 대한 연구는 시급히 필요한 실정이다.

2 국내외 연구동향

2010년대 들어 세계 유수의 포럼과 국제기구 등은 디지털 사회에 모색해야 할 기본가치에 대한 보고서와 선언 등을 제시하였다. 그중에서 몇 가지 대표적인 사례를 들면 아래와 같다.

- 2012년, 유럽의회는 '유럽연합 기본권 헌장The Charter of Fundamental Rights of the European Union'을 선언하였다. 이 헌장에는 6개의 기본개념이 제시되었는데, 존엄dignity, 자유freedoms, 형평equality, 연대solidarity, 시민권citizen's rights, 정의justice 등이 그것이다.
- 2018년 7월, 유엔 사무총장은 디지털 기술 분야 다중이해당사자 간

협력 촉진 방안을 도출하기 위해 디지털 협력에 관한 고위급 패널을 구성하였다.

- 2019년 6월, 고위급 패널은 '디지털 상호의존의 시대The Age of Digital Interdependence'라는 제목의 최종 보고서를 제출했다. 디지털 기술 사용 최적화와 리스크 완화를 끌어내기 위한 국제사회의 협력 방안에 대하여 다섯 가지 권고사항을 제시하였다. ① 포용적인 디지털 경제 및 사회 구축, ② 인적 및 제도적 역량 강화, ③ 인권과 인간 자율성 보호, ④ 디지털 신뢰, 안보 및 안정성 촉진, ⑤ 글로벌 디지털 협력 증진 등이 그것이다.

- 2018년 12월, 세계경제포럼The World Economic Forum, WEF은 "Our Shared Digital Future Building an Inclusive, Trustworthy and Sustainable Digital Society"라는 제목의 보고서를 통해서 디지털 사회가 추구할 6개 목표를 제시하였다. ① Leave No Person Behind, ② Empower Users through Good Digital Identities, ③ Make Business Work for People, ④ Keep Everyone Safe and Secure, ⑤ Build New Rules for a New Game, ⑥ Break through the Data Barrier 등이 그것이다.

- 2019년 OECD는 "Going Digital: Shaping Policies, Improving Lives"라는 제목의 보고서를 발간했다. 이 보고서는 정부, 시민, 기업, 이해당사자들이 추구할 정책적 차원으로서 7개 항목을 제시했다. 접근성access, 활용use, 혁신innovation, 일자리jobs, 사회society, 신뢰trust, 시장 개방성market openness 등이 그것이다.

이들 보고서와 선언문 작업은 문제제기의 의미가 크나, 해당 기구의 업무와 관련된 연속선상에서 파악되는 디지털 사회의 기본가치에 대한 나열적 작업이었으며, 이들 아이템의 선정과 검토가 심도 있는 철학적 성찰이나 사상·이론적 기반을 바탕으로 하고 있지는 않다. 2020년대에 접어든 세계의 현실은 그동안 축적된 문제제기를 바탕으로 좀 더 체계적이고도 구체적이며 실천적 함의를 지닌 디지털 가치에 대한 논의를 요구하고 있다.

국내에서 디지털 사회의 기본적 가치 또는 권리에 대한 기존 연구는 헌법·법률 연구적 측면에서 디지털 기본권에 대해 진행되었다(김주영 2018; 손형섭 2018; 장철준 2019; 정세은 2018; 정재도 2020; 조인성 2014; 홍선기 2020; 황성기 2018). 기본권리와 그 기저에 깔린 규범 및 가치에 대한 연구는 법학의 학문적 어젠다라는 점에서 현재도 관련 연구는 매우 광범위하게 진행되고 있다고 볼 수 있다. 그러나 헌법·법률적 의미를 넘어서는 디지털 전환이라는 새로운 시대를 살아가는 사람들에게 필요한 기본적 권리에 대한 연구가 부재한 상황이다. 다시 말해 구체적인 의미의 권리 개념에서 접근한 디지털 시대의 기본가치보다는 좀 더 넓은 의미에서 본 정치·경제·사회·문화적 삶을 영유라는 차원에서 기본가치를 설정하고 연구할 필요성이 제기된다.

최근 사회학계에서 진행되고 있는 '사회적 가치'에 대한 연구는 이 연구가 제기하고 있는 문제의식을 공유하고 있다는 점에서 참고할 바가 크다(권인석 2018; 김성철·박인서 2018; 김정렬 2018; 박명규·이재열 2018; 우청원·김태양·장필성 2020; 이재열 2019; 이향수·이성훈 2019; 최이중 2020; 최창현 2018; 한국사회학회 2017). 이들 연구는 지난 시절 한국 사회가 추구해 왔던 경제적 가치나 정치적 가치의 범위를 넘어서 '사회적 가치' 추구의 필요성을 제기하고 있다. 다시 말해, 이들 사회학적 연구는 한국이 과거 산업화와 민주화 시기에는 각각 '경제적 가치'와 '정치적 가치'를 최우선시하는 시대정신이 있었지만, 공유하는 가치가 사라진 지금, 갈등하고 충돌하는 사회적 상황에서 지속가능성의 위기를 극복할 근본 해법을 '사회적 가치'에서 찾아야만 한다고 문제제기한다.

'사회적 가치'라는 개념은 포괄적이지만, 대체로 '어떤 사회의 구성원들이 바람직하다고 여기는 가치' 정도로 받아들여진다고 평가하며, 그 내용으로 국민안전, 건강, 일자리, 포용, 인권, 약자보호, 상생, 지역활성화, 시민참여, 기업윤리, 공공성, 환경적 지속가능성 등을 제시한다. 이러한 인식을 바탕으로 이들 연구는 공공영역에서의 사회적 가치는 공공성을 높이고, 공공부문과 민간 및 시민사회와의 공유의 플랫폼을 확장하며, 글로벌 지속가능성을 높이는 다양한 활동으로 실현되어야 한다고 주장하고 있으며, 그 연속선상에서 사회적 가치가 한국의 미래발전을 가능케 하는 핵심적 요소라고 강조한다.

이상에서 살펴본 국내외 현황에 비추어 볼 때, 좀 더 폭넓은 의미에서 디지털 사회의 기본가치 전반에 대한 연구가 필요하다고 할 수 있다(김선희 2021; 김희 2016, 2021; 박정희 2018; 신승환 2019; 오홍명 2014; 이유선 2008; 이종관 2013, 2016; 이종관 외 2010, 2013). 새로이 시도되는 디지털 사회의 기본가치에 대한 연구는 법학이나, 경제학, 사회학, 정치학 등과 같은 어느 한 분야의 시각에서 진행되는 연구의 범위를 넘어서야 할 필요가 있다. 아울러 이들 인문사회과학이 펼치는 논의의 기반이 되는 철학, 사상, 이론, 역사 등의 시각을 바탕에 깐 가치의 플랫폼에 대한 연구가 진행되어야 할 것이다.

Ⅱ 국민이 누려야 할 기본가치의 선정

1 기본가치의 3대 범주

이 연구는 디지털 사회에서 국민이 누려야 할 기본가치를 도출하고 세부 개념을 분류하기 위해서 세 가지의 범주로 나누었다. 디지털 가치는 디지털 사회가 지향하는 근본가치와, 근본가치를 구체화할 수 있는 현실적 조건을 규정하는 실행가치, 그리고 구현가치의 세 가지 범주로 나누어 이해할 수 있을 것이다(그림 1 참조).

각 범주별로 3-4개의 기본가치, 총 10개의 기본가치를 선정하였다. ①

[그림 1] 기본가치의 3대 범주

주체 차원에서 본 존재론적 가치ontological value로서 존엄, 자유, 평등, 정의를 선정하였다. 이는 가장 근본적인 디지털 사회 가치의 의미를 가진다. ② 과정 차원에서 본 방법론적 가치methodological value로서 안전, 교육, 노동을 선정하였다. 이는 앞서 기본가치를 구체화하는 구체적인 구성요소로서 이해할 수 있다. ③ 목표 차원에서 본 목적론적 가치teleological value로서 민주, 평화, 지속가능성을 선정하였다. 이는 디지털 사회발전이 궁극적으로 지향할 구현가치로서의 성격을 지닌다(그림 2 참조).

[그림 2] 디지털 사회의 10대 기본가치와 3대 범주

2 근본가치로서 존엄·자유·평등·정의

먼저, 이 연구는 디지털 사회의 근본가치로서 존엄dignity에 주목하였다.

특히 이 연구는 디지털 사회에서 존엄에 대한 논의가 불러오게 될 논쟁적 사안들에 대해 살펴보았다. 오늘날 대부분의 사회에서 존엄은 모든 인간이 지니고 있는 보편적 가치로 인정받고 있다. 그러나 존엄의 의미가 구체적으로 무엇인가는 역사와 문화에 따라 달라져 왔으며, 이는 존엄이 가변적인 개념으로서 사회의 변화와 함께 변화할 수밖에 없음을 함의한다. 그러므로 디지털 사회의 도래 속에서 근본가치로서의 존엄과 관련하여 다양한 문제가 제기될 것임을 예상할 수 있다. 앞으로 다가올 디지털 사회에서 존엄을 요구하는 주체들 사이의 갈등을 해소하고, 구성원들이 서로의 존엄을 존중할 수 있도록, 존엄과 관련된 문제들이 어떻게 제기될 것인가를 검토함으로써 사회 갈등을 해소할 수 있는 함의를 도출해야 할 것이다.

둘째, 자유freedom란 타인에게 구속받거나 얽매이지 않고 자신의 의사를 결정할 수 있으며, 의지대로 선택하고 행동할 수 있는 상태를 의미한다. 전근대적 질서 하에서 지배질서 및 신분제로 제한받았던 개인의 자유는 18세기부터 이어진 시민혁명에 따라 기본권으로 인식되기 시작했으며, 20세기 이후에는 자유의 개념이 인간다운 생활을 위한 최소한의 배려와 정치 참여에 대한 권리를 요구하는 등 보다 적극적인 형태로 변화해온 바 있다. 그렇다면 이와 같은 자유 개념이 디지털 사회에서는 어떻게 변화하고 있는가. 이 연구는 디지털 사회가 지향하는 근본가치 중 하나로서 자유의 다양한 속성 및 타 가치와 중첩되거나 충돌하는 부분을 살펴보았다. 먼저 디지털 사회에서 자유라는 가치의 중요성이 변화한 부분이 있는지 재고하고, 디지털 기술이 개인의 자유 의지를 침해하는 경우나 사회의 다른 주요 가치들과 자유가 상충될 경우가 있다면 이와 같은 상황을 어떻게 조정해 나갈 수 있을지에 대해 논의하였다.

셋째, 평등equality은 자유와 함께 현대 사회에서 가장 중요시하는 사회적 가치이다. 평등은 오래 전부터 추구해야만 하는 가치로 여겨지고 있지만, 궁극적으로 이루고자 하는 바가 무엇이며 왜 추구해야 하는지에 대해서는 차이가 많다. 그러한 와중에 등장한 인터넷은 평등 가치가 실현된 혹은 평등 가치를 실현할 수 있는 평등자equalizer로서 이야기되었으나 여전히 불평등이 이야기되며 최근에는 더욱 심화되는 양상을 보이고 있다. 이 연구는 평등 개념 논의를 정리하고 디지털 사회에서 논의되는 평등 이슈를 살펴봄으로써 디지털 사회에서 평등은 무엇이며 어떻게 접근해야 할 것인가를 제언하였다.

넷째, 정의justice는 사회를 구성하고 유지하기 위해 사회 공동체의 구성원들이 공정하고 올바른 상태를 추구해야 한다는 가치로 이해되며, 개인 및 집단 상호 간의 분쟁을 공통의 규범을 통해 평화롭게 해결하고 안정된 협동을 이끌어 내는 데 필수적인 사회적 덕목이라 할 수 있다. 오늘날 정의의 관념은 사회 정의social justice로서 "우리 사회에서 사람들이 가지면 유리한 재화나 지위, 짊어지면 부담이 되는 의무를 각자에게 어떻게 나누는 것이 옳은가"라는 배분의 정의를 중심으로 개인에게 정당한 몫을 부여하고 그 몫에 대한 권리, 책임의식, 이익을 정당하게 부여하는 것으로 기회의 균등한 분배와 투명한 사회를 지향하는 다양한 법과 제도로 발현된다. 이 연구는 정의 개념 논의를 정리하고 디지털 사회에서 국민이 기본적으로 누려할 존엄과 가치에 대해 디지털 사회의 특성과 다양한 사회적 갈등, 사회·문화·경제적 현상, 가치변화 등에서 나타나는 정책 이슈를 분석하고 디지털 사회에서 정의를 실현하기 위한 세부가치를 제안하였다.

3 실행가치로서 안전·교육·노동

다섯째, 안전safety 욕구는 인간의 욕구 중에서도 가장 기초적인 생리적 욕구 바로 다음 단계에 해당되며, 나의 신체와 감정, 주변 환경을 둘러싼 위험으로부터 보호받고 싶은 기본적인 욕구이기도 하다. 따라서 디지털 사회의 혁신에 앞서 그 안에서 살아가는 사회 구성원들이 고도화되는 디지털 기술을 얼마나 수용할 수 있는가, 즉, 신뢰성과 책무성, 안정성을 어떻게 담보할 수 있느냐와도 연결된다. 이제 디지털 안전은 초연결 시대를 살아가는 인류의 신체적, 경제적, 환경적, 정서적 안전을 뒷받침하기 위한 기본 전제라 할 수 있다. 사이버 보안과 정보에 대한 신뢰, 과의존의 탈피 등은 디지털 사회의 원활한 운용과 영속성을 위한 기본 전제가 된다. 특히, 디지털 안전의 문제는 개인적 차원과 사회적 차원에서 제기되는 위협의 양상이 다르다. 개인정보 유출, 사이버 폭력, 디지털 중독 등이 개인 수준에서 제기되는 위협이라면, 거짓 정보, 대규모 사이버 공격 등은 사회시스템의 혼란을 야기하는 국가 수준에서 제기되는 위협이라 할 수 있다. 이 연구는 디지털 공간에서 제기되는 보안과 건전한 활용을 위한 책무, 일상과의 균형, 정보의 신뢰와 안정적인 인프라 유지 등 디지털 사회의 안전을 확보하기 위한 세부가치를 탐색하고 실천적 사안들을 도출하였다.

여섯째, 교육education이다. 코로나19의 위기를 맞이한 이래 디지털 기술의 발전과 확산은 가속화되고 있으며, 이러한 변화는 인스턴트 메신저와 SNS, 온라인 쇼핑, 인터넷 전문 은행, OTT 서비스, 인공지능 음성인식 서비스 등 다양한 서비스의 일상화나 확대를 통해 체감되고 있다. 교육 현장은 디지털 전환이 두드러지는 영역 중 하나이다. 온라인 개학을 맞을 수밖에 없었던 유치원과 학교는 물론 학원에서도 비대면 방식의 수업을 병행하거나 확대하였고, 인공지능, 빅데이터, VR, AR 등 정보통신 기술을 활용한 에듀테크 산업도 빠르게 성장하고 있다. 디지털 기술의 광범위한 적용은 감염병에 대응하면서 사회적 교류와 협력을 유지하는 방편이자 물리적 거리와 공간의 제약을 넘어 다양한 서비스와 정보를 접할 기회를 제공하기도 하지만, 디지털 기기나 기술에 접근하지 못하고 소외되는 계층이 발생하거나 가짜뉴스의 전파나 사이버 폭력 등의 부작용을 일으키는 문제도 안고 있다. 디지털 사회로의 변화에서 파생되는 문제점을 극복하는 한편 발전 기회를 극대화하기 위한 교육의 필요성을 토대로, 이 연구는 디지털 사회의 교육이 지침으로 삼을 수 있는 주요한 가치를 선정하여 논의하였다.

일곱째, 노동labour과 일, 활동은 '인간 조건'을 구성하는 기본적인 요소이다. 노동과 일, 활동은 해당 사회가 처한 구체적인 조건에 따라 달라진다. 새로운 기술적 조건은 인간의 노동과 일, 활동의 관계를 변화시킨다. 그래서 우리 시대에 노동과 일, 활동이 어떻게 변화하였는가를 살피는 작업은 디지털 시대의 달라진 인간 조건을 이해하기 위한 출발점이다. 사회 구성원 대부분이 인터넷과 연결된 스마트폰을 들고 다니는 사회에서는 기존의 노동과 일, 활동을 구분하던 경계도 무너진다. 현대 정보사회의 인간 조건인 노동, 일, 활동은 어떻게 재편되고 있는가를 파악하고 이에 대비하는 일은 디지털 시대의 기본적인 인권과 가치의 토대를 마련하는 의미를 지닌다. '디지털 시대의 노동, 일, 활동'에서는 '4차 산업혁명'이라는 이름표를 달고 몰려오는 자동화, 'AI', '빅데이터'가 우리의 노동과 일, 일상생활을 비롯한 활동에 어떤 영향을 미치고 그것이 가져올 결과는 무엇인지,

그리고 그 과정에서 드러나는 문제점과 이를 해결하기 위한 정책적 대안과 방향은 어떠해야 하는지에 대해 살펴보았다. 이를 통해 현대 정보자본주의 시대에서 노동과 일의 가치를 다시 세우고 활동의 새로운 의미를 검토하였다.

4　구현가치로서 민주·평화·지속가능성

여덟째, 민주democracy라는 가치는 인류가 사회와 국가 공동체를 구성하면서 형성된 정치와 함께 주목받는 가치이다. 민주는 단순하게 정치적인 행위 과정에서의 제도와 이념을 지칭하는 것이기도 하지만, 민주는 사회 운영의 과정과 결과물로서 그리고 사회갈등의 조정과 협의의 방법으로서 다양하게 적용되고 있다. 이와 함께 민주주의는 딱딱한 고정불변의 제도나 이념 정체가 아닌 현실의 상황에 따라 가변적이고 유동적인 특성을 가진 살아 움직이는 개념이라고 할 수 있다. 이 연구에서는 디지털 사회의 중요한 가치로서 주목받고 있는 민주에 주목하여, 민주라는 가치가 디지털 사회에서 어떻게 투영되고 진화하는지를 살펴보고, 긍정적인 가치와 부정적인 가치의 교차 관점에서 고찰하였다.

아홉째, 평화peace는 단순히 전쟁이나 무력충돌의 반대 개념이 아니다. 평화의 개념을 확장시키는 것이 필요한 이유는 평화가 언제 파괴될 수 있는지, 즉 평화의 조건이나 환경에 대한 보다 민감한 논의를 이끌어낼 수 있기 때문이다. 즉 평화의 개념은 "무력충돌이 부재한 평화가 진정한 평화인가?"라는 물음을 내재하고 있는 것으로서, 평화의 상태는 '평화로움peace-fulness'의 정도에 따라 질적인 차이가 있을 수 있다. 이러한 맥락에서 '디지털 평화digital peace'의 개념은 디지털 기술이 국제사회의 '평화'와 '협력'에 기여할 수 있는 능력을 강조하는 개념으로 발전시킬 수 있다. 또한 이 연구는 '새로운 평화' 혹은 '신흥평화emerging peace'로서 '디지털 평화'의 개념을 제시하는 것을 목적으로 삼는다. 디지털 시대의 평화는 기존의 국가 간 국제정치에서 논할 수 있는 평화보다 훨씬 복잡한 기술 환경과 국가 외에도 비국가 행위자도 위협 구사의 주체가 되는 안보 환경에서의 평화이다. '탈국제정치적post-international politics' 맥락을 갖는 개념으로서 디지털 평화가 실제적으로 어떻게 작동해야 하는지 디지털 평화의 조건을 탐색하고, 파생 개념으로서 다양한 하위 개념을 제시하였다.

끝으로, 지속가능성sustainability은 미래 세대를 위한 자연 자원의 접근을 안전하게 지키는 것을 의미한다. 이러한 의미에 대한 국제적 합의는 1970년대 초반 이래 오랜 기간에 걸쳐 이루어졌다. 1972년에 발간된 "생존을 위한 청사진A Blueprint for Survival" 논문은, 인구 숫자와 소비 규모의 증가로 보아, 환경 생태계가 파괴되고 있으며 자원이 고갈되고 있는 상황에서, 생존의 근본적인 바탕이 붕괴되고 있으며, 따라서 급진적인 변화가 필요하며 불가피하다고 언급하고 있다. 이러한 인식은 현재를 살아가고 있는 우리에게도 해당된다. 단지, 우리는 그때 당시에 미처 발현되지 못했던 혹은 주어지지 않았던 하나의 조건이 있는데, 그것은 디지털 기술의 발전이다. 디지털 기술의 변화가 우리의 지속가능성에 어떤 영향을 미쳤는지 혹은 미칠 것인지, 그리고 우리는 해당 기술을 가지고 어떻게 지속가능성을 구현해 나갈지에 대한 국내적 그리고 국제적 논의가 필요한 시점이다.

III 디지털 기본가치의 개념적 탐색

이 연구는 이상의 3대 범주에서 도출된 10개의 기본가치를 디지털 전환의 맥락에서 좀 더 구체적으로 이해하기 위해서 각 기본가치별로 세부가치 개념을 설정하여 살펴보았다(그림 3 참조).

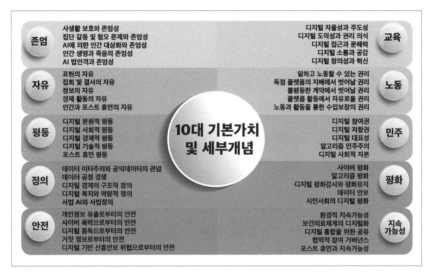

[그림 3] 디지털 사회 10대 기본가치와 세부개념

1 존엄·자유·평등·정의의 세부가치

1) 존엄의 세부가치

존엄은 역사적으로 그 의미가 보편화되는 양상을 보여 왔다. 존엄은 특정 계급의 속성으로부터 인간의 존재 자체로 의미 영역을 확장해 왔으며, 소수 특정 집단의 특성으로부터 모든 인간이 지닌 가치개념으로 확대되었

음을 알 수 있다. 디지털 혁신으로 인한 변화가 인간 삶의 다양한 영역에 걸쳐 나타나면서 이러한 존엄 개념 역시 더욱 급격히 변화할 것으로 예상된다. 이 연구에서는 이러한 존엄 영역의 확대라는 관점에서 세부 개념으로 인간의 사회활동 속에서 나타나는 사생활 보호, 집단 갈등 및 혐오, AI에 의한 인간 대상화 등과 관련된 존엄성 개념을 살펴보고, 이와 함께 생명과 죽음의 존엄성 개념, AI 법인격의 존엄성 개념 등도 검토하려 한다.

우선, 위치기반 서비스, 결제 서비스 등의 과정에서 이루어지는 정보 수집과 빅데이터 집계는 개인정보 보호 문제를 더욱 쟁점화하며 사생활 보호와 관련된 존엄성 개념을 부각시킬 것이다. 그리고 현재의 인터넷 공간에서의 갈등처럼, 디지털 네트워크의 보급은 집단 갈등과 혐오를 부추기며, 디지털 공간에서의 존엄성 개념을 대두시킬 것이다. 또한 AI 알고리즘이 디지털 사회에서 광범위하게 사용됨에 따라 AI 알고리즘에 의한 각종 판단이 인간을 '대상화'할 우려가 있는 상황에서 AI와의 접촉과 관련한 인간 존엄성 역시 논쟁적 개념이 될 것이다. 일상적인 사회활동을 넘어, 디지털 기술과 융합된 생명공학 기술의 발전은 인간의 생명과 죽음을 둘러싼 존엄성 개념을 대두시킬 것이다. 마지막으로 디지털 사회에서 광범위하게 사용될 AI가 윤리적, 법적, 정치적 권리와 의무 등을 지니고 있는지에 대한 논란이 제기되어 AI 법인격과 관련한 존엄 개념이 주요하게 논의될 것으로 보인다.

2) 자유의 세부가치

인류 역사에서 존재론적인 가치로 추구되어온 '자유'는 나날이 고도화고 있는 디지털 사회에서도 인간이 기본적으로 누려야 할 근본가치로서 계속해서 강조되고 있다. 정보화 발전의 초기 단계에서는 기존의 자유권 중 △표현의 자유 △집회 및 결사의 자유 △정보의 자유 △경제활동의 자유 등이 글로벌한 차원으로 확산되고 있으며, 디지털 기술이 발달할수록 인간의 자유도 증진될 것이라는 낙관론이 존재했다. 그러나 일부에서는 디지털 전환이 심화됨에 따라 기술, 혹은 기술을 통제할 수 있는 거대 권력이 인간 및 포스트휴먼의 자유를 위협하는 상황이 도래하지는 않을지 경계하는 시선도 이어지고 있다. 이는 인류가 자유라는 가치를 쉽게 얻어낸 것이 아니라, 전근대적 질서 하에서 지배질서와 투쟁하며 지켜낸 것이라는 기억이 존재하기 때문일 것이다.

2020년 초 촉발된 전 세계적인 코로나19 위기 속에서, 디지털 기술은 방역 지침 하에 일시적으로 신체적 자유가 제한된 사람들이 사이버 공간에서의 자유를 누릴 가능성을 제시해 주었다. 그러나 코로나19 확산 방지 등을 위해 실시된 이동 및 집합 금지, 경제활동의 제한, 개인정보의 광범위한 수집 등의 조치가 디지털 기술과 결합되어 자유를 침해하고 있다는 문제가 지적되고 있다. 디지털 기술의 발달로 자유가 침해된 사례에는 어떤 것이 있으며 이를 해소하기 위해서는 어떤 노력이 필요한가. 디지털 미디어를 통한 개인정보 및 데이터 활용, 프라이버시 이슈 등도 디지털 사회의 자유 관점에서 논의해 나가야 할 것이다.

3) 평등의 세부가치

평등은 '차별 없이 같은 상태'를 의미하며 평등해야만 하는 당위적 가치로 사용하는 사람의 시각과 접근에 따라 중층적 의미를 가진다. 그래서 평등에 대한 적용 기준과 판단에 따라 실제적인 실행에 차이가 발생한다.

이에 누구를, 무엇을, 어떻게 할 것인가가 주요한 논의점이 된다. 현대 사회 정책의 기본 방향은 결과와 관계없이 과정에서의 기회를 동일하게 부여하는 기회적 평등에 기반을 두고 있다. 그리고 평등은 평등이 실현되는 차원에서 본원적 평등, 사회적 평등, 경제적 평등, 기술적 평등, 그리고 포스트휴먼 평등으로 구분할 수 있다.

첫째, 본원적 평등은 인종, 성별 등 개인의 의지와 무관하게 주어지는 인간의 특질을 구분하지 않고 누구나가 인간으로서의 존엄과 평등을 보장받아야 한다는 개념이자 대부분이 동의하나 '원칙 실행 간극'이 존재하며 인공지능AI을 통해서 더욱 구체적으로 발현되는 것으로 나타나고 있다. 이에 알고리즘에 의한 인종 평등과 양성 평등을 보장받을 수 있는 체계가 필요하다. 둘째, 사회적 평등은 삶의 조건이 평등할 때 세상이 도덕적으로 더 좋아진다고 하며 기회의 평등을 옹호한다. 그런데 필터버블 등에 의해 사회 관계성이 지배되고 편향과 왜곡이 나타나고 있다. 이에 다양한 기회와 데이터 다양성이 보장되도록 알고리즘 보정 등이 요구된다. 셋째, 경제적 평등은 빅테크에 의한 파레토 최적으로 소득 불평등을 심화시키는 데 일조하고 있다는 지적이 나오고 있다. 이에 소득 배분과 반독점이 이루어질 환경 조성이 필요하다. 넷째, 기술적 평등은 인터넷 접속 및 디지털 기기 접근을 위한 연결 평등과 망 중립성 보장이 필요하다. 다섯째, 포스트휴먼 평등은 자동화된 기술에 의해 오히려 불평등이 심화되는 것으로 나타나고 있다. 이에 설계에 의한 평등을 통해 다양성을 확보하면서 제어할 수 있는 구조가 필요하다.

4) 정의의 세부가치

디지털 사회에서 데이터는 산업적 가치는 물론 사회적 가능성에 지대한 영향을 미치는 핵심 자원이어서, 데이터의 다양한 가치에 대한 향유는 단순히 편의성의 문제가 아니라 인간다운 삶의 질을 좌우하는 본질적인 문제이다. 이에 이 연구는 먼저 디지털 사회의 정의 구현을 위한 세부가치로 데이터의 공정한 이용에 주목하였다.

① 데이터 향유에 있어 분배의 정의 실현을 위해 '공익데이터' 개념을 기반으로 공익적 목적에 따른 데이터의 개방 및 공동 활용을 위한 제도적 기반을 조성할 필요가 있다. 아울러 ② 디지털 사회에서 선택의 자유 또는 계약 자유의 원칙이 정의 원칙으로 작동되기 위해 경제활동에 있어 '독점 방지와 공정한 데이터 거래'라는 공정한 경제 질서가 확립되어야 할 것이다. 그리고 ③ 디지털 경제의 구조적 정의를 실현하기 위해 플랫폼 경제 활성화로 인한 노동자의 지위 변화, 로봇으로 인한 일자리 감소 등 디지털 경제로의 급격한 전환이 야기하는 사회문제에 대응하기 위한 재정적 기반으로서 '로봇세', '디지털세' 등에 대한 사회적 합의를 이끌어 내는 구체적인 노력이 시급하다. ④ 지능정보화가 가속화될수록 국가는 이러한 기술에서 소외되는 계층이 직면하는 정보격차의 문제를 '디지털 포용'의 가치로 적극 대응함으로써 디지털 사회의 역량적 정의 실현을 위해 노력해야 할 것이다. 마지막으로 ⑤ 디지털 사회의 다양한 갈등과 분쟁을 공정하게 조망해 줄 사법제도를 구현하기 위해 '지능정보 기술의 사법적 활용 가능성과 한계'를 종합적으로 검토할 필요가 있다.

2　안전·교육·노동의 세부가치

1)　안전의 세부가치

디지털 사회의 안전은 '비의도적 위험요소로부터 벗어난 상태'를 뜻하는 물리적 공간의 '안전safety' 개념과 '불법적이고 악의적인 외부의 시도에 대해 보호되는 상태'를 뜻하는 '안보security' 개념이 혼재돼 있는 것이 특징이다. 디지털 사회의 안전가치 실현을 위해서는 다음의 다섯 가지 측면에서 세부 이슈에 초점을 맞출 필요성이 제기된다.

첫째, 개인정보 보호이다. 개인정보 보호 이슈는 온라인 공간의 개방성, 안정성 문제와 기밀성, 무결성 등의 환경이 동시에 구현되어야 하는 분야이기도 하다. 둘째, 이른바 'cyberbullying'으로 통용되는 사이버 폭력 방지이다. 보편화된 SNS, 메일, 인터넷 커뮤니티를 통해 개인이나 집단이 특정인에 가할 수 있는 광범위한 폭력 행위로부터 보호되어야 한다. 셋째, 디지털 중독으로부터의 탈피이다. 누구나 스마트 기기를 보유하게 되면서 일상에 지장을 초래할 만큼 중독을 호소하는 현상들이 증가하고 있으며 일상과의 균형을 모색하는 문제가 화두가 되고 있다. 넷째, 디지털 정보의 신뢰성 확보이다. 온라인 공간에 유포되는 정보는 실시간 검증이 불가능하기 때문에 순식간에 사회 전체로 확산될 수 있으며 사회 전체를 혼란과 갈등에 빠뜨릴 수도 있기 때문이다. 마지막으로, 대규모 사이버 공격 등 신흥안보 위협으로부터의 안전이 요구된다. 최근 포스트휴먼 환경이 제기하는 불확실성의 대비, 조직 단위의 해킹이나 데이터 조작 등에 대해 국가안보적 차원에서 대응이 필요함을 인식시키고 있다.

2) 교육의 세부가치

교육의 원칙, 방식, 내용에 대한 철학적 논의 속에서 교육 목표에 대한 합의된 생각을 찾기란 어렵다. 자율성의 개발과 권위에 대한 복종의 습관화, 이성과 비판적 사고의 단련과 상상력과 창의성의 발현, 개인의 잠재력 실현과 공동체 구성원의 육성 등 교육의 목표에 대한 다양하고 광범위한 견해 속에서 공통적으로 발견되는 특징 하나는 인간이나 사회에 대한 보다 포괄적인 인식에서 교육의 역할과 목표에 대한 생각이 도출된다는 점이다. 자유민주주의 사회에서 자유주의 교육사상과 제도가 발전하고 민족주의 사상가로부터 민족과 국민을 대상으로 한 공교육 제도의 기반이 형성되었듯이 말이다. 이 연구에서는 10대 기본가치를 우리 사회가 교육을 통해 도모하는 바로 간주하고 교육에 대한 논의를 진행한다. 즉, 사회 구성원 모두가 본질적으로 존엄한 존재로서 자유롭고 평등하게 살아가며 공정한 관계를 맺고, 안전한 환경을 누리고 일할 수 있는 권리를 존중받으며 민주적인 공동체를 구성하고 대내외적으로 평화를 영위하면서 지속가능한 발전을 이루기 위한 교육을 우리 사회가 지향하며, 이를 위해 학생의 정체성, 품성, 이성, 사회성, 창의성이 교육의 대상이 된다고 본다.

디지털 사회에서의 교육이란 위의 목적과 범위를 토대로 디지털 기술의 긍정적 활용과 안정적이고 풍요로운 디지털 사회의 형성을 염두에 두고 이루어지는 교육적 활동이라고 할 수 있을 것이다. 그리고 이러한 활동의 원칙이자 지침으로서 다음의 세부가치를 제시한다. 첫째, 기술에 종속되지 않는 본질적 가치를 지닌 주체로서 건강하고 안전하게 디지털 환경을 활용할 수 있는 인간을 지향하는 디지털 자율성과 주도성, 둘째, 디지털 기술의 활용에 있어서 사회 구성원 모두의 존엄성, 자유, 안전을 지키기 위한 디지털 도덕성과 권리 의식, 셋째, 모든 시민이 디지털 기술과 기기를 자유롭게 사용할 수 있는 역량과 기회를 공정하고 평등하게 누리는 사회를 위한 디지털 접근과 문해력, 넷째, 서로를 존중하는 시민들이 평화롭고 민주적인 공동체를 만드는 데 기여하는 온라인상 교류와 협력을 도모하기 위한 디지털 소통과 공감, 다섯째, 디지털 기술을 독창적으로 활용할 수 있고 지속가능한 발전에 부합하는 디지털 환경의 발전을 이룰 수 있는 역량과 여건을 구성하는 디지털 창의성과 혁신이다.

3) 노동의 세부가치

노동과 일이 눈에 보이지 않는 곳으로 사라지는 디지털 시대에 노동의 의미와 가치를 보호하기 위해 새로운 관심과 제도적 모색이 필요하다. 자동화의 빠른 진전에 따라 정규직이 줄어들고 임시직이 늘어나는 추세 속에서 좋은 일자리를 마련하기 위한 제도적 모색이 이루어져야 한다. 노동하고 일하면서 삶의 의미를 찾으려면 노동, 일, 혹은 활동으로 의식주를 포함한 문화생활을 유지하며 노동력 재생산이 가능하고 행복을 추구할 수 있는 조건이 마련되어야 한다. 플랫폼 독점은 이러한 조건에 역행한다. 플랫폼 독점은 기업이 의도하지 않은 외적인 조건에 의해 시장 기능에 따라 자연발생적으로 형성된 독점이 아니라 독점을 형성하기 위한 의도된 결과이다. 플랫폼 독점은 경쟁의 약화, 혁신의 저지, 중소 자영업자 및 경쟁업체 몰락, 소비자 부담 증가를 가져온다. 거대 플랫폼 기업의 독점구조에 대한 규제가 이루어지지 않으면 경제적 불평등이 심화되고 결국 민주주의를 위협하여 노동과 일의 가치를 심각하게 훼손하게 된다. 거대 플랫폼 기업의 인수 합병에 대한 제한, 자영업자의 사업 영역에 대한 보호, 세금 회피

등에 대한 대응책이 필요하다.

거대 유통 플랫폼의 확대에 따라 플랫폼에 대한 의존이 커지고 자영업자의 일이 축소되는 현상에 대응하여 플랫폼 업체와 자영업자 사이에 맺어지는 규약을 민주화하고 플랫폼 업체의 영업 공간을 제한할 필요가 있다. 플랫폼이 자영업자의 사업 영역을 종속화하고 그들의 일이 갖는 자율성을 침해하지 못하도록 규약에 대한 점검 및 보호 조치가 이루어져야 한다. 자신의 활동 결과물을 수취하는 플랫폼 서비스는 일상생활 전반에 대한 영향력을 확대하고 있다. 디지털 언택트가 혁신적이고 생산성을 높이는 신기술로 받아들여지는 이면에서는 사회구성원의 일상적 활동을 거대 플랫폼으로 수취하는 독점적 체제가 동시에 만들어지고 있다. 면대면 활동과 디지털 언택트 활동은 서로 상보적인 관계를 만들면서 균형을 이루어야 한다. 이를 위해 이용자가 플랫폼 이용에서 주도권을 확보할 제도적 방안이 모색되어야 한다. 노동과 일, 활동을 통해 수입을 보장할 새로운 방식을 모색하기 위해 '기본소득', '사회보장', '패시브 인컴' 등이 갖는 장단점을 검토하여 현실에 적합한 구체적인 정책을 마련해야 할 것이다.

3 민주·평화·지속가능성의 세부가치

1) 민주의 세부가치

이 연구에서는 디지털 사회의 가치로 민주, 민주주의가 중요한 이유에 대해서 역사적·정치이론적인 차원에서 살펴보았다. 연구를 통해 민주가 고대 그리스 아테네에서부터 이어져온 사회공동체, 정치공동체의 보편 이념이자 제도로서 디지털 시대에도 유효한 사회 가치임을 확인하였다. 이를 바탕으로 민주라는 가치에 내재되어 있는 세부 하위가치를 발굴하고 그 의미를 살펴보았다.

세부가치는 ① 디지털 참여권, ② 디지털 저항권, ③ 대표성, ④ 알고리즘 투명성, ⑤ 디지털 사회적 자본으로 선정했다. 민주의 세부 하위가치는 첫째, 디지털 사회에서 민주를 확장·심화되는 가치(디지털 참여권, 디지털 저항권)와 둘째, 민주를 위협하는 가치(대표성, 알고리즘 투명성), 그리고 셋째, 더 나은 민주주의 공고화를 위하여 지향할 가치(디지털 사회적 자본) 등으로 구분했다. 상위가치로서 민주와 세부 하위가치인 디지털 참여권, 저항권, 대표성, 알고리즘 투명성, 디지털 사회적 자본은 상호 조응하면서 발전하는 가치사슬이라고 할 수 있다.

2) 평화의 세부가치

디지털 평화의 개념은 디지털 기술을 세계평화와 국가 간 협력을 도모하기 위해 사용해야 한다는 '목적성'의 측면과 디지털 기술 자체를 폭력적으로 사용하지 않아야 한다는 '수단적' 측면에서의 평화의 가치를 강조하는 개념이다. 또한 디지털 평화의 개념은 디지털 기술이 만들어내는 '내용contents'의 측면도 다룰 수 있다. 더불어, '디지털 평화' 개념은 21세기 초 연결 사회에서 개인이 누려야 할 기본적인 디지털 기술에 대한 접근, 즉 '기술적 환경'의 측면도 곧 평화를 위한 중요한 요건으로 간주한다.

이 연구는 '디지털 평화'라는 광의의 개념을 구체화하기 위해 이슈 영역을 세분화하여 기술과 평화가 어떤 관계를 가질 수 있는지 다양한 하위 개념, 즉 '사이버 평화', '알고리즘 평화', '디지털 평화감시와 평화유지', '데이터 안보', '시민사회의 디지털 평화'를 고찰한다. '사이버 평화cyber peace'는 디지털 기술이 작동하는 '공간space' 혹은 '환경environment'의 개념으로서, '알고리즘 평화algorithm peace'는 디지털 평화가 작동하는 '방식'에 대한 개념으로서 제시된다. 또한 '디지털 평화감시digital peace surveillance와 디지털 평화유지digital peace-keeping'는 디지털 평화가 추구하는 '목적'에 대한 개념으로 이해할 수 있다. 이에 더하여, 국가가 추구하는 '목적'의 차원에서 언급될 '데이터 안보'는 국가와 시민사회 간 혹은 국가와 산업계 간 갈등을 초래하고 있는 '데이터 주권data sovereignty'과 관련된 개념으로서 소개할 것이다. 더불어 이 연구는 '시민사회의 디지털 평화digital peace for civil society'를 디지털 평화의 '대상object'이자 '내용'과 관련된 개념으로 제시한다.

3)   지속가능성의 세부가치

이 연구는 크게 환경, 사회, 지배구조라는 세 기둥으로 구성되어 있으며, 각각에 해당되는 다섯 가지 세부가치를 제시하였다. 첫째, 환경적 지속가능성, 둘째, 보건의료체계의 디지털화, 셋째, 디지털 통합을 위한 공유, 넷째, 협력적 거버넌스, 그리고 마지막으로 포스트휴먼 지속가능성이다.

첫 번째 세부가치에서는 환경 악화와 기후변화라는 문제에 대해 디지털 기술이 가져올 수 있는 변화를 제시하고 있다. 내용적으로는 ICT를 활용한 완화, 감시, 전략 그리고 적응을 위한 구체적 방안 혹은 사례를 다루고 있다. 두 번째 세부가치에서는, 코로나 시기가 노정한 기존 의료체계의 한계를 극복하기 위한 포스트코로나 시대의 의료체계의 디지털 변화의 필요를 촉구하고 있다. 세 번째 세부가치에서는 지속가능성을 위해 디지털 통합이 전제되어야 함을 말하고 있다. 디지털 통합을 위해서는 디지털 공공재를 확인하고 이에 대한 접근을 늘릴 방안이 필요하다. 그리고 공유 경제의 활성화도 더욱 기대할 수 있다. 네 번째 세부가치에서는 디지털 전환의 시기에 필요한 기버넌스 유형을 제시하고 있다. 디지털 전환은 사회의 각계각층에 변화를 불러오고 있으며, 다양한 행위자들을 이해당사자로 만들고 있다. 다섯 번째 세부가치에서는 포스트휴먼 지속가능성을 위한 우리의 의식과 가치 그리고 사회적 제도의 변화를 촉진하고 있다. 포스트휴먼 지속가능성이라는 개념을 통해, 인간, 동물, 환경 그리고 디지털 기술로 인해 생성되는 새로운 존재들도 아우를 수 있는 지속가능성을 생각할 수 있게 된다.

4 50개 세부가치의 도출

이상에서 살펴본 디지털 기본가치의 세부가치를 정리해보면 아래의 50개이다.

[표 1] 디지털 사회의 50대 세부가치

가. 근본가치

기본가치	세부가치
존엄	① 사생활 보호와 존엄성 ② 집단 갈등 및 혐오 문제와 존엄성 ③ AI에 의한 인간 대상화와 존엄성 ④ 인간 생명과 죽음의 존엄성 ⑤ AI 법인격과 존엄성
자유	① 표현의 자유 ② 집회 및 결사의 자유 ③ 정보의 자유 ④ 경제활동의 자유 ⑤ 인간의 자유, 포스트휴먼의 자유

기본가치	세부가치
평등	① 디지털 본원적 평등: 인종평등, 양성평등 ② 디지털 사회적 평등: 기회평등, 테크노소셜 시장 기술의 편향성 교정 ③ 디지털 경제적 평등: 소득분배, 반독점 ④ 디지털 기술적 평등: 연결평등, 망 중립성, 데이터 평등 ⑤ 포스트휴먼 평등: 설계에 의한 평등(equality by design)
정의	① 데이터 공정거래와 소비자 보호 ② 배분적 정의와 공익데이터 ③ 구조적 정의와 로봇세·디지털세 ④ 역량적 정의와 디지털 포용 ⑤ 지능정보 기술의 사법적 활용

나. 실행가치

기본가치	세부가치
안전	① 개인정보 유출로부터의 안전 ② 사이버 폭력으로부터의 안전 ③ 디지털 중독으로부터의 안전 ④ 거짓 정보로부터의 안전 ⑤ 디지털 기반 신흥안보 위협으로부터의 안전
교육	① 디지털 자율성과 주도성 ② 디지털 도덕성과 권리 의식 ③ 디지털 접근과 문해력 ④ 디지털 소통과 공감 ⑤ 디지털 창의성과 혁신
노동	① 좋은 조건에서 삶의 의미를 찾으면서 일하고 노동할 수 있는 권리 ② 독점 플랫폼의 지배에서 벗어날 권리 ③ 불평등한 계약과 수탈에서 벗어날 권리: 자영업자와 일의 권리 ④ 플랫폼 활동에서 자유로울 권리 ⑤ 일(노동)과 활동을 통한 수입 보장의 권리

다. 구현가치

기본가치	세부가치
민주	① 디지털 참여권 ② 디지털 저항권 ③ 디지털 대표성 ④ 알고리즘 투명성, 알고리즘 민주주의, 알고리즘 지배(algocracy) ⑤ 디지털 사회적 자본
평화	① 사이버 평화 ② 알고리즘 평화 ③ 디지털 평화감시와 평화유지 ④ 데이터 안보 ⑤ 시민사회의 디지털 평화
지속가능성	① 환경적 지속가능성 ② 포스트 코로나 시대 보건의료체계의 디지털화 ③ 디지털 통합을 위한 공유 ④ 협력적 참여 거버넌스 ⑤ 포스트휴먼과 지속가능성

이상에서 제시한 바와 같이 디지털 사회의 10대 기본가치를 3개 층위로 분류하여 50개의 세부가치를 도출하고 이들 가치의 구조적 관계를 규명하는 작업을 수행하였다. 특히 기본가치 개념의 일반적 의미와 디지털 전환 맥락에서의 의미에 대한 이론·사상·역사적 검토를 수행하였다. 또한 기본가치의 세부 개념 분석을 통해 가치 구현의 현황과 문제점을 체계적으로 논의하였다. 이러한 연구를 통해서 기본가치와 연관하여 디지털 기술과 인간의 삶이 연계되는 양상을 사회, 정치, 군사, 외교, 문화, 경제, 기술, 과학의 측면에서 탐구하고자 했다. 더 나아가 디지털 전환에 따른 사회적 변화와 어려움에 대처하기 위한 정책적 함의를 도출하고자 했다.

Ⅳ 디지털 기본가치의 개념적 구조

이상에서 살펴본 50개 세부가치에 대한 논의를 다시 그룹핑하고 정렬하면서 세부가치들이 갖고 있는 공통적인 요소들을 조합해서 보면, 〈표 2〉에서 보는 바와 같은 다섯 개의 그룹으로 나누어 볼 수 있다.

이 연구에서 도출한 50개 세부가치가 중첩되는 지점을 엮어서 디지털 사회의 맥락에서 부합하는 핵심가치를 도출하면 아래의 다섯으로 요약된다. 이러한 다섯 개 핵심가치의 도출은 디지털 사회의 시스템을 구성하는 주체와 구조의 관계를 염두에 두고 진행했는데, 인간을 중심으로 하여 기술구조, 사회구조, 경제구조, 정치구조, 생태구조가 서로 얽히면서 전개되는 양상을 반영하고자 했다. 요컨대, 기술-사회-경제-정치-생태의 다섯 가지 변수가 만들어내는 구도 속에서 디지털 사회의 가치를 구조화해 보려는 노력이었다.

이러한 다섯 가지 핵심가치의 틀에 입각해서 볼 때 이 연구에서 살펴본 50개 세부가치들은 어떠한 위상과 성격을 지니는지, 그리고 궁극적으로 이러한 핵심가치를 추구하기 위해서 고려할 근본가치, 실행가치, 구현가치는 무엇인지 등을 밝히는 것이 관건이 될 것이다. 궁극적으로 디지털 사회에서 기본적으로 지켜할 가치는 무엇인지, 그리고 만약에 그러한 가치가 손상될 경우에는 그러한 가치의 실현을 당당히 주장할 수 있고, 그리고 더 나아가 그러한 가치가 심각하게 침해될 경우 저항할 수 있거나, 좀 더 구체적으로는 정부에 그 가치의 실현을 요구할 수도 있어야 할 것이다.

[표 2] 다섯 그룹으로 나누어 본 디지털 사회의 세부가치

가. 근본가치

	기술·데이터·정보	사회·소통·통합	경제·반독점·혁신	정치·거버넌스·규범	인간·환경·보건
존엄	① 사생활 보호와 존엄성	② 집단 갈등 및 혐오와 존엄성		⑤ AI 법인격과 존엄성	③ AI에 의한 인간 대상화와 존엄성 ④ 인간 생명과 죽음의 존엄성
자유	③ 정보의 자유	③ 표현의 자유	④ 경제활동의 자유	② 집회 및 결사의 자유	⑤ 인간의 자유, 포스트휴먼의 자유
평등	④ 디지털 기술적 평등: 연결평등, 망 중립성, 데이터 평등	① 디지털 본원적 평등: 인종평등, 양성평등 (다양성의 포용)	③ 디지털 경제적 평등: 소득분배, 반독점	② 디지털 사회적 평등: 기회평등, 테크노소셜 규범 정립	⑤ 포스트휴먼 평등: 설계에 의한 평등(equality by design)
정의	② 배분적 정의와 공익데이터	④ 역량적 정의와 디지털 포용	① 데이터 공정거래와 소비자 보호	⑤ 지능정보 기술의 사법적 활용	③ 구조적 정의와 로봇세·디지털세

나. 실행가치

	기술·데이터·정보	사회·소통·통합	경제·반독점·혁신	정치·거버넌스·규범	인간·환경·보건
안전	① 개인정보 유출로부터의 안전	④ 거짓 정보로부터의 안전		② 사이버 폭력으로부터의 안전 ⑤ 사이버 안보	③ 디지털 중독으로부터의 안전
교육	③ 디지털 접근과 문해력	④ 디지털 소통과 공감	⑤ 디지털 창의성과 혁신	② 디지털 도덕성과 권리 의식	① 디지털 자율성과 주도성
노동	④ 플랫폼 [기술] 활동에서 자유로운 노동	⑤ 일과 수입 보장이 공존하는 노동	② 독점적 지배에서 자유로운 노동	③ 불평등 수탈에서 자유로운 노동	① 좋은 조건에서 일하는 노동

다. 구현가치

	기술·데이터·정보	사회·소통·통합	경제·반독점·혁신	정치·거버넌스·규범	인간·환경·보건
민주	③ 기술기반 디지털 대표성 확보	⑤ 디지털 사회적 자본		① 디지털 참여의 가치 ② 디지털 저항의 가치	④ 알고리즘 투명성
평화	① 사이버 평화	⑤ 시민사회의 디지털 평화	④ [경제] 데이터 안보	③ 디지털 평화감시와 평화유지	② 알고리즘 평화
지속가능성			③ 디지털 통합을 위한 공유	④ 협력적 참여 거버넌스	① 환경적 지속가능성 ② 보건의료적 지속가능성 ⑤ 포스트휴먼과 지속가능성

1 기술·데이터·정보

첫째, 기술 인프라에의 평등한 접근과 데이터·정보의 자유와 개방, 사이버·데이터 환경의 안전 또는 안보의 확보 문제이다.

이러한 기술·데이터·정보와 관련된 문제는 디지털 사회에서 반드시 지켜야 할 근본가치인 존엄, 자유, 평등, 정의 등과 연관된다. 위치기반 서비스, 결제 서비스 등의 과정에서 이루어지는 데이터·정보 수집과 빅데이터 집계는 개인정보 보호 문제를 더욱 쟁점화하며 사생활 보호와 관련된 존엄 가치의 의미를 부각시키고 있다. 사생활이나 개인정보 이외에도 초상권 침해나 잊힐 권리, 자기정보 관리통제권 등과 같은 인격권 행사 문제도 존엄의 가치와 관련된다. 자유의 관점에서 본 인프라 접근성, 공공 데이터 개방과 정보공유 문제도 기술·데이터·정보 가치의 중요한 부분이다. 이는 인프라-기술-정보-데이터 관련 평등의 가치와도 통하는데, 인프라 구축을 통한 인터넷 접속 및 디지털 기기에의 접근을 위한 글로벌 연결성 확보, 디지털 기술에의 접근성 증대, 망 중립성 보장(사용자, 내용, 데이터 양, 장비, 플랫폼 등에 따른 차별 금지), 데이터 접근성 등의 문제를 내용으로 한다. 정의의 관점에서 보면, 오픈 데이터, 공공 데이터, 공익 데이터 등은 디지털 사회에서 분배정의의 대상으로 이해되는 이슈로서 공익 목적에 따른 데이터의 개방 및 공동 활용을 위한 제도적 기반 확보를 필요로 한다.

이러한 근본가치를 추구하는 과정에서 안전, 교육, 노동 등과 같은 실행가치의 모색도 중요하다. 안전의 관점에서 보면, 시스템 실패와 같은 기술적 오류나 사이버 공격으로부터의 안전, 정보통신 인프라의 안정성, 빅데이터 분석 환경에서의 안전이 보장되어야 한다. 특히 개인정보 보호 이슈는 최근 데이터 안보 문제로 인식되고 있다. 또한 교육의 관점에서 볼 때, 모든 시민이 디지털 기술과 기기를 자유롭게 사용할 수 있는 역량과 기회를 누리는 디지털 접근성 및 문해력의 확보도 중요한 가치라고 할 수 있다.

노동의 관점에서도 플랫폼 활동의 기술적 매커니즘에 휘둘리지 않고 자유롭게 일할 수 있는 권리도 중요한 가치이다.

이러한 기술·데이터·정보 분야의 가치 추구로 구현될 가치라는 관점에서 본 민주, 평화, 지속가능성에도 주목해야 한다. 민주의 관점에서 볼 때, 기술시스템에 기반을 둔 대표성 확보 문제가 관건 중의 하나인데, 대의민주주의에서 민주적 대표성의 위기를 극복하고 민주주의를 강화하려는 방법으로 데이터 기반의 심의와 의사결정 등과 같은, 디지털 기술을 활용하여 많은 시민의 참여를 확대하려는 시도가 진행 중이다. 이러한 과정에서 기술·데이터·정보 변수는 정치적·경제적 권력에 대해서 투명한 운영을 요구하는 의미를 갖는다. 또한 평화의 관점에서 볼 때, 디지털 기술 자체를 평화롭게 사용할 뿐만 아니라 더 나아가 사이버 공간의 평화를 유지하는 것은 중요한 가치 중의 하나이다. 지속가능성의 관점에서 보아도 디지털 공공재라는 관점에서 기술시스템의 지속가능성도 중요한 구현가치라고 할 수 있다.

2   사회·소통·통합

둘째, 사회적 소통의 활성화를 통해서 디지털 격차의 심화로 인한 사회적 갈등과 혐오로 치닫지 않고 사회적 통합을 달성하는 문제이다.

사회·소통·통합을 위한 근본가치라는 점에서 디지털 네트워크의 보급은 집단 갈등과 혐오를 부추기며, 디지털 공간에서의 존엄성 개념을 침해할 가능성이 있다. 예를 들어, 이러한 과정에서 온라인 괴롭힘이나 사이버폭력 등의 문제는 인간 존엄에 대한 훼손으로 이어질 수 있다. 자유의 관점에서는 온라인상 표현의 자유, 온라인상 정보 선별로 인한 인식 통제로부터의 사상의 자유, 인터넷 언론에 대한 규제로부터의 자유 등이 근본가치라고 할 수 있다. 평등의 관점에서 인종평등이나 양성평등이 쟁점인데, 성별, 인종, 피부색, 나이, 국적 등에 따른 차별·편향이나 알고리즘에 의해서 불평등한 대우를 받지 않을 가치가 중요하다. 오히려 디지털 기술을 활용하여 불평등을 해소하는 노력을 해야 할 것이다. 결국 문화적, 종교적, 언어적 등의 다양성을 존중하고, 디지털 기술의 이점을 모든 사람이 사용하는 디지털 포용성이 중요한 가치가 된다. 디지털 포용은 정의의 관점에서도 중요한 가치이다. 디지털 격차를 해소하고 디지털 공공서비스에 대한 접근성을 보장하는 디지털 복지가 그중 하나이다.

이러한 사회·소통·통합의 근본가치를 추구하기 위한 실행가치라는 시각에서 안전을 보면, 안전하고 신뢰할 수 있는 디지털 환경을 만드는 차원에서 가짜뉴스 방지, 혐오 표현 등 유해 콘텐츠 관리가 쟁점이다. 온라인 공간에 유포되는 정보는 실시간 검증이 불가능하기 때문에 순식간에 사회 전체로 확산될 수 있으며 사회 전체를 혼란과 갈등에 빠뜨릴 수도 있다. 따라서 교육의 경우와 같이, 온라인상 교류와 협력을 도모하기 위한 디지털 의사소통 및 공감 능력, 디지털 에티켓의 배양이 필요하다. 서로를 존중하는 시민의 양성이 평화롭고 민주적인 공동체를 만드는 데 기여할 것이기 때문이다. 또한 디지털 사회의 노동에 있어서, '활동'과 '일,' 그리고 '노동'을 통한 수입보장이 공존하는 것도 중요한 가치이다. 노동하고 일하면서 삶의 의미를 찾으려면 노동, 일, 혹은 활동으로 의식주를 포함한 문화생활을 유지하며 노동력 재생산이 가능하고 행복을 추구할 수 있는 조건이 마련되어야 하기 때문이다.

이러한 실현된 구현가치라는 점에서 민주는 더 나은 민주주의의 공고화를 위하여 디지털 사회적 자본을 축적하는 문제이다. 이러한 민주의 가치를 구현하기 위해서는 신뢰와 호혜의 규범을 바탕으로 하는 수평적 네트워크의 구성이 중요하다. 이러한 과정에서 디지털 사회적 자본의 선순환 효과를 바탕으로 민주적 가치는 더욱 풍부해진다. 평화의 경우, 디지털 커뮤니케이션을 통한 시민사회의 디지털 평화를 구현하는 것이 중요한 가치로 설정될 수 있다. 또한 지속가능성의 경우, 디지털 통합을 위한 공유와 포용을 통해서 사회적 기여와 책임을 구현하는 것을 가치로 설정할 수 있다.

3 경제·반독점·혁신

셋째, 자유와 혁신, 창의성을 진작하는 경제활동의 환경을 조성하는 차원에서 플랫폼 경제의 독점화 우려를 불식시킬 수 있는 조치를 확보하는 문제이다.

경제적 근본가치로서 존엄은 최소한의 삶의 수준 영위를 통한 품위의 유지로 나타난다. 디지털 경제 분야의 창업 및 사업 등과 같은 경제활동을 벌이는 자유도 중요하다. 평등의 관점에서 볼 때, 디지털 평등은 중요한 가치이다. 빅테크 기업들의 디지털 카르텔 형성은 소득 불평등을 심화시킬 가능성이 있어, 반독점을 위한 환경 조성이 필요하다. 정의의 관점에서 보아도 독점 방지와 공정한 디지털 경제 질서의 구축을 통한 소비자 보호는 중요한 가치이다. 이는 분배적 정의의 문제이자, 디지털 경제의 공정성 문제로 통한다. 최근에는 국내외 기업 간 규제 역차별 문제도 정의 또는 평등의 관점에서 관건이 된 바 있다.

이러한 근본가치의 보장을 위한 실행가치의 추구라는 점에서 안전은 중요한 가치인데, 디지털 사회의 양극화를 야기하는 신흥안보 이슈로서 이른바 사회적 안보societal security가 최근 주목을 끌고 있다. 교육에 있어서도, 디지털 기술을 창의적으로 활용하고 지속가능한 발전을 위한 디지털 환경의 혁신을 담당할 디지털 역량과 창의성의 배양은 중요한 가치이다. 노동의 경우, 디지털 경제 시대에 독점 플랫폼의 지배에서 벗어나 안전하고 자유롭게 노동하는 것도 중요한 가치로 인식된다.

이러한 경제적 가치 추구의 결과로 실현된 구현가치라는 점에서 민주도 새롭게 볼 필요가 있는데, 디지털 기업의 권력 행사에 책임을 요구할 시민권-소비자 권리 주장이나 좀 더 포괄적인 경제구조의 맥락에서 본 경제민주화 추구의 가치도 중요하다. 경제적 가치의 관점에서 본 평화는 최근 공급망 안정성 문제와 더불어 제기되었는데, 디지털 경제의 핵심 사안으로는 데이터 안보가 쟁점이다. 경제적 가치의 관점에서 본 지속가능성의 경우 핵심은 포용적 혁신성장, 즉 기술혁신에 의한 균형적 발전을 지속하는 문제이다. 이는 장기적으로 경제성장의 지속가능성을 위한 디지털 통합의 환경을 조성하고 이에 대한 접근성을 늘리는 문제로 반영된다.

4 정치·거버넌스·규범

넷째, 디지털 기술시스템을 활용하여 디지털 대표성을 증대하는 문제와 더불어 디지털 환경을 매개로 한 집회 및 결사의 자유 보장을 통한 참여의 활성화와 좀 더 넓은 의미에서 본 협력적 거버넌스의 구축 문제이다.

정치적 근본가치로서 존엄에 대한 최근의 논의는 인간 행위자가 아닌 기계나 프로그램에도 정치적 권리를 줄 수 있느냐에 집중되어 있다. 특히 이는 인공지능AI에 법적 권한 및 책임과 청구권을 부여하는 문제로 나타났다. 다시 말해, AI에게 윤리적, 법적, 정치적 권리와 의무 등을 지울 정도로 법인격과 존엄의 개념을 적용할 수 있는지의 문제이다. 이는 정의의 관점에서 본 디지털 공정성 확보 문제와도 연계된다. 디지털 사회의 다양한 갈등과 분쟁을 공정하게 조망해 줄 사법제도를 구현하기 위해 AI 기술의 사법적 활용 가능성과 한계에 대한 논의가 진행 중이다. 한편, 디지털 환경을 배경으로 한 집회 및 결사의 자유 보장도 쟁점이다. 디지털 정치적 평등이라는 관점에서 본 기회의 평등은 중요한 가치이다. 기회의 평등은 디지털 사회에서도 삶의 평등을 보장하는 전제조건이다. 다양한 기회가 보장되도록 알고리즘이 설계되어야 한다는 것이다.

이러한 근본가치를 추구하기 위한 실행가치라는 점에서 최근 주목받는 것은 안전 가치이다. 정보통신의 안전성과 비밀보장의 문제뿐만 아니라 온라인상에서 발생하는 사이버 폭력의 방지도 중요한 안전 가치이다. 이미 보편화된 SNS, 메일, 인터넷 커뮤니티 활동 등을 통해 개인이나 집단이 특정인에 가할 수 있는 광범위한 폭력 행위를 방지해야 한다. 사이버 범죄의 관점에서 본 음란물 통제, 인터넷 사기, 보이스 피싱 등도 쟁점이다. 특히 최근 국가적 차원에서 논란이 되는 사이버 범죄 및 사이버 안보 문제도 있다. 조직 단위의 해킹이나 데이터 조작 등 위협행위뿐만 아니라 포스트휴먼 환경이 제기하는 불확실성에 대한 대비 등이 국가안보 차원에서 조치가 필요한 사안으로 거론된다. 이러한 관점에서 보면, 교육에서 강조하는 사회구성원의 디지털 도덕성과 디지털 시민의식의 배양은 중요한 가치이다. 노동의 경우에도 열악한 디지털 환경에서 노동하는 것을 거부하거나 불평등하고 불공정한 플랫폼 약관과 계약 등을 거부하는 행위도 디지털 사회의 가치로 인정될 수 있다.

이러한 가치 추구의 결과로 실현된 구현가치라는 점에서, 민주는 매우 중요한 정치적 가치이다. 특히 디지털 사회에서는 민주의 가치를 확장·심화시키는 하위가치로서 디지털 참여권과 디지털 저항권이 주목을 받고 있다. 디지털 참여권은 온라인 청원, 온라인 자문, 온라인 입법 등과 같이, 디지털 사회에서 정책 및 행정과정에 일반 시민이 참여해 정책 결정 등에 영향을 미칠 수 있는 권리이다. 디지털 저항권은 디지털 사회에서 국가권력에 의해 헌법 기본원리가 침해당하고 다른 합법적인 구제 수단으로는 목적을 달성할 수 없을 때 가지는 국민의 권리이다. 한편, 평화의 관점에서 볼 때, 신뢰 구축을 통한 디지털 평화감시와 유지, 그리고 지속적이고 포용적인 협력 및 규제 체제의 구축이라고 하는 넓은 의미에서 본 디지털 평화는 중요한 가치이다. 지속가능성의 경우, 정치적으로 디지털 참여의 다양성을 보장하는 협력적 참여 거버넌스도 중요한 가치로 인식된다. 다양한 행위자들의 의견을 조율하고, 때로는 상충하는 이해관계를 조율하며, 디지털 전환의 방향성에 대한 사회적 합의를 이루어 나가기 위해서는 협력적 참여 거버넌스가 필요하다.

5   인간·환경·보건

끝으로, 이 연구에서 가장 많이 제기된 핵심가치 문제는 디지털 기술의 발달로 인해 인간 존엄성에 대한 위협이 제기되고 인간이 아닌 비인간 non-human 존재로서 알고리즘의 위상과 역할을 설정하는 문제이다.

인간적 근본가치라는 점에서 디지털 사회에서도 인간의 생명과 관련된 문제는 매우 중요한 존엄과 관련된 가치이다. 특히 디지털 기술과 융합된 바이오 기술의 발전은 인간의 생명과 존엄의 문제를 다시 생각하게 만들고 있다. 이외에도 인격모독, 명예훼손. 비인도적 행위, 지나친 감시, 온라인 폭력 등의 문제도 인간 존엄을 침해하는 행위로 간주된다. 한편, 디지털 사회에서 AI 알고리즘에 의한 각종 판단이 인간을 '대상화'할 우려가 제기되는 상황도 존엄의 문제를 고민케 하는 대목이다. 자유의 관점에서 보아도 디지털 전환이 심화됨에 따라 거대 기술권력이 인간의 자유를 위협하는 상황에 대한 우려가 커지고 있다. 평등과 관련해서도 인종, 성별 등의 차이로 인해서 불평등한 대우를 받아서는 안 된다는 가치는 지속될 것이다. 특히 AI의 설계에 이러한 차이가 반영돼서는 안 된다는 인식도 확대되고 있다. 정의의 관점에서 보아도, 디지털 경제로의 급격한 전환 과정에서 발생하는 로봇 도입에 따른 일자리 감소 등의 사회적 문제는 인간 존엄과 관련된 문제제기를 하며, 이를 해결하기 위한 방안으로서 로봇세, 디지털세 등이 논의되고 있다.

이러한 인간적 근본가치를 추구하는 실행가치라는 점에서도, 디지털 중독 방지 등에서 드러나는 안전의 가치는 인간 정체성 보호의 문제로 이해할 수 있다. 누구나 스마트 기기를 보유하게 되면서 일상에 지장을 초래할 만큼 중독을 호소하는 현상들이 증가하고 있으며 일상과의 균형을 모색하는 문제가 화두가 되고 있다. 따라서 교육을 통해서 인간 주체가 기술에 종속되지 않는, 디지털 자율성과 주도성을 지닌 존재로 길러지는 것이 중요하다. 노동의 관점에서 볼 때, 좋은 조건에서 삶의 의미를 찾으면서 일하고 노동하는 것은 중요한 가치이다. 이러한 과정에서 AI와 함께 일할 권리, AI로 인해서 노동에서 소외되지 않을 권리 등이 중요한 가치로 제기된다. 디지털 사회에서도 노동은 디지털 시대의 기본적인 인권과 가치의 토대를 마련하는 의미를 지닌다.

이러한 가치 추구의 결과로 실현된 구현가치라는 점에서, 민주는 알고리즘에 의한 지배, 즉 알고크라시algocracy와 연관되는데, 쟁점은 AI 알고리즘이 지닌 불투명성 해소이다. 평화의 경우에도 알고리즘 평화의 개념을 설정할 수 있는데, 이는 AI 알고리즘을 인류평화에 기여할 수 있는 방향으로 설계해야 한다는 규범적 함의를 담고 있다. 이는 포괄적인 의미에서 포스트휴먼의 세계에서 고민해야 하는 평화 문제로 귀결된다. 디지털 사회에서 지속가능성도 쟁점인데, 이는 생태 환경을 해치지 않고 새로운 디지털 기술을 발전시키는 환경적 지속가능성을 핵심으로 한다. 보건의료적 지속가능성도 관건인데, 코로나19가 야기한 위기 극복을 위해 디지털 기술을 사용하는 문제로 제기된 바 있다. 한편 인간 중심적이었던 기존의 지속가능성 개념을 넘어서 인간, 동물, 환경 그리고 디지털 기술로 인해 생성되는 새로운 비인간 존재들도 아우르는 지속가능성 개념도 필요하다.

V 맺음말

흔히 4차 산업혁명으로 일컬어지는 디지털 기술의 혁신으로 인해 오늘날 개인과 사회가 경험하고 있는 변화는 빠르고 복잡한데다 여전히 진행 중이기에 그 본질과 방향을 가늠하기가 쉽지 않다. 게다가 기술적 발전은 일반적으로 효율성의 향상, 물질적 풍요와 진보, 빈곤과 결핍으로부터의 해방을 가져올 것으로 기대되지만, 환경오염, 빈부격차의 확대와 같은 문제를 야기하기도 하였음을 역사적으로 확인할 수 있다. 마찬가지로 현재의 디지털 대전환 역시 그 결과를 가늠하기 쉽지 않으며, 실제로 긍정적인 변화뿐만 아니라 어려움과 난관을 예상하는 복합적 전망이 제시된다.

따라서 디지털 사회로의 변화를 포괄적이고 다학제적으로 다루는 이 연구의 논의는 디지털 대전환과 향후 사회에 대한 이해를 돕는 의의를 가진다. 이러한 이해를 바탕으로 개인, 정부, 기업 등을 비롯한 여러 주체들은 디지털 기술이 가진 잠재력과 저력 그리고 위험성을 파악하고, 나아가 기술을 긍정적으로 활용하면서 부정적인 영향을 최소화하는 방안을 모색할 수 있을 것이다.

디지털 대전환을 거치며 우리가 살아가는 공동체의 정치, 사회, 경제적 구조 또한 크게 변화할 것으로 예상된다. 따라서 이러한 변화에 부응하여 사회적 가치와 규범에 대한 새로운 논의가 이루어져야 한다. 이 연구는 디지털 사회의 가치를 고찰함에 있어서 인문사회적 탐구와 기술과학적 분석을 결합한 시도로서 의의를 가진다. 폭넓은 사례와 영역을 다양한 관점에서 검토한 이 연구가 제시하는 기본가치는 해당 사안에 대한 관심을 고취시키고 활발한 사회적 논의를 유도하며 결과적으로 디지털 사회를 구성하고 운영하는 핵심적 가치와 원칙에 관한 공동의 합의를 도출할 수 있게 하는 기반이 될 것으로 기대한다. 이러한 기대효과를 각 가치개념에 대한 논의로부터 도출해 보면 아래와 같다.

1   근본가치 논의에 주는 시사점

존엄에 대한 논의와 관련하여, 지난 산업화 시대의 급격한 사회변화로 인해 우리 사회는 공동의 가치를 상실했으며, 이후 지역 간, 세대 간, 성별 간 집단의 대립이 극심해지는 상황에 처해 있다. 상호 존중의 근간이 되는 존엄의 의미와 세부가치를 검토하고 이를 구성원들이 함께 공유할 때, 미래 디지털 사회로의 전환 속에서도 우리 공동체의 안정과 조화를 유지할 수 있을 것이다.

자유에 대한 논의와 관련하여, 이 연구는 디지털 사회에서의 자유 추구가 방종으로 흐르거나, 사회의 다른 주요 가치 등과 충돌할 가능성이 있는지, 이런 상황을 어떻게 조정할 수 있는지에 대한 질문을 제기하였다. 자유에 따르는 의무와 윤리 문제 등을 둘러싼 논의가 복합화되는 가운데, 디지털 사회의 주요 가치 사이에서 조정을 해야 하는 경우에 어떤 기준을 가져야 할지 다각적인 논의가 계속되기를 기대하고 있다.

평등에 대한 논의와 관련하여, 평등은 사회 기본가치로 지속적으로 추구되며 기술을 통한 평등 실현이 기대되어 왔다. 특히 인터넷은 등장할 때부터 자유와 평등을 기본가치로 하며 시공간에 제약 없는 정보 교류와 소통에 기반을 둔 사회참여적 변화를 가능하게 하는 이퀄라이저equalizer로 생각되었다. 그러나 인터넷 접속 및 기술 접근이라는 새로운 불평등을 초래하고 인공지능AI 등의 디지털 기술에 의해 자동화된 불평등을 심화시키며 기술 설계자나 빅테크 플랫폼에 의해 편향 및 불평등이 재생산되는 양상을 보이고 있다. 이에 '디지털 평등digital equality'을 '인간 존엄과 행복 추구의 차별 없는 상태이며 이를 추구하는 전반적인 과정의 평등 상태'로 개념화하고 본원적 가치 실현과 기회 평등을 반영할 수 있는 알고리즘 규제와 설계에 의한 평등equality by design을 구체적으로 마련하여 구조화된 평등 시스템을 구현한다면 디지털 평등 실현의 가능성이 제고될 것으로 기대된다.

정의에 대한 논의와 관련하여, 정의의 개념은 시대와 논자에 따라 다양하기에 무엇이 정의인가에 대한 합의는 현대 국가에서는 국가와 법의 첫째 덕목으로서 최고 규범인 「헌법」에서 기본적 자유에 대한 보장, 인간의 존엄과 가치 존중으로 나타난다. 또한 비록 정의의 원칙에 대한 합의가 없더라도 절차적 정의를 통해 정의롭지 못한 결과, 불공정한 결과를 피할 수 있을 것이라는 기대는 사회의 다양한 영역에서 헌법적 가치를 준수하며 정확하고 투명하게 공개된 기준에 따른 정의로운 절차가 법제도를 통해 설계되는 것에 주목하게 된다. 디지털 사회는 데이터가 핵심 자산이 되고 데이터의 활용으로 기존 정보와 지식이 재생산되는 사회이다. 공익 목적의 데이터 개방, 공정한 데이터 경제 질서의 확립은 데이터를 향유하는 국민들의 기본권 보장에 기여할 것이다. 아울러 디지털 경제 시대 새로운 경제활동에 상응하는 세원을 확보하여 재정적 기반을 강화하고, 정보격차 문제를 해소하기 위한 디지털 포용 정책을 적극 시행함으로써 디지털 경제로의 전환이 야기하는 사회구조적 문제와 디지털 사회에서 사회경제적 불평등에 효과적으로 대응할 수 있을 것이다. 아울러 공정성과 투명성이 확보된 지능정보 기술을 사법제도에 접목함으로써 디지털 사회의 복잡·다양한 갈등을 효과적이고 공정하게 해소함으로써 디지털 사회 정의 실현을 위한 기반이 제고될 것으로 기대된다.

2 실행가치 논의에 주는 시사점

안전에 대한 논의와 관련하여, 물리적 안전과 안보의 개념이 혼재되어 있는 디지털 사회에서의 안전이란 결국 초연결된 상호작용 과정에 상존하는 기능적, 경제적, 환경적, 정서적 위해요소 등으로부터 자유로운 환경임을 알 수 있다. 또한 언제, 어디서나 신뢰할 수 있는 정보를 통해 위험을 효과적으로 인식하고 관리할 수 있는 기술적·제도적·문화적 기반을 갖추고 있어야 한다. 디지털 사회의 안전이 갖는 개념적 의미와 가치에 대한 고찰은 다음의 세 가지 측면에서 사회 전반의 전일적holistic 대응 역량을 강화하는 데 중요한 시사점을 제공할 수 있다.

우선, 디지털 환경에서 제기되는 다양한 잠재적 위험에 대해 예방뿐만 아니라 회복과 적응과정에서 사회시스템의 원활한 기능을 유지할 수 있는 '회복력resilience'의 관점에서의 접근의 중요성이다. 둘째, 정부와 전문가, 시민 간의 소통 강화를 통해 사이버 공간의 잠재적 위험에 대해 모든 구성원들이 공유하고 디지털 안전문화를 일상에서 실천할 수 있는 사회적 수용성의 향상 방안이 시급함을 보여준다. 셋째, 보다 근본적인 디지털 일상에서의 현대인의 사회적 욕구와 행동양식에 대한 이해의 바탕 위에 기술적 편의를 고려할 수 있는 학제 간 연구와 논의의 공간이 지속적으로 필요함을 시사한다.

교육에 대한 논의와 관련하여, 디지털 전환에 대응하고 디지털 사회를 주도적으로 형성하기 위해서는 교육을 통한 사회 구성원의 의식, 태도, 기술, 지식의 변화와 교육 제도와 방식 그 자체의 변화가 모두 필요하다. 새로운 기술에 의해 맞이하는 사회에서 우리가 지향하는 바를 전반적으로 고려하여 이를 토대로 도출한 디지털 교육의 세부 가치는 디지털 전환에서 파생되는 부작용과 문제점을 극복하는 한편 발전과 혁신의 기회를 극대화하기 위한 교육을 설계하고 실행하는 과정에 있어서 지침의 역할을 수행할 수 있으리라고 기대한다.

노동에 대한 논의와 관련하여, 디지털 사회에서도 노동, 일, 혹은 활동으로 의식주를 포함한 문화생활을 유지하며 노동력 재생산이 가능하고 행복을 추구할 수 있는 조건이 마련되어야 한다. 디지털 시대의 노동과 일, 활동이 어떻게 변화하고 있는지를 점검해보고, 노동과 일, 활동의 세 가지 영역에서 생겨나는 새로운 문제점이 무엇인가를 알아보았다. 이에 더해, 노동과 일, 활동 세 영역에서 제도적 장치와 대안이 어떻게 만들어져야 하는지에 대해 살펴보았고, 디지털 시대의 기본가치를 구체화하기 위해 노동, 일, 활동을 재정립하기 위한 정책적 고려의 출발점을 제시하였다.

3   구현가치 논의에 주는 시사점

민주에 대한 논의와 관련하여, 미래 디지털 사회의 민주가 중요한 의미로 자리 잡기 위해서는 다음과 같은 요인들을 충분히 고려해야 할 것이다. 첫째, 민주라는 가치가 가지는 본질적으로 '불완전하고 진화하고 있는 유동적인 가치'라는 점을 인식해야 할 것이다. 둘째, 대의민주주의 위기를 극복하려는 시도는 계속되고 있지만, 디지털 기술이 도입된다고 하더라도 민주주의 자체의 문제가 아닌 주변부에서 새로운 문제가 나타나고 있어 이에 대한 끊임없는 개선 노력이 요구된다. 셋째, 미래 디지털 사회의 가치로서의 민주의 '이중성'을 파악하는 것이 요구된다. 디지털 사회의 민주가치는 위협요인도 많고 최근에는 4차 산업혁명 기술이 발전하면서 인공지능 알고크라시, 시민 감시, 디지털 권위주의 또는 독재, 빅데이터 왜곡, 딥 페이크 등을 해결하기 위한 관심과 노력이 필요할 것이다. 이는 국가만의 문제가 아니라 글로벌 디지털 기업, 시민사회 등의 관심과 개선 의지도 요구된다. 그런 차원에서 디지털 미래에서의 협력과 신뢰의 공공재인 디지털 사회적 자본digital social capital이 중요하다.

미래 디지털 사회의 가치로서 민주는 이중적인 전망이 교차하고 있는 만큼 더욱 디지털 기술과 사회, 디지털 기술과 정치와의 상호작용을 통한 올바른 민주주의를 제시하는 노력을 게을리 해서는 안 될 것이다. 현명한 디지털 시민의 권능 강화empowerment는 미래 디지털 민주주의 공고화를 가늠하는 중요한 잣대가 될 것이다. 그런 차원에서 극단의 전망이 교차하는 미래 사회의 디지털 시민성과 시민교육, 자유와 평등의 의미, 민주적 가치가 연계되어 바람직한 디지털 사회의 장단기 대안을 마련해야 할 것이다. 이를 위한 법·제도 차원의 선제 대응 노력도 필요하다. 불확실하고 가변적인 디지털 가치의 선순환적인 발전을 위한 정치·사회·문화 등 전 영역에서의 예측과 제도적 대응을 사전에 준비할 필요가 있다.

평화에 대한 논의와 관련하여, 신흥안보 개념이 더 이론적으로 발전되기 위해서는 개인과 국가의 '안보'보다 국가 간 더 적극적인 협력과 조화로운 관계를 지향하는 '평화'의 개념을 담는 '신흥평화' 혹은 '신평화'가 기존의 평화연구처럼 주요 연구 영역으로서 다루어져야 한다. 그러한 의미에서 디지털 평화의 개념과 디지털 평화의 다양한 하위개념은 새로운 기술, 새로운 이슈와 문제의 출현에 따라 얼마든지 확장되거나 세분화될 수 있다. 디지털 평화의 다양한 하위개념을 만들어내는 것은 정책 현장에서 디지털 기술과 관련된 여러 복잡한 이슈를 분석하고 특정 문제에 대해 적절한 구체적 해결책을 논의하고 마련하는 데에도 실제적인 도움을 줄 것이다.

지속가능성에 대한 논의와 관련하여, 지속가능성을 위해 디지털 통합이 전제되어야 함을 새삼 강조할 수 있다. 디지털 전환은 사회의 각계각층에 변화를 불러오고 있으며, 다양한 행위자들을 이해당사자로 만들고 있다. 지속가능성을 내포한 디지털 전환을 위해서는 다양한 이해당사자들이 협력하며 논의하고 참여할 수 있는 거버넌스 틀이 필요하다. 왜냐하면, 다양한 행위자들은 지속가능한 디지털 전환에 대해 다양한 시각과 의견을 가지고 있을 것이기 때문이다. 이들 간에 의견을 조율하고, 때로는 상충하는 이해관계를 조율하고, 디지털 전환의 방향성에 대한 사회적 합의를 이루어 나가기 위해서는 협력적 참여 거버넌스가 필요하다. 빠르게 변화하는 디지털 기술에 대응하는 제도와 정책을 수립 및 이행해 나가기 위해서는, 정부의 대응만으로는 신속하지 못하고 필요한 역량이 결핍되어 있을 수도 있다. 민간의 참여가 필요하며, 이를 지속적으로 유지하며, 적절한 협치 관계를 수립하고 지속적으로 가꿔나갈 수 있는 거버넌스가 요구된다.

4   향후 연구과제

이상에서 살펴본 핵심가치에 대한 논의의 연속선상에서 향후 연구과제를 제기할 겸해서 언급할 문제는 각 세부가치 간의 갈등양상 및 상호 보완관계를 파악하는 작업의 중요성이다. 이 연구에서 살펴본 다양한 기본가치들은 동일한 층위에 있지 않을 뿐만 아니라 상호 충돌하기도 하며, 경우에 따라서는 서로 보완하는 관계에 놓여 있기도 하다. 게다가 이들 세부가치는 사회적·문화적 맥락에서 다르게 이해될 뿐만 아니라 시대에 따라서 진화해 오기도 했다. 이러한 점을 염두에 두고 세 가지 문제를 향후 연구과제로서 제기해보면 아래와 같다.

첫째, 디지털 사회에서 제기되는 기본가치 간의 충돌과 갈등 양상을 분석하는 연구가 필요하다. 예를 들어, 디지털 사회에서 자유와 정의는 갈등 관계에 놓일 가능성이 있다. 이는 디지털 경제의 활성화와 플랫폼 독점에 대한 규제 논란, 빅데이터 기반 사업의 데이터 독점과 신규 사업자에 대한 진입장벽, 디지털 격차의 해소, 디지털세 또는 로봇세의 도입, 알고리즘 가격담합 규제 문제 등으로 나타난다. 또한 자유와 안전 개념의 충돌도 주목거리다. 경제적·정치적 자유와 기술적·사회적 안전 사이에서 발생하는 갈등의 사례로는 최근 발생한 코로나19 확산 방지 등을 위해 실시된 이동 및 집합 금지, 경제활동의 제한, 개인정보의 광범위한 수집 등의 조치가 디지털 기술과 결합되어 자유를 침해하고 있다는 논란에서 발견된다. 사회적 안전과 표현의 자유 침해 간 갈등, 기업활동이나 데이터의 자유 문제, 표현의 자유(익명성)와 혐오발언이나 가짜뉴스 사이의 갈등도 최근 논란거리이다. 자유와 평등의 충돌도 간과할 수 없다. 평등은 기본가치로 지속적으로 추구되며 기술을 통한 평등 실현이 기대되어 왔다. 특히 인터넷은 등장할 때부터 자유와 평등을 기본가치로 추구해왔다. 그러나 역으로 인터넷은 새로운 불평등을 초래하고 심화시키며 빅테크 플랫폼에 의해 불평등을 재생산하는 양상을 보이기도 했다.

둘째, 디지털 사회의 기본가치 개념 간의 상호보완 관계에 대한 연구가 필요하다. 이는 주로 근본가치나 구현가치를 보완하는 실행가치의 사례에서 나타난다. 대표적인 사례는 교육이다. 디지털 문해력, 디지털 격차 해소의 당위성, 문화예술 향유권 등에서 보는 바와 같이, 교육 가치의 추구와 평등, 정의, 자유 등 가치 추구는 상호 보완적 관계에 있다. 교육 가치 추구와 노동, 존엄 등 가치 추구도 보완적 성격을 갖는다. 디지털 재교육, AI 로봇 도입과 인간의 일자리 대체, 디지털 에티켓, 디지털 공감 교육 등이 사례이다. 또한 교육 가치 추구와 안전, 존엄 등 가치 추구의 보완적 성격에도 주목해야 한다. 개인정보 보호와 기본권 주장, 디지털 시민성 교육, 디지털 디톡스와 아동청소년 보호 등이 사례이다. 노동의 경우를 사례로 보더라도 실행가치로서 노동이라는 가치를 지키지 못하면 다른 근본가치나 구현가치가 지켜질 수 없다. 노동은 존엄, 자유, 평등, 민주, 존엄 등의 가치에 이르는 통로와도 같다.

끝으로, 이 연구에서 다룬 기본가치들이 시대적 배경과 사회문화적 환경을 달리하면서 다르게 인식되고 진화한다는 점을 염두에 두어야 한다. 예를 들어, 코로나19 국면에서 논란이 된 것은 자유 개념이 각 사회마다 다르다는 사실이었다. 코로나19 위기 국면의 QR코드 찍기에서 나타난 바와 같이 서구적 의미의 '개인의 자유'와 동아시아적 의미의 '공동체적 자유' 또는 '모두를 위한 자유'는 비교문화 차원에서 논란이 되기도 했다. 이러한 가치 개념의 차이는 한 사회 내에서도 세대 간 차이로 나타나기도 한다. 자유는 사회적으로 학습되는 가치의 대표적인 사례이다. 또한 노동과 일, 활동의 개념도 해당 사회가 처한 구체적인 조건에 따라 달라진다. 새로운 기술적 조건은 인간의 노동과 일, 활동의 관계를 변화시킨다. 이른바 '개념사' 연구의 시각이 필요한 이유다.

참고 문헌

권인석. 2018. "사회적 가치: 담론적 시각과 비판적 관점에서." 『한국행정포럼』 163: 6-15.

김선희. 2021. "디지털 가상화의 매끄러움이 지니는 탈-현실화에 대한 철학적 분석: 니체와 한병철을 중심으로." 『동서철학연구』 100: 323-350.

김성철·박인서. 2018. "과학기술분야 정부출연(연)의 사회적 가치 제고방안에 대한 사례연구: 개념 정립과 기관 종합평가 반영 중심으로." 『한국기술혁신학회』 1033-1053.

김정렬. 2018. "공공성의 재인식과 사회적 가치 창출." 『한국행정포럼』 163: 16-23.

김주영. 2018. "미국의 디지털 기본권 논의에 대한 소고." 『헌법학연구』 24(2): 1-37.

김희. 2016. "디지털 융합 시대의 문화적 소외 양상 연구." 『대동철학』 77: 307-327.

김희. 2021. "장자의 자아 해체와 디지털 미디어 사회의 분열적 자기의식 비교연구." 『철학논총』 103: 45-68.

롤스, 존. 2003. 『정의론』. 황경식 역. 서울: 이학사.

박명규·이재열. 2018. 『사회적 가치와 사회혁신: 지속가능한 상생공동체를 위하여』. 파주: 한울아카데미.

박정희. 2018. "디지털 사회: 모바일 파놉티콘." 『대동철학』 85: 223-247.

벡, 울리히. 1997. 『위험사회』. 홍성태 역. 서울: 새물결.

손형섭. 2018. "일본에서의 디지털 기본권에 관한 연구." 『헌법학연구』 24(2): 171-210.

신승환. 2019. "디지털 시대의 인간이해와 인문학." 『인문과학』 116: 167-196.

양종모. 2017. "인공지능 알고리즘의 편향성, 불투명성이 법적 의사결정에 미치는 영향 및 규율 방안." 『법조』 66(3): 60-105.

오닐, 캐시. 2016. 『대량살상 수학무기』. 김정혜 역. 서울: 흐름출판.

오요한·홍성욱. 2018. "인공지능 알고리즘은 사람을 차별하는가." 『과학기술학연구』 18(3): 153-215.

오흥명. 2014. "무지에 관하여: 디지털 시대의 지식과 앎의 원천으로서의 무지." 『현상학과 현대철학』 63: 31-63.

우청원·김태양·장필성. 2020. "과학기술분야 출연(연) 사회적 가치 실현에 대한 정책제언." 『STEPI Insight』 1-36.

유뱅크스, 버지니아. 2018. 『자동화된 불평등』. 김영선 역. 서울: 북트리거.

윤정현. 2018. "디지털 위험사회의 극단적 사건(X-event) 사건 전망과 시사점." 『신안보연구』 3(1): 33-66.

윤정현. 2019. "인공지능과 블록체인의 도입이 사이버 안보의 공·수 비대칭 구도에 갖는 의미." 『국제정치논총』 59(4): 45-82.

월러치, 웬델·콜린 알렌. 2014. 『왜 로봇의 도덕인가』. 노태복 역. 서울: 메디치.

이선구. 2019. "알고리듬의 투명성과 설명가능성: GDPR을 중심으로." 서울대학교 인공지능정책 이니셔티브 이슈페이퍼.

이유선. 2008. "디지털 매체와 실재의 문제." 『사회와 철학』 16: 35-64.

이원경. 2018. "인터넷 미디어를 활용한 일본 사회운동 사례와 그 의의: 자유와 민주주의를 위한 학생긴급행동(SEALDs)의 활동을 중심으로." 『기억과 전망』 39: 292-335.

이재열. 2019. "시대적 전환과 공공성, 그리고 사회적 가치." 『한국행정연구』 28(3), 1-33.

이종관. 2013. "테크노퓨처리즘과 네오퓨처리즘의 대결, 그리고 그 화해를 향하여: 트랜스휴머니즘, 인공생명, 하이데거를 중심으로." 『현상학과 현대철학』 59: 5-49.

이종관. 2016. "스티브잡스와 하이데거의 은밀한 조우: Ipad HCI 혁신 속에 스며든 하이데거 현상학에 대한 고찰." 『현상학과 현대철학』 70: 97-123.

이종관·박승억·김종규·임형택. 2010. "디지털 문화산업의 융합기술에 대한 철학적 성찰." 『디지털 컨버전스 기반 미래연구(Ⅱ) 시리즈 10-02』. 과천: 정보통신정책연구원.

이종관·박승억·김종규·임형택. 2013. 『디지털 철학: 디지털 컨버전스와 미래의 철학』. 서울: 성균관대학교 출판부.

이중원 외. 2018. 『인공지능의 존재론』. 서울: 한울아카데미.

이향수·이성훈. 2019. "사회적 가치실현을 위한 정부혁신에 대한 연구: A 지방자치단체를 중심으로." 『디지털융복합연구』 17(6): 11-17.

이형석·전정환. 2020. "증오범죄와 표현의 자유―표현의 자유 위축효과와 헌법적 정당성을 중심으로―." 『법학연구』 79: 359-89.

임혁백·송경재·장우영. 2016. 『빅데이터 기반 헤테라키 민주주의』. 대구: 한국정보화진흥원.

장철준. 2019. "디지털 시대 헌법상 표현의 자유 개념 변화를 위한 시론: 혐오표현 문제를 중심으로." 『언론과법』 18(1): 71-102.

정세은. 2018. "잊혀질 권리와 기본권." 『고려법학』 88: 35-66.

정재도. 2020. "디지털 시대의 새로운 기본권으로서 인터넷 접근권에 관한 연구: 프랑스 헌법재판소 결정을 중심으로." 『서강법률논총』 9(2): 73-103.

정지범. 2008. 『국가종합위기관리: 이론과 실제』. 서울: 법문사.

정지범·이재열. 2009. 『재난에 강한 사회시스템 구축: 복원력과 사회적 자본』. 서울: 법문사.

조인성. 2014. "인터넷상 디지털 차원의 개별적 기본권에 관한 연구: 독일에서의 논의를 중심으로." 『홍익법학』 15(1): 1-27.

최이중. 2020. "과학기술의 경제적·사회적 가치 항목 탐색 및 구조화 연구." 『한국혁신학회지』 15(2): 237-61.

최창현. 2018. "사회적 가치의 조직운용에의 적용으로서 사회적 공헌 활동." 『한국행정포럼』 163: 24-31.

한국사회학회. 2017. 『사회적 가치: 협력, 혁신, 책임의 제도화』. 서울: 한국사회학회.

한종우. 2012. 『소셜 정치혁명세대의 탄생』. 전미영 옮김. 서울: 도서출판 부키.

헤이우드, 앤드류. 2004. 『정치학』. 조현수 옮김. 서울: 성균관대학교 출판부.

홍선기. 2020. "독일에서의 디지털 기본권에 대한 논의." 『유럽헌법연구』 33: 61-94.

황성기. 2018. "디지털 기본권의 의미와 내용." 『헌법학연구』 24(3): 1-38.

Barrantes, Roxana. 2007. "Analysis of ICT Demand: What Is Digital Poverty and How to Measure It?" In *Digital Poverty: Latin American and Caribbean Perspectives*, edited by Hernan Galperin and Judith Mariscal, 29-53. Ottawa: International Development Research Centre.

Benkler, Yochai. 2006. *The Wealth of Networks: How Social Production Transforms Markets and Freedom*. New Haven: Yale University Press.

Casti, John. 2012. *X-Events: The Collapse of Everything*. New York, William Morrow.

Chib, Arul. 2010. "The Aceh Besar Midwives with Mobile Phones Project: Design and Evaluation Perspectives Using the Information and Communication Technologies for Healthcare Development Model." *Journal of Computer-Mediated Communication* 15(3) (April): 500-525.

Council of Europe. 2016. Internet Governance - Council of Europe Strategy 2016-2019: Democracy, Human Rights, and the Rule of Law in the Digital World. Council of Europe.

Davison, Robert et al. 2014. "Information Technology in Developing Countries: Closing the Digital Divide." Journal of Global Information Technology Management 2(3) (September): 1-4.

Dutton, William H. 2009. "The Fifth Estate Emerging through the Network of Networks." *Prometheus* 27(1): 1-15.

Friesem, Yonty. 2015. "Developing Digital Empathy: A Holistic Approach to Media Literacy Research Methods." In *Handbook of Research on Media Literacy in the Digital Age*, vol. 1, edited by Melda. N. Yildiz and Jared. Keengwe, 145-160. Hershey, PA: IGI Global.

Friesem, Yonty. 2016. "Empathy for the Digital Age: Using Video Production to Enhance Social, Emotional, and Cognitive Skills." In *Emotions, Technology, and Behaviors*, edited by Sharon Y. Tettegah and Dorothy L. Espelage, 21-45. Amsterdam: Elsevier.

Heeks, Richard. 2009. "Where Next for ICTs and International Development?" In *ICTs for Development*, 29-74. Paris: Organisation for Economic Co-operation and Development.

Heeks, Richard and Angelica Valeria Ospina, eds. 2012. *ICTs, Climate Change and Development: Case Evidence*. Manchester, UK: Centre for Development Informatics, Institute for Development Policy and Management(IDPM), University of Manchester.

Hollenbach, David. 2014. "Human Dignity in Catholic Thought." In *The Cambridge Hand-*

book of Human Dignity: Interdisciplinary Perspectives, edited by Marcus Düwell, Jens Braarvig, Roger Brownsword and Dietmar Mieth, 250-259. Cambridge: Cambridge University Press.

Hornblower, Simon, Antony Spawforth, and Esther Eidinow, eds. 2012. The Oxford Classical Dictionary. Oxford: Oxford University Press.

Kadar, Massimiliano and Mateusz Bogdan. 2017. "'Big Data' and EU Merger Control - A Case Review." Journal of European Competition Law & Practice 8(8): 479-491.

Kant, Immanuel. 2007. Grundlegung zur Metaphysik der Sitten. Frankfurt am Main: Suhrkamp.

McIver, William et al. 2003. "The Internet and the Right to Communicate." First Monday 8, no. 12 (December).

Microsoft EU Policy Blog. Digital Peace. https://blogs.microsoft.com/eupolicy/digital-peace/ (검색일: 2021년 7월 25일).

Peacedirect. 2020. Digital Pathways for Peace: Insights and Lessons from a Global Online Consultation. https://www.peacedirect.org/wp-content/uploads/2020/08/PD-LVP-Tech-Report.pdf (검색일: 2021년 7월 25일).

Porter, Gina et al. 2016. "Mobile Phones and Education in Sub-Saharan Africa: From Youth Practice to Public Policy." Journal of International Development for Development 28(1): 22-39.

Rustow, Dankwart. 1970. "Transitions to democracy: Toward a dynamic model." Comparative Politics 2 (April): 337-363.

SecDev Group. 2017. "Digitally-Enabled Peace and Security: Reflections for the Youth, Peace and Security Agenda." https://www.youth4peace.info/system/files/2018-04/2.%20TP_Social%20Media_SecDev.pdf (검색일: 2021년 7월 25일).

Sey, Araba et al. 2013. Connecting People for Development: Why Public Access ICTs Matter, Technology & Social Change Group, University of Washington Information School.

Stucke, Maurice E. and Allen P. Grunes. 2015. "No Mistake About it: The Important Role of Antitrust in the Era of Big Data." University of Tennessee Legal Studies Research Paper no. 269.

United Nations Department of Political and Peacebuilding Affairs and Centre for Humanitarian Dialogue. 2019. Digital Technologies and Mediation in Armed Conflict. UN Department of Political and Peacebuilding Affairs and Centre for Humanitarian Dialogue.

United Nations University. Digital Peace. https://cs.unu.edu/research/labs/digital-peace (검색일: 2021년 7월 25일).

Waldron, Jeremy. 2013. "Citizenship and Dignity." In *Understanding Human Dignity*, edited by Christopher McCrudden, 327-343. Oxford: Oxford University Press.

Weiss, Martin G. "Enhancement or Post Human Dignity." In *The Cambridge Handbook of Human Dignity: Interdisciplinary Perspectives*, edited by Marcus Düwell, Jens Braarvig, Roger Brownsword and Dietmar Mieth, 319-331. Cambridge: Cambridge University Press.

World Economic Forum. 2021. *Global Risk Report 2021: Fractured Future*. Geneva: World Economic Forum.

比良友佳理. 2017. 「デジタル時代における著作権と表現の自由の衝突に関する制度論的研究」. 『知的財産法政策学研究』49: 25-76.

제1부

근본가치

1
존엄
DIGNITY

표광민
경북대학교 일반사회교육과

Ⅰ　머리말

　이 장은 디지털 사회에서 존엄성에 대한 논의가 어떠한 논쟁적 사안이
될 수 있는지를 검토하려 한다. 오늘날 대부분의 국가들에서 존엄성은 모
든 인간에게 부여된 보편적 가치로 인정받고 있다. 사회 전반의 혁신이 예
상되는 디지털 사회의 도래 속에서 존엄성 역시 그 근본가치로서의 지위
에도 불구하고 변화를 겪을 것으로 전망된다. 또한 이러한 존엄의 의미 변
화 속에서 여러 논쟁적 사안들이 등장할 것이라는 점 역시 쉽게 예측 가능
하다. 따라서 앞으로 다가올 디지털 사회에서 존엄을 요구하는 주체들 사
이의 갈등을 해소하고, 구성원들이 서로의 존엄을 존중할 수 있도록, 존엄
과 관련된 문제들이 어떻게 제기될 것인가를 검토함으로써 사회 갈등을
해소할 수 있는 함의를 도출하는 것이 이 연구의 목표이다. 이를 위해 이
글에서는 디지털 사회가 겪게 될 존엄의 의미 변화 양상과 그로 인해 초래
될 다양한 쟁점들을, 존엄과 관련된 '영역의 확장'이라는 측면에서 살펴보
려 한다.

영역의 확장이란 존엄성과 관련된 부문들이 증가하게 되는 것을 가리킨다. 인간이 침해 불가능한 존엄성을 지녔다는 규범적 선언은 법과 제도에 의해 구체적으로 실현되므로 인간의 존엄은 개별적 사안들과 직접적인 연관성을 지닌다. 디지털 전환의 시대에 발전된 정보통신 기술이 인간 삶의 다양한 영역들을 통계화, 전산화함에 따라 존엄성과 관련되는 사안들 역시 다양한 영역으로 확장될 것으로 보인다. 이러한 영역들 사이에서 구체적으로 어떠한 측면들이 존엄성의 유지와 보장을 위해 보호받아야 하는가는 사회 구성원들의 동의와 이해를 통해 결정되어야 한다는 점에서 정치적 논쟁의 대상이 될 것이다. 이미 우리 사회는 사형제도, 태아 생명권, 개인정보 보호 등 인간의 존엄성과 관련된 여러 논쟁을 겪고 있다. 디지털 사회에서는 더 많은 사안들이 인간의 존엄과 연관되는 존엄 영역의 확장 현상이 나타날 것이다.

Ⅱ 개념 논의: 존엄

존엄 개념은 본질적으로 그 의미에서 불확정성을 내재하고 있다. 인간의 존엄이 무엇이며 구체적으로 어떻게 보장받을 수 있는가는 역사와 문화에 따라 달라져 왔으며, 이는 존엄이 가변적인 개념으로서 사회의 변화와 함께 변화할 수밖에 없음을 함의한다. 물론 오늘날 대부분의 사회에서 존엄은 모든 인간이 지니고 있는 보편적 가치로 인정받고 있다. 이러한 인식에 따라 인간의 존엄은 인권 개념을 지지하는 근간으로 여겨지고 있다 (Griffin 2008, 21). 그러나 존엄이 애초부터 모든 인간에게 부여된 자명한 가치였던 것은 아니다. "인물이나 지위 따위가 감히 범할 수 없을 정도로 높고 엄숙함"이라는 국립국어대사전의 정의처럼, 존엄이라는 용어는 기본적으로 타자로부터 존경 및 존중을 받게 하는 가치나 품격 등을 가리킨다(국립국어원 표준국어대사전, "존엄"). 그런데 누구의 어떠한 특성이 타자의 존경과 존중을 받을 만한가라는 점은 시대적으로, 문화적으로 결정되게 된다. 이로 인해 존엄이 무엇이며 누구에게 부여되는가라는 핵심적 사항은 본질적으로 불확정적일 수밖에 없다.

존엄의 불확정성은 존엄 개념이 역사적으로 변천해 온 과정 속에서 지니게 된 이중적 의미를 통해 설명될 수 있다. 한편으로 로마적 연원을 갖는 고전적 의미로서의 존엄dignitas은 "귀족 체계와 위계적 업무에서 구체적 역할이나 직위에 부여된 지위"를 가리킨다. 즉 고대 사회에서의 존엄이란 특정한 계급, 직무, 직위status와 이에 상응하는 명예 등을 표상하는 용어로 사용되었다(McCrudden 2008, 656-657). 오늘날 우리가 인간이 출생과 더불어 자연히 존엄을 지닌다고 받아들이는 것과는 달리, 고대적 존엄은 인간이 혈통, 자질, 부 등에 따라 차등적으로 얻게 된 지위에 따른 것으로 여겨져 왔다(Sensen 2009, 312). 영국의 사례에서 알 수 있듯이, 귀족들은 작위의 순서인 공작duke, 후작marquis, 백작earl, 자작viscount, 남작baron에 따라 차등적인 존엄을 지닌 것으로 여겨졌다. 영국의 법률은 이외에도 학위, 특히 박사학위에 대해서도 존엄을 부여했으며, 성직자들, 다른 나라의 대사들 역시 직위에 상응하는 존엄을 지닌 것으로 인정했다(Waldron 2012, 31). 근대 이전의 존엄은 인간의 보편적 속성이 아니라, 특정 계급, 지위, 직위에 상응하여 주어지는 특권적 가치였던 셈이다.

이에 비해 근대 이후의 존엄 개념은 인간평등주의 사상에 기반하여 "지위나 역할과 관계없이 모든 이들에게 부여된" 가치를 가리키는 것으로 사용되었다(Waldron 2013, 327). 존엄을 지닌 것으로 인정되었던 존엄의 주체가 소수의 특정인들로부터 모든 인간으로 확대되었던 것이다. 이러한 급진적 변화가 가능했던 것은, 서구 사상의 근간으로 내려온 기독교 사상이 큰 영향을 미쳤던 것으로 평가된다. 기독교 사상에서는 인간 존엄의 근원을 인간이 신의 형상을 따라 창조되었다는 창세기의 내용에서 찾고 있다. 토마스 아퀴나스가 말하듯이, 인간은 신이 만든 창조물로서 그 존재 자체에서 가치를 지니고 있는 것으로 강조되었던 것이다(Hollenbach 2014, 252-253). 이러한 입장은 모든 인간은 신의 창조물로서 존엄을 지니고 있다는 사고의 신학적 근거를 제공했다. 종교적 신념으로 기저에 존재해온 존엄의 보편성을 정치적, 사회적 규범으로 끌어올린 것은 서구 근대의 계몽주의 사상이었다. 근대적 인간 존엄 사상의 기반을 마련한 대표적 사상가는 임마누엘 칸트로, 그는 "인간을 항상 목적으로 대하고, 결코 수단으로 대하지 않도록 행위하라"고 말한 바 있다. 이 명제는 타인에 의해 수단화될 수 없는 인간의 가치, 즉 존엄을 표현한 것이라 할 수 있다(Kant 2007, IV: 429).

근대에 등장한 보편적 존엄 개념은 2차 세계대전 이후 현대사회의 규범으로서 본격적으로 확립되었다. 현대에 들어와서 인간의 존엄은 국제연합헌장(1945), 세계인권선언(1949), 시민적·정치적 권리에 관한 국제규약(1966), 경제적·사회적 및 문화적 권리에 관한 국제규약(1966) 등을 통해 국제적 규범으로서의 지위를 인정받게 된 것이다. 이러한 국제적 흐름과 함께 존엄은 각국의 헌법에서도 근본적 가치로서의 위상을 부여받았다. 독일의 헌법에 해당하는 기본법의 첫 조항은 "인간의 존엄은 침해할 수 없다. 이를 존중하고 보호하는 것은 모든 국가권력의 의무이다"라고 존엄의 가치와 국가권력의 보호의무를 규정하고 있다. 남아프리카공화국 헌법 역시 1조 1항에서 "인간의 존엄, 평등의 실현, 인권과 자유의 증진"이 국가의 근간을 이루는 기본가치라고 규정하고 있으며, 10조에서 "모든 사람이 내재한 존엄을 가지고 있으며 그들의 존엄이 존중받고 보호받을 권리를 지닌다"라고 선언한다. 우리 헌법 10조 역시 "모든 국민은 인간으로서의 존엄과 가치를 가지며"라는 표현으로 인간의 존엄을 확인하고 있다.

이와 같이 존엄은 역사적으로 그 의미가 보편화되는 양상을 보여왔다. 존엄은 특정 계급의 속성으로부터 인간의 존재 자체로 의미 영역을 확장해 왔으며, 소수 특정 집단의 특성으로부터 모든 인간이 지닌 가치로 확대되었음을 알 수 있다. 디지털 혁신으로 인한 변화가 인간 삶의 다양한 영역에 걸쳐 나타나면서 존엄 개념 역시 더욱 급격히 변화할 것으로 예상된다. 이 장에서는 이러한 존엄 영역의 확대라는 관점에서 인간의 사회활동 속에서 나타나는 존엄성 문제, 생명과 죽음의 존엄성 문제, AI 법인격의 존엄 문제 등과 관련한 사항들을 살펴보려 한다.

Ⅲ 세부가치

1 사생활 보호와 존엄성

다양한 위치기반 서비스, 결제 서비스 등의 이용 과정에서 이루어지는 정보 수집과 이를 통한 빅데이터 기술로 인한 개인정보 보호 문제, 사생활 보호 문제 등은 더욱 논란이 될 것이다. 이러한 정보들을 어떻게 관리할 것인가의 문제가 쟁점이 될 것이며, 이 과정에서 국가의 영향력이 시민들의 존엄성을 침해할 수 있다는 우려가 제기될 것이다. 미국 하원 내 연구, 기술, 에너지 소위원회에서는 2018년 개최한 "인공지능—거대한 힘에 따른 거대한 책임Artificial Intelligence — With Great Power Comes Great Responsibility"청문회에서 논의되었듯이, 정부는 데이터 공유, 기술 발전, 규제 제도와 교육에서 핵심적 역할을 수행할 것이다(US Congress 2018, 23). 그러나 이 과정에서 정부에 의한 개인의 정보가 적법하게 보호받을 수 있는가는 지속적인 논란이 될 것이다. 빅데이터의 다양한 활용 방식과 정부기관의 정보 수집 능력은 계속 발전할 것이 예상되는 데에 비해, 이를 민주적으로 통제할 법적 제도가 미비할 경우 정보 통제 등으로 인한 시민들의 존엄 침해가 우려되는 것이다. 또한 이 과정에서 국민들의 생활과 관련된 여러 정보들이 디지털 기기를 통해 수집, 통계화됨에 따라 시민들의 삶 전반이 사실상 정부에 노출될 위험이 증대될 수 있다. 이에 반해 정부의 빅데이터 처리와 활용 방식은 매우 고도화, 전문화됨에 따라, 개인들이 그 위험성을 제대로 인식하지 못할 위험성이 존재한다. "국민은 점점 더 투명해지는 반면, 국가의 정보처리는 점점 불투명해지는" 문제가 발생할 수 있는 것이다(박한우 2016).

나아가 세계적으로는 권위주의 국가의 경우, 정부가 AI 등 발전된 정보통신 기술을 이용해 시민들에 대한 감시체계를 수립할 위험성이 존재한다. 대다수의 민주주의 국가들에서 인터넷이 자유로운 표현의 공간으로 인식되는 것과는 달리, 권위주의 국가는 인터넷 등 디지털 공간에 대한 통제를 통해 시민들의 정치적 자유를 제한하고 있어 인간 존엄에 대한 체제의 문제가 제기되고 있는 것이다. 이러한 정보통제 문제는 이미 중국과 관련하여 논쟁이 되고 있다. 중국 정부와 관련성이 제기되고 있는 틱톡TikTok은 다른 SNS들과는 달리, 홍콩 민주화 시위, 신장-위구르 문제 등과 관련된 해시태그들이 게재되지 않고 있다. 이처럼 민감한 정치적 사안들에 대해 정부가 인터넷 여론을 통제하는 방식들로 인해 디지털 권위주의Digital authoritarianism가 나타나고 있다. 중국만이 아니라 중동, 아프리카, 남아메리카 등의 지역에서도 민주적 성격을 결여한 국가들에서 디지털 기술을 이용한 정보의 통제가 진행되고 있다. 특히 코로나 바이러스 팬데믹 이후, 방역을 명분으로 권위주의 정부들이 개인들의 사생활 영역에 해당하는 정보들을 수집, 관리하는 행태가 더욱 논란이 되고 있다. 이 과정에서도 중국은 AI를 이용한 정보통제 감시기술을 권위주의 국가들에게 전파하고 있는 것으로 알려지고 있다. 중국 정부와의 관련성을 의심받고 있는 또 다른 기업인 화웨이는 '세이프시티 솔루션safe city solution'이라는 종합 도시 관리 시스템을 개발해 판매하고 있다. 세이프시티 솔루션은 단순히 CCTV 등 감시카메라 설치에 머무르던 도시관리를 넘어, 사물인터넷IoT과 네트워크 시스템을 적극 활용하여 사고 현장의 시각화, 경찰 및 소방 인력 수요 파악 및 긴급보급품 조달 등을 디지털화하려 한다. 이러한 종합적인 도시 관리 시스템이 정부의 통제 방안으로 사용될 경우, 디지털 권위주의는 더욱 정교화될 것으로 우려된다. 또한 시민들의 사생활이 전방위적으로 시시각각 수집, 관리됨에 따라 사생활과 존엄의 문제 역시 논란이 될 것이다(정구연 2021).

정부의 통제 이외에도 민간 영역에서 디지털 기술에 의해 집약된 정보의 수집 및 보호는 개인의 존엄성과 직결된 사안이 될 것이다. 현재 이미 디지털 기술의 발달과 함께 개인정보 및 몰래카메라 영상 등 개인의 사생활에 관련한 정보들이 인터넷 공간에 유포되는 심각한 문제들이 나타나고 있다. 특히 얼굴인식 기능은 사용자의 편의성과 비강제성으로 인해 유용한 디지털 기술로 각광받는 만큼, 사생활 침해의 부작용도 클 것으로 우려되고 있다. 얼굴인식 기능은 생체인식 기술의 일종으로 현재 스마트폰 잠금해제 등에 사용되고 있으며 디지털 혁신으로 더욱 빠르고 정교한 신분인식이 가능한 방향으로 발달할 것으로 전망된다. 이는 테러 용의자 및 수배범 확인 등에 유용하게 사용됨으로써 군사보안 및 치안 분야에 도움이될 것이다. 그러므로 CCTV 도입 초기에 사생활 침해 논란이 제기되었던 것과 유사하게, 얼굴 인식 기능의 사용 역시 개인의 사생활 침해 논란을 제기할 것이다. 중국에서는 얼굴인식 기능이 광범위하게 일상생활 전반에서 사용되고 있는 것으로 알려졌으며, 최근에는 이에 대한 시민들의 거부감 역시 형성되고 있는 것으로 보도되었다(김기용 2021). 미국에서는 아마존 Amazon의 얼굴인식 소프트웨어 Rekognition 서비스가 논란이 된 바 있다. 이 프로그램은 미국 경찰국에 제공되어 CCTV 카메라로 찍히는 불특정 다수의 시민들을 식별하여 용의자를 탐색, 추적하는 데에 활용되고 있었다. 그러나 이 프로그램은 사생활 침해 가능성과 인종, 성별 등과 관련된 차별적 편견이 용의자 식별에 반영될 위험성이 비판되어 왔다. "흑인 생명도 소중하다Black Lives Matter"시위에 의해 인종차별 문제가 미국에서 전 사회적인 논란을 초래하자, 아마존은 2020년 얼굴인식 서비스의 제공을 중단하기로 발표한 바 있다(Dastin 2021). 디지털 기기가 사회 곳곳에 활용됨으로써, 개인들은 자신이 인식하지 못한 사이에 자신의 정보가 수집, 처리되는 상황에 처하게 되었다. 자동 프로파일링 기술은 수집된 개인정보들을 디지털 기기를 통해 처리하며 본인의 동의 없이 또는 명목상의 동의 아래

개인정보 재식별 및 역추적 가능성

빅데이터 처리 기술의 발전으로 인해 개인정보의 재식별(reidentification), 역추적이 가능해져, 이와 관련된 프라이버시 문제가 제기될 것으로 보인다. 공식적으로 빅데이터 자료들은 익명 처리되어 공공기관, 기업, 개인들에 의해 활용되고 있다. 문제는 이러한 빅데이터 처리 과정이 비가역적인 것이 아니므로, 프로파일링 기술을 통해 빅데이터 정보를 재분석하여 개인들을 재식별할 수 있다. 일례로 MIT의 Yves-Alexandre de Montjoye 연구팀은 이러한 재식별 기술을 통해 110만 명의 신용카드 사용 정보를 역추적하여 94%의 사용자들의 신원을 재식별할 수 있었다. 빅데이터라는 용어가 익명성에 기대어 거부감 없이 사용되고 있음에도 불구하고, 사실상 "익명 데이터와 같은 것은 없다"라는 주장이 제기되는 이유이다.

자료: Berinato(2015).

개인정보가 무분별하게 처리 및 활용될 위험이 있다.

2 집단 갈등 및 혐오 문제와 존엄성

다양화, 다변화될 미래 디지털 사회에서는 서로 다른 삶의 방식이 공존 및 경합할 것으로 전망되며, 이때 여러 집단적 정체성 사이에서 상호 존엄성을 인정하는 합의를 도출하는 것이 정치적 과제가 될 것으로 예상된다. 이는 최근의 심각한 사회문제로 대두된 악플, 유해사이트, N번방 등과 같이 디지털 공간을 이용한 범죄행위는 물론, 오프라인 공간에서의 여러 갈등들이 온라인 공간에서 펼쳐지는 양상 등으로 복잡하게 전개될 것으로 보인다.

인터넷 망의 보급과 스마트폰, 태블릿 PC의 사용 증가로 인해 이미 인터넷 공간에서의 갈등은 문제가 되어 왔다. 악플이나 사이버 명예훼손, 가짜뉴스, 사이버 스토킹cyber stalking, 인터넷 성매매, 불법 촬영물 유포 등의 심각한 범죄 확산은 디지털 기술의 확산으로 인한 부작용으로 여겨지고 있다. 디지털 기기의 발전은 인터넷 공간에서의 공격적이고 가학적인 언어, 특정 집단에 대한 폄하 언어와 이미지의 사용을 더욱 촉진시키는 부작용을 가져올 것으로 보인다. 향후 온라인 공간이 가상현실, 메타버스 등으로 더욱 확장될 것으로 전망되면서 이에 따라 현재 온라인 공간에서의 성소수자, 난민, 노년층 등에 대한 혐오 발언 역시 확장된 디지털 공간에서도 문제를 일으킬 것으로 보인다. 이는 다양한 사회집단 사이에서의 갈등을 더욱 증폭할 것으로 우려된다. 현재 대표적인 사회갈등이라고 할 수 있는 젠더 갈등 역시 사이버 공간을 통해 여러 심각성이 나타나고 있다. 사이버 공간은 기존의 오프라인 공간에서 존재하는 성적 차별, 여성에 대한 성적 대상화 등이 다양한 방식으로 확장되어 나타날 것으로 보인다(변신원 2020, 27). 이러한 집단 간 갈등은 알고리즘에 의한 추천 기능으로 인해 더욱 심각해질 것으로 보인다. 유튜브 등에 활용되고 있는 추천 알고리즘은 플랫폼이 이용자들의 선호도를 바탕으로 한 맞춤형 정보를 이용자에게 제공함으로써, 이용자들은 지속적으로 필터링된 정보만을 접하게 될 가능성이 높아진다. 알고리즘에 의한 '필터 버블Filter Bubble' 현상은 이용자들이 선호할 만한 콘텐츠들만을 추천함으로써 기존에 지녔던 자신의 관점을 강화하고, 다른 관점과 시각을 접할 기회를 박탈할 우려가 있다. 이는 민주주의의 근본 원리인 다양성의 인정과 배치되는 문제점을 내포하고 있다. 또한 기존의 미디어 환경에서 다수의 대중들이 지닌 상식적인 의견에 비해 극단적인 의견들이 득세함으로써 오히려 대다수의 여론으로 비춰지는 '침묵의 나선Spiral of Silence' 현상이 디지털 공간에서 강화될 수 있다(Zerback and Fawzi 2017). 이는 디지털 공간이 오프라인에서의 집단 간 갈등을 더욱 심화시킬 것으로 우려되는 부분이다.

또한 혐오표현 및 가짜뉴스 문제가 딥페이크 기술을 통해 더욱 심각해질 것으로 보인다. 딥 러닝deep learning과 가짜fake의 합성어인 딥페이크 deepfake 기술은 AI를 이용한 이미지 합성기술이다. 딥페이크는 기존의 수작업을 통한 단순 합성을 넘어, AI가 특정 인물의 영상물을 지속적으로 학습, 즉 딥러닝함으로써 해당 인물이 등장하는 새로운 영상물을 생산할 수 있게 된다. 향후 계속된 기술 발전으로 육안으로는 가짜영상임을 구분할 수 없는 수준의 딥페이크 합성물이 등장하게 됨으로써 근거 없는 가짜뉴스의 확산을 부채질할 것으로 생각된다. 이미 특정인을 대상으로 하는 불법 영상물이 등장하며 문제가 된 것처럼, 무고한 개인들에 대한 조작 사진, 영상들이 개인의 사생활과 존엄을 침해할 위험이 있다. 해외에서는 유명 연예인의 얼굴을 입력해 포르노에 합성하는 '페이크 포르노'가 등장하여, 여배우 등 유명인들이 곤욕을 치른 바 있다. 최근에는 우리나라에서도 딥페이크 기술이 활용된 연예인 음란 동영상이 유포되어 문제가 되었으며, 유명인이 아닌 일반인들의 영상 또한 악의적으로 조작, 유포되는 등의 범죄가 나타나기도 했다. 딥페이크를 이용한 이러한 범죄들은 현행 정보통신망법상 사이버 명예훼손 및 음란물 유포 등으로 처벌이 가능하나, 성폭력 범죄로 인식되지 않고 있어 법적, 제도적인 보완이 요청되고 있다(배상균 2019, 174-175). 딥페이크는 가짜뉴스에도 활용될 수 있는데, 지난 2018년 딥페이크 영상의 위험성을 경고하기 위해 오바마 전 대통령이 트럼프 대통령을 비난하는 가짜 영상이 공개되기도 했다(김태훈 2020). 영상을 통한 가짜뉴스의 확산은 정치적 입장에 따른 시민들 사이의 갈등과 대립을 더욱 부채질할 우려가 있다.

이와 함께, 디지털 기술과 기기를 활용할 수 있는 '디지털 리터러시dig-ital literacy' 능력 역시 인간의 사회적 존엄 문제가 될 것이다. 빠르게 변화하는 디지털 사회에서는 새로운 기술의 등장으로 인한 산업구조의 변화가 급격히 일어날 것이다. 이에 따라, 새로운 변화에 적극적으로 적응하는 사람들은 경제적 이득을 취할 기회를 얻을 수 있을 것임에 반해, 변화에 적응하지 못한 사람들의 경우 장기적인 실업 상태에 처하는 등 경제적 불안 상태에 놓일 수 있다(Hargittai and Hsieh, 2013). 이처럼 디지털 기기의 활용 능력에 따라 경제적인 격차가 발생할 것임은 물론, 디지털 적응에 뒤처진 사람들의 사회적 고립감 역시 초래될 것이다. 대체적으로 청년층은 디지털 기기 활용 능력을 빠르게 습득하는 반면, 노년층의 경우 디지털 기기에 적응하는 데에 어려움을 겪는 것으로 여겨진다. 이는 사회 집단 간 갈등을 심화시키며, 노년층 등에게는 사회적 존재로서의 존엄을 침해당하는 박탈감을 주게 될 것이다. 또한 경제적·지역적·신체적 또는 사회적 여건으로 인해 정보 기기 접근성이 떨어지는 사람들의 경우에도 정보격차로 인해 사회적으로 배제된다는 소외감을 느끼게 된다. 이러한 정보 기기 활용 능력이 집단적 배제를 초래하지 않도록 제도적, 정책적 방안이 시급한 상황이다(김구 2014).

3   AI에 의한 인간 대상화와 존엄성

AI 알고리즘이 디지털 사회에서 광범위하게 사용됨에 따라 AI 알고리

인종차별 딥러닝?

미국의 마이크로소프트(Microsoft)사는 2016년 트위터 이용자들과의 대화를 위한 목적의 챗봇 테이(Tay)의 서비스를 시작하였다. 이전의 챗봇들이 자율적인 AI라기보다는 관리자들이 수동으로 작성한 대화 내용을 전달하는 방식이 대부분이었던 것에 비해, 테이는 딥러닝 기술을 기반으로 하여 AI 스스로 이용자들과 대화를 할 수 있는 수준의 기술력을 보여주었다. 'Hello world'라는 첫 문장을 시작으로 대화를 시작한 테이는, 그러나 곧 인종차별주의 논란에 휩싸이게 되었다. 다수의 트위터 이용자들이 인종차별적 멘션을 작성하면서 테이를 해시태그함으로써, 테이의 AI가 인종차별 텍스트를 빠르게 학습하도록 만들었기 때문이다. 이로 인해 테이는 논란을 일으킨 바 있던 도널드 트럼프 대통령의 미국-멕시코 장벽 건설 정책을 지지하는 발언을 하거나 "히틀러가 옳았다"는 홀로코스트 옹호 발언이나, "9·11 테러는 내부조작 사건이었다" 등의 음모론 내용을 트위터상에 작성하게 되었다. 이로 인해 마이크로소프트는 테이의 트위터 계정을 생성한 지 16시간 만에 폐쇄하기에 이르렀다.

자료: Hunt(2016).

즘에 의한 각종 판단이 인간을 '대상화'함으로써 인간의 존엄을 헤칠 우려가 존재한다. 디지털 사회에서는 AI 알고리즘을 이용한 기술이 다양한 분야에서 활용될 것으로 전망됨에 따라, 인간과 AI가 직접 대면하게 되는 경우가 매우 증가할 것으로 보인다. 이 과정에서 일상생활 속에 도입되는 AI는 인간을 정보 수집의 대상으로 여기는 것을 넘어, 판단의 대상으로 삼게 될 것이다. 효율적인 심사와 판단을 위해 AI 알고리즘이 광범위하게 도입됨으로써 인간의 행위와 가능성이 AI에 의해 판단되는 것은 존엄의 문제가 될 가능성을 띠고 있다. 이에 대해 심사와 판단에 사용되는 AI 알고리즘을 공개하라는 요구가 제기되고 있으나, 보안 및 공정성을 이유로 AI 알고리즘의 공개는 거부되고 있다. 즉 공공에 의한 빅데이터의 민주적 관리를 이유로 AI의 투명성을 요구하는 목소리가 존재하나, 투명성의 확대는 해커나 바이러스로부터의 공격에 보안체계를 허술하게 만들 위험이 있는 것이 사실이다. 이는 인공지능의 운영에서 민주적 투명성이 인공지능의 안전한 운영을 저해하는 '인공지능의 투명성 역설AI Transparency Paradox'을 초래할 수 있음을 의미한다. 일례로 유튜브 알고리즘의 공정성에 대한 비판이 제기되고 있으나, 투명성을 이유로 알고리즘이나 분석 자료가 공개될 경우 해킹이나 조회수 조작 등 개인의 사적 이익에 이용할 위험이 존재한다(Burt 2019). 이로 인해 AI 알고리즘에 의한 심사와 판단이 증대되는 데에 반해, 이를 민주적으로 통제할 방안은 아직 마련되지 않은 것이 사실이다.

이미 AI 알고리즘이 인간을 통제하고 판단함으로써 인간 존엄을 훼손하고 있다는 주장이 제기되고 있다. 미국에서는 컴퓨터 분석을 통해 법적 판단을 보조하는 리걸테크legaltech 기술이 이미 운영되고 있다. 미국 사법 시스템에 도입된 COMPASCorrectional Offender Management Profiling for Alternative Sanctions 알고리즘은 피고인의 재범 가능성을 예측함으로써 판결을 위한 참고자료를 제공하고 있다. 그런데 이 알고리즘이 흑인의 재범률을 실제보다 높게, 백인의 재범률은 실제보다 낮게 예측한 것으로 나타나 인종차별 논란을 불러일으키고 있다. AI가 통계적 방법을 활용한 과학적 판단을 내려줄 것이라 기대하지만, 정작 AI 역시 인간의 편견을 그대로 답습하고 있다는 비판이 제기되고 있는 것이다(Angwin and Larson 2016). 지난 2015년에는 COMPAS 알고리즘에 의해 중형을 선고받은 피고인이 AI 알고리즘을 활용한 판결의 절차적 문제에 대해 항의했다. 도난 차량을 이용해 경찰로부터 도주한 혐의로 6년형을 선고받은 에릭 루미스Eric L. Loomis

는 AI 알고리즘이 공개되지 않았기에 자신과 변호인이 대응하거나 반박할 수 없었으며, 이는 재판정에서 자신을 변호할 수 있는 권리를 침해한 것이라고 주장했다. 위스콘신 대법원은 이에 대해, AI 알고리즘이 통상적인 범죄 경력을 고려하였으므로 판결에 절차적 문제는 없었다며 이의제기를 기각했다. 그러나 기각 결정과 함께, 소수의견으로 AI 알고리즘이 흑인 피의자들에 대한 인종차별적 편견을 가질 가능성에 대한 우려를 표하기도 했다(Liptak 2017). 현재로서는 사법 판단 분야에서 AI 알고리즘의 역할은 재판관의 판결 과정을 보조하는 부분적 영역에 제한되어 있다. 그러나 점차 AI의 활용이 확대될 경우, AI 알고리즘이 인간의 행위를 판단하여 처벌을 내리는 것이 인간 존엄을 훼손하는 것은 아닌가에 대한 논란이 제기될 것으로 예상된다.

의료 및 돌봄 분야에서 로봇의 도입은 과학 기술의 발전을 통해 가장 기대되는 사항의 하나이다. 코로나19 백신 개발 과정에서 증명된 바와 같이 AI 기술의 응용을 통한 의학과 생명공학 기술의 비약적 발전이 예상되고 있다. 이 가운데 보다 직접적으로 인간과 AI 및 로봇이 대면하는 수술 및 환자 케어 분야에서 인간의 존엄이 문제시될 것으로 보인다.

중병에 대한 진단과 처방, 외과수술 등은 즉각적으로 환자의 생명을 결정지을 수 있다는 점에서 AI와 인간의 존엄 사이의 문제를 제기할 것이다. 의료계 종사자들은 대체적으로 로봇에 의한 수술의 확대를 긍정적으로 여기고 있다. 유럽연합EU의 〈환경, 공중보건, 식량안보 위원회ENVI〉가 개최한 전문가 워크숍에서는 로봇에 의한 외과 수술이 보다 정확하고, 효율적이라는 점이 강조되었다. 인간 의사에 의한 수술과는 달리 실수나 오판의 가능성이 현저하게 낮다는 점 또한 장점으로 논의되었다(Dolic et al. 2019,

7). 딥러닝 기술이 탑재된 의료 로봇은 복강경 수술이나 내시경 수술과 같은 높은 난이도의 외과 수술에 유용하게 쓰일 수 있을 것으로 보인다. 2000년 미국 식품의약국FDA이 사용을 허가한 의료 시스템 '다빈치da Vinci Surgical System'는 사람의 손이 미치기 어려운 신체 부위의 수술에 투입되고 있다. 우리나라의 경우에도 2005년 세브란스 병원에서 다빈치 시스템을 도입하여 수술에 사용하고 있다. 국내 기술로 개발된 수술 로봇 '레보 아이Revo-I' 역시 국내 대형병원들에서 도입되고 있다. 물론 현재의 수술 로봇들은 의사의 원격 조정에 따라 움직이는 단계에서 활용되고 있으나 딥러닝 등 AI 기술의 발전이 가속화될 경우, 수술 로봇의 독자적인 판단으로 스스로 집도할 날이 멀지 않았다고 한다. 이 경우, 기계인 로봇이 인간의 생명을 담당해도 되는가라는 논란이 제기될 수밖에 없을 것이다. 결국 인간의 생명을 다루는 의료 분야에서, 특히 생사가 달린 수술을 기계에게 맡겨야 할 것인가는 인간 존엄과 관련된 윤리적 차원의 문제가 될 것이다(하영숙 외 2018, 186). 이미 AI가 의료 서비스의 제공 여부를 판단하는 것이 가능해져, 논란을 일으킨 바 있다. 지난 2018년 미국 식품의약국은 심혈관·호흡 계통 돌연사 가능성을 예측할 수 있는 알고리즘의 사용을 허가한 것이다. 이 경우, 누구에게 우선적으로 의료서비스를 제공할 것인지를 사실상 AI가 판단한다는 비판이 제기될 수 있다. 그리고 2021년 2월 덴마크 코펜하겐 대학의 컴퓨터공학 연구팀은 코로나19 확진 환자가 죽을지 여부를 예측하는 알고리즘을 개발하기도 했다. 이러한 알고리즘의 활용은 인간의 죽음을 기계가 결정하는 듯한 인상으로 인해 논란을 초래할 우려가 있다.

로봇에 의한 간호 및 돌봄 서비스는 환영을 받을 것으로 기대되면서도, 동시에 인간의 존엄을 침해할 우려가 있을 것으로 전망되는 분야이다. 평

"내 친구는 고릴라가 아니야!"

2015년 6월 28일 뉴욕에 거주하는 컴퓨터 프로그래머 흑인 재키 앨신(Jacky Alcine)
은, 구글 Photo 서비스가 자신과 친구의 얼굴이 담긴 사진에 '고릴라'라고 태그를 자동생
성한 것을 보고 충격을 받았다. 구글 Photo가 자동인식을 통해 두 흑인을 고릴라로 파악
하고 분류했던 것이다. 앨신은 자신의 트위터에 이를 알리며 "내 친구는 고릴라가 아니
야"라고 구글의 잘못된 처사를 비판했다. 그의 트위터는 1천회 이상 리트윗되면서 논란
을 불러일으켰다. 이에 대해 구글은 즉각적인 사과에 나섰다. AI를 활용한 얼굴 자동인식
기능은 비단 흑인만이 아닌 다른 인종들에 대해서도 계속 문제를 일으킨 바 있어, 머신
러닝 기술의 한계와 발전방향에 대해 많은 주의와 관심이 요구되고 있다.

자료: Zhang(2015).

균연령이 늘어남에 따라 높아진 기대수명만큼 노인들, 특히 질병이나 치
매를 앓고 있는 노인들에 대한 간호 및 돌봄의 필요성이 높아지고 있다. AI
를 탑재한 로봇의 개발은 이러한 노인 및 장애인 등 도우미가 필요한 사람
들에게 생활 전반에 걸친 편의성을 제공할 수 있다. AI에 의한 가사 돌봄
은 발전된 형태의 '스마트 홈' 시스템이라 할 수 있으며, 인공지능을 탑재
한 로봇의 경우 노인 목욕, 음식물 섭취, 휠체어 이동 등 거동이 불편한 이
들에게 큰 도움이 될 것으로 보인다. 그러나 일견 완벽한 해결책으로 보이
는 로봇 케어는 돌봄을 받는 노인 및 장애인 등이 자신들이 소외되었다는
느낌을 받을 수 있어 존엄을 침해할 우려가 있다. 무엇보다도 로봇에 의한
간호나 케어는 간병인, 도우미 등 다른 인간과의 접촉을 박탈하기 때문이
다. 구체적으로 1) 인간 접촉 빈도의 감소, 2) 대상화와 자기 통제의 상실
감, 3) 사생활 침해, 4) 개인 자유의 상실, 5) 유아 취급, 6) 노인들이 자의
와 반대로 로봇에 의한 돌봄을 강요받을 가능성 등의 문제가 제기될 수 있

다(Sharkey et al. 2012, 27-28).

4 인간 생명과 죽음의 존엄성

디지털 기술과 빅데이터 분석기술의 발달로 인한 인간의 생명과 죽음을 둘러싼 존엄성 문제가 논란을 초래할 것으로 보인다. 코로나19 백신 개발 과정에서 증명된 바와 같이 AI 기술이 응용되어 의학, 생명공학 기술은 비약적으로 발전할 것이다. 이에 따라 디지털 사회에서는 기술이 인간의 생명 자체를 유전자 수준에서부터 통제할 수 있을 것으로 예상되며, 이는 직접적으로 인간 생명의 존엄성에 관련한 논란을 초래할 것으로 보인다. 즉, 유전공학과 결합된 디지털 기술은 인간의 유전병, 불치병 등의 해결을 위해 배아 등 인간 세포 단위에서 생명공학 기술을 적용하게 될 것이다. 트랜스 휴머니즘, 포스트 휴머니즘을 주장하는 이들은 디지털 기술과 융합된 생명공학 기술이 인간의 신체 능력을 보완하고 강화enhancement시키는 긍정적인 효과를 가져올 것이며, 인간의 존엄을 위협하지는 않을 것이라고 주장한다(Weiss 2014, 319-331). 그러나 종교계 등 생명공학의 위험성을 우려하는 입장에서는 인간의 생명을 기술 활용의 대상으로 만들 수 있다는 인식 자체가 인간 생명의 수단화로 이어질 것이라고 우려한다.

빅데이터 기술과 유전공학의 결합은 세포 및 유전자 단위에서 생명공학 기술의 개입을 가능케 할 것이다. 2021년 2월 23일 한국생명공학연구원 국가생명공학정책연구센터는 '2021년 바이오 미래유망기술'로 10대 바이오 기술을 선정하여 발표한 바 있다. 이 가운데 하나로 선정된 'AI 기반 단백질 모델링 기술'은 분자물리학과 AI를 활용해 세포 내 단백질의 구조를 분석하고 그 작용을 예측하는 기술로서 신약개발 등에 혁신적 변화를 가져올 것으로 기대되고 있다(조승한 2021). 그러나 빅데이터, AI 등과 결합한 바이오 기술들은 자칫 생명윤리를 훼손할 수 있는 위험성이 있는 것으로 우려되고 있다. 디지털 기술로 인해 가능해진 생명공학 기술의 급속한 발전은 과학자들에게 생명에 개입할 수 있다는 인식을 주어, 스스로를 '놀이하는 신playing God'으로 여기게끔 한다는 비판이 제기되고 있다. 사회적으로는 물론 종교적인 차원에서도 생명공학이 생명의 존엄성 자체를 훼손할 수 있는 가능성은 커다란 논란이 될 것이다(김광연 2015, 13).

그럼에도 생물학 특히 건강, 미용 등의 분야에서 AI 및 빅데이터 기술이 지닌 상업적 잠재력으로 인해 생명공학의 활용은 더욱 활발해질 것이며 이는 개인의 유전정보에 대한 문제를 제기할 것으로 보인다. 이를 주도하는 것은 '바이오 빅데이터' 영역으로서, 이는 생명과학과 헬스케어를 융합하여 활용되는 빅데이터 기술을 활용하여 방대한 바이오 정보를 효율성 있게 정리·해석하는 기술을 가리킨다. 바이오 빅데이터 기술은 전반적인 유전자 정보, 질병 통계 등은 물론 개인의 진료기록과 병력 등을 종합하여 맞춤형 서비스를 제공할 수 있을 것으로 기대된다(이인재 2014, 1) 그러나 디지털 기술에 의해 집계된 빅데이터들은 인간의 DNA 수준에 적용 가능하므로, 생체 정보의 수집에 활용될 수 있다는 위험성을 갖고 있다. 미국 정부는 이미 Cancer Genome Atlas Program을 통해 빅데이터를 활용한 2만 건의 암세포 유전자 분석자료를 보유하고 있으며, 영국의 UK Biobank 역시 50만 명의 유전자 정보를 관리하고 있다. 이러한 정보의 보유 자체가 개인정보 침해가 될 수 있으며, 만약 빅데이터 분석법과 결합되어 태아의 기대수명, 발생 가능 질병, 신체적 장애 유무 등을 예측할 수 있게 될 경우,

낙태 등의 문제와 결합된 윤리적 문제가 발생할 것이다. 여타의 개인정보와 같이 이러한 유전정보 역시 악의적 이용에 노출될 수 있으며, 면접이나 결혼 등에 영향을 미칠 수 있다. 또한 정부에 의해 시민들의 유전정보가 수집될 경우 개인정보 통제를 넘어서는 감시체계의 수립이 우려되기도 한다(이정아 2019). 실제로 미국 화이트헤드 생의학 연구소Whitehead Institute for Biomedical Reserach는 익명 처리된 한 유전체 정보 수집 프로젝트의 자료를 재식별하여 유전정보 제공자 50명의 개인 신분을 알아낼 수 있었다. 이는 개인의 생체 정보를 수집하고 있는 바이오 빅데이터 역시 개인정보 보호 차원의 취약성을 가지고 있음을 보여준다.

디지털 기술은 인간의 생명을 다루게 될 뿐 아니라 상황에 따라 인간의 죽음을 사실상 결정하는 능력을 갖춤으로써 존엄의 문제를 일으킬 것으로 보인다. AI와 로봇이 일상생활에 광범위하게 활용됨에 따라, 각종 사고 발생 시 AI의 판단에 따라 인간의 생명이 결정되는 상황이 벌어질 수 있다. 무고한 다수와 소수 가운데 누구를 살릴 것인가라는 문제를 다루는 트롤리 문제trolley problem 상황에서 AI의 결정을 인간이 수용해야 하는가는 인간 존엄의 문제로 쟁점이 될 것이다. 널리 알려진 대로 트롤리 문제는 윤리학의 사고실험 가운데 하나로, 기차가 계속 달려가면 다섯 명의 인부를 치게 될 것이지만, 다섯 사람을 구하기 위해 선로 전환기를 당기면 바뀐 선로에 있는 다른 인부 한 사람이 죽게 된다는 딜레마적 상황을 가리킨다. 특히 향후 실용화 가능성이 점쳐지고 있는 자율주행 자동차는 AI가 트롤리 딜레마에 빠질 수 있는 대표적인 사례가 될 것이다. 자율주행 자동차는 당연히 졸음운전, 음주운전 등 위법한 행위를 하지 않으며, 프로그래밍된 대로 교통법규를 준수할 것이라는 점에서 교통사고를 현저히 줄여줄 수 있을 것으로 기대된다. 그러나 차악을 선택할 수밖에 없는 트롤리 문제 상황에서 자율주행 자동차가 어떻게 프로그래밍되어야 하는가는 윤리적 문제가 될 수밖에 없을 것이다. AI 알고리즘의 결정을 프로그래밍하는 것은 자율주행 자동차의 보급을 위한 선결적 문제에 해당한다. 조사 결과, 많은 사람들은 트롤리 문제에서 가능한한 적은 수의 희생자가 생기는 선택을 내려야 한다고 응답했다. 그러나 트롤리 문제 상황에서 최소한의 희생자 발생을 위해서는 운전자의 희생이 필요한 것으로 프로그래밍되는 것에는 동의하는 비율이 낮아졌다. 또한 실제 자율주행 자동차의 프로그래밍에서 운전자의 희생이 트롤리 문제에 대한 선택 가운데 하나로 입력될 시, 그러한 자동차에 대한 구매 의향은 낮아지는 것으로 나타났다(Bonnefon et al. 2016). 또한 자율주행 자동차의 AI 알고리즘이 미리 입력된다고 하더라도, 트롤리 딜레마 상황에서의 선택은 결과적으로 AI에 의한 가치판단을 요구한다는 점에서 여전히 존엄의 문제는 지속될 것이다. 독일 교통부는 2017년 자율주행 자동차와 관련된 윤리적 원칙 20항을 제안한 바 있으나, 향후 자율주행 자동차 AI 알고리즘의 작동에 대한 보다 구체적인 방안이 마련되어야 할 것이다(BMVI 2017).

보다 직접적으로 인간의 생명을 대상으로 하는 킬러로봇 역시 미래 디지털 사회에서 인간 존엄의 훼손과 관련된 문제를 제기할 것이다. 킬러로봇이란 전장戰場에 투입되어 사용되는 자율무기체계Autonomous Weapon System, AWS로서, 적에게 가까이 접근하여 사살 또는 체포 등의 임무를 수행하는 로봇을 가리킨다. 자율무기라는 명칭에서 알 수 있듯이, 이들 킬러로봇은 작동이 활성화된 이후에는 추가적인 인간의 명령이나 지시 없이, 사전에 입력된 AI 프로그램의 통제 아래 독립적으로 전투행위를 수행하도록 개발되고 있다. 현재 작전에 투입되어 정찰 및 적 사살 등에 사용 중인 것으로 널리 알려진 드론 또한 넓은 의미에서 자율형 무기에 해당하지만, 많은 경우 인간의 원격조정에 의해 통제받고 있다. 자율공격이 가능한 킬러로봇으로 현재 초보 단계에서 운영되고 있는 사례들로는 영국의 타라니스 드론Taranis drone, 미국 해군의 무인 함정 '씨 헌터Sea Hunter', 러시아의 무인 탱크 'MK-25' 등이 해당한다. 나아가 향후 인공지능의 발전은 완전히 자율적 행동에 따라 전투활동을 벌이는 '터미네이터'형 킬러로봇의 등장을 전망케 하고 있다(이강봉 2017). 이러한 킬러로봇에 대한 반대의견은 기계가 인간을 죽이는 것이 허용될 수 있는가라는 인간 존엄과 관련된 윤리적 문제에 기반하고 있다. 스티븐 호킹Stephen Hawking과 엘렌 머스크Elon Musk를 포함하여 전 세계의 많은 과학자, 정치인, 경제인들은 자율무기의 규제를 요구하는 서명운동에 참여한 바 있다(Future of Life Institute 2015). 이 서명안 역시 인간의 생사 여부를 킬러로봇이 결정하는 것이 근본적으로 인간의 존엄이라는 절대적 윤리에 위배된다는 점을 강조하고 있다. 2013년 국제 NGO 단체들이 모여 결성한 '킬러로봇 반대 운동Campaign to Stop Killer Robots' 또한 '치명적 자율무기Lethal Autonomous Weapons'의 금지를 국제기구와 국가들에게 요구하고 있다. 이러한 노력의 결과, 유럽의회 European Parliament는 2018년 발표한 결의안을 통해, 자율무기체계의 규제를 강조하며, EU 회원국들에게 킬러로봇의 규제를 위한 외교적 노력을 기울일 것을 요청했다. 이러한 주장들의 핵심은 인간의 생사가 AI 알고리즘에 의해 결정되어서는 안 된다는 데에 있다. 킬러로봇에 의한 공격 대상이 되는 인간의 경우, 살상의 순간에 더 이상 존엄성을 가진 인간이 아닌 공격 목표로서의 일개 대상으로 전락하게 된다. 이러한 인간 대상화는 존엄의

BOX 1.4

메이븐 프로젝트 논란

지난 2018년 무인전투기(드론)의 공격 정확도 향상을 위한 미 국방부의 메이븐(Maven) 프로젝트에 구글이 참여한다고 알려지면서 논란이 된 바 있다. 당시 구글의 많은 직원들이 메이븐 프로젝트에 참여할 시 퇴직을 할 것이라며 항의하자, 구글은 프로젝트 참여를 중단한다고 밝혔다. 그런데 2021년 구글은 클라우드 부서를 통해 미국 국방부의 '합동전투원 클라우드 역량(JWCC)' 프로젝트에 참여한 것으로 보도되었다. 이 신규 프로젝트에는 아마존과 마이크로소프트 등도 참여하고 있는 것으로 알려져 논란이 예상된다.

자료: 이정현(2021).

박탈을 초래할 우려가 있다(임예준 2019; 장기영 2020).

5   AI 법인격과 존엄성

디지털 사회에서는 AI가 윤리적, 법적, 정치적 권리와 의무 등을 지니고 있는지에 대한 논란이 제기될 것이다. 실체를 가지지 않는 여타의 법인들과 달리 언어를 통해 인간과 소통이 가능하며, 로봇의 형태로 구체화될 수 있는 AI의 경우 인간과 구분하기 어려운 법적 인격을 지닐 수 있다. 디지털화의 진전과 더불어 AI 알고리즘과 로봇이 광범위한 사회 분야에서 다양하게 사용될 것이므로, 이를 용이하게 하기 위해 AI에 법인격을 부여할지의 여부, 그리고 그러한 법인격을 어떤 영역의 사안들에 부여할지 등은 합의되어야 할 사안이다. 이미 유럽의회는 2016년 AI와 로봇을 "e-person"으로 개념화하고 세금을 부과하는 방안에 대해 검토한 바 있다(Delvaux 2016). 나아가 일상적인 경제, 사회 활동을 넘어 AI와 로봇에 의한 사고는 물론 살인, 폭행 등이 일어날 경우, AI 법인격과 관련된 사항은 복잡한 윤리적, 법적 문제가 될 것으로 보인다. 스스로의 인공지능으로 범죄를 저지른 AI 및 로봇은 단순한 폐기의 대상이 될 것인가, 아니면 법적 처벌의 대상이 될 것인가, 만약 처벌한다면 어떻게 처벌할 것인가 역시 어려운 문제가 될 것이다. 민사 사건은 물론 형사 사건에서 AI의 소유주가 아닌 AI 자체가 사법적 책임의 주체가 될 것인가 등도 관련된 논의사항이 될 것이다. 이와 같이 AI 법인격에 존엄을 부여할지 여부는 인간의 존엄과도 연관된 윤리적 문제가 될 것이다.

나아가 AI 및 로봇 관련 디지털 기술이 고도화될 경우, 인간이 아닌 AI 및 이를 탑재한 로봇 역시 존엄을 지닌 존재인가의 여부가 논쟁이 될 것이다. AI 및 로봇에게도 존엄을 부여해야 한다는 주장의 근간에는, 인공지능의 등장으로 인간과 기계를 구분하는 데카르트적 이분법이 더이상 불가능하다는 인식이 자리하고 있다. 첨단 기술은 이미 우리의 생활 깊숙이 자리잡아 있으므로, 인간과 기술을 주체와 객체의 이분법으로 구분할 수는 없다는 것이다. 또한 로봇을 존중해야 할 필요성은 로봇의 존엄이 단순히 인간과 로봇 사이의 관계에 국한되는 것일 뿐 아니라, 인간과 다른 인간 사이의 관계 역시 고려되어야 하는 복합적 문제이기 때문이라는 점도 중요하다. 인간이 로봇을 대하는 태도는 인간이 서로를 대하는 태도를 반영한다는 것이다. 즉, 인간이 로봇을 존중할 때에만 인간 스스로도 상호 존중받을 수 있다는 것이다(Levy 2009, 215). 로봇에게 존엄을 부여해야 하는 또 다른 의견으로는, 인간은 본래부터 인간이 아닌 존재들을 인간처럼 인식하는 경향이 있다는 주장이 있다. 흔히 동물에게 이름을 지어주거나 동물을 의인화하는 것처럼, 인간은 비인간적 존재들에게 인간의 감정을 투영하고는 한다. 이러한 인식론적 투영은 비인간 존재들에게 가해지는 폭력을 금지해야 한다는 윤리적 관점으로 이어진다는 것이다(Darling 2016). 이러한 주장들은 공통적으로 존엄의 인정에 관한 인간 중심적 사고를 벗어나려 하고 있다. 물론, 인간과 AI 로봇 사이에는 생명이라는 결정적 차이가 존재하는 것은 사실이다. 그러나 존엄을 생물학적 존재에게만 부여할 수 있다는 막연한 관념을 넘어선다면, 생명을 가진 존재만이 아닌 사회적으로 행위할 수 있는 존재, 다른 개체들과 관계를 맺을 수 있는 존재들 역시 존엄을 가질 수 있다는 논리가 성립 가능해진다. 로봇에게도 존엄을 부여해야 한다는 주장에는 이러한 생물학중심주의biocentrism로부터 존재중심주의 ontocentrism로의 전환이 내재해 있다(Floridi 2008, 60). 물론 AI와 로봇의 존엄성을 인정할 수 없다는 반론 역시 존재한다. 이러한 반대의견의 기본관점은, 로봇이 본질적으로 망치나 톱과 같이 인간이 특정 작업을 위해 사용하는 도구들과 동일하다는 것이다. 따라서, 로봇은 결코 인간의 동료나 친구가 될 수 없으며, 만들어지고 판매되며 사용되는 '노예'일 수밖에 없다는 주장이 제기되기도 했다(Bryson 2010, 63). 노예라는 단어가 가혹하게 들리는 것은 사실이지만, 이러한 관점은 아리스토텔레스 이후 인간이 도구를 인식해온 오랜 관념에 해당한다. 아예 우리가 로봇을 제작, 설계하는 단계에서부터 로봇을 인간과 유사하게 만들지 못하도록 제한해야 한다는 주장도 제기되었다(Gunkel 2020, 54-55).

AI의 성상품화 역시 존엄과 관련한 문제가 될 것으로 예상된다. 사실 성적 이용을 위한 AI 로봇은 이미 유통되고 있다. 2010년 트루컴퍼니언 Truecompanion사가 제작한 '록시Roxxxy'는 AI를 탑재한 리얼돌로서, 사용자와 간단한 대화 등의 의사소통이 가능하며, 사용자의 성적 기호를 학습할

BOX 1.5

AI도 성희롱을 당할 수 있을까?

'이루다'는 딥러닝 알고리즘을 이용하여 페이스북 메신저 채팅을 기반으로 개발된 열린 주제 대화형 인공지능 챗봇이다. 2020년 12월부터 공개된 이루다는 많은 논란 속에 서비스 시작 직후 사용이 중단되었다. 사용자들이 이루다에게 던진 성소수자에 대한 질문에 싫어한다는 답변을 하는 등 동성애 혐오 논란이 불거진데 이어, 사용자들에 의한 외설적 사용 역시 문제가 되었다. 즉, 이루다에게 일종의 성희롱이 가해진 것으로서 이로 인해 AI에 대한 성희롱이 가능한가를 두고 논란이 제기된 바 있다. 여기에는 기존의 오프라인에서 극심한 젠더 갈등이 이루다를 통해 투영된 측면도 엿보인다.

자료: 최민영(2021).

수 있는 것은 물론 자신이 느끼는 성적 감각을 사용자에게 표현할 수 있다고 한다. 이후 관련 기술개발이 계속 진행되어 더 많은 기능을 갖춘 섹스 로봇이 생산되고 있다. AI 로봇의 성상품화 문제는 AI의 존엄 문제와 마찬가지로 존엄을 인간에게만 국한시킬지, 아니면 AI에게도 허용할 것인지의 문제를 제기한다. 만약 로봇을 도구 또는 노예로만 인식한다면, 성적 욕구를 위해 AI 로봇을 사용하는 것 역시 아무런 윤리적 문제를 제기하지 않을 것이다. 로봇의 성상품화가 인간에게 직접적으로 이익이 되리라는 주장 역시 존재하는데, 일부에서는 섹스 로봇으로 인해 매춘이나 성범죄가 현저히 줄어들 것이라고 예상하기 때문이다. 그러나 로봇을 성상품화하는 것이 허용될 때, 인간을 향한 성적 폭력에 대한 거부감 역시 약화될 수 있다는 우려 역시 존재한다.

IV 맺음말

디지털 사회의 도래는 무엇보다도 인간의 사회적 생활과 관련된 구체적 사안들에서 존엄의 문제들을 제기할 것으로 전망된다. 4차 산업혁명으로 도래할 디지털 사회는 인간 삶의 전반에 변화를 가져오고 있다. 특히 정보처리 기술과 생명공학 기술의 발달은 인간의 사회생활 전반에 영향을 미침으로써, 존엄과 관련하여서도 새로운 문제들을 제기할 것이다. 이에 대해 AI 등 디지털 기술과 관련한 여러 분야들에서 어떤 활동이 어디까지 존엄의 문제로 다루어져야 하는가는 윤리적 가치와도 연관된 문제가 될 것이다. 디지털 사회에서 인간 활동의 어느 부분까지가 존엄의 유지를 위해 보호받아야 하는가, 그리고 어디까지는 공공의 이익과 안녕을 위해 존엄의 영역에 해당하지 않는 것으로 판단할 것인가의 문제가 본격적으로 제기될 것이다. 이와 관련하여 이 글은 디지털 혁신으로 인해 인간의 사회적 활동 분야, 생명과 죽음 분야, 그리고 AI 법인격 등장 등과 관련하여 존엄과 관련된 문제들이 제기될 것으로 분석했다. 앞서 살펴본 바대로 사회적 차원에서의 존엄 문제로는 첫째, 디지털 기술을 이용한 정보 통제 및 사생활 보호 문제, 둘째, 디지털 기술의 활용으로 인한 집단 갈등의 심화 및 혐오표현 문제, 셋째, AI의 광범위한 도입에 따른 인간의 대상화와 소외 문제 등이 나타날 것이다. 생명과 죽음과 관련하여서는 빅데이터 기술과 결합된 생명공학의 발전과 AI에 의한 인간의 죽음 등을 생명윤리적 관점에서 어떻게 받아들일 것인가라는 문제가 존엄과 관련하여 제기될 것으로 파악했다. 이와 함께 AI 및 로봇에게 법인격 및 나아가 존재로서의 존엄을 부여할 것인가의 문제와 성적 대상화 문제가 제기될 수 있음을 살펴보았다. 근대 이후 확립된 인간 존엄의 가치는 시대적 변화를 뛰어넘는 항구적 가치로 인정받아 왔다. 그러나 디지털 혁신과 함께 변화될 미래 사회에서 존엄의 의미가 구체적으로 어떤 내용을 지니게 될 것이며, 어떤 역할을 할 것인가는 여전히 논의되어야 할 사안이다. 지난 산업화 시대의 급격한 사회변화로 인해 우리 사회는 공동의 가치를 상실했으며, 이후 지역 간, 세대 간, 성별 간 집단의 대립이 극심해지는 상황에 처해 있다. 상호 존중의 근간이 되는 존엄의 가치를 함께 공유할 때, 미래 디지털 사회로의 급변 속에서도 사회적 안정과 조화를 유지할 수 있을 것이다.

참고 문헌

국립국어원 표준국어대사전. "존엄." https://stdict.korean.go.kr/search/searchResult.do?pageSize=10&searchKeyword=%EC%A1%B4%EC%97%84 (검색일: 2021년 7월 12일).

김광연. 2015. "생명복제 시대의 기독교 윤리 방법론." 『한국개혁신학』 46: 154-177.

김구. 2014. "한국에서 정보격차와 사회적 배제의 관계에 관한 탐색적 비교 분석." 『한국지역정보화학회지』 17(2): 61-88.

김기용. 2021. "안면인식기술의 천국 中⋯ '하이테크 전체주의' 논란." 『동아일보』 (1월 21일).

김태훈. 2020. "딥페이크가 만들어낸 두 얼굴의 시대." 『경향신문』 (10월 18일).

박한우. 2016. "인공지능과 빅데이터의 역습." 『동아일보』 (8월 3일).

배상균. 2019. "인공지능(AI) 기술을 이용한 디지털 성범죄에 대한 검토―딥페이크(Deepfake) 포르노 규제를 중심으로―." 『외법논집』 43(3): 169-187.

변신원. 2020. "기획특집: 디지털 시대의 젠더폭력, 교육으로 인권의 길을 연다." 『젠더리뷰』 58: 26-34.

이강봉. 2017. "AI 전문가들, 킬러로봇 금지 촉구, 제네바서 UN주재 무기금지협약 회의 개최." 『사이언즈타임즈』 (11월 4일).

이인재. 2014. "바이오 빅데이터 연구동향." BioINpro 2014년 전문가리포트 7호 (12월 24일). https://www.bioin.or.kr/board.do;jsessionid=8122EE28C62CA934EAAA84

B5D8B71DB1?num=249079&cmd=view&bid=report&cPage=1&cate1=all&-cate2=all2 (검색일: 2021년 10월 2일).

이정아. 2019. "[이정아의 미래병원]블록체인 손잡은 유전자 빅데이터, 해킹논란 잠재울까." 『동아사이언스』 (7월 14일). https://www.dongascience.com/news.php?idx=29897 (검색일: 2021년 11월 2일).

이정현. 2021. "구글, 美 국방부 프로젝트 다시 추진…직원들은 또 반발." Zdnet. https://zdnet.co.kr/view/?no=20211104093111 (검색일: 2021년 11월 2일).

임예준. 2019. "인공지능 시대의 전쟁자동화와 인권에 관한 소고―국제법상 자율살상무기의 규제를 중심으로―." 『고려법학』 92: 265-302.

장기영. 2020. "'킬러로봇' 규범을 둘러싼 국제적 갈등: '국제규범 창설자'와 '국제규범 반대자' 사이의 정치적 대립을 중심으로." 『국제·지역연구』 29(1): 201-226.

정구연. 2021. "팬더믹 시대 디지털 권위주의와 민주주의의 미래." 제주평화연구원. 2021년 8월. http://jpi.or.kr/wp-content/uploads/2021/08/2021-15.pdf (검색일: 2021년 9월 25일).

조승한. 2021. "10대 바이오 유망기술에 코로나 백신 도운 'AI 단백질 모델링'." 『동아사이언스』 (2월 24일). https://www.dongascience.com/news.php?idx=44216 (검색일: 2021년 10월 26일).

최민영. 2021. "AI 챗봇 '이루다' 성희롱 논란…개발사 "예상했던 일, 개선할 것"." 『한겨레』 (1월 8일).

하영숙·구인회. 2018. "인공지능이 인간 존엄성에 미치는 영향에 대한 연구―활용사례들을 중심으로―." 『가톨릭신학』 32: 167-205.

Angwin, Julia and Jeff Larson. 2016. "Machine Bias." *ProPublica*. https://www.propubli-ca.org/article/machine-bias-risk-assessments-in-criminal-sentencing (검색일: 2021년 11월 25일).

Berinato, Scott. 2015. "There's No Such Thing as Anonymous Data." *Harvard Business Review* (2월 9일).

BMVI. 2017. Automated and Connected Driving. https://www.bmvi.de/SharedDocs/EN/Documents/G/ethic-commission-report.pdf?_blob=publicationFile (검색일: 2021년 11월 2일).

Bonnefon, Jean-François, Azim Shariff, and Iyad Rahwan. 2016. "The social dilemma of autonomous vehicles." *Science* 352(6293): 1573-1576.

Bryson, Joanna. 2010. "Robots Should be Slaves." In *Close Engagements with Artifi cial Companions: Key Social, Psychological, Ethical and Design Issues*, edited by Yorick Wilks, 63-74. Amsterdam: John Benjamins.

Burt, Andrew. 2019. "The AI Transparency Paradox." *Harvard Business Review* (12월 13일).

Darling, Kate. 2016. "Extending Legal Protection to Social Robots: The Effects of Anthropomorphism, Empathy, and Violent Behavior Towards Robotic Objects." In *Robot Law*, edited by Ryan Calo, A. Michael Froomkin and Ian Kerr, 213-231. We Robot Conference 2012, University of Miami. Northampton, MA: Edward Elgar.

Dastin, Jeffrey. 2021. "Amazon extends moratorium on police use of facial recognition software." *Reuters* (5월 18일). https://www.reuters.com/technology/exclusive-amazon-extends-moratorium-police-use-facial-recognition-software-2021-05-18/ (검색일: 2021년 9월 26일).

Delvaux, Mady. 2016. Draft Report with recommendations to the Commission on Civil Law Rules on Robotics (2015/2103(INL)). https://www.europarl.europa.eu/doceo/document/JURI-PR-582443_EN.pdf (검색일: 2021년 11월 12일).

Dolic, Zrinjka, Rosa Castro and Andrei Moarcas. 2019. *Robots in healthcare: a solution or a problem?* Workshop proceedings. Luxembourg: European Union.

Floridi, Luciano. 2008. "Information Ethics: Its Nature and Scope." In *Information Technology and Moral Philosophy*, edited by Jeroen van den Hoven and John Weckert, 40-65. Cambridge: Cambridge University Press.

Future of Life Institute. 2015. Autonomous weapons: An open letter from AI & robotics researchers. https://futureoflife.org/open-letter-autonomous-weapons-full-list/?cn-reloaded=1 (검색일: 2021년 10월 26일).

Griffin, James. 2008. *On Human Rights*. Oxford: Oxford University Press.

Gunkel, David J. 2020. *How to Survive a Robot Invasion: Rights, Responsibility, and AI*. New York: Routledge.

Halbertal, Moshe. 2015. "Three Concepts of Human Dignity." Dewey Lectures. 7. https://chicagounbound.uchicago.edu/dewey_lectures/7 (검색일: 2021년 11월 12일).

Hargittai, Eszter, and Yu-li Patrick Hsieh. 2013. "Digital Inequality." In *Oxford Handbook of Internet Studies*, edited by William H. Dutton, 129-150. Oxford: Oxford University Press.

Hollenbach, David. 2014. "Human dignity in Catholic thought." In *The Cambridge Handbook of Human Dignity*, edited by Marcus Düwell, Jens Braarvig, Roger Brownsword and Dietmar Mieth. Cambridge: Cambridge University Press.

Hunt, Elle. 2016. "Tay, Microsoft's AI chatbot, gets a crash course in racism from Twitter." *The Guardian* (3월 24일).

Kant, Immanuel. 2007. *Grundlegung zur Metaphysik der Sitten*. Frankfurt am Main: Suhrkamp.

Levy, David. 2009. "The Ethical Treatment of Artificially Conscious Robots." *International Journal of Social Robotics* 1(3): 209-216.

Liptak, Adam. 2017. "Sent to Prison by a Software Program's Secret Algorithms." *New York Times* (5월 1일).

McCrudden, Christopher. 2008. "Human Dignity and Judicial Interpretation of Human Rights." *The European Journal of International Law* 19(4): 655-724.

Sensen, Oliver. 2009. "Kant's Conception of Human Dignity." *Kant – Studien: Philosophische Zeitschrift* 100(3): 309-331.

Sharkey, Amanda and Noel Sharkey. (2012). "Granny and the Robots: Ethical Issues in Robot Care for the Elderly." *Ethics and Information Technology* 14(1): 27-40.

US Congress 2018. Artificial Intelligence - With Great Power Comes Great Responsibility. Committee of Science, Space, and Technology and Subcommittee of Science, Space, and Technology Subcommittee on Research and Technology. 06/26/2018. https://www.congress.gov/event/115th-congress/house-event/108474/text?r=16&s=1 (검색일: 2021년 9월 27일).

Waldron, Jeremy. 2012. *Dignity, Rank, & Rights.* Oxford: Oxford University Press.

Waldron, Jeremy. 2013. "Citizenship and Dignity," In *Understanding Human Dignity*, edited by Christopher McCrudden, 327-343. Oxford: Oxford University Press.

Weiss, Martin G. 2014. "Enhancement or Post Human Dignity," In *The Cambridge Handbook of Human Dignity*, edited by Marcus Düwell, Jens Braarvig, Roger Brownsword and Dietmar Mieth, 319-331. Cambridge: Cambridge University Press.

Zerback, Thomas and Nayla Fawzi. 2017. "Can online exemplars trigger a spiral of silence? Examining the effects of exemplar opinions on perceptions of public opinion and speaking out." *New Media & Society* 19(7): 1034-1051.

Zhang, Maggie. 2015. "Google Photos Tags Two African-Americans As Gorillas Through Facial Recognition Software." *Forbes* (7월 1일).

2

자유

FREEDOM

이원경

일본 조치대학교 글로벌교육센터

I 머리말

디지털 기술이 급속하게 발달하고, 사회 전반에 관련 기술의 영향력이 확산되면서 디지털 사회가 지향하고 있는 가치들에 대한 성찰의 필요성이 제기되고 있다. 그중 인류 역사에서 자연권과 기본권 등으로 지속해서 강조되어 온 '자유'라는 가치는 디지털 사회의 도래로 그 개념과 범위가 확장되어 가고 있는 측면이 존재한다. 따라서 이 연구는 다음과 같은 질문을 통해 디지털 사회에서 자유가 가지는 의의를 새롭게 조망해 보고자 한다.

- 디지털 기술의 발달은 인간 및 포스트휴먼의 자유를 증진할 것인가, 어떤 조건에서 자유가 증진될 수 있을까.
- 디지털 기술의 발달로 자유가 침해된 사례에는 어떤 것이 있는가. 이를 해소하기 위해서는 어떤 노력이 필요한가.
- 디지털 사회에서의 자유 추구가 방종으로 흐르거나, 사회의 다른 주요 가치 등과 충돌할 가능성이 있는가. 이와 같은 상황을 어떻게 조정해 나갈 수 있을까.

II 개념 논의: 자유

자유自由, freedom[1]란 타인에게 구속받거나 얽매이지 않고 자기 의사를 결정할 수 있으며, 의지대로 선택하고 행동할 수 있는 상태를 의미한다. 이는 인간이 합리적이고 이성적인 존재이며, 스스로 결정한 결과에 따른 책임을 질 수 있어야 한다는 것을 전제하고 있다. 근대사회로의 이행은 이와 같은 '자유'를 쟁취하기까지의 과정이라 볼 수 있다. 전근대적 질서 하에서 지배 질서 및 신분제로 제한받았던 개인의 자유는 18세기부터 이어진 시민혁명에 따라 기본권으로 인식되기 시작했다. 기본권 개념이 형성되던 초기에는 '자유'가 국가를 비롯한 권력으로부터의 침해를 금지하는 소극적 의미였다면, 20세기 이후에는 자유의 개념이 인간다운 생활을 위한 최소한의 배려와 정치참여에 대한 권리를 요구하는 등 보다 적극적인 형태로 변화해온 바 있다.

그렇다면 이와 같은 자유 개념이 디지털 사회에서는 어떻게 변화하고 있는가. 21세기 이후 정보화 및 디지털화의 심화는 인간다운 생활을 위해 디지털 기술에 자유롭게 접근할 수 있는 권리가 부상하는 등 '자유' 개념에도 전환점을 가져온 바 있다.

먼저, 기존의 자유권 중 △표현의 자유 △집회 및 결사의 자유 △경제활동의 자유 △정보의 자유 등은 글로벌 차원으로 확산되는 추세에 있으며,

---

1 한자문화권에서 '자유'로 표현되는 개념으로 freedom과 함께 liberty가 있으며 freedom이 의지대로 행동할 수 있는 능력과 힘을 의미한다면, liberty는 타인의 구속 등 억압에서 벗어나는 것을 강조하고 있다. 디지털 사회에서의 자유 중 기술을 활용할 수 있는 능력을 바탕으로 온오프라인 등에서 자유롭게 활동할 수 있는 권리는 주로 freedom으로, 인간다운 삶을 위한 적극적인 형태의 자유는 정보의 자유와 관련된 알권리(right to know)와 같이 표현된다.

앞으로도 디지털 기술의 발달은 인간 및 포스트휴먼의 자유를 증진할 것이라는 낙관론이 존재한다. 이 같은 관점에 따르면 디지털 사회의 자유는 정보 접근성이 더욱 높아짐으로써 거주·이전이나 직업 선택, 사상, 종교에서의 자유가 증진하는 데도 이바지할 수 있다. 또한, 디지털 기술을 이용한 1인 미디어의 발달은 언론 및 출판의 자유와 긴밀히 연관되어 있으며, 소셜 네트워크SNS, social media는 뉴스 및 콘텐츠가 배포될 수 있는 공간과 독자를 제공하여 새로운 정보의 유통 창구가 형성된 측면이 있다는 것이다.

반면, 디지털 기술의 발달로 자유가 저해되었거나 침해받고 있다는 비관론도 존재한다. 디지털 기술이 발달할수록 기술력을 가지고 있거나, 기술을 통제할 수 있는 거대 권력이 인간 및 포스트휴먼의 자유를 위협하는 상황이 도래하지 않을까 우려되고 있다. 사회경제활동의 많은 부분이 디지털화된 21세기에는 인간다운 삶을 영위하기 위해서 인터넷을 비롯한 디지털 기술에 접근할 수 있는 능력이 필요하게 되었는데, 이와 관련한 격차가 발생하기도 한다. 변화하는 디지털 기술을 습득하지 못해 사회기반시설 이용에 불편을 겪거나 소외되는 등의 문제가 발생한 바 있으며, 사이버 공간에서의 범죄나 사생활privacy을 침해하는 행위도 사회문제로 두드러지고 있다.

따라서, 이 연구는 디지털 사회가 지향하는 근본적인 가치 중 하나인 자유의 다양한 속성 및 타 가치와 중첩되거나 충돌하는 부분을 살펴보고자 한다. 먼저 디지털 사회의 기본 가치로서 자유란 무엇인가 제고하고, 디지털 사회에서 자유 추구가 방종으로 흐르거나, 사회의 다른 주요 가치 등과 충돌할 가능성이 있다면 이와 같은 상황을 어떻게 조정해 나갈 수 있을지에 대한 논의를 진행할 필요가 있을 것이다.

Ⅲ 세부가치

1 표현의 자유

표현의 자유freedom of speech, freedom of expression는 개인 또는 집단·단체가 자유롭게 견해와 사상을 표출할 수 있는 기본적 권리를 뜻하며, 세계 여러 자유민주주의 국가에서는 헌법으로 이를 보장하고 있다.[2] 표현의 자유는 사생활의 비밀과 자유, 양심의 자유, 종교의 자유, 학문과 예술의 자유 등과도 밀접하게 연결되어 있다.

디지털 사회에서 표현의 자유란, 주로 온라인상에서 자신의 의견과 감정을 자유롭게 표출할 수 있고 그로 인한 부당한 제한을 받지 않을 것을 의미한다. 초기 인터넷은 익명성이라는 자유를 제공함으로써 자유로운 의견 교환과 정보의 공유가 활발하게 이루어지는 공론장을 창출해 낸 바 있다. 디지털 기술의 발달로 개인이 자신의 개성을 표현하고 이를 기반으로 타인과 소통할 수 있는 소셜 미디어 등 여러 가지 플랫폼이 등장한 것도 표현의 자유가 증진되는 데 일조한 바 있다. 이용자들은 표현의 자유를 바탕으로 온라인상에서 자유로운 창작 및 정보공유 활동을 할 수 있게 되었고, 이 중에는 많은 이용자의 편의를 향상시키거나 흥미로운 콘텐츠가 존재해 인터넷이 유익하고 매력적인 존재로 자리 잡게 되었다.

디지털 관련 기술의 고도화는 개인 차원뿐 아니라 단체 및 산업 측면

---

[2] 헌법상에서 표현의 자유는 언론·출판·집회·결사의 자유를 총칭하는 기본권으로 넓게 정의되나(성낙인 2020, 1248), 이 글에서는 디지털 사회에서 주로 언어적인 방식으로 표출되는 표현·언론·출판의 자유를, 집회 및 결사의 자유와 구분해서 고찰해보고자 한다.

에서도 표현의 자유를 표출할 수 있는 수단과 방식을 변화시켰다. 인터넷을 기반으로 한 미디어도 급증하여 디지털 사회의 표현의 자유는 언론·출판의 자유, 보도의 자유와도 연관되어 복잡한 양상을 띠게 되었다. 2003년 유엔 정보사회세계정상회의WSIS 원칙 선언에서는 세계인권선언 19조에 명시된 표현의 자유가 국경과 관계없이 모든 미디어를 통해 표출될 수 있다는 것을 재확인한 바 있다. 신문·TV 등 매스미디어는, 디지털 기술을 이용한 뉴미디어의 등장에 경계하기도 했으나, 소셜 미디어 등을 활용하여 뉴스 및 콘텐츠가 배포될 수 있는 공간을 확보하고 새로운 독자층을 개척하는 등 변화해 나가고 있다. 또한 권위주의적 정부가 기존 미디어를 통제해 온 지역에서는 디지털 기술을 활용해 규제를 피하고 지식의 새로운 유통 창구를 형성하는 등 언론·출판의 자유가 증진된 예도 있다. 그러나 세계 2~4위의 출판 시장을 가진 일본의 경우[3] 디지털화로 인해 오히려 출판 활동의 독립성, 다양성, 지역성을 잃게 되어 출판의 자유를 위기에 빠뜨렸다는 주장이 제기되기도 했다(山田 2014).

한편, 디지털 기술을 기반으로 한 1인 미디어는 개인 차원에서 표현의 자유를 표출할 수 있는 장이지만, 이것이 사회적 파급력을 갖게 되면 언론 및 출판의 자유로 이어진다. 개인의 소셜 미디어 이용에 대해, 자유민주주의 국가들은 표현의 자유를 광범위하게 허용하고 있었으나 이것이 일부 이용자들의 방종으로 이어져 사이버 공간에서 혐오 발언hate speech이나 명

---

3 출판 시장에 대한 각국 시장 규모 비교는 집산 방법 등에 따라 다소 차이가 있으나, 세계 지식재산권기구(WIPO)의 The Global Publishing Industry 등에 따르면 일본은 비슷한 규모의 출판 시장을 가진 국가들에 비해 국내에서 발생하는 수익이 매우 높아 디지털화를 통한 글로벌 유통 등에 관한 관심이 저조한 것으로 보인다.

예훼손, 개인정보 침해, 불법 콘텐츠 범람 등의 문제를 유발하고 있다는 지적이 등장했다. 이와 같은 반작용이 개인의 차원을 넘어서, 디지털 미디어를 활용하는 다양한 산업이 발달하고 경쟁이 치열해지면서, 대중의 관심을 끌기 위한 자극적인 콘텐츠, 가짜뉴스, 댓글 조작 등 사회문제도 발생했다.[4] 이런 문제들은 사회통합을 저해하고 올바른 여론 형성에도 지장을 주어 자유민주주의를 퇴행시킬 위험성이 있다는 점에서 규제가 필요하다는 의견이 부상했다(김선화 2021). 자유 외에도 디지털 사회의 다른 주요 가치가 존재하는 만큼 표현의 자유와 타 가치와의 공존을 위한 논의가 필요한 시점이다.

과거에도 표현의 자유가 인격권reputational right을 보호할 수 있는 범위 안에서 추구되어야 한다는 등의 기준으로 제한되는 경우가 있었다. 이러한 경우 표현의 자유는 여러 자유민주주의 국가에서 헌법상에 보장된 중요한 기본권인 만큼, 법적 논의를 중심으로 그 중재안이 제시되었다.

디지털 사회의 도래 이후에는 새로운 매체가 등장했는데 이를 규제하기 위한 법이 아직 정비되지 않았거나, 진화하는 기술을 이용하여 규제를 피하는 경우가 발생하고 있다. 법률이 오프라인에서 금지하는 것은 온라인에서도 금지해야 하는데, 관련 규제를 어떻게 실행할 것인지, 사이버 공간에서 표출한 혐오가 무지나 편견에 의한 것이라면 가중 처벌하는 것이 적정한지, 혐오 발언이지만 헌법상 표현의 자유의 보호 범위에 속한다면

---

4 1인 미디어, 인터넷 미디어 등은 기존 매체에 비해 선정적인 보도 행태를 취하는 경우가 많다. 언론중재위원회 「2021년도 7월 언론조정 신청 처리현황」의 2021년 1-7월간 언론중재 통계를 보면, 총 조정사건 2,355건 중 △일간지 192건, △주간지 78건, △방송 293건, △잡지 4건, △뉴스통신 108건이나 인터넷신문 1,303건, 인터넷 뉴스 서비스 361건 등은 높은 비중을 차지하고 있다(김선화 2021).

BOX 2.1

표현의 자유를 둘러싼 논란 사례 두 가지

사례 1 미국 캘리포니아주 주정부는 2005년 17세 이하 미성년자에게 폭력적인 게임을 판매하거나 대여하는 것을 금지시키고, 이를 위반한 업자에게 최대 1천 달러의 벌금을 부과하기로 규정한 법을 통과시켰다. 이에 대해 게임 관련 업체들은 이 법이 표현의 자유를 규정한 미국 수정헌법 1조에 위배된다고 소송을 제기해 2007년 연방지방법원이 동법의 발효를 보류시켰으며, 이에 불복한 주정부가 항소를 계속해 2011년 6월에는 연방대법원에서 7 대 2로 위헌 판결을 받게 되었다(Brown v. Entertainment Merchants Association, 564 U.S. 786, 2011). 연방대법원의 판결문에는 게임과 같은 새로운 미디어 역시 표현의 자유를 누려야하며, 게임의 폭력성이 청소년의 폭력 성향과 연관이 있다는 것을 증명하지 못했다는 것을 지적하고 있다. 한편, 게임업계의 자발적인 등급분류제(미국 게임등급위원회, ESRB)가 영화 등급 시스템보다 엄격한 심의 제도를 운영하기 시작하여, 자녀들이 폭력적인 게임에 무분별하게 노출되는 것이 줄어들자 부모들 역시 반폭력법과 같은 국가 규제에 대한 요구가 감소하게 되었다.

사례 2 표현의 자유를 빌미로 사이버 공간에서 소수자에 대한 혐오 발언을 일삼는 이용자들이 증가하고 있다. 이와 같은 표현이 현실에서 벌어지는 혐오와 차별, 적대를 확대시키는 것에 대한 경계심이 높아지면서, 소수자의 인권을 침해하는 발언을 규제해야 한다는 목소리도 커지고 있다. 이에 따라, 일본 국회는 2016년 헤이트스피치해소법(本邦外出身者に対する不当な差別的言動の解消に向けた取組の推進に関する法律, 일본 외 출신자에 대한 부당한 차별 언동 해소를 위한 대응 추진법)을 제정했다. 사이버 공간에서의 혐오 발언에 대해서는 가와사키시가 2019년 「가와사키 차별 없는 인권 존중 마을 만들기 조례」를 제정한 이래, 2020년에는 시내에서 사는 재일코리안 등에 대한 공개적 차별 및 혐오를 표현한 트위터 게시물에 대한 삭제를 트위터 측에 요청한 바 있다. 시민사회에는 이를 환영하는 목소리가 존재하는 한편, 아무리 사회적 소수자에 대한 혐오 발언, 공익 보호를 위한 사후 규제라 할지라도 표현의 자유가 위축될 가능성이 크다며 신중하게 접근할 필요가 있다는 지적도 이어지고 있다. 또한 혐오 발언을 규제한다는 명목으로 정부가 개인이 인터넷상에서 작성한 글을 사전검열하는 가능성이 있는 만큼, 국가 권력이 표현의 내용을 판단하는 것에 대한 성찰이 필요하다.

자료: 『전자신문』(2012.2.23.); 『아사히신문』(2020.10.10.) 등.

어떻게 제한해야 할 것인지에 대해 디지털 사회의 과제와 결합하여 논의가 진행되고 있다(이형석 외 2020).

〈BOX 2.1〉의 사례들은 디지털 사회에서 표현의 자유 추구가 사회의 다른 주요 가치 등과 충돌할 때 실정법에 따른 강압적인 제재보다는 자율적인 규제와 문화적 규범을 확산시키는 것이 중요하다는 것을 보여준다. 혐오 발언이나 명예훼손과 같이 타인의 존엄과 자유를 침해하거나 공익을 증진하기 위한 사후 규제는 인정되어 가는 추세이지만, 국가나 디지털 권력을 가진 쪽이 표현의 내용을 판단하는 것에 대한 위헌 여부가 여러 국가에서 쟁점이 되고 있다. 특히 시스템 운영자에게 사법적 책임을 물을 때 게시물 등 콘텐츠 검열을 둘러싼 이용자와의 분쟁이 증가하고 규제 비용이 늘어나 이용자의 표현의 자유가 위축될 뿐만 아니라 편익까지 감소할 위험성이 있다.

한편, 표현의 자유와 관련해서는 언어 및 문화적인 배경에 따라 그 해석의 양상이 다양하게 나타난다. 따라서 오늘날 한국 사회 및 사회문화적 배경이 유사한 국가들이 당면하고 있는 '표현의 자유' 문제를 중심으로 자유와 타 주요 가치들과의 중첩 및 충돌하는 상황에서 조정 방법을 고려해 볼 필요가 있다. 한국은 사회경제적 발전과 함께 인터넷을 비롯한 정보기술에 대한 접근성은 급격히 높아졌으나, 이용자들의 디지털 리터러시가 이와 비례하여 높아졌다고 평가하기는 힘들다. 사회적으로 인정될 수 있는 표현의 자유 범위와 혐오 발언, 명예훼손, 개인정보 침해 등 방종의 간극을 개인이 이해해야 하는 한편 사회적으로 교육해 나가야 할 것이다.

각 국가의 문화적 배경을 고려해야 함과 동시에, 사이버 공간은 국경이 존재하지 않는다는 점 때문에 표현의 자유에 대한 국제적 합의 역시 필요하다. 인간의 안전보장을 위협할 수 있는 콘텐츠, 대표적으로 사이버 테러나 아동 포르노와 같은 내용은 제재해야 한다는 컨센서스가 국제사회에서 존재하는 가운데, 디지털 사회에서 누릴 수 있는 표현의 자유의 범위를 누가, 어떻게 설정해 나갈 것인지에 대한 지속적인 논의가 필요하다.

2 집회 및 결사의 자유

집회 및 결사의 자유freedom of assembly and association는 광의의 표현의 자유 중 하나로 인식되며, 언론·출판의 자유를 전제로 한 자유이자 집단으로 행해질 수 있다. 여러 자유민주주의 국가들은 집회·결사의 자유 역시 헌법상의 기본권으로 보장하고 있다. 집회와 결사는 정치적 문제에 대해 개인의 사상 및 의견을 표현할 수 있는 중요한 수단이며, 이는 민주정치를 실현하기 위한 필수조건으로 인식되어 왔기 때문이다.

근대사회에서 집회와 결사는 거주·이전의 자유와도 연관되어 있었는데, 디지털 사회의 도래 이후에는 사이버 공간에서 시간과 공간적 제약을 극복해서 추구될 수 있는 측면이 부상하였다. 또한 과거에는 개인이 집회 및 결사에 참여할 때 이미 형성된 안건에 대해 수동적으로 동의하는 형태였다면, 디지털 사회의 시민은 자발적으로 네트워크를 형성하고 이슈를 만들어내며, 이슈의 유통 과정에 주체적으로 관여하는 등 적극적으로 참여civic engagement하는 형태로 변화하였다(송경재 2010).

디지털 기술의 발달은 집회 및 결사의 형태를 변화시켰을 뿐만 아니라, 온라인상의 결집과 의견 교환이 오프라인에서의 집회 및 결사로 이어지는 고리가 강화되는 모습도 다수 나타나고 있다. 2010년 튀니지에서 시작되

BOX 2.2

디지털 기술을 활용한 일본 학생운동 사례

2015년 5월 결성되어 약 1년여간 지속된 일본 학생단체 SEALDs(Students Emer-gency Action for Liberal Democracy-s, 자유와 민주주의를 지키기 위한 학생긴급행동)는 아베 정권이 추진한 안보법안 제·개정을 반대하기 위한 집회를 온라인과 오프라인을 연계해 효과적으로 진행하였다. SEALDs는 안보법안에 대해 좌파 계열 시민단체들과 유사하게 반대 입장을 취했으나, 구체적인 활동 양상과 집회 방식에는 큰 차이가 있었다. SEALDs는 과거 일본의 신좌익 세력의 폭력 시위를 비판하며, 집회를 원활히 개최하기 위해 경찰들과 협조 관계를 맺었고 폭넓은 세대에게 그들의 활동을 전파하고 긍정적인 이미지를 전달하기 위해, 매스미디어와 디지털 미디어를 적극 활용하였다. 기존 일본 시민단체들이 설립과 함께 단체 명부나 정관(定款)을 작성하는 것을 중시했던 것과는 달리, SEALDs는 가장 먼저 홈페이지를 개설하고 활동 영상을 업로드하는 등 온라인 활동에 집중하고 있다. 사이버 공간을 유연하게 활용하는 SEALDs의 특징은, 그 조직의 확대 측면에서도 잘 드러난다. 추천인이 필요하거나 회비를 납부해야 하는 기존 시민단체 가입과 달리, SEALDs 참가 절차는 매우 간단해서 처음에는 트위터, 페이스북, 인스타그램 페이지를 구독/follow 하는 것으로 시작할 수 있다. 또한, SNS를 통해, 도쿄를 중심으로 활동하는 SEALDs의 존재를 알게 된 토호쿠와 간사이, 류큐(오키나와) 등 전국의 대학생들을 중심으로 한 청년 그룹이 '안보법안 반대'라는 내용으로 SEALDs와 느슨하게 연계하는 조직을 자발적으로 형성하였다. SEALDs는 안보법안 폐지라는 목적을 달성하지 못한 채 2016년 8월 해산했지만, SEALDs 등장 이후 일본 내 시민단체들의 인터넷 웹사이트 및 SNS의 이용이 활발해지는 등 여러 가지 변화가 나타났다.

자료: 이원경(2018).

어 아랍 및 북아프리카로 확산된 민주화 운동(아랍의 봄), 역시 2010년대부터 홍콩 우산 혁명, 대만 해바라기 운동, 일본 SEALDs, 한국 촛불집회 등으로 연이어 진행된 학생 및 시민사회 운동에서 공통으로 나타나고 있는 특성으로는 신자유주의에 대한 저항과 함께 시민불복종운동Civil Disobedi-ence Movement의 수단으로서 소셜 미디어 등의 활용이 있었다. 네트워크의 밀도에 따라 여론이 확산되는 과정에는 차이가 있으며, 인터넷은 밀도가 높은 네트워크라는 점에서 인터넷상에서는 개인이 많은 힘을 들이지 않고도 타인과 다양한 상호작용을 통해 의견을 표출할 수 있다.

〈BOX 2.2〉의 사례와 같이 디지털 미디어는 SEALDs 멤버들이 동아시아 시민사회운동의 실상을 조사할 수 있는 유용한 도구였을 뿐 아니라, 타국 학생운동 주도자들과 일시적으로 만난 이후에도 계속해서 연락을 이어갈 수 있는 수단으로 활용됐다. 또한 SEALDs 중심 멤버들은 2015년 활동 당시부터 집회의 구체적인 운영을 위해 인터넷 검색 등을 통해 알게 된 타국 사례를 벤치마킹하기도 했다(이원경 2018).

2016년 SEALDs가 공식 해체된 후, 일부 멤버들은 정치참여 활동을 이어가고 있는데, 주요 활동은 대부분 온라인상에서 이루어지고 있다. 파생 단체들은 유튜브와 페이스북 등 젊은 세대에게 익숙한 채널을 통해 비디오 캠페인을 만들어 공감할 수 있는 정책을 제안하고, 라이브 영상을 발신하고 있다. 자신들의 주장에 귀를 기울이기보다 흥미 위주의 편집을 하거나, 잘못된 내용을 보도하는 매스미디어에 대해 일희일비하기보다는, 직접 콘텐츠를 만들고 사이버 공간에서 이를 유통시켜 지지자들을 확대해 나갈 수 있다는 것이다. 이와 같은 변화를 집회 및 결사의 자유가 증진된 측면에서 긍정적으로 평가할 수 있는 반면, 집회와 결사가 가져온 결과에 대해서는 좀 더 신중히 판단해야 할 것이다. 벤클러Yochai Benkler 등은 디지털 사회가 자유주의적 공론장을 형성할 수 있다는 점은 인정했으나, 인터넷이 민주화 효과를 가져온다는 주장에 대해서는 판단을 유보했다.

한편, 2021년 2월 쿠데타를 일으킨 미얀마 군부 세력은 시민들의 집회 및 결사를 막기 위해 네트워크 연결 및 정보 차단을 시도한 바 있다. 시민들이 인터넷을 사용하지 못하도록 막는 것은 비민주적 국가에서 전형적으로 나타나는 정보 차단 전략으로, 저항운동을 위한 결집을 어렵게 만든다. 이런 위기 속에서 미얀마 시민사회 및 그들을 지지하는 국제사회가 디지털 기술을 통해 어떤 대항의 목소리를 낼 수 있을지 관심을 가지고 지켜볼 필요가 있다.

3 정보의 자유

표현의 자유, 특히 언론·출판의 자유와 밀접하게 연관[5]되어 있는 자유이자, 디지털 사회에서 그 중요성이 급격히 높아진 가치로서 정보의 자유freedom of information, right to know가 있다. 정보의 자유는 비교적 최근에 기본권으로 논의되기 시작했기 때문에, 헌법상 명문으로 보장된 경우는 드물지만, 세계인권선언을 비롯한 여러 국제법에서 직간접적으로 그 필요성이 언급되고 있다. 정보에 자유롭게 접근, 이용할 수 있게 되면 거주·이전이나 직업 선택, 사상, 종교 등의 자유가 증진될 수 있기 때문에 보편적으로 보장되어야 한다는 것이다.

디지털 사회의 공공재로 인식되고 있는 인터넷을 비롯한 정보 및 통신에 대한 접근을 보장하는 자유이자, 관련 기술을 교육받을 수 있는 권리 등과 연관되어 있다. 2003년 유엔 정보사회세계정상회의WSIS에서 각국 정부

---

5 표현의 자유는 개인 및 집단이 의견을 자유롭게 표명하고 전파할 수 있는 것을 의미하는데, 이는 정보의 발신 측면에서의 자유라 볼 수 있다. '정보의 자유'는 이에 더해 정보의 수신 측면을 강조하고 있으며, 의사형성을 위해서는 정보에 대한 접근이 충분히 보장되어야 하며 이 정보가 국가 권력 등에 의해 조작되지 않아야 한다는 것이 그 자유의 전제조건이다.

와 기업, 시민단체 등의 협상으로 채택된 원칙 선언에서는 정보사회의 중심이 되는 네트워크에 모든 사람이 참여할 수 있는 기회를 얻어야 한다는 것이 포함되었다.[6]

기술적인 측면에서, 전 세계적으로 정보에 대한 접근성은 급속히 높아져 왔다. 그러나 일부 국가들은 정치 혹은 경제적 이유로 인터넷상의 콘텐츠를 검열하거나 접근을 제한하고 있다. 중국은 1998년 황금 방패 프로젝트Golden Shield Project를 추진하기 시작했고 2003년에는 '만리방화벽Great Fire Wall, 이하 GFW'을 완성한 바 있다. GFW는 사회 안정을 위해 외부로부터 들어오는 트래픽을 차단할 수 있는 시스템으로 2009년 천안문 민주화 운동 20주년 기념일을 앞두고 유튜브, 트위터, 핫메일 등 해외 서비스를 일제 차단한 바 있으며, 이후 페이스북, 구글을 비롯한 해외 서비스들도 중국 내 접속이 제한되었다. 이 외에도, 태국, 인도네시아, 미얀마, 방글라데시 등에서는 정부 혹은 군부가 시민들의 저항을 막기 위해 인터넷 사용을 통제하고, 이용자들의 의견 교환이나 정보 공유를 제한하는 일이 있었다. 지난 2009년 더튼William H. Dutton을 중심으로 옥스퍼드 인터넷 연구소가 진행한 The Fifth Estate 연구는, 인터넷의 자유로운 접근을 가로막는 정부와 인터넷을 악용하여 신뢰를 무너뜨리는 해커, 스패머, 충동적인 이용자들을 '적'으로 규정했다. 정보의 자유가 달성된 것이 아닌, 증진시키기 위한 지속적인 노력이 필요하다는 것이다.

정보에 대한 인위적인 차단이 시행되고 있지 않은 민주국가에서도 디지털 기술의 특성 및 사회구조적인 문제로 인해 정보의 자유가 침해되고

---

6 World Summit on the Information Society, Declaration of Principles.

디지털 소외

정보화 사회로의 진입 초반에는 주로 빈부격차나 성별에 따른 디지털 격차(digital divide)의 문제가 지적된 바 있다. 한편, 최근 진행되고 있는 디지털 전환의 가속화는 고령층이 새로운 시스템에 적응하지 못해 경제활동에서 소외되거나 이동의 자유를 추구하는 데 극심한 불편을 겪는 등의 문제가 발생하고 있다. 디지털화된 예약 시스템을 이용하지 못해 명절 등 성수기에 KTX 입석을 이용하는 고령자가 많아졌고, 키오스크 등 비대면 주문 및 계산 시스템을 이용을 둘러싸고 곤란을 겪는 경우도 늘어난 것이다.

특히 코로나19로 인해 이러한 디지털 소외 문제의 심각성이 더욱 두드러지게 되었다. 고령자층이 코로나19에 대해 가장 취약함에도 불구하고, 디지털 활용 능력의 부족으로 관련 의료 정보나 백신 예약 등에 곤란을 겪는 일이 빈번히 발생하고 있는 것이다. 고령 인구가 급속히 진행되고 있는 한국의 경우, 디지털화가 고령화 사회의 도래로 인한 노동력 부족 등의 문제를 해결할 수 있는 가능성을 열어주는 기회가 될 수 있지만, 그 이면에는 디지털 소외와 같은 문제가 있다는 것을 간과하지 말아야 할 것이다.

자료: 한국일보(2015.10.12.); 중앙일보(2020.12.4.) 등.

있는 양상이 나타나기도 한다. 한국 역시 정보에 대한 접근성이 높다고 여겨지는 측면도 있으나, 사회 여러 분야의 디지털 전환이 고령자들의 디지털 소외를 가져오는 등 자유의 불균형이 목격된다. 디지털화된 예약 시스템을 이용하지 못해 대중교통을 통한 이동이 불편해지거나, 코로나19와 관련해 적절한 의료 정보를 신속하게 얻는 데 곤란을 겪는 등 기술의 발달로 새로운 디지털 격차가 발생할 수 있으며, 이는 사회 전반적인 '정보의 자유'를 위협하는 사안이 될 수 있다는 점에 경각심을 가져야 할 것이다.

4 경제활동의 자유

사회경제활동의 많은 부분이 디지털화된 현대 사회에서는 예전보다 창업을 비롯한 경제활동의 참가 방법이 다양화되고 자유로워진 것을 목격할 수 있다. 소규모의 자본을 가지고 온라인을 중심으로 창업하여 글로벌 기업으로 성장한 사례도 존재한다. 인터넷은 거대한 규모의 시장이자 광고의 장이 되었고, 특히 코로나19 이후 언택트 문화가 급속도로 활성화되자 디지털 기술이 오프라인에서 제한된 경제활동의 자유를 해소시켜주는 측면이 나타나기도 했다.

한국은 세계 최고 수준의 인터넷 속도와 보급률 등을 기반으로 인터넷 보급 초기부터 다양한 ICT 기업들의 테스트보드가 되어온 바 있다. 대기업뿐만 아니라 중소기업, 벤처기업들이 디지털 기술이 제공하는 경제활동의 자유를 활용하여 글로벌 시장에서 두각을 나타낸 사례도 있다. 경제활동의 자유가, 디지털 사회의 도래 이래 '표현의 자유'가 급격히 증대된 한국 사회의 특성과 결합하여 한류 등 콘텐츠 산업을 급성장시키는 데도 기여하고 있다.

그렇다면 디지털화로 인해 경제활동은 얼마나 자유로워졌는가. 디지털 기술의 발달로 경제활동의 이용자 및 생산자의 자유가 침해된 사례에는 어떤 것이 있는가.

이용자 차원에서는 먼저, 디지털 사회의 경제활동의 과정에서 발생하는 자료수집과 관련한 우려가 존재한다. 데이터는 디지털 경제활동을 추진하기 위한 중요한 자원이지만 개인정보가 침해될 위험성이 존재한다. 민간 영역에서는 경제활동을 위한 양질의 데이터 부족을 호소하고 있으나, 마케팅 목적으로 사용자들의 동의를 받지 않고 데이터를 수집, 이용하는 일도 빈번하게 발생하고 있다. 스마트폰이 생활의 중심이 된 사회에서, 대다수 애플리케이션이 그 약관terms of use에 데이터 수집에 대한 내용을 공지하고 사용자의 동의를 받으면 데이터를 수집할 수 있다. 그러나 애플리케이션이 수집 권한을 요구하는 데이터의 범주는 이메일 주소, 건강정보, 위치정보, 카메라 접근 권한 등 민감정보도 다수 포함하고 있으며, 사용자가 동의하지 않으면 이용 권한을 박탈하는 등 선택권이 제한되고 있는 상황이다(이 책 1장 '존엄' 참조). 이를 통해 데이터 프라이버시 문제, 자유의 침해 문제 등이 우려되고 있으며 일본 등 일부 국가들은 관련한 상거래법 개정을 검토하고 있다(池本 2021). 점차 고도화되는 인공지능AI 등의 활용을 위해서는 데이터의 구축과 공유가 필요한바, 위험을 줄이고 데이터 공유로 얻는 이점을 살릴 수 있는 제도적 장치가 필요하다.

또한, 디지털 기기가 보급되고 온라인상의 경제활동이 증가하면서 광범위한 이용자에게 막대한 피해를 줄 수 있는 피싱Phising[7] 파밍Pharming,[8] 스미싱Smishing[9] 등 새로운 온라인 범죄가 증가하였다. 전화나 온라인에서 이루어지는 직접적인 경제 범죄에 대해, 한국에서는 오프라인에서의 사기

---

[7] 개인정보(Private data)와 낚시(Fishing)의 합성어로, 전화·문자메시지·메신저 애플리케이션 등 전기통신 수단을 이용해 이용자를 속임으로써 개인정보, 금융정보 등을 빼내 금품을 갈취하는 사기 수법(찾기 쉬운 생활법령정보, 박소영 2021 재인용).

[8] 피싱(Phising)과 조작(Farming)의 합성어로, 악성프로그램에 감염된 PC 등을 조작하여 이용자를 가짜 사이트로 접속을 유도하여 금융거래정보 등을 빼낸 후 금전적인 피해를 주는 사기 수법(찾기 쉬운 생활법령정보, 박소영 2021 재인용).

[9] 문자메시지(SMS)와 피싱(Phishing)의 합성어로, 스마트폰 등에 악성프로그램을 설치하여 이용자가 모르는 사이에 소액결제가 이루어지거나 개인정보 및 금융거래정보를 빼내 가는 사기 수법(찾기 쉬운 생활법령정보, 박소영 2021 재인용).

와 동일하게 「형법」 제347조 사기죄를 적용할 수 있다. 그러나 탈취한 결제 정보 등을 입력하여 재산상의 이익을 취하는 행위는 사람에 대한 기망행위나 상대방의 처분행위 등을 수반하지 않아 기존 사기죄로는 의율하기 어렵다. 1995년 컴퓨터사용사기죄(「형법」 제347조의2)를 도입한 바 있으나 특정 부처 대응으로만 해결할 수 없고 예방, 사고 대처, 피해 복구, 처벌 등을 모두 아우르는 종합적인 대처가 필요하다. 2012년 전기통신금융사기 방지대책협의회가 설치되어 검찰·경찰청이 범죄 신고 및 수사를, 금융위원회·금융감독원이 피해 구제를 맡은 한편, 과학기술정보통신부는 불법에 사용되는 전화번호 관리(변작 방지, 해당 번호 차단 등), 방송통신위원회는 불법 광고성 정보 전송 방지 등 기술적인 측면을 담당하고 있다(박소영 2021).

경제활동의 생산자 측면에서는, 통제와 규제 중심의 정부 정책, 대기업들의 독과점 등에 막혀 디지털 경제 생태계의 자유와 혁신의 기회가 위협받고 있다는 비판도 존재한다. 더욱이 온라인의 경제활동이 플랫폼 산업을 기반으로 이루어지면서, 플랫폼의 권력화에 따른 공정경쟁의 훼손이나 소비자 피해에 대한 우려가 제기되고 있다. 특히 상당수 플랫폼이 글로벌 빅테크에 의해 운영되고 있어서 플랫폼에 대한 규제는 국내법적 테두리 안에서 해결되기가 쉽지 않다. 플랫폼을 중심으로 한 인터넷 환경에서 공정한 경쟁, 기술 혁신, 소비자 보호 등을 어떻게 보장할 것인가와 관련되어 있으며, 이를 위한 규제 체제를 비슷한 상황에 처한 타국 사례와 함께 고려하여 지속해서 논의해 나가야 할 것이다.

한편, '정보의 자유'를 해치는 요소로 지적된 중국의 만리방화벽GFW의 경우, 최근에는 정치적 목적보다 자국 디지털 산업 보호와 육성을 위한 수단으로 이용되고 있다는 지적도 있다(高口 2019). 해외 사업자가 개발한 디지털 서비스의 중국 내 이용자 수가 일정 수준을 넘어서면 만리방화벽을 통해 접속이 차단되고 있으며, 이 같은 규제를 피하려면 중국 내에 중국인을 대표로 하는 법인을 세워야 한다는 점에 많은 기업들이 불만을 토로하고 있다. 경제활동의 자유를 제한하는 것이 장기적으로 디지털 경제의 중국 및 글로벌 전개에 부정적인 영향을 주지 않을지 추적 관찰할 필요가 있다.

경제활동에 있어서 생산자의 자유가, 이용자의 정보의 자유 및 표현의 자유와 충돌하는 지점의 문제이자, '공정', '안전' 등의 가치와 함께 논의해야 할 필요가 있는 중요한 개념으로 '지식재산권'을 들 수 있다. 지식재산권은 인간의 지적 창조물에 대해 창작자의 권리를 보장하는 법적 체계로 근대 이후 상업적 권리로 확장되었다. 그러나 디지털 기술 및 인터넷의 대중화는 지식재산권의 배타성이라는 틀을 무너뜨린 바 있다.

디지털 콘텐츠는 기존 저작물과 비교해 복제 및 유통이 매우 간단하고, 복제 후 콘텐츠의 질이 원본보다 저하되지 않는다. 지식재산권과 저작권이 희소성에 기반을 둔 배타적인 소유에 기반을 둔 것에 반해, 복제의 유인이 매우 큰 상황이 된 것이다. 기술적인 측면에서도 P2P나 토렌트와 같이 불특정 다수의 이용자가 파일을 쉽게 공유하는 상황에서 사적 복제를 규제하는 데 한계가 있다는 지적도 있다. 디지털 사회의 자유와 권리에 대한 지속적인 논의에 따라, 개인 이용 등 한정된 범위 안에서의 사적 복제는 일반적으로 허용해주는 한편 창작자의 재산권을 과도하게 침해하거나 창작 의지를 저하할 수 있는 침해는 규제하는 방식으로 진행되고 있다(比良 2017).

나아가 이런 변화 속에서, 디지털 지식과 정보는 인류의 유산이므로 지

지식재산권: 경제활동의 자유와 표현의 자유

지식재산권은 기존의 유형적인 재산을 보호하고 권리를 부여하는 고전적인 재산권에서 벗어나, 인간의 지적 창조물 중 법으로 보호할 만한 가치가 있는 무형의 지식에 대하여 법이 부여하는 권리를 의미한다. 이 소유권과 재산권에 대한 국가별 및 시대별 차이 때문에 분쟁의 대상이 되기도 한다.

일본의 경우, 헌법에 저작권 및 지적재산권이라는 용어가 등장하지 않아 헌법상의 권한이 불명확하지만 많은 전문가들이 29조 재산권에 저작권의 원류가 있는 것으로 보고 있다. 그러나 디지털 사회의 저작물, 특히 인터넷에서 다수의 이용자가 생산한 콘텐츠 등은 저작물의 원본이 그대로 유통되지 않고 패러디 등 타 이용자들에 의해 거듭 변형되어 나가는 일도 잦다. 생산자와 이용자의 구분이 모호해진 것이다.

지식재산권이 완결성을 가진 지식을 전제하고 있었다면, 디지털 사회의 '표현의 자유'를 만나 운동형의 진행 형태를 가지게 된 콘텐츠를 기존의 저작권과 재산권 등이 어떻게 접근할 수 있는지에 대한 회의론도 존재한다. 일본의 저작권법 개정으로 불법 저작물임을 인식하고 다운로드한 이용자도 처벌이 가능해진 데 대해, 일부 학자 및 전문가들은 저작권을 표현규제 입법의 하나로 파악하고 있다. 표현의 자유는 규제 측면의 편견과 사익에 의해 규제될 가능성이 높은 취약한 권리이므로 주의 깊게 접근할 필요가 있다.

자료: 山本龍彦(2017), 平地秀哉(2021).

식의 공유를 지지해야 한다는 카피레프트 개념이 등장했다. 현대의 저작물도 선인들이 이루어 놓은 문화의 토대 위에서 창작된 것으로, 새로운 지식과 정보의 생산에 도움을 줄 수 있기 때문에 일정 범위에서는 자유롭게 이용할 수 있도록 허용할 필요가 있다는 것이다. 이와 같은 개념은 위에서 언급된 정보의 자유, 즉 인간다운 삶을 위해 자유롭게 정보에 접근할 수 있는 권리와도 연결된다. 정보의 자유를 우선하는 논리에 따르면, 저작권과 특허권 등 지식재산권에 대한 반대도 포함된다. 기술적으로도 저작자가 온라인에 저작물을 올리고 외부의 검색을 차단하지 않을 때는 검색엔진이 검색을 허용하는 것을 묵시적으로 허용했다고 볼 수 있으며, 공표된 디지털 콘텐츠를 보도하거나 교육 및 연구를 위해 공정한 관행에 따라 인용할 수 있다. 영리성, 이용된 양과 저작물 종류, 목적 등에 따라 자유 이용 가능 여부를 판단하는 추세이나, 앞으로 이 범위에 대해 어디까지 허용될 것인지에 대한 논란이 지속될 것으로 보인다.

한국 역시 위에서 언급한 바와 같이, 디지털 경제의 중요한 축으로 한류 등 문화적 자유를 중심으로 한 콘텐츠 산업이 대두된 바 있다. 유튜브, 웹툰 등은 인터넷 문화의 유연성과 쌍방향성, 다양성을 바탕으로 기존 미디어를 능가하는 파급력을 가지고 있으며, 표현의 자유 및 경제활동의 자유가 이와 같은 콘텐츠 산업의 성장을 견인하고 있는 만큼 자유와 자율규제가 공존할 수 있는 균형이 앞으로도 요구된다.

5 인간의 자유, 포스트휴먼의 자유

오늘날 디지털 기술이 끊임없이 발달하고 진화해 나가는 이유는 무엇일까. 기술 발전의 속성 자체도 있으나, 디지털화가 더욱 많은 인간이 더 자유롭고 행복한 삶을 가져올 수 있을 것이라는 기대가 존재하기 때문일 것이다.[10] 윗글에서 디지털 사회에서 실제로 인간의 자유가 증진되었는지 고찰한바, 몇몇 속성의 자유는 더 많은 사람들이 누릴 수 있게 되었으나 여전히 제한되거나 침해받는 자유가 있다.

---

[10] 일본에서는 2021년 9월 디지털청이 출범했다. 발족과 함께 제정된 디지털사회형성 기본법(デジタル社会形成基本法)에는 디지털화의 이념이 '정보통신 기술의 혜택을 즐길 수 있는 사회'를 실현하는 것이라 규정되어 있다(아사히신문, 2021.7.8.).

동전의 양면과 같이 자유의 한쪽 측면이 증진되면서 자유의 다른 속성이 침해받는 예도 있다. 디지털 사회에서 스마트폰 등은 이용자가 정보에 접근하고 자유롭게 표현할 수 있게 해주었지만, 기기를 휴대하고 있다는 것만으로도 위치, 바이오 정보 등 개인정보가 시스템에 기록되게 된다. 정보기술 발전의 초창기부터 이러한 시도는 존재했으나 고도화되어가는 디지털 기술, 특히 빅데이터와 AI 등으로 광범위한 데이터의 축적과 처리가 가능해졌다. 개인정보 보호와 정보·표현의 자유는 상호 연관성을 갖고 있으나 지향하는 바는 같지 않으며, 알권리는 정보 접근을 차단하거나 잊혀질 권리 등과 대척점에 서기도 한다. 빅데이터로부터 개인의 바이오 정보부터 정치관, 감정까지 파악할 수 있는 시대가 되면서 자기 결정권 역시 위협받게 되었다. 개인정보 관리 권한 등 정보의 자기결정권은 앞으로의 디지털 사회에서 기본적인 인권으로 부상할 것으로 보인다.

디지털 사회의 편리성과 즐거움 때문에 개인이 본인의 자유를 포기하는 예도 있다. 디지털 기술의 급속한 발전으로 일상생활과 경제활동 등 많은 활동이 온라인상에서 이루어지면서 인간은 자유롭게 시간을 관리하고 다양한 커뮤니케이션 방법을 선택할 수 있게 되었다. 코로나19 이후 PC, 태블릿 등이 교육 목적으로 적극적으로 활용되게 되면서 휴대전화 반입금지 등의 교칙을 고수하고 있던 초·중고등학교의 제한도 사라지는 등 성인뿐만 아니라 청소년들도 디지털화의 자유를 만끽하고 있는 것처럼 보인다. 반면, 일부에서는 디지털화로 사생활과 학업, 업무 등의 경계가 모호해져 피로를 호소하는 경우가 있다. '디지털 피로'라는 용어로도 표현되는 이 현상은 정신적 피로뿐만 아니라, 디지털 기기를 장시간 이용해 안구건조증, 거북목증후군, 손목터널증후군 등의 신체적으로 자유를 잃게 되는 경우도 포함된다. 또한, 디지털 기기에 대한 의존도가 높아지면서 상대적으로 뇌를 사용하지 않아 기억력이 감퇴하거나 계산 능력이 떨어지는 '디지털 치매', 지나치게 디지털 기기를 사용하지 못하면 불안까지 느끼는 '디지털 중독' 역시 본인의 선택으로 디지털에 구속된 개인의 아이러니를 보여주고 있다.

한편, 디지털 사회의 번영이나 안전 확대를 위해 개인의 자유가 위협받을 가능성이 용인되기도 한다. 정보화 발달 초기 ICT는 국가의 영향력과 통제를 강화시킬 수 있는 수단으로 경계받던 시기가 있었다.[11] 그러나 디지털화가 심화될수록 국가 중심의 중앙집권적 구조를 해체시킬 수 있는 디지털 기술의 분산적 구조가 부각되거나, 복합화되어가는 디지털 기술 발전을 조정하고 견인해 나가는 존재로서의 국가를 기대하는 목소리까지 나오고 있다. 특히, 코로나19의 창궐 이후 국가는 어느 때보다 의지할 수 있는 행위자로 PCR 검사, 감염자 추적, 백신 도입 등 관련 기술을 통제하고 있으며, 때로는 강제력을 행사하기 위한 효율적인 방법으로 감시를 선택하기도 했다. 한국에서는 이에 대한 시민사회의 저항이 크게 나타나지 않고 있으며, 개인은 자유와 프라이버시를 어느 정도 포기하더라도 안전을 위해 국가의 기술 독점 및 통제를 수용하고 있다.

디지털 기술은 인간에게 편리함과 자유를 가져다주는 수단에서 나아가, 인간과 같이 생각하고 판단할 수 있는 포스트휴먼posthuman의 등장과

---

11 주기넷 도입 시, 사이토(斎藤 2006) 등은 지방자치체 등을 상대로 주민기본대장 네트워크 금지 소송을 2002년 제기한 이유에 대해, 국민 총 등번호(国民総背番号) 제도를 구축하려는 전제이므로 인간의 존엄과 자유를 침해하고, 개인정보가 기업에 노출되어 감시사회가 도래할 가능성이 있으며, 정부의 제도에 반대하는 사람을 파악하기 쉽게 되어 정치적 의사의 개진이 어려워진다는 것을 들었다.

도 관련되어 있다. AI 등의 기술 발달로 인간과 로봇 등의 경계가 사라진 새로운 존재가 탄생하게 된다면, 그 존재에 대해서도 존엄, 평등, 정의 등의 가치와 마찬가지로 자유가 보장되어야 할 것인가. 근대사회에서 인간이 '자유'를 누릴 수 있게 된 근거가, 타 존재와 달리 인간은 타인에게 구속받지 않고 자율적으로 의사결정을 할 수 있는 것이었다면, 포스트휴먼이 사고력과 의사 결정력을 가질 경우 '자유'가 부여되어야 할 것인가 등에 대한 철학적 고민이 남아 있다. 또한 인간의 자유와 포스트휴먼의 자유가 공존할 수 있을 것인가에 대한 윤리적 문제도 이어진다. 내가 추구하는 자유가 타인의 자유와 기본권을 침해하지 말아야 한다는, 근대 이후 이어져 온 자유에 대한 대원칙은 디지털 사회에서도 여전히 적용되어야 할 것이다.

Ⅳ 맺음말

인류 역사에서 존재론적인 가치로 추구되어온 '자유'는, 나날이 고도화되고 있는 디지털 사회에서도 인간이 기본적으로 누려야 할 근본 가치로서 계속해서 강조되고 있다. 뿐만 아니라 디지털 전환에 따라 기술, 혹은 국가 권력이 자유를 위협하는 상황이 도래하지는 않을지 경계하는 시선도 이어지고 있다. 이는 인류가 자유라는 가치를 쉽게 얻어낸 것이 아니라, 전근대적 질서 하에서 지배 질서와 투쟁하며 지켜낸 것이라는 기억이 존재하기 때문일 것이다.

2020년 초 촉발된 전 세계적인 코로나19 위기 속에서, 디지털 기술은 방역지침 아래에 일시적으로 신체적 자유가 제한된 사람들이 사이버 공간에서라도 △경제활동 등을 계속할 수 있는 자유, △자유로운 담론을 나누고 자신을 표출할 수 있는 기회, △랜선 여행 등을 통해 이동의 자유를 간접적으로 체험할 수 있게 해주는 등의 새로운 가능성을 보여주었다. 그러나 코로나19의 확산을 방지한다는 명목 등을 가지고 실시되기 시작한 개인정보의 광범위한 수집이 적법한 동의 과정을 거치지 않았거나 그 보관과 활용·처리 등이 불투명한 상황이다. 디지털 기술의 발달로 자유가 침해된 사례에는 어떤 것이 있는가. 이를 해소하기 위해서는 어떤 노력이 필요한가. 디지털 미디어를 통한 개인정보 및 데이터 활용과 개인정보 보호 이슈도 디지털 사회의 자유 관점에서 논의해 나가야 할 것이다.

디지털 사회에서의 자유 추구가 방종으로 흐르거나, 사회의 다른 주요 가치 등과 충돌할 가능성이 있는가. 이와 같은 상황을 어떻게 조정해 나갈 수 있을까. 이처럼 디지털 기술의 사회가 심화해 나가는 가운데, 자유에 따르는 의무와 윤리 문제 등을 둘러싼 논의가 복합화되고 있다. 새롭게 부상한 디지털 사회의 주요 가치, 중첩되는 가치들 사이에서 조정해야 할 때 어떤 기준을 가져야 할지 법적 논의뿐만 아니라, 철학적인 성찰, 과학기술에 대한 이해와 같이 다각적인 논의가 진행되기를 기대하고 있다.

참고 문헌 _____

김동윤. 2019. "4차 산업혁명 시대의 사이버네틱스와 휴먼·포스트휴먼에 관한 인문학적 지평 연구." 『방송공학회논문지』 24(5): 836-848.

김선화. 2021. "표현의 자유 제한 법률에 대한 헌법재판소 결정례와 시사점." 『국회입법조사처 이슈와 논점』 1872.

박소영. 2021. "주요국의 피싱(Phising) 사기 입법·정책 동향과 시사점." 『국회입법조사처 외국 입법·정책 분석』 12.

성낙인. 2020. 『헌법학』. 법문사.

송경재. 2010. "인터넷 시민운동 양식의 변화와 의미." 『사회이론』 38: 203-234.

이원경. 2018. "인터넷 미디어를 활용한 일본 사회운동 사례와 그 의의: 자유와 민주주의를 위한 학생긴급행동(SEALDs)의 활동을 중심으로." 『기억과 전망』 39: 292-335.

이형석·전정환. 2020. "증오범죄와 표현의 자유: 표현의 자유 위축효과와 헌법적 정당성을 중심으로." 『법학연구』 79: 359-389.

Benkler, Y. 2006. *The Wealth of Networks: How Social Production Transforms Markets and Freedom*. Yale University Press.

Dutton, W. H. 2009. "The Fifth Estate Emerging through the Network of Networks." *Critical Studies in Innovation* 27(1): 1-15.

World Intellectual Property Organizagion(WIPO). 2018. The Global Publishing Industry in 2018.

池本誠司. 2021. "デジタル社会における消費者被害と特定商取引法,預託法改正(디지털 사회에서의 소비자 피해와 특정상거래법 및 예탁법 개정)." 『自由と正義』 72(10): 29-33.

高口康太. 2019. 『幸福な監視国家,中国(행복한 감시국가, 중국)』. NHK出版新書.

鈴木秀美. 2020. "デジタル時代における取材·報道の自由の行方: メディア適用除外とメディア優遇策(디지털 시대의 취재·보도의 자유)." 『法学研究』 93(12): 79-105.

出口弘. 2018. "デジタル独裁の可能性(디지털 독재의 가능성)." 『社会·経済システム学会 第37回大会 21世紀の産業革命(IOT、ビッグデータ、人工知能など)が社会·経済に与える影響)』.

比良友佳理. 2017. "デジタル時代における著作権と表現の自由の衝突に関する制度論的研究(디지털 시대의 저작권과 표현의 자유 충돌에 관한 제도적 연구)." 『知的財産法政策学研究』 49: 25-76.

平地秀哉. 2021. "デジタルプラットフォームの公共性と表現の自由: 時の問題. 有斐閣(디지털 플랫폼의 공공성과 표현의 자유)." 『法学教室』 490: 60-65.

松尾陽. 2017. 『アーキテクチャと法(아키텍쳐와 법)』. 弘文堂.

山田健太. 2014. "デジタル時代の公共性と出版の自由(디지털 시대의 공공성과 출판의 자유)." 『出版研究』 45: 49-66.

山本龍彦. 2017. 『AIと憲法(AI와 헌법)』. 日本経済新聞出版.

自由民主党(자민당). 2021. "デジタル社会推進本部 デジタル人材育成·確保小委員会 提言 自由民主党政務調査会デジタル社会推進本部デジタル人材育成·確保小委員会(디지털 사회 추진 본부 디지털 인재 육성·확보 소위원회 제언)." 『政策特報』 1621: 26-33.

『아사히신문』. 2020.10.10.
『아사히신문』. 2021.7.8.

3

평등

EQUALITY

유지연
상명대학교 휴먼지능정보공학과

I 머리말

평등平等은 "인간의 존엄, 권리, 인격, 가치, 행복의 추구 등에 있어 차별이 없이 같은 상태"라는 의미(Wikipedia "평등")를 가지고 있으나, 이를 사용하는 사람의 사상과 철학에 따라 중층적 의미를 가진다. 그리하여 차별이 없는 상태를 의미하는 단순한 개념으로 보이지만, 현대까지 많은 논쟁의 여지를 가지는 개념이다.

먼저, 사회 가치로서 평등이 '사실로 존재하는 가치인가' 아니면 '당위의 가치인가'에 대해 생각할 필요가 있다. 다시 말해, 인간은 본래 평등하기 때문에 평등해야 하는 것인지 아니면 불평등하기 때문에 평등해야 하는 것인지에 대해서 고려해야 한다(구희상 2018).

인간은 평등하다? 우리는 이 문장이 익숙하다. 그러나 이러한 평등주의 개념이 확립되기까지 수많은 과정들이 있었다. 중세 토마스 아퀴나스는 하느님 세계의 영원법으로부터 인간사회의 자연법 개념을 도출했다. 이로써 인간은 하느님의 것과 유사한 이성을 가지고 선을 추구해야 한다는 의무를 이론화했다. 이후 근대화 과정에서 종교적·정치적 억압에서 벗어나고자 했던 세력은 자연법을 의무 중심에서 권리 중심으로 이동시켰다. 루터의 만인사제설은 누구나 하느님과 직접 소통할 수 있는 권리를, 프랑스 혁명의 천부인권은 신 앞에서 모든 인간은 평등하다고 말했다. 서구에서 '법 앞의 평등'은 이 개념들을 발전시킨 것이라 할 수 있다.

인간은 불평등하다? 신석기 시대까지는 공동 생산, 공동 분배의 평등한 사회였는데, 청동기 시대에 들어 잉여생산물을 차지하는 다툼과 권력이 나왔다고 이야기가 된다. 그러나 그렇다고 해서 원시시대까지 모든 인간이 평등했다고 단편적으로 이해할 수는 없다. 농경, 사냥, 어로, 채집 등 분야별로 리더가 있었는데, 다만 권력이 한 곳에 집중되지 않고 분산적이었기에 평등한 사회로 이해된 것으로 보인다. 중세 신분제 사회 이후, 특히 산업화 이후 계급의 지위가 '집중'되고 '누적'됨으로써 모든 면에서 우월하고 모든 면에서 열등한 계급이 발생하고 분화하는 신분계급화 과정이 이루어진다. 이러한 사실들을 되돌아볼 때, 역사적으로 인간이 전면적으로 평등했던 때는 한 번도 없었다는 것이 냉정한 평가일 것이다. 결국 평등에 대해 두 갈래로(인간은 평등하다, 인간은 불평등하다) 생각해 본 결론은 인간은 실제 불평등하지만 평등해야 한다는 당위를 이론화하였다는 것이다.

그렇다면 현대 사회에서 평등이 어떻게 받아들여지고 어떻게 사용되었는가 살펴보아야 한다. 그리고 디지털화라는 급격한 시대적 변화에 어떻게 접근해야 하는가를 생각해 보아야 한다.

현재 시점에서 평등에 대한 논의를 보면 '인공지능AI에게 모든 것을 물어보는 인류는 의사결정의 자유를 내려놓을 것이며, 더 나아가 디지털 독재로 인한 데이터 접근의 차별이 평등의 가치까지 파괴할 것'이라는 것이다.[1] 다른 한편으로는 디지털화에 긍정적인 측면, 즉 탈중앙화라는 리눅스와 해커 윤리에 충실할 경우 디지털 문명은 자유와 평등을 동시에 구현할 수 있는 장이 될 것이라는 견해도 있다(구희상 2018).[2] AI, 양자컴퓨터 등에 의해 또 다른 새로운 사회로 진입하고 있다. 산업을 바꾸고 지식을 바꾸고 도시를 바꾸고 있다. 디지털혁명이 인간의 평등에 긍정적으로 작용하고 있는가, 아니면 부정적으로 작용하고 있는가(이관호 2018). 이에 대해 더 자세히 살펴보고자 한다.

II 개념 논의: 평등

평등(그리스어: isotes, 라틴어: aequitas, aequalitas, 프랑스어: égalité, 독일어 Gleichheit)은 '동등하다'라는 질적 관계를 의미한다. 평등은 적어도 하나의 측면에서 동일한 특성을 갖지만 다른 측면에서 차이가 있는 서로 다른 대상, 사람, 프로세스 또는 환경 그룹 간의 대응을 의미한다. 그리고 하나의 동일한 대상이 가지는 자체적인 특징인 '정체성'과는 구별되어야 한다. 단순히 유사적인 대응의 개념이다(Dann 1975; Menne 1962; Westen 1990). 그러므로 평등은 동일성보다는 유사성을 내포하고 있다. 즉 사람이 평등하다고 말하는 것은 그들이 동일하다고 표현하는 것이 아니다.

---

1   유발 하라리는 최근 출간한 『21세기를 위한 21가지 제언』에서 다가올 디지털 문명에서 인간의 자유와 평등은 심각한 타격을 받을 것이라 예언했다.
2   빌 게이츠(Bill Gates)는 『뉴욕타임스』에 기고한 『21세기를 위한 21세기 제언』 서평에서, 식량이나 에너지 생산과 같은 인류 생존과 직결되는 데이터는 훨씬 더 광범위하게 공유될 것이라고 반박했다.

그래서 평등에 대한 판단은 비교 대상 간의 차이를 가정한다. 해당 정의에 따르면 '완전 평등' 또는 '절대 평등'이라는 개념은 차이의 추정에 위배되기 때문에 문제가 있다고 볼 수 있다. 두 개의 비식별적인 물체는 적어도 시공간적인spatiotemporal 위치에서는 다르다. 이에 학자들은 절대적 질적 평등은 경계선 개념으로 인정한다(Tugendhat & Wolf 1983).

이에 평등에 대한 서술적 및 규범적 주장에 대한 비교 기준을 정의하는 접근 방식은 매우 중요하다(Oppenheim 1970). 평등에 대한 사회경제적 분석은 주로 불평등을 어떻게 결정하고 측정할 것인가, 그리고 그것의 원인과 영향은 무엇인지에 대한 문제를 제기한다. 이와 대조적으로 정치철학에서는 누가 언제 어떤 종류의 평등을 얻어야 하는가에 대한 문제를 제기한다.

이러한 이유로 평등 또는 불평등의 개념은 단일 원칙이 아니라 복잡하고 다면적인 개념이다(Temkin 1993). 실제로 역사적 맥락에서 평등은 단일 개념으로 정리되지 않았다.

많은 평등주의자들이 이 개념에 대한 논의가 모호하다는 점을 인정하지만, 다양한 차이에도 불구하고 인간성을 상기시키는 공통의 도덕적인 근본이 있다고 믿는다(Williams 1973). 이런 의미에서 평등주의는 다양한 원칙을 수용하는 하나의 일관성 있는 규범적 교리로 생각되는 경우가 많다. 그리고 평등의 많은 개념은 평등의 추정을 포함하는 절차적 라인을 따라 작동한다고 여긴다.

그러한 절차적 라인에서 고려되는 것을 크게 세 가지로 나누어 볼 수 있다. "누구를 평등하게 할 것인가", "무엇을 평등하게 할 것인가", "어떻게 평등하게 할 것인가"이다. 먼저 "누구를 평등하게 할 것인가"이다. 누구를 평등하게 할 것인가에 대한 문제는 특정 지역 소속, 사회적 위치 차이 등에 따라 세분화하여 생각해 볼 수 있다. 특정 소속은 한 국가 내 모든 국민을 대상으로 할 수 있고 특정하게 설정한 영역을 대상으로 할 수도 있다. 사회적 위치는 사회적 역할, 능력, 사회 기여도 등에 따라 분배하는 것으로 공평Equity의 개념을 통해 자본주의 사회에서 작동하는 평등 기준으로 받아들여지고 있다.

다음은 "무엇을 평등하게 할 것인가"이다. 이를 이해하기 위해서는 미시적이고 세부적인 측면에서 살펴보아야 하며 대표적으로는 사회복지정책을 생각해 볼 수 있다. 복지국가 발전의 역사를 볼 때 가장 오래되었고 가장 널리 이용된 평등의 수준은 이른바 '절대적 빈곤선'이다. 절대적 빈곤선은 대개 살아가는 데 있어 최소한의 기본적인 욕구를 충족시키는 선에서 결정되는데, 사회복지정책은 이러한 절대적 빈곤선을 사회복지정책의 기준으로 하면 평등을 이루는 데 한계가 있으며, 이러한 절대적 빈곤선은 일반적으로 경제성장으로 인한 대다수의 사회구성원의 소득 수준의 향상은 고려하지 않고 '절대적'인 기준을 바탕으로 결정되기 때문에 절대적 빈곤선을 기준으로 하는 사회복지정책의 평등의 효과는 점차 적어질 수밖에 없다. 이러한 문제를 해결하는 것이 이른바 빈곤선이고, 이것은 절대적 빈곤선과 달리 대다수의 사회구성원들의 소득 변화를 고려하여 정해지고, 대다수의 사회구성원의 생활수준이 높아지면 이러한 빈곤선의 수준도 높아져 이러한 수준에 사는 사람도 다수의 사람들의 수준에 크게 떨어지지 않는다. 그리고 이 외에 여러 측면에서 무엇을 평등하게 할 것인가는 다양한 기준이 적용된다.

마지막으로 "어떻게 평등하게 할 것인가"이다. 평등에 대한 논리 개념에 따라 크게 세 가지 원칙으로 이야기되는데, 수량적 평등Numerical Equality, 비례적 평등Proportional Equality, 그리고 기회적 평등Equality of Opportunity 이다. 수량적 평등은 모든 사람이 자신의 능력이나 욕구 등의 차이와 상관 없이 똑같이 대부받고 사회적 자원을 분배하는 것으로 결과적 평등이라고 도 하며 가장 적극적인 개념이다. 수량적 평등은 현실적으로 불가능한 부분이 많지만, 빈부나 능력 등의 차이에 상관없이 일정 연령에 해당되면 지급하는 아동수당 및 노인수당 등과 '적극적 평등실현조치Affirmative Action, 소수 집단 우대 정책)'[3] 등을 통해 평등의 가치를 반영하는 접근이 이루어 지고 있다(Radbruch 2011). 비례적 평등은 개인의 능력 및 기여 정도에 따라 사회적 자원의 배분을 달리하는 것으로 공평이라고도 한다. 자본주의 사회에서는 비례적 평등이 기본 가치로 이야기되며 사회적 불평등의 요인 이 되기도 한다. 기회적 평등은 결과와는 관계없이 결과를 얻을 수 있는 과 정에서의 기회만을 동일하게 부여하는 것으로 가장 소극적인 개념이다. 그리고 현대사회에서는 기회적 평등이 사회정책의 기본방향으로 상당히 높은 수준의 사회적 합의를 이루고 있다(주병기 2018; 한경 2019.12.5.).

---

3   적극적 평등실현조치란 종래 사회로부터 차별을 받아 온 특정 집단에 대해 그 동안의 차별로 인한 불이익을 보상해 주기 위하여 그 집단의 구성원에게 취업이나 입학 등의 영역에서 사회적 이익을 직·간접적으로 부여하는 국가의 정책을 의미한다. 이러한 적극적 평등실현조치는 개인의 자격이나 실적보다는 집단의 일원이라는 점을 근거로 하여 혜택을 준다는 점, 기회의 평등보다는 결과의 평등, 실질적 평등을 추구한다는 점, 구제 목적이 실현되면 종료되는 잠정적 조치라는 점에 특징이 있다(이병태 2016).

III 세부가치

그럼 평등이 적용되는 세부적인 형태별로 평등에 대한 논의와 전개를 살펴보고자 한다. 평등의 세부적인 형태가 명확하게 설정되어 있는 것은 아니나, 평등 논의에서 제시되고 있는 본원적 평등, 사회적 평등, 경제적 평등(이근식 2013)과 새롭게 요구되는 평등인 기술적 평등, 포스트휴먼 평등으로 나누어 보고자 한다.

1 디지털 본원적 평등—인종 평등/양성 평등

'모든 인간은 서로 평등하다That all humans are one another's equals'라는 기본 전제가 시작되는 본원적 평등Basic Equality은 인종, 성별 등 개인의 의지와 무관하게 주어지는 인간의 특질을 구분하지 않고 누구나가 인간으로서의 존엄과 평등을 보장받아야 한다는 개념이다. 그리고 이 개념에는 '동일한 가치Equal Worth'와 '동일한 권위Equal Authority'라는 두 가지 개념을 반영한다. 전자는 각 개인의 선이 동등한 도덕적 가치를 갖는다는 것을 의미하며 동등한 배려와 동등한 관심이 합당하다는 것을 의미한다. 후자는 어떤 개인도 다른 사람의 자연적 권위 아래에 있지 않음을 의미한다.

그러나 본원적 평등이 사회적 가치임에도 실제적으로 사회에서 받아들여지는 것은 다른 문제이다. 즉 평등의 원칙에 대해서 대부분이 동의하는 것으로 알고 있지만, 실제 그 사회가 평등한지는 다른 문제다. '원칙 실행 간극principle implementation gap'이 존재하기 때문이다(한겨레 2020.3.11.).

그런데 이러한 '평등 원칙 실행 간극'이 한국에서는 가치 개념의 실행

BOX 3.1

평등 원칙 실행 간극 사례

미국인의 90% 이상이 능력만 있다면 인종과 상관없이 거주지와 직장을 구할 수 있어야 한다는 '평등 원칙'에 동의한다. 그리고 관련하여 미국인을 대상으로 한 조사에서 '모든 흑인이 원하는 곳에 집을 살 수 있어야 한다'고 95% 이상이 응답했지만, 주택 매매에서 매수인이 흑인이라는 이유로 매도하지 않는 것을 금지하는 법에 대해서는 65%만 찬성했다. 즉 인종차별 금지 원칙에는 대부분 찬성하지만 동등한 대우를 받을 수 있도록 하는데 대해서는 30%가량의 차이가 존재한다(한겨레 2020.3.11.).

국가인권위원회에서 실시한 조사 결과, 조사 응답자 중에 이주민의 68.4%, 공무원 89.8%가 한국에 인종차별이 존재한다고 응답했다(국가인권위원회 2020).

BOX 3.2

한국에서의 평등 원칙 실행 간극 사례

집단지성에 기반한 인터넷 백과사전 중 하나인 나무위키에서 "성평등(gender equali-ty; sex equality)"은 양성평등기본법 제3조 제1호에 기반을 두고 ""성평등"이란 성별에 따른 차별, 편견, 비하 및 폭력 없이 인권을 동등하게 보장받고 모든 영역에 동등하게 참여하고 대우받는 것을 말한다"고 정의되어 있다. 하지만, 2016년 8월 2일에 게재된 내용에서는 "성평등주의는 남성을 역차별하는 페미니즘(여성주의)과 달리 남녀가 평등하다는 서구 사회학계의 주류 사상이다"라고 정의되어 극단적인 페미니즘을 비판하는 근거로 사용되었다고 한다(한경 2017.2.21.).

에 대한 구체적인 사회적 합의가 이루어지지 못한 상태에서 인터넷을 통해 논의가 표면화되면서 더욱 심화된 갈등의 양상을 보이고 있다.

그리고 사회 데이터를 학습하여 반영되는 AI를 통해서 본원적 평등을 저해하는 '평등 원칙 실행 간극'이 더욱 구체적으로 발현되는 것으로 나타

알고리즘에 의한 인종, 양성 차별 사례

캘리포니아대학교 사피야 우모자 노블(Safiya Umoja Noble) 교수는 구글 검색 알고리즘의 불평등에 대한 연구 결과를 발표했다. 2013년 1월에 '흑인 여성은 왜 그토록'이라는 문구를 구글 검색창에 입력하자 자동 완성 문구로 '화를 내는가', '목소리가 큰가', '인색한가', '매력적인가', '게으른가', '귀찮은가' 등의 단어가 자동 완성 문구로 추천되었으나, '백인 여성은 왜 그토록'이라는 문구를 입력하자 '예쁜가', '아름다운가', '인색한가', '쉬운가', '불안한가', '말랐나' 등이 추천되어 흑인에 대한 단어가 대체로 더 부정적인 것으로 나타났다. 이는 2016년에 실시한 '10대 흑인'과 '10대 백인'을 검색한 결과에서도 동일하게 나타났다. '10대 흑인'을 검색한 이미지에서는 머그샷 사진들만 있었으나 '10대 백인'을 검색한 이미지에서는 건전한 백인 소년들이 있었다(연합뉴스 2019.8.1.).

또한 구글 포토는 출시 직후인 2015년 6월, 미국에 사는 흑인 남성이 흑인 친구와 찍은 사진을 'gorillas'라고 분류한 사실이 당사자의 고발을 통해 공개된 바 있으며(한겨레 2019.1.9.), 버락 오바마(Barack Hussein Obama) 대통령 재임 당시에 구글 맵에 '검둥이(Nigger)'를 검색하면 백악관이 표시되고 영부인인 미셸 오바마를 구글에 입력하면 자동 완성 문구로 '유인원'이 뜨는 일까지 발생한 바 있다(조선일보 2021.1.15.).

한국에서는 2020년 12월 23일에 출시된 20세 여대생 설정의 챗봇인 이루다(Lee Luda)가 흑인에 대해서 '오바마(미국 전 대통령)급이 아니면 싫어', 여성 전용 헬스장에 대해서 '싫어. 거기 여자들 다 쥐패고 싶을 듯', 미투 운동에 대해서 '절대 싫어. 미치지 않고서야', 성소수자에 대해서 '질 떨어지고 징그러운 존재', 장애인에 대해서 '너무 싫어 토할 거 같아' 등으로 인식하며 문제가 되어 2021년 1월 11일에 서비스를 종료했다(미디어오늘 2021.1.10.).

나고 있다.

　기술은 사회적이고 정치적인 것으로 인식될 수 있으며 따라서 어떤 가치를 중심으로 기술발전을 선도할 것인지에 대한 논의와 합의가 필요하다. 특히 AI 개발에서 무엇보다 중요한 문제로 제기되고 있다. AI에 의해서 발생하는 차별 문제가 AI 개발에 투입되는 인력 구조, 즉 알고리즘 개발자가 대부분 남성, 백인 위주로 구성된 데 있다고 제기되고 있다. 과학 분야의 여학생은 많지 않으며(정보과학 졸업생 중 여성 24%) AI 기술 분야를 통합하는 학생은 거의 없다고 한다. 그리고 관련 분야의 여성 근로자는 22%이며 코딩 분야에서는 6%에 불과하다고 한다(Gries 2021). 유네스코 보고서는 "과학기술계 자체가 남성 지배적인 구조"라며 AI를 통해 차별이 재생산되는 원인이라고 하였다. 『뉴욕타임스』 보도에서도 채용 시 다양성을 고려하는 '구글'과 같은 회사조차 AI 개발에 참여하는 여성 엔지니어의 수는 20%를 넘지 못하는 것(2016년 기준)으로 나타났다(한겨레 2019.8.16.).

디지털 사회에서 모든 차별적 고정관념과 편견은 이전부터 잔존해 온 인종 및 성별과 관련된 것뿐만 아니라 알고리즘에 존재하는데 이를 반영하는 환경 및 구조가 백인과 남성 위주로 되어 있어서 차별을 재생산하고 불평등을 구조화한다는 것이다. 이를 위해 현재 과학계에서는 다양한 인종과 여성의 참여 구조를 만들려는 노력이 이루어지고 있다.

2   디지털 사회적 평등―기회 평등/데이터 평등

평등은 사회적 조건이 구비되었을 때 실현 가능하다. 그래서 평등주의자는 삶의 조건이 평등할 때 세상이 도덕적으로 더 좋아진다고 하며 결과의 평등을 옹호하는 것이 아니라, 기회의 평등을 옹호한다. 평등의 대상으로 간주되는 것은 개인의 진정한 이익으로 평등한 기회는 웰빙(즉, 객관적 복지), 선호 만족(즉, 주관적 복지), 또는 자원에 대한 기회일 수 있다. 자신이 열망하는 웰빙이나 자원을 얻을 수 있는 상태가 평등한 기회이며, 객관적이거나 주관적인 웰빙이나 자원 자체가 평등을 의미하는 것 아니다. 그러한 기회의 평등은 다른 모든 사람들이 향유하는 선택권과 동일한 각 개인을 위한 선택권의 영역이라는 점에 달려 있다. 선호의 성취 또는 자원의 소유에 대한 동일한 전망을 가진다는 의미에서 기회는 실제로 활용할 수 있는 가능성으로 구성되어야 한다. 인간이 평등한 가능성의 영역을 효과적으로 누릴 때 평등한 기회가 우선한다. 사회적 평등social equality은 특정 사회 내의 모든 개인이 시민권, 표현의 자유, 자율성, 특정 공공재 및 사회 서비스에 대한 평등한 접근을 포함하여 평등한 권리, 자유 및 지위를 갖는 상태를 의미한다.

이러한 사회적 평등이 인터넷을 통해 새로운 변화를 보이게 된다. 적어도 미디어의 공론장 역할에 새로운 전기가 마련된 듯하였다. 인터넷은 익명의, 탈중심의, 비경합의 새로운 사회 공간을 구성하게 하였다. 인터넷은 온라인 공론장, 전자 아고라 등으로 불리며 시간과 공간의 제약을 넘어 평등주의적으로 연결하고 소통하며 누구든 자유롭게 발언 가능한 가상의 호혜적 커뮤니티를 세울 수 있다는 희망이 되었다. 실제 초창기 인터넷의 공론장 역할은 탁월하였다. 온라인 공간의 여론은 촛불 시위 등으로 현실에 영향을 미쳐 정치 현안이나 의제를 바꿔냈고, 다시금 현실 광장 정치가 인터넷 여론으로 선순환하는 온·오프라인 소통 과정의 역동성을 보였다.

그러나 현재는 그 상황이 변화하였다. 소셜 미디어의 플랫폼 기술과 네트워크 논리가 사회관계를 포섭하고 규정하는 새로운 물질적 조건이 되어가고 있다.

소셜 미디어 플랫폼과 메타버스라는 가상공간이 만든 질서가 소통과 교감의 경험을 통제하고 제어하게 되며 가상현실 속 클릭과 조회수, 댓글, 평점, 아바타 캐릭터와 가상통화 등이 새로운 가치가 되어 새로운 불평등

필터 버블 사례

구글 검색 결과는 검색 알고리즘에 의해 개인 맞춤형으로 제시되고 있는 것을 알고 있다. 하지만 그 결과는 생각보다 더 현격한 차이를 보이는 것으로 나타났다. 일라이 파리저(Eli Pariser)는 구글, 마이크로소프트, 페이스북 등이 모두 알고리즘에 의해 개인화된 서비스를 제공하며 사람마다 완전히 다른 결과가 보이는 것에 대해 실험을 진행했다. 뉴욕에 사는 30대 백인 남성이고 친구 사이인 스캇(Scott)과 다니엘(Daniel)을 대상으로 구글에서 "이집트(Egypt)"를 검색한 결과, 스캇(Scott)은 2011년 이집트 혁명과 위기, 시위 등이 검색 결과로 보여진 반면에 다니엘(Daniel)은 여행, 휴가, 일반 뉴스 등에 대한 결과를 받았다. 한 명은 정치적 사건에 관한 정보만을 받았으나 다른 한 명은 해당 정보를 전혀 받지 못했다(Bruceb 2011.5.23.).

을 생산해 내고 있다. 이탈리아 미디어 이론가 티지아나 테라노바Tiziana Terranova는 스마트미디어에 의한 사회의 질적 변화를 '테크노소셜technoso-cial'로 개념화하였다. 테크노소셜은 사회적인 것이 직접적으로 코드화되는 것으로, 테크노소셜 시장 기술의 논리 구조가 사회 대화와 소통의 기본이 된다는 것을 의미한다. 즉 사회적 관계 특성이 점점 빅테크가 축조한 알고리즘 기술과 인터페이스 설계에 의해 구조화되고 있다는 것이다. 즉 대부분의 소통 과정이 기술 구조 위에 놓이게 됨으로써 빅테크에 의해 사회 관계성이 지배되고 편향과 왜곡이 나타나고 있다(경향신문 2021.7.23.).

이러한 정보와 소통 편향은 '필터 버블Filter Bubble'[4]에 의해 이루어지며

---

4 필터 버블은 정보 제공자가 이용자의 관심사에 맞춰 맞춤형 정보를 제공하여 이용자는 필터링된 정보만 접하게 되는 현상을 의미한다. 즉, 알고리즘이 사용자의 정보에 기반하여 선별적으로 정보를 제공하는 개인화된 검색의 결과물의 하나로 이를 통해 사용자는 사용자만의 문화적, 이념적 거품에 갇혀 정보 편식과 가치

이를 통해 다양한 데이터 기회와 소통의 기회가 제한되고 있다. 필터 버블은 과거의 온라인 경험(클릭, 검색 등)과 소셜 네트워크에서 친구가 한 일에 영향을 받는 것으로 개인화된 서비스를 받는 대신에 신념과 편견, 고정관념과 잘못된 데이터가 심화되는 '편향성 강화Confirmation Bias'가 이루어지고 다양한 선택과 기회를 놓치게 된다(ZDnet 2021.6.21.).

무엇보다도 필터 버블이 가시적으로 드러나지 않지만 점차 진행된다는 점에서 그 위험성과 파급성은 더욱 커질 것으로 전망되고 있다. 이에 다양한 데이터 기회와 선택 제공이라는 차원에서 빅테크의 알고리즘 보정과 객관적 사고 및 시각을 갖출 수 있도록 하는 교육 실시가 제시되고 있다.

3 디지털 경제적 평등—소득 분배 / 반독점

단순 평등은 모든 사람에게 동일한 물질적 수준의 재화와 서비스가 제공되는 것을 의미하며, 분배 정의에 관해 엄격한 입장을 나타낸다. 이는 절대적인 경제적 평등Economic Equality에 대한 요구로 공산주의 또는 사회주의 사상으로도 이어지기 때문에 일반적으로 지지할 수 없는 것으로 거부된다. 그리고 평등은 경제 분야의 성취를 촉진하는 인센티브를 왜곡하고, 재분배의 관리 비용은 낭비적인 비효율을 낳는다(Okun 1975)고 여겨진다.

이에 평등과 효율성의 균형이 이야기되며 경제학자들은 이와 관련하여 파레토 최적Pareto optimality(Sen 1970)을 요구한다. 파레토 최적은 파레토 효율Pareto efficiency이라고도 하며 하나의 자원배분 상태에서 다른 사람에

왜곡이 나타날 수 있다(문화뉴스 2021.4.26.).

게 손해가 가도록 하지 않고서는 어떤 한 사람에게 이득이 되는 변화를 만들어내는 것이 불가능할 때 이 배분 상태를 '파레토 최적'이라고 한다. 이 원리에 대한 대안으로 칼도르-힉스Kaldor-Hicks 기준이 제시되고 있다. 칼도르-힉스 기준은 사회에서 가치의 분배를 통해 발생하는 편익이 상응하는 비용을 초과할 때 사회 복지의 증가가 항상 존재한다고 규정한다. 따라서 그러한 변경의 승자가 패자에게 손실을 보상할 수 있고, 그러한 보상 이후에 여전히 상당한 이익을 유지할 수 있을 때 변경이 바람직하다는 것이다.

인터넷과 디지털에 의해 구성되는 디지털 사회는 파레토 최적에 가깝다. 즉, 아무도 다른 사람의 물질적 재화나 자유를 감소시키지 않고는 자신의 물질적 재화나 자유를 늘릴 수 없으며 동일한 재화와 자유의 분배에서 불평등이 나타나고 있다. 특히 빅테크Big Tech의 독점력이 강화될수록, 노동자 몫은 줄어 소득 불평등을 심화시키는 데 일조하고 있다는 지적이 나오고 있다(한겨레 2018.8.16.).

이러한 이유로 평등주의자들은 정의를 위해 파레토 최적을 줄이는 것이 필요하다고 주장한다. 더 이상 평등한 분포가 없는 경우에도 파레토 최적이다. 하지만 다른 한편으로는 어떤 종류의 평등이 어떤 사람들에게는 더 적은 일을 해야 하는 상황이 되어서는 안 된다고 이야기된다.

AI 로봇이 인간을 대체하게 되면 기계에 대한 투자가 늘어나고, 노동자 임금은 하락할 것으로 이야기되고 있다. 그래서 로봇에 의해 향상된 생산성의 이점을 모두가 공유할 수 있는 제도를 만들어야 한다는 차원에서 로봇세 논의가 등장하였다. 로봇세Robot Tax는 자동화 설비를 이용해 근로자들의 일자리를 뺏는 회사들에 매기는 세금을 의미한다. 2017년 마이크로소프트 창업자인 빌 게이츠Bill Gates가 미국의 IT 전문지 쿼츠Quartz와의 인

빅테크의 파레토 최적 사례

미 메사추세츠 공과대학의 데이비드 오토어(David Autor), 스위스 취리히 대학의 데이비드 돈(David Dorn) 등 연구자 그룹은 고도의 수익을 내는 혁신적인 빅테크가 증가할수록 노동자들의 '파이'가 줄어드는 것을 발견했다. 예를 들어, 구글과 페이스북은 미국 디지털 광고 시장의 58% 이상을 점유하고 있고, 아마존은 미국 전자상거래 시장의 절반을 차지하고 있다. 이들은 엄청난 수익을 내면서 경제를 이끄는 것처럼 보이지만, 2000년대 초반부터 미국에서 두드러지게 나타난 노동소득분배율의 추락에 기여했을 수 있다고 지적했다.

일부 기업에 경제력이 집중되면 산업 내 다른 많은 기업들은 이익이 줄어들어 임금 인상을 할 수 없게 된다. 골드만삭스 분석가들도 2000년대 초반 이후 경제력 집중이 심화되면서 연평균 임금 인상률이 0.25% 포인트 하락했다고 말했다. 그리고 생산성의 약화가 더 큰 문제로 지적되고 있다.

크고 많은 이익을 내는 빅테크의 힘이 커질수록 경제가 어려워질 수 있는 위험이 있다는 것이다. 국제통화기금(IMF)은 예를 들어 산업이 고도로 집중되고 대기업이 자신의 '1등 위치'에 머문다면, 혁신과 투자는 결국 하락할 수 있다고 주장했다. 피터슨 국제경제연구소의 연구진들도 경쟁의 감소와 경제 역동성의 감소는 불평등과 생산성 저하로 연결될 것이라고 한다(한겨레 2018.8.16.).

터뷰에서 "인간의 일자리를 대체하는 로봇에게도 세금을 매겨져야 한다"고 주장하면서 공론화됐다.

빌 게이츠는 로봇으로 인해 일자리 감소, 세수 부족 등의 부정적인 영향을 완화할 필요가 있다고 로봇세 도입 찬성론을 펴고 있다. 로봇 보유 기업에 세금을 부과해 로봇의 한계수익을 낮춰 로봇 도입을 지연할 필요가 있다는 주장이다. 또한 늘어난 세수를 통해 일자리를 잃은 근로자와 고령자 지원이 가능하고 취약계층에 대한 일자리 증대 사업 시행이 가능하다는 점도 장점으로 제기되고 있다. 즉 로봇으로 추가 이익을 얻는 경우 세금을

한국에서 로봇세 도입 검토 사례

한국조세재정연구원에서는 커즈와일(Kurzweil 2006)의 예상에 의거하여 인공지능이 인간의 지능에 못 미치는 제1단계, 인공지능과 인간지능이 동등한 제2단계, 인공지능이 인간의 지능을 뛰어넘는 제3단계로 나누어 로봇세 도입의 가능성을 점검하였다.

현재 제1단계에서는 로봇을 생산성 향상 설비의 하나로 보기 때문에 로봇세는 자본에 대한 과세를 강화할 것인지, 자본을 우대할 것인지의 문제로 귀착되는데, 자본과 노동에 대한 세부담의 조정은 대량실업 가능성에 대하여 정책당국과 사회 전반이 얼마나 절박하게 느끼는가에 따라 그 방향이 결정될 것인바, 자본과세가 효율성 내지는 혁신을 저해할 것이라는 견해가 보다 설득력을 얻고 있다.

다음 제2단계에서는 로봇에게 인격을 부여함으로써 로봇을 납세의무자로서 현행의 조세체계에 포함시킬 수 있다는 전제로 검토되었는데, 기술적으로 로봇의 소득을 전자지분의 형태로 로봇에게 할당함으로써 로봇에게 세금납부의 수용 능력을 부여할 수 있으나 로봇이 인간과 동일한 욕구를 갖게 되고, 그에 따라 독립적인 소비를 하게 될 것인지는 불확실하다(한국조세재정연구원 2018).

더 내게 하고 그 세금을 로봇으로 일자리를 잃는 자에게 재정지원이 이뤄진다면 세제가 소득재분배의 역할도 할 수 있다고 강조된다.

반면 반대론을 펴고 있는 학자들은 과세대상 로봇의 정의가 어렵고 로봇산업의 발전을 저해할 수 있다고 지적했다. 특히 로봇의 도입으로 생산성을 증대시킨 기업은 이미 법인세로 세금을 부담하고 있어 로봇세가 이중과세가 될 수 있다는 주장이다(한국세정신문 2020.12.17.).

4 디지털 기술적 평등─연결 평등 / 망 중립성

디지털 사회의 시작점인 인터넷은 위대한 이퀄라이저Equalizer로 여겨졌다(Klain 2015). 권력자와 지식인에게만 한정되었던 정보에 접속 가능하고 다양한 학습 소스에 닿을 수 있으며 규모가 큰 기업만 접근할 수 있었던 광대한 글로벌 시장에 소규모 상인이 상품을 판매할 수 있는 방법이 생기게 된 것이다. 그런데 이와 같은 정보의 향유와 시장 잠재력은 인터넷으로의 접근 및 접속이 먼저 이루어져야 가능해진다는 점이다. 즉 연결의 불평등은 인터넷으로 구성된 새로운 사회로 진입조차 할 수 없게 한다.

이에 디지털 기술에서 평등 논의는 디지털 디바이드Digital Divide에서 시작된다. 디지털 디바이드는 디지털 사회의 혜택을 받는 사람과 그렇지 않는 사람 간의 간극을 의미하며, 인터넷이 도입된 시점부터 논의되어 왔다. 그리고 디지털화가 심화되면서 디지털 디바이드는 결국 사회적 불평등의 심화와 부익부 빈익빈 현상을 가중시킨다는 점에서 더욱 중요한 사회 이슈로 이야기되었다. 즉 디지털 기술을 따르지 못하고 디지털 사회에 뒤떨어져 소외되는 디지털 래그Digital Lag(디지털 시대에 뒤떨어지는 현상)와 맥락을 같이한다. 디지털 기술에서 소외되면 디지털 디바이드는 더욱 심해지고, 디지털 디바이드가 심해질수록 디지털 기술을 따르기 어려워지는 악순환의 고리로 연결되어 있기 때문이다.

디지털 디바이드 논의와 연장선에서 망 중립성 논의가 이어지고 있다. 망 중립성은 인터넷을 통해 발생한 데이터 트래픽을 통신사업자가 대상·내용·유형에 상관없이 동등하게 처리해야 한다는 것을 의미한다. 이러한 개념은 2003년 미국 컬럼비아대 미디어법학자인 팀 우Tim Wu 교수가 처음 제시했다. 미국에서 스타트업으로 출발한 애플, 구글, 아마존, 페이스북 등의 기업들이 빠르게 빅테크로 성장한 것도 망 중립성 덕분이다. 인터넷을 사용하는 모든 업체는 인터넷 서비스 제공자가 만들어놓은 고속도로를 이용해 소비자에게 서비스를 전송한다. 차선마다 도로 컨디션, 요금, 속도 등은 모두 같아야 한다. 여기서 특정 콘텐츠나 인터넷기업을 차별하거나 차단해선 안 된다. 하지만 5G 시대가 도래하면서 상황이 변화했다. 4G LTE까지는 서비스가 하나의 속도로 제공돼 데이터 사용 용량에 따라 요금이 달라졌다. 그러나 5G는 다양화를 지향하고 있으며, 이에 따라 하나의 네트워크를 소프트웨어로 가상화시키는 '네트워크 슬라이싱Network Slicing'이 가능해진 것이 대표적인 특징이다. 통신사들은 하나의 네트워크를 구축했지만, 네트워크 슬라이싱 기술을 통해 개별 기업, 서비스, 산업에 특화된 차별화된 서비스를 제공할 수 있게 됐다. 이와 관련하여 통신업체들은 매년 급증하는 데이터 트래픽에 맞춰 통신 인프라를 증설하기 위해 투자를 하려면 인터넷 서비스 업체들도 고통을 분담해야 한다고 주장하며, 반면 인터넷 서비스 기업들은 오히려 망 중립성 원칙을 강화해야 한다고 요구하고 있다.

미국도 여러 상황 변화를 거쳐서 현재는 망 중립성 규칙을 적용하고 있다(전자신문 2021.7.12.).[5·6] 한국도 과학기술정보통신부 '망 중립성 가이드라인'을 통해 미국 망 중립성 규칙에 따른 금지행위를 이미 규율하고 있

---

5 미국은 조 바이든(Joe Biden) 정부가 들어서면서 '경쟁 촉진 행정명령(E.O.14036 - Promoting Competition in the American Economy)'을 통해 도널드 트럼프(Donald Trump) 전임 행정부가 폐지한 망 중립성 규칙을 다시 복원하였다.

6 참고로, 관련하여 현재 SK브로드밴드와 넷플릭스가 망 이용 대가에 대한 법정 다툼을 진행 중이다. 넷플릭스는 CP가 망 이용 대가를 부담하는 것은 데이터 트래픽 종류에 따른 부당한 차별을 금지하는 망 중립성 원칙에 위배된다고 주장한다. 하지만 미국 망 중립성 규칙은 급행료 등을 명확하게 금지할 뿐 망 이용 대가 계약에 대한 사안을 전혀 규제하지 않는다. 실제 미국 망 중립성 규칙에는 '망 이용 대가' 단어 자체를 포함하지 않는다. 그리고 망 이용 대가는 데이터 트래픽 우선 처리를 위해 돈을 지불하라는 게 아니라 데이터 트래픽 증가에 따른 접속 및 확장 비용을 지불해달라는 의미로 데이터 트래픽의 불합리한 차별을 금지하는 망 중립성 원칙과는 무관하다는 의견이 있다.

다. 그리고 '망 중립성 및 인터넷 트래픽 관리에 관한 가이드라인 개정안 (2020.12.27.)'을 통해 통신사업자가 인터넷망을 활용한 데이터 송수신에 별도 비용을 부과해서는 안 된다는 '망 중립성' 원칙을 유지하면서도, 5G 서비스에 필요한 다양한 전용망 구축이 가능하도록 예외가 적용되는 기준을 마련했다.

5 포스트휴먼 평등—설계에 의한 평등

AI과 디지털 기술의 발전으로 새롭게 맞이할 미래의 인간인 포스트휴먼Posthuman에 대한 평등 논의는 아직 이루어지지 않고 있다. 다만, AI 특성으로 나타나는 불평등 우려에 대해 살펴보고자 한다. AI는 사회와 경제를 완전히 변화시킬 기술적 혁신으로 묘사되며 이미 이전부터 인간이 수행하던 의사결정을 내리기 시작했다. 그런데 엔지니어링 관행 및 제약과 인식의 부족, 그리고 법적 지침의 부족으로 어려움을 겪고 있다.

이로 인하여 '모든 자동화 기술이 사회를 평등하게 만드는 것은 아니며'(IMF 2021.3.2. "Remaking the Post-COVID World.") '오히려 다양한 메커니즘(저숙련 노동자의 상대적 감소, 노동기구 약화, 과세 기반 침식 등)으로 사회 불평등을 심화시키고 있다'(IIED 2017.8; The Verge 2017.7.13.)고 이야기된다.

이것은 두 가지로 해석 가능하며, 첫 번째는 AI 등 자동화 기술로 인해 노동 시장에서 인적 작업과 역량 필요성이 감소되어 소득 불평등이 심화될 수 있다라는 문제이다. 두 번째는 알고리즘에 의해 적극적 평등실현조치Affirmative Action가 오히려 저해될 수 있다라는 문제이다.

자동화된 불평등-소득 불평등 심화 사례

미국경제연구국(National Bureau of Economic Research)이 발행한 보고서에 따르면, AI로 인해 임금의 50%~70%가 감소하여 소득 불평등이 발생하고 수백만 개의 일자리가 위협받고 있다. 그리고 WEF는 자동화가 2025년까지 약 8,500만 개의 일자리를 줄일 것이라고 주장하고 있다(Forbes 2021.6.18.).

자동화된 불평등-적극적 평등실현조치 저해 사례

미국 인디애나주에 살던 오메가 영(Omega Young)은 난소암으로 투병 중이었으며 진료와 처방의 병원비와 교통비, 식료품비 등 모든 생활비용을 지역사회에서 지원을 받고 있었다. 그런데 공공서비스 시스템의 자동화로 모든 지원 대상자에서 배제되어 관련 소송을 진행하고 승소하였으나 결과가 나오기 하루 전날에 사망하였다. 그녀의 모든 지원은 그녀가 사망한 다음날 회복되었다.

그리고 인디애나주를 대상으로 유사 사례에 대해 조사한 결과, 3년 동안 백만 건의 혜택 거부가 발생하였으며 이는 3년 전보다 54% 증가한 수치로 나타났다. 다른 사례로 펜실베이니아주 알러게니 카운티(Allegheny County) 복지부에서는 학대 희생자가 될 가능성이 있는 아동을 예측하기 위한 알고리즘에서 실제 조치를 확인하는 대신에 프록시를 사용하여 익명의 리포트를 재추천하는 시스템으로 흑인과 혼혈 가족의 학대 가능성이 백인 가족에 비해 3.5배 더 높은 것으로 보고되고 있다(NPR 2018.2.19.).

그리고 디지털 기술에 의한 불평등의 재생산은 개인의 데이터와 기록을 업로드하여 남기거나 처리하는 과정에서도 발생할 것으로 전망되고 있다.

이에 AI와 데이터 처리에 있어 편향되거나 차별되지 않고 다양성을 확

디지털 내세 가능성 사례

가상현실(VR)이 발전하면서 '디지털 영생(永生)'이 이야기되고 있다. 디지털 기술의 발전은 죽음의 개념을 바꿀 수 있는 것으로 이야기되며 자신의 기억과 뇌의 데이터를 모두 온라인 클라우드에 업로드하여 육체의 사후에도 디지털 세계에서 계속 살아가는 '디지털 내세(Digital Afterlife)'라는 개념이 등장한다. 2020년 5월에 시작된 아마존 프라임 비디오(Amazon Prime Video)의 <업로드(Upload)>는 자신의 의식을 디지털 사후 세계에 업로드하며 벌어지는 일을 다룬 드라마로 현금이 부족하면 데이터 업로드가 제한되는 삶을 사는 불평등이 그대로 반영되며 머지않은 시점에 현실세계에서도 나타날 것으로 전망된다(Real Soun 2020.6.6.).

보하면서 제어할 수 있도록 설계에 의한 평등Equality by Design이 제시되고 있다(Shlomit & Hallisey 2019).

IV 맺음말

평등은 '인간 존엄과 행복 추구 등에 차별이 없는 상태'로 사회 기본철학이고 기본가치로 디지털 사회에서 새로운 개념을 필요로 하지는 않았다. 오히려 인터넷 접속 및 디지털 접근이라는 새로운 경계선이 생기고 이들을 해소하기 위한 노력들이 추가적으로 이루어지고 있다. 그런데 AI 등 데이터를 통해 인간의 사고와 행태가 고스란히 반영되는 디지털 기술에 의해 평등에 대한 가치 시각과 가치 실현의 기준 차이가 더 극명하게 드러나며 '자동화된 불평등Automating Inequality'이 심화되는 양상을 보이고 있다. 즉 현실사회에서 각 영역 및 과정에서 개별적으로 나타나던 불평등이 시스템에 의해 구조화되고 하나의 흐름으로 맥락화될 가능성이 생겨나고 있다.

이에 평등에 대한 기본적인 논의가 진행되어온 것들을 기반으로 하여 디지털 사회에서 평등 적용 논의가 새롭게 진행되어야 할 것으로 보인다. 즉 "디지털 평등Digital Equality"을 '인간 존엄과 행복 추구의 차별 없는 상태이며 이를 추구하는 전반적인 과정의 평등 상태'로 개념화하고 빈

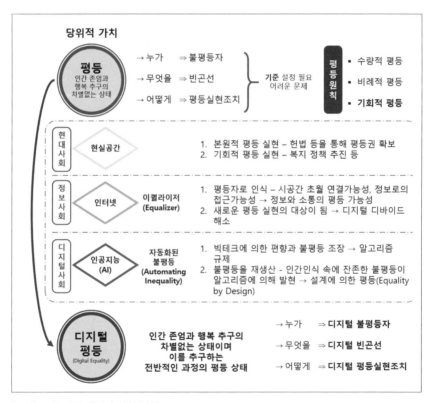

[그림 3.1] 평등 개념과 실현 변화

곤선과 적극적 평등실현조치 등을 발전시켜서 디지털 빈곤선Digital Poverty Threshold과 디지털 적극평등실현조치Digital Affirmative Action 등을 마련해야 한다. 그리고 빅테크에 의한 편향 및 불평등 조장을 배제하고 본원적 가치 실현과 기회 평등 반영을 위한 알고리즘 규제와 설계에 의한 평등Equality by Design을 구체적으로 마련해야 한다.

참고 문헌

구희상. 2018.9.21. "[시사 인사이트] 더 많은 자유가 더 많은 평등인 시대가 온다 - 리눅스와 해커에 담긴 디지털시대의 '뉴 모럴'." 여시재 인사이트. https://www.yeosijae.org/research/504

이관호. 2018.10.19. "[주간 인사이트] 자유와 평등 - 유발 하라리와 빌게이츠는 왜 생각이 충돌하는가?, 디지털시대가 불러온 근대가치의 혼돈." 여시재 인사이트. https://www.yeosijae.org/research/519

이근식. 2013. "상생적 자유주의와 합리적 복지국가." 제5회 일송학술대회 자료집. 한림대학교 한림과학원.

이병태. 2016. "법률용어사전-적극적 평등 실현조치."

주병기. 2018.9.30. "소득과 교육의 공정한 기회평등: 우리사회의 현실과 개선안." http://cdj.snu.ac.kr/Data/2018/DP201813

한국조세재정연구원. 2018. "기술발전과 미래 조세체계 - 로봇세를 중심으로 -." https://repository.kipf.re.kr/bitstream?type=link&id=7036&url=https://www.kipf.re.kr/cmm/fms/FileDown.do?atchFileId=FILE_000000000015517&fileSn=0

경향신문. 2021.7.23. "'조회수 알고리즘'에 좌우되는 사회관계…'온라인 광장'은 이제 닫혔다." https://www.khan.co.kr/it/it-general/article/202107230600035#csidx18f26f-6c935bff5928f8581c3328ad3

국가인권위원회, 2020.3.19. "한국인과 이주민 간의 차별적 지위 부여를 당연한 것처럼 인식하는 것이 인종차별."

류재우. 2019.12.5. "[시론] 기회가 평등한 나라?." https://www.hankyung.com/opinion/article/2019120557241

문화뉴스. 2021.4.26. "편리한 유튜브 '알고리즘', 알고 보니 편향된 정보제공? …'필터 버블' 개념 소개."

미디어오늘. 2021.1.10. "성착취·혐오 논란 루다, '기본' 못 갖춘 게 진짜 문제." http://www.medi-atoday.co.kr/news/articleView.html?idxno=211357

연합뉴스. 2019.8.1. "여성·인종 차별 조장하는 검색 알고리즘."

전자신문. 2021.7.12. "바이든, 망 중립성 규칙 복원 명령…논쟁 재점화." https://m.etnews.com/20210712000211

조선일보. 2021.1.15. "성희롱, 장애인 비하…AI 이루다 한달만에 사형선고." https://news.nate.com/view/20210115n28508

한겨레. 2018.8.16. "구글·페이스북·아마존도 소득불평등에 책임."

한겨레. 2019.1.9. "기계학습의 맹점, '흑인=고릴라' 오류가 알려주는 것." https://www.hani.co.kr/arti/science/future/877637.html#csidxa1b407fac4e61e6856a7b6a2fb83794

한겨레. 2019.8.16. ""여성은 감점"하는 인공지능, 'AI 성차별'은 어떻게 막나." https://www.hani.co.kr/arti/PRINT/905996.html

한겨레. 2020.3.11. "절대 차별한 적 없다는 사람이 무의식적으로 차별 행동." https://www.hani.co.kr/arti/society/rights/932048.html#csidx6f3fec8ae2b7e2f948c8fd63375f123

한경. 2017.2.21. "위키서 날조된 '이퀄리즘' 검증 없이 반년간 확대 재생산."

한경. 2019.12.5. "[시론] 기회가 평등한 나라?." https://www.hankyung.com/opinion/article/2019120557241

한국세정신문. 2020.12.17. "로봇세 도입, 재정수입 확보·소득재분배 긍정적 효과." https://www.taxtimes.co.kr/mobile/article.html?no=247661

Dann, Otto. 1975. "Gleichheit." in V. O. Brunner, W. Conze, R. Koselleck (eds.). *Geschichtliche Grundbegriffe.*

Gries, M.C. 2021. "Artificial Intelligence: A Regression for Gender Equality?." https://www.soroptimistinternational.org/artificial-intelligence-a-regression-for-gender-equality/ (3. 29).

IIED. 2017. "Automation and inequality: the changing world of work in the global South." https://www.iied.org/automation-changing-world-work-sustainable-development)(The Verge. 2017.7.13. "Robots and AI are going to make social inequality even worse, says new report."

Klain, R. 2015. "Inequality and the Internet." *Democracy: A Journal of Ideas.* SUMMER 2015, NO. 37. https://democracyjournal.org/magazine/37/inequality-and-the-internet/

Kurzweil, Ray. 2006. *The Singularity is near: When humans transcend biology.* Penguin Books.

Menne, Alfred. 1962. "Identität, Gleichheit, Ähnlichkeit." Ratio. 4:44ff.

Okun, Arthur M. 1975. *Equality and Efficiency: The Big Tradeoff*. Washington: The Brookings Institution.

Oppenheim, Felix. 1970. "Egalitarianism as a Descriptive Concept." *American Philosophical Quarterly* 7: 143-152; reprinted in L. Pojman & R. Westmoreland (eds.). 1997. *Equality*. Selected Readings. Oxford: Oxford University Press.

Radbruch, G. 2011. "법철학." 최종고 역. 삼영사.

Sen, Amartya. 1970. *Collective Choice and Social Welfare*. San Fransisco: Holden-Day; reprinted Amsterdam 1979.

Shlomit, Yanisky-Ravid & Sean K. Hallisey. 2019. ""Equality and Privacy by Design": A New Model of Artificial Intelligence Data Transparency via Auditing, Certification, and Safe Harbor Regimes." *Fordham Urban Law Journal* 46(2).

Temkin, Larry. 1993. *Inequality*. Oxford: Oxford University Press.

Tugendhat, Ernst and Ursula Wolf. 1983. *Logisch-Semantische Propädeutik*. Stuttgart: Reclam.

Westen, Peter. 1990. *Speaking Equality*. Princeton: Princeton University Press.

Wikipedia. "Equality".

Williams, Bernard. 1973. "The Idea of Equality." in B. Williams, *Problems of the Self*. Cambridge: Cambridge University Press. reprinted in: L. Pojman & R. Westmoreland (eds.). 1997. *Equality*. Selected Readings. Oxford: Oxford University Press.

Bruceb. "Not All Google Search Results Are Equal." 2011.5.23.

Forbes. "Artificial Intelligence Has Caused A 50% To 70% Decrease In Wages—Creating Income Inequality And Threatening Millions Of Jobs." 2021.6.18.

NPR. "'Automating Inequality': Algorithms In Public Services Often Fail The Most Vulnerable." 2018.2.19.

Real Soun. ""デジタル来世"は死を不平等にする？話題のドラマ『アップロード』のテクノロジーから考える." https://realsound.jp/tech/2020/06/post-562492.html 2020.6.6.

ZDnet. "AI 알고리즘의 딜레마…'선택의 역설' vs '에코챔버'·'필터 버블'." https://zdnet.co.kr/view/?no=20210621135006 2021.6.21.

4

정의

JUSTICE

김도승

목포대학교 법학과

I 머리말

지능정보기술의 급속한 발전은 지난 코로나 팬데믹의 영향에 더하여 디지털 사회로의 전환을 한층 더 가속화시키고 있다. 비대면은 효율을 위한 선택이 아닌 우선적인 원칙이 되었고 정보기술의 활용은 사회적 생존에 필수적이다. 현대 사회는 3차원에서 가상세계와 현실 공간의 생활이 연결된 이른바 '메타버스Metaverse'가 새로운 인간의 활동 공간으로 주목받고 있고 데이터와 지능정보기술을 기반으로 발전해 가는 디지털 사회는 언젠가 도래할 미래 사회가 아닌 '현재'이며 '이곳'이다. 최근 한국 사회에서 정치, 사회, 경제를 막론하고 가장 뜨거운 화두는 '정의'와 '공정'의 가치이며, 이는 우리 사회가 불공정하고 정의롭지 못하다라는 냉소를 기반으로 한다. 정의에 대한 사회적 갈망에도 불구하고 우리는 무엇이 정의인가에 대해 선뜻 답을 내놓지 못한다. 이는 정의의 개념과 내용이 시대와 상황에 따라 상당한 편차를 보이는 소위 불확실성과 시대성을 내포하기 때문이기도 하지만, "정의의 적은 불의가 아니라 또 다른 정의"라는 자조 섞인 회의론도 한몫하고 있다. 정치인은 물론 학자와 성직자까지 나서 '정의 구현'을 외쳤지만 여전히 우리 사회에 만연한 차별과 특권을 보여주는 사건들은 사람들에게 더 깊은 상실감을 가져오기도 했다.

디지털 사회에서도 이러한 정의 담론은 여전히 논쟁중이나 국가는 국민 개개인이 누려야 할 정의의 가치를 실현하기 위해 디지털 사회에 걸맞는 적절한 과제를 도출하고 이를 실현하기 위한 효과적인 정책 수단을 강구해야 할 의무가 있음은 분명하다. 특히 여기에는 지능정보기술과 데이터라는 새로운 기술환경과 재화의 사회적·경제적 가치와 특성을 고려하는 것이 무엇보다 중요한다.

한편 기술과 데이터가 중심이 되는 오늘날의 디지털 사회에서는 과거와 달리 정의 실현의 새로운 전기를 맞이하지 않을까라는 기대도 가지게 한다. 최근 채용 과정에서 사람이 아닌 인공지능을 통해 면접을 실시하는 '인공지능 채용시스템'이 날로 확대되는 것은 인간이 참여하는 채용 과정에서 발생하는 불공정 문제를 인간 스스로는 교정할 수 없을 것이라는 비관론과 기술은 중립적이고 객관적일 것이라는 기대감을 반증한다. 그렇다면 과연 다양한 영역에서 발생하는 이러한 휴먼 에러Human Error를 정보기술의 활용이 활성화되는 디지털 사회에서는 과거와 다른 양상으로 나타날 것인가. 이 질문에는 단순히 디지털 사회의 주요 기술이 가지는 가능성 내지 한계에 대해 현상적으로 답을 하는 것은 무책임하거나 무용하다. 시대를 관통하여 일관되게 지지되는 정의의 개념과 내용을 확정할 수 없다고 하여 우리가 정의의 실현을 포기할 수 없듯이 우리는 변화된 환경에서도 여전히 정의를 갈구하며 또 정의롭기 위해 노력해야 한다. 정의는 그 실현을 위해 적극적으로 지지해야 하는 가치와 정의 실현을 저해하는 다양한 욕구와 관성을 배격하는 자성이 잘 녹아든 법과 제도를 설계하고 이를 공정하게 집행하는 과정에서 비로소 잠시 존재하는 것일지도 모른다.

이하에서는 정의의 개념 논의를 정리하고 디지털 사회에서 국민이 기본적으로 누려할 존엄과 가치에 대해 디지털 사회의 특성과 다양한 사회적 갈등, 사회·문화·경제적 현상, 가치변화 등에서 나타나는 정책 이슈를 분석하고 디지털 사회에서 정의를 실현하기 위한 세부 가치를 제안한다.

II 개념 논의: 정의

정의는 우리 사회를 구성하고 유지하기 위해 사회공동체의 구성원들이 공정하고 올바른 상태를 추구해야 한다는 가치로 이해되며, 개인 및 집단 상호 간의 분쟁을 공통의 규범을 통해 평화롭게 해결하고 안정된 협동을 이끌어 내는 데 필수적인 사회적 덕목이라 할 수 있다. 이처럼 정의는 동서고금을 막론하고 사회제도의 영역에서 제1덕목의 지위를 가지고 있다.

정의의 역할은 무엇일까? 무릇 사회란 구성원 사이에 상호 구속력을 행사할 수 있는 규칙을 승인하고 그 규칙을 따르는 사람이 모여서 결성한 자족적 조직체라 할 수 있다. 사회의 구성원은 이익을 극대화하기 위한 협동체이면서 때로는 충돌되는 이해관계에 있기도 하다. 따라서 어떠한 기준과 방식에 따라 이득을 분배할 것인지, 어떤 사회 정의의 원칙에 따라 분배의 몫을 정할 것인지의 문제가 제기된다. 이처럼 우리 사회에서 정의의 관념은 공동체 구성원으로서 개인이 가지는 기본적 권리와 의무를 명시해주고, 공동체가 추구하는 가치에 기반하여 적절하게 분배의 몫을 정해주

BOX 4.1

정의 원칙의 개념

"모든 이에게 자유를 완벽하게 누리게 할 수 있어야 하며, 빈곤한 사람들의 복지를 우선으로 배려해야 한다. 또한, 결과의 불평등은 존재하되, 모든 사람에게 기회는 균등하게 주어져야 하는 것이 정의의 원칙이다."

"사상체계의 첫째 덕목이 '진리'라면, 사회제도의 첫째 덕목은 '정의'다. 이론이 아무리 정교하다한들 진리가 아니면 배척되거나 수정되어야 하듯, 법과 제도 역시 효율적이고 잘 정비되었다한들 정의롭지 않으면 폐기되거나 개선되어야 한다."

자료: 황경식(2018).

는 역할뿐만 아니라 효율성, 안정성 등 다른 가치를 적절하게 고려하는 데 있다.

최근 몇 년간 한국 사회에서 논쟁적인 사안에 대해 가장 많이 회자된 단어가 '정의와 공정'일 것이다. 교육, 취업은 물론 복지, 사법체계 등 여러 방면에서 정의 담론은 한국 사회가 추구해야 할 최우선의 가치로 주목받았다. 그러나 정의에 대한 이 같은 높은 관심과 담론의 확산에도 불구하고, 오늘날 과연 정의가 무엇인지에 대해 뚜렷한 답을 내놓지 못하고 있다. 정의에 대한 개념 정의가 모호하고 그에 대한 관점과 차원이 서로 다르다 보니, 불의나 불공정 현상에 대한 진단과 원인 분석, 처방이 다를 수밖에 없다. 분배의 정의를 강조하거나 절차적 정의에 초점을 두기도 하고, 법치주의 확립을 정의사회 구현의 우선과제로 제시하기도 한다. 이에 반해 기존 법질서는 기득권의 산물이므로 보다 근본적인 해결을 위해서는 정의 관점에서 현재의 법질서 자체에 대한 검증과 재설계가 필요하다는 주장도 제기된다. 기여한 바에 대한 적정 보상을 추구하는 '분배의 정의'도 의사결정 과정의 정당성이 확보되는 '절차적 정의' 없이 달성될 수 없고, 자의를 배격하는 '법'이라는 공동체의 약속도 형식적인 법치가 아닌 정의로운 법에 의한 규율을 의미하는 실질적인 법치만이 정당하다.

오늘날 정의의 관념은 사회 정의Social justice로서 "우리 사회에서 사람들이 가지면 유리한 재화나 지위, 짊어지면 부담이 되는 의무를 각자에게 어떻게 나누는 것이 옳은가"라는 배분의 정의를 중심으로 개인에게 정당한 몫을 부여하고 그 몫에 대한 권리, 책임의식, 이익을 정당하게 부여하는 것으로 기회의 균등한 분배와 투명한 사회를 지향하는 다양한 법과 제도로 발현된다. 정의는 국가와 법의 첫째 덕목으로서 국가 최고 규범인 헌법에서 기본적 자유에 대한 보장, 인간의 존엄과 가치 존중으로 나타난다. 즉 개인의 기본적 자유와 권리, 시장에서의 자유로운 경제활동을 보장하면서도 독점 등 폐해를 경계하는 사회적 시장경제질서, 모든 국민들이 추구하는 공동선 가치들을 극대화하며 개인과 개인 사이에서 발생되는 양극화 등 부작용 문제를 해결하기 위한 가치 기준과 제도 등 헌법이 추구하는 주요 가치가 곧 정의의 담론이라 할 수 있다.

사회 정의 담론은 무엇을 분배할 것인가(대상), 분배 받을 자격이 있는 사람은 누구인가(분배 대상자), 재화를 어떤 기준에 따라 특정 집단 또는 사람에게 분배하는 것이 정당한가(분배 기준), 분배 대상인 재화와 분배 대상자, 분배 기준은 누가 결정할 것인가(정의 담론의 주체) 등 네 가지 요소로 구성된다. 한편 최근에는 이른바 '역량 정의론'이 국내외적으로 많은 지지를 얻고 있고 UN의 인간발전보고서의 기본 방법론으로 채택되면서 국제사회나 일국 차원의 정책을 집행하는 데에도 각광을 받고 있다(김도균 2020). 역량 중심 접근법capabilities approach은 사람마다 행위의 동기나 가치관이 다양하므로 원하는 것도 다양하게 나타나며, 원하는 것이 동일하더라도 개별 역량에 따라 다른 성취 수준을 보일 수 있다는 점에서 출발한다. 따라서 삶의 질을 비교·평가하는 데 소득이나 자원보다 '역량'이 더 적절한 기준이 된다고 평가한다. 기존의 사회 정의 담론은 대부분 욕구를 충족시키기 위한 수단(소득이나 자원)이나 그 충족 수준(후생이나 복지)을 중심으로 분배의 정의를 구성한다는 점에서 차별성을 가진다. 즉, 역량 정의론에 따르면 개인이 보유한 재화나 자원뿐만 아니라 자신의 목표를 세우고 달성하는 데 주어진 재화나 자원을 활용할 수 있는 개인별 역량이 사회 정의론의 주된 관심사가 되어야 하며, 기본적 필요의 목록을 정교하게 발전시키고 구체화하는 것이 중요하다.

Ⅲ 세부가치

디지털 사회에서 데이터는 산업적 가치는 물론 사회적 가능성에 지대한 영향을 미치는 핵심 자원인바, 데이터의 다양한 가치에 대한 향유는 단순히 편의성의 문제가 아니라 인간다운 삶의 질을 좌우하는 본질적인 문제이다. 이에 이 글에서는 먼저 디지털 사회의 정의 구현을 위한 세부 가치로 데이터의 공정한 이용에 주목하였다. 즉, ① 디지털 사회에서 선택의 자유 또는 계약 자유의 원칙이 정의 원칙으로 작동되기 위해 경제활동에 있어 '공정한 데이터 거래와 소비자 보호'라는 디지털 경제질서의 정의 구현을 위한 과제를 달성해야 할 것이다. 아울러 ② 데이터 향유에 있어 분배의 정의 실현을 위해 '공익데이터' 개념을 기반으로 공익적 목적에 따른 데이터의 개방 및 공동 활용을 위한 제도적 기반을 조성할 필요가 있다. 그리고 ③ 디지털 경제의 구조적 정의를 실현하기 위해 플랫폼 경제 활성화로 인한 노동자의 지위 변화, 로봇으로 인한 일자리 감소 등 디지털 경제로의 급격한 전환이 야기하는 사회문제에 대응하기 위한 재정적 기반으로서 '로봇세', '디지털세' 등 재원에 대한 사회적 합의를 이끌어 내는 구체적인 노력이 시급하다. ④ 지능정보화가 가속화될수록 국가는 이러한 기술에서 소외되는 계층이 직면하는 정보격차의 문제를 '디지털 포용'의 가치로 적극 대응함으로써 디지털 사회의 역량적 정의 실현을 위해 노력해야 할 것이다. 마지막으로 ⑤ 디지털 사회의 다양한 갈등과 분쟁을 공정하게 조망해 줄 사법제도를 구현하기 위해 '지능정보기술의 사법적 활용 가능성과 한계'를 종합적으로 검토할 필요가 있다.

1   데이터 공정거래와 소비자 보호

코로나 팬데믹으로 인해 재택근무·원격수업을 비롯한 온라인 기반의 다양한 비대면 활동이 보편화되면서 행정·경제·사회·산업·기술 등 모든 분야에서 디지털 기술을 활용하여 변화하는 환경에 적응하며 경쟁력을 확보하려는 이른바 '디지털 전환Digital Transformation'이 가속화되고 있다. 국가 경제·사회 모든 부문에 걸친 디지털 전환은 데이터 기반 정책 결정이 모든 분야에 광범위한 영향을 미칠 수 있다는 것을 의미한다. 디지털 경제에서 데이터는 핵심 자산이며 우리는 코로나19 이후 뉴 노멀new normal에 대응하여 데이터 활용이 가져오는 새로운 가치와 효용에 집중할 필요가 있다.

오늘날 기업은 모바일 기기와 사물인터넷의 보급에 따라서 발생하는 모든 정보를 저비용에 데이터로 전환하여 저장할 수 있게 되면서 데이터 수집 경로가 매우 다양화되었다. 과거에는 주로 PC 환경의 웹브라우저를 이용한 데이터 수집이었다면, 최근에는 스마트 기기의 도입과 LTE, 5G 등 데이터 기반 네트워크의 등장으로 서비스의 이용방식이 변화되면서 이에 특화된 앱App을 통하여 정보를 수집하는 경우가 보다 일반화되었다. 또한, 오프라인에서 발생하는 사용자의 행태 정보를 수집하거나, 웨어러블 기기를 이용하여 사용자의 건강 상태 등을 직접 데이터화 하는 것이 가능해지게 되었다. 이렇게 집적된 데이터는 데이터의 판매나 이용계약license을 통하여 수집한 원천 데이터를 직접 거래하거나, 수집한 데이터를 신제품·서비스 개발에 활용하거나, 수집한 데이터를 활용하여 기존에 판매하던 상품이나 서비스를 개선하거나 비즈니스 공정을 개선하는 등 다양한 유형으로 활용된다(Nguyen & Paczos 2020).

우리 헌법 제10조의 행복추구권 속에 함축된 일반적인 행동자유권과 개성의 자유로운 발현권은 국가안전보장, 질서유지 또는 공공복리에 반하

BOX 4.3

헌법상 경제질서와 공정경쟁의 함의

☐ 대법원 2007. 11. 22 선고, 2002두8626

우리 헌법 제23조 제1항과, 제119조 제1항은 사유재산제도와 경제활동에 관한 사적자치의 원칙을 기초로 하는 시장경제질서를 기본으로 하고 있음을 선언하고 있으며, 한편 헌법 제119조 제2항은 시장의 지배와 경제력의 남용을 방지하기 위하여 경제에 관한 규제와 조정을 할 수 있다고 규정함으로써 독점규제와 공정거래유지를 정당한 공익으로 보호하고 있다.

시장지배적 사업자가 시장경제질서에서 가지는 폐해를 방지하기 위하여 시장지배적 사업자에 대한 규제가 요구되나, 이러한 제한 내지 규제는 계약자유의 원칙이라는 시민법원리를 수정한 것으로서 시민법 원리 그 자체를 부정하는 것은 아니며, 시장지배적 사업자에 대한 규제가 기업이 능력을 발휘하는 데 장애가 되어서는 아니 된다.

지 않는 한 입법 기타 국정상 최대의 존중을 필요로 한다. 일반적 행동자유권에는 계약 자유의 원칙이 파생되는바, 이는 곧 헌법 제119조 제1항의 개인의 경제상 자유의 일종이기도 하다. 선택의 자유 또는 계약 자유의 원칙이 정의 원칙으로 작동하려면 "독점 방지와 공정한 거래의 유지", "공정한 경쟁질서"와 같은 공정한 조건이 갖추어져야 할 것이며 이는 디지털 경제에서도 마찬가지이다.

오늘날 빅데이터 및 분석을 경영전략 설계, 경영 효율화, 성과 관리, 시장 예측 등 비즈니스 의사결정에 활용하는 것은 더 이상 기업의 선택이 아닌 필수 과제로 인식되고 있다. 지능정보기술의 발달과 초고속통신망의 보급 등으로 인하여 빅데이터 기반의 다양한 사업모델들이 등장하였으며, 빅데이터의 활용을 통하여 소비자는 맞춤형 서비스를 거의 무료로 제공받는 등 생활의 편익을 누리고, 제품 및 서비스의 혁신이 촉진되기도 하지만 일부 사업자에 의한 데이터 독점 및 진입장벽의 형성과 같은 부작용도 함께 드러나고 있다. 이처럼 데이터는 경쟁 친화적 성격과 반경쟁적 성격을 함께 가지고 있다.

최근 다수의 온라인 사업자들이 대량의 데이터를 확보할 수단으로 전략적 기업 결합을 추진하고, 선점한 빅데이터를 활용해 소비자의 요구에 적절하게 대응하고 비용을 절감함으로써 시장지배적 지위를 더욱 공고히 하고 있다. 데이터 확보를 주 목적으로 하지 않는 결합이더라도 각기 데이터를 보유한 기업들이 상호 결집을 통해 양적·질적으로 가치가 큰 데이터를 확보함으로써 경쟁상의 우위를 점하게 될 수도 있다. 이같이 소수의 인터넷 기업이 빅데이터를 배타적으로 활용하는 것은 경쟁 사업자를 시장에서 축출하는 결과를 초래할 수 있는바, 이는 공정하고 자유로운 경쟁의 가치를 훼손할 우려가 있다. 데이터는 거래 대상으로 중요할 뿐 아니라, 규모의 경제, 네트워크 효과 등 고유한 특성으로 인해 시장지배력 형성에 기여한다. 시장을 선점한 자가 자동 환류고리 등을 통해 데이터 수집, 가공에서 독점적 지위를 확보하고 이를 인접 시장으로 전이시킬 경우, 데이터는 시장지배력을 장기화하고 시장의 경쟁 가능성contestability을 낮추는 요소로 작용한다. 이미 주요국에서 Google, Facebook, Microsoft, Apple, Amazon과 같은 거대 온라인 사업자에 의한 이용자 정보 수집 행위가 가격차별, 데이터 독점, 제공 및 거래 거절 등과 같은 경쟁법적 이슈를 발생시키는지에 대한 논의가 활발하다(강지원 2020). 이는 데이터가 단순히 경제적 관점을 넘어 공동체를 위한 가치재로 부상하였으며, 데이터를 둘러싼 다양한 활동과 사회현상은 디지털 사회의 가치로서 정의 관념 또한 데이터 논의에서 주요 논쟁으로 주목해야 함을 보여준다.

BOX 4.4

필수설비이론

필수설비이론에 관한 국내의 선행 연구에서는 필수설비를 "사업의 수행에 필수적인 투입요소이자 복수의 사업자가 중복하여 구축하기 어려운 설비"로 정의하고, 필수설비이론에 대하여 "애로설비 등 희소한 자원을 독점적으로 보유하고 있는 사업자는 현실적, 잠재적 경쟁자에게 차별 없이 당해 자원을 제공하거나 접근을 허용하여야 한다"고 설명한다.

자료: 이봉의(2006).

오늘날 기업은 지능정보기술을 활용해 고객, 경쟁사업자를 비롯한 시장 전반에 대한 데이터를 수집·저장·분석하는 능력이 크게 향상되었으며 데이터를 이용하여 가격을 책정하는 알고리즘Pricing algorithm을 활용하는 등 디지털 카르텔의 이슈도 발생하고 있다. 이러한 알고리즘에 의한 가격 책정은 컴퓨터알고리즘이 사업자의 역할을 대신하기 때문에 담합, 카르텔 등 전통적인 반경쟁적인 행위의 개념과 판단기준을 적용하는 데 한계를 드러낸다. 일반적으로 데이터 관련 경쟁법 이슈는 데이터 수집·관리 단계에서 개인정보의 과도한 수집으로 인한 프라이버시 침해, 데이터 활용 단계에서 빅데이터 집적에 기반한 과도한 경쟁우위 확보, 데이터에 대한 접근 방해, 데이터의 차별 제공, 데이터와 분석 서비스의 끼워 팔기 등 다양하게 발생할 수 있다(강준모 2020).

한편 시장지배적 사업자에 의한 데이터 독점의 문제를 해결하고 데이터 경제를 활성화하기 위한 방안의 하나로서 거래 거절의 위법성 판단기준인 '필수설비이론essential facilities doctrine'이 다시 주목받고 있다.

시장지배적 사업자가 보유하고 있는 데이터가 해당 데이터 없이는 경쟁이 불가능하거나, 중대한 경쟁열위 상태가 지속될 정도로 경쟁사업자에게 필수적인 투입요소이고 경쟁사업자에게 해당 데이터의 사용을 대체할 수단이 없을 경우, 거래 거절이나 접근 거절의 위법성 판단기준으로 필수설비이론을 적용하여 대응할 수 있을 것이며, 필수설비이론을 데이터 독점에 적용하기 위한 구체적인 기준을 정립할 필요가 있다.

데이터의 네트워크 효과를 고려할 때 데이터가 필수요소가 되는 산업 분야의 경우에는 초기에 독점력을 확보한 시장지배적 사업자의 플랫폼이 그 독점력을 유지할 가능성이 높기 때문에 규제기관에 의한 적극적인 개입이 필요하다. 이를 위해 디지털 경제 시대에 데이터 거래의 공정 경쟁을 실현하고 소비자를 보호하기 위한 공정거래법 등 관련 법제의 현대화가 필수적이며, 시시각각으로 변하는 데이터 및 소비자 관련 이슈에 대해 디지털 시장의 공정 경쟁 질서를 유지해 나가기 위한 정부의 적절한 감시와 지속적인 제도 개선이 필요하다.

2 배분적 정의와 공익데이터

오늘날 디지털 사회는 데이터가 모든 산업의 발전과 새로운 가치 창출의 촉매 역할을 하는 데 필수적인 요소가 되는 데이터 경제 시대이다. 데이터 경제란 제조업체, 연구자, 인프라 제공자 등이 데이터에 접근·활용하기 위해 협력하는 생태계이며, 데이터의 수집·저장·유통·활용 등을 기반으로 경제적 가치가 창출되는 경제라 할 수 있다(Eu Commission 2017). 이처럼 데이터 경제에서 데이터는 경제활동의 핵심 자산이자 사회적 생존의 필수재이다. 공동체에서 사회 연대의 이상에 기반한 '필요에 따른 분배 원칙'이 사회 정의의 주된 원칙으로 등장한 것은 자본주의 체제에서 노동계급이 겪는 고통과 비참한 처지가 사회운동의 주요 쟁점으로 부각된 19세기 후반이다(김도균 2020). '필요한 것'에는 주관적 소망이나 선호와는 독립해서 존재하는 객관적 요소가 포함되며, 이 같은 필요의 개념에는 긴급성과 중요성을 담고 있어서 우리 일상생활의 언어 용법과 도덕적 담론에서 특별한 의의를 가지게 된다. 기본적 필요들이 충족되지 못하면 개인들은 정상적으로 사회적 협동에 참여할 수 없으며, 이러한 점에서 기본적 필요의 충족 원칙은 여타 정의 원칙들을 적용하기 위한 전제조건이 된다. 즉, 기본적 필요는 인간다운 삶의 보편적 전제조건이 된다. 데이터 경제 시대 데이터의 중요성은 날로 커지고 있으며 개인과 공동체의 기본 자산이자 가치재로 주목받고 있으며, 정부는 공공데이터 이용 활성화를 통해 데이터 기반의 사회적 가치를 창출하기 위한 노력을 경주하고 있다. 그런데 공공데이터에 대해서는 정부의 오픈데이터 정책에 따라 공개를 의무화하고 그 가치를 우리 공동체가 공유하지만, 민간데이터에 대해서는 사적 권리에 대한 보호 측면에서 원칙적으로 공개를 의무화할 수는 없다. 그러나 데이터는 다른 데이터와 결합을 통해 새로운 가치를 창출할 수 있다는 점을 고려할 때 공공의 이익을 위해 불가피한 경우 민간데이터의 공개 필요성이 제기될 수 있다. 이는 디지털 사회에서 기본적 필요의 범위에 속하는 데이터에 대한 정의로운 배분의 문제이다.

이와 관련하여 공공과 민간의 이분법적 관점이 아닌 공익적 목적을 위한 민간데이터의 활용을 위한 공익데이터의 개념에 주목할 필요가 있다. 공익데이터 개념은 프랑스가 2016년 10월 7일 「디지털공화국법LOI n° 2016-1321 du 7 octobre 2016 pour une République numérique, JORF n°0235 du 8 octobre

2016.」을 통하여 처음 도입하였다. 동법 제1장에서 '데이터 및 지식의 유통'에 대해 규정하면서 '공공데이터données publiques 접근 개방'과 '공익데이터données d'intérêt général'를 구분하여 규율하고 있는데, 공익데이터는 '민간에 속하나 공공 정책을 향상시키기 위한 근거로 공개가 정당화되는 데이터'로 파악하고 일정한 대상에 대한 데이터 공개를 규정하고 있다.

이처럼 공익데이터는 프랑스가 「디지털공화국법」에서 ① 공공데이터 범주에 포함되지는 않지만 공적 영역에서 생산된 데이터, ② 공익 목적으로 활용이 필요한 민간데이터 일부를 공익데이터로 규정하여 개방 의무를 부과하는 제도를 두면서 주목받았다. 여기에서 '공익 목적'은 공공정책의 향상 등을 의미하며, 이러한 공익 목적으로 활용하기 위해 공시가 정당화되는 일종의 공공재적 성격을 갖는 데이터를 공익데이터로 이해할 수 있다. 다만, 프랑스도 공익데이터의 개념을 정의하고 그에 해당하는 모든 데이터를 공익데이터로 포섭한 것은 아니고, 일정한 대상(특허계약 수탁인이 보유한 데이터 공개 의무, 공공도로 관리자의 데이터 제공 의무, 부동산 거래에 따른 조세 정보의 개방 등 7개 분야)을 열거적으로 규정하는 방식을 채택하였다.

데이터는 공적 주체가 보유하는 공공데이터와 사적 주체가 보유하는 민간데이터로 구분되는데, 공익데이터는 공공데이터와 민간데이터 모두를 아우르는 개념으로서, '누가 데이터의 주체인지'의 여부가 아니라, '어떠한 목적으로 무엇을 위한 것인지(즉, 공익에 기여함)'에 방점을 둔 것이다. 따라서 공익에 기여할 수 있는 데이터라면 공공데이터뿐만 아니라 민간데이터도 가능하다. 주지하는 바와 같이 민간이 보유한 데이터에 대해서는 사적 자치의 원리, 사유재산권 보장의 원칙에 따라 정당한 법적 지위를 인

프랑스 「디지털공화국법」상 개방 의무가 부여된 공익데이터 목록

① 특허 계약의 수탁자가 공공서비스를 운영하며 수집 또는 생산된 데이터(제17조)
② 보조금 지원에 관한 보조금 협약의 본질적 내용에 관계되는 데이터(제18조)
③ 국립통계경제연구소가 요구하는 민간데이터(제19조)
④ 판결문 및 관련 데이터(제20조, 제21조)
⑤ 공공도로의 최고속도에 관한 데이터(제22조)
⑥ 에너지의 생산, 공급, 소비 등에 관한 데이터(제23조)
⑦ 부동산 거래에 따른 조세데이터(제24조)

정하고 보호하고 있는바, 특별한 사정이 없는 한 그 의사에 반하여 공개를 강제할 수 없다. 그러나 공동체 구성원 모두가 누리는 것이 반드시 필요하거나 공익의 수행자인 행정부가 공익 실현을 위해 투명하게 공개할 필요성이 큰 데이터를 민간이 보유하였다고 하여 접근 불가한 영역으로 두는 것이 타당할 것인가. 이처럼 일정한 경우 민간데이터에 대한 공개 필요성이 제기될 수 있는바, 프랑스 「디지털공화국법」상 '공익데이터'는 이러한 공공적 필요에 따른 데이터 공개의 논의에서 의미를 가진다. 요컨대, 공익데이터 논의는 데이터에 대한 민간과 공공의 이분법을 넘어 그 목적에 주목하는 것은 분명하고, 공적 주체가 보유한 것은 공공데이터법과 오픈데이터 정책을 통해 상당 부분 공개된다는 점을 감안할 때 결국 공익데이터 논의의 실익은 민간데이터의 공개 문제이다.

공익데이터는 공공데이터와 구분되며, 결국 공공재적 성격의 데이터에서 공공데이터를 제외한 것 가운데 공익적 필요에 따라 공개를 의무화시킬 데이터를 '공익데이터'라 할 수 있다. 다만, 공익데이터를 데이터 자체를 두고 선험적으로 기준을 두는 것이 가능 또는 타당한지, 어떠한 데이터라도 그 필요가 공익적 목적에 부합하고 공개를 의무화시킬 정당한 사유가 있는 경우에는 공익데이터로 포함시킬 수 있을지는 검토가 필요할 것이다. 이처럼 프랑스「디지털공화국법」은 데이터를 민간과 공공으로 구분한 체계가 아닌 공익상의 필요라는 관점에서 '공익데이터'라는 개념을 새롭게 정립하고 그에 따른 데이터의 공공적 활용 방식을 제안하였다. 이 같은 공익데이터의 공개 의무화가 민간에 대해 기존 법제상 공개 의무가 없던 일부 데이터를 공개하도록 의무화하는 일정한 규제로 보여질 수 있지만, 이는 프랑스가 범국가적인 데이터 경쟁력을 갖기 위한 디지털 생태계 조성을 위한 하나의 축으로 이해할 수 있다.

이러한 공공 필요에 따른 데이터의 개방과 관련하여 EU에서도 유사한 정책 동향을 발견할 수 있다. 즉, EU 집행위원회는 2020년 12월 공개한「데이터거버넌스법Data Governance Act, DGA」초안에서 데이터 공유를 위한 '데이터 이타주의' 개념을 도입하였다(GDA는 EU 이사회 승인을 얻어 2022년 6월 23일 발효되었으며 2023년 9월 24일부터 EU 전역에 적용될 예정이다). 데이터 이타주의data altruism란 과학적 연구 목적 또는 공공서비스 개선과 같은 공익을 위해 보상을 구하지 않고 정보 주체가 자신과 관련된 개인정보 처리에 동의하거나 기타 데이터 보유자가 자신의 비개인정보를 활용할 수 있도록 허락하는 것을 의미한다(DGA 제2조 제10항). 데이터 이타주의에서 공공의 필요는 기후변화 등 과학 연구, 공공통계 작성 또는 공공서비스 개선 등 공익 목적을 의미하며, 이 경우 개인정보 정보주체 또는 비개인정보 데이터 보유자가 일정한 보상 없이 개인정보나 비개인정보 사용을 허락하

BOX 4.6

데이터 이타주의 조직 등록 요건(DGA 제17조)

① 공익(general interest)을 목적으로 설립된 법인이어야 함

② 데이터 이타주의 법인은 비영리 목적으로 운영되어야 하고 영리를 목적으로 운영되는 조직으로부터 독립적인 구조로 운영되어야 하고 다른 활동과 분리되어야 함

③ 데이터 이타주의와 관련된 활동이 법적으로 독립된 구조를 통해 수행되도록 해야 하고 해당 기관이 수행하는 다른 활동과 구별되어야 함

④ EU에 설립지가 없지만 등록 요건을 갖춘 법인이 데이터 이타주의에 기초하여 데이터를 수집하고자 하는 회원국 중 한 곳에 법적 대리인을 선임해야 함

※ 데이터 이타주의 조직으로서의 등록 요건을 갖춘 자는 관계기관에 "인정 데이터 이타주의 조직 등록부"에 등록해 줄 것을 요청할 수 있음

는 것이다. DGA에서는 이러한 체계하에 제공된 데이터의 활용을 촉진하기 위해 데이터의 등록 및 관리를 위한 기관의 설치와 확산에 대한 규정을 구체적으로 마련하였다. 즉, 동 법안에서는 이를 지원하기 위해 관련 데이터를 대규모로 제공하는 비영리 법인이 특정 요건을 충족할 경우 "EU에서 승인된 데이터 이타주의 조직"으로 등록할 수 있도록 법제화하였으며 특정 회원국에서 데이터 이타주의 조직 등록은 EU 전역에 유효하다. EU는 동 법안을 통해 데이터 이타주의 조직의 등록 요건을 제시하고, 모든 회원국에 균일한 형식의 동의를 지원하는 유럽 데이터 이타주의 동의서 양식 개발을 선언하였다. 다만 공익데이터 관련으로는 동법이 제정되더라도 동법상 데이터 이타주의 관념에 따라 EU회원국이 어떠한 데이터를 (민간데이터라 하더라도) 개방하고 EU 내 활용하게 할 것인지는 여전히 추가적인 논의가 불가피할 것으로 예상된다.

우리나라의 경우 공공데이터법상 공공기관이 매우 포괄적으로 규정되

어 있고, 공공데이터 개방에 관한 강력한 입법체계를 두고 있는 우리나라에서 공공데이터와 관련되지 않는 순수 민간데이터에 대한 공익 목적의 사후적 강제 개방은 매우 제한적일 수밖에 없을 것이다. 특히 공익 목적의 강제 개방 대상이 되는 민간데이터가 일정한 재산적 가치를 가지며 그 개방이 특별한 희생에 해당하는 경우에는 데이터에 대한 공용제한의 법리가 충분히 확립되어야 하는데 현재로선 법이론적, 법제도적 기반이 취약하다.

무엇보다 데이터가 가지는 비경합성, 비배제성 등의 특성은 토지 등 부동산 중심의 기존 공용제한의 법리를 활용하기 어려운 특성이 있다. 앞서 살펴본 EU DGA에서 데이터 이타주의 개념을 "보상이 없이" 활용 가능한 것으로 둔 것은 보상이 필요한 경우에는 이러한 데이터 공용제한(데이터에 대한 수용/사용/제한)의 합법성 기준 충족과 적정 보상을 통해 그 법적 정당성을 인정받아야 하는 부담을 고려한 것으로 추측된다. 즉, DGA상 데이터 이타주의 대상이 되는 민간데이터는 해당 데이터에 대한 재산권 향유에 있어 사회적 구속성을 받는 경우에 해당할 것으로 보인다.

공익데이터 논의에 있어 민간의 데이터를 일정한 공익적 목적으로 활용하는 것은 목적이나 취지의 타당성에도 불구하고 민간데이터에 대한 국가의 과도한 개입을 우려하는 지적이 있을 수 있다. 때문에 EU의 데이터 이타주의와 같은 전면적인 공개 의무 부여는 법리적 가능성 여부를 떠나 상당한 반발이 예상된다. 따라서 공공데이터법, 데이터기반행정법 등을 활용한 체계나 보조사업 등 일정한 정부의 권한이 부여된 사업에서 구체적인 공공 필요를 유형화 및 구체화하여 우선 추진하는 방안이 합리적일 것으로 보인다.

앞서 살펴본 바와 같이 그간 공익데이터와 관련한 입법으로 주목받은

EU 「데이터거버넌스법(DGA)」의 데이터 이타주의, 프랑스 「디지털공화국법」상 공익데이터 등의 구체적인 사례는 우리나라의 공공데이터법에 따른 공공데이터 및 운영체계와 상당 부분 겹치는 측면도 있다. 다만, 범국가적 데이터 전략의 관점에서 민간의 데이터를 그저 사적 권리의 영역으로서만 접근하지 않고 일정한 경우 공동체 전체 이익을 위해 활용될 수 있는 가능성을 열어두었다는 점에서 의의가 있으며, 이러한 민간데이터의 공적 활용은 디지털 사회에서 데이터가 가지는 의미를 재조명해보는 담론의 시작으로 의의가 있다.

3 구조적 정의와 로봇세·디지털세

플랫폼 경제 활성화로 인한 노동자의 지위 변화, 로봇으로 인한 일자리 감소 등에 대해 재정적으로 대응하기 위한 기반으로 디지털세, 로봇세 등 새로운 세원에 대한 논의 필요성이 제기된다. 지능정보화가 가속화될수록 이러한 기술에서 소외되는 계층의 문제, 정보격차의 문제도 주요 논제로 제기되며, 이는 디지털 사회 지능정보기술의 발달에 따른 사회변화 이슈에서 제기되는 공정과 정의의 문제라 할 것이다.

'로봇세'란 로봇의 노동으로 생산하는 경제적 가치에 부과하는 세금을 의미한다. 기본적으로 로봇세는 로봇으로 일자리를 잃은 사람들의 취업을 지원하고, 인간노동자를 로봇으로 대체하더라도 이 같은 세수로 개인소득세 손실을 보전하자는 데 목적을 두고 있다. 이러한 로봇세의 논의는 로봇만이 아니라 이른바 4차 산업혁명 시대의 도래에 따라 지능정보기술의 발달에 따른 노동 수요의 감축에 대응하기 위한 재원 확보 방안으로 확대되어 논의된다. 로봇, 드론, 무인 자동차 등을 활용한 자본 집약적인 생산구조는 자본에 대한 수익의 증가와 노동에 대한 보수의 하락을 의미하며, 노동소득 계층의 소득 하락과 단순·반복적 업무의 다양한 직업군의 소멸 가능성을 예고한다(김대수 외 2019). 그러나 구조적으로 많은 노동자의 일자리가 상실되고 이에 대한 대응책이 부족할 경우 효율성이 높은 로봇의 대체로 생산성이 향상되어 더 많은 질 높은 상품과 서비스가 생산되더라도 정작 이를 소비할 노동자의 구매력 부족으로 인해 시장에서 소비가 형성되지 못하게 될 것이다. 따라서 예상되는 실업과 그에 따른 소비의 감소에 대비하기 위해 대체된 노동자들에게 일정한 소득을 보장해 주는 것이 필요하다는 주장도 제기된다. 이에 대해서는 실질적으로 빈곤 문제를 해결하지 못하면서 세금만 늘어날 것이라는 비관론도 존재하지만 디지털 사회의 구조적 변화에 따라 불가피하게 발생하는 일자리 상실 문제에 대응하기 위해 일정한 재원이 필요하고 이를 위한 특정한 세금의 고안이 무용하다고만 볼 수 없다. 기본적으로 로봇세는 로봇이 노동력을 대체하는 데 따른 실직자에 대한 보조를 목적으로 하여 노동자의 재취업을 위한 교육과 소득이전에 활용해야 한다는 것으로 정책적인 설득력을 갖는다. 로봇세의 도입을 긍정하는 입장에서는 로봇의 활용이 기업에 막대한 부를 가져다주기 때문에 인간노동자의 일자리 상실로 발생하는 소득세의 감소, 사회복지 비용 등을 해당 기업이 일부 부담하는 것이 타당하다는 점을 강조한다. 그에 반해 도입을 반대하는 입장은 무엇보다 산업을 위축시키고 기술혁신을 저해할 수 있다는 점을 우려한다. 즉, 세금의 대상이 되는 로봇의 범위를 설정하기 곤란하고, 세금에 따른 경제적 부담으로 기술혁신의 경제적 가치가 줄어들어 궁극적으로 기업이 창출하는 일자리가 줄어들 것이라 지적한다. 또한 로봇세라 칭하지 않더라도 이미 로봇의 도입에 따른 생산성 증가로 인해 법인세 등 기타 세금을 어떤 형태로든 부담하고 있다는 점에서 자칫 이중과세의 가능성도 제기한다. 아직 세계 각국에서 로봇세 도입을 위한 뚜렷한 동향은 확인되지 않지만 기술혁신으로 야기되는 일자리의 상실과 사회적 비용에 대한 논란은 우리가 디지털 사회에서 해결해야 할 중요한 과제임은 분명하다.

디지털 세금이란 구글, 아마존, 애플, 페이스북 등의 다국적 디지털 기업들이 온라인이나 모바일 등을 통해 벌어들이는 수익에 대해 자국 내에서 납부하는 세금과는 별도로 실제로 서비스가 소비되는 국가에 추가적으로 납부하는 세금을 의미한다(White 2019). 디지털 경제에서 새로운 유형의 비즈니스가 창출되었으나 경제구조가 급격히 디지털화되면서 기존 산업에서 확인하지 못한 다양한 문제점들이 발생하였다. 즉, 핀테크 산업이 성장하고 온라인 거래가 일반화되고, 디지털 콘텐츠 거래가 활성화되는 등 새로운 유형의 디지털 거래에 대해서 기존의 세법으로는 적절히 과세하기가 어려운 문제가 발생한 것이다. 디지털 경제의 발전으로 기업 활동에서 법인세 과세의 근거가 되는 고정사업장의 의미가 퇴색되면서 기업의 이윤창출 활동과 그에 대한 과세권을 지닌 관할국의 연계점이 모호해졌고, 이에 디지털 기업에 대한 과세 문제가 제기되었다(예상준 외 2021). 즉, 국경을 넘나들며 디지털 서비스가 제공되는 디지털 경제의 특성을 고려한 새로운 국제조세체제의 원칙이 요구된 것이다.

거대 다국적 기업들은 디지털화된 데이터 경제의 도래로 전 세계를 대상으로 거대한 이익을 얻으면서도 법인세를 회피해왔고, 이는 극심한 불평등의 원인으로 지목되기도 했다. 전통적인 과세시스템은 거래의 실체가 있고 이를 파악해 과세하지만 디지털 경제에서 전자거래 등은 과세점 파악이 어려운 문제가 발생한다. 그간 세계 각국은 글로벌 기업 유치를 위해 법인세율을 낮추고, 기업들은 법인세가 가장 낮은 국가에 본사나 서버를 두는 방식으로 세금을 회피하는 경쟁을 벌여왔다. 그러던 중에 지난 2021년 10월 경제협력개발기구OECD와 주요 20개국G20은 구글, 넷플릭스, 페이스북 등 초대형 글로벌 기업들에 대한 '글로벌 디지털세' 도입에 합의하였으며 2023년부터 도입될 예정이다.

디지털세를 집행하기 위해서는 무엇보다 과세 기준이 정립되어야 하며, 이를 위해서는 기존의 법인세와 부가가치세 체계를 정비하고 조세협약을 통한 국제적인 공조가 필수적이다. 과세 부과 기준을 명확히 정립해 디지털세 부과의 정당성을 확보하고, 이중과세의 논란이 없도록 적정 규모 혹은 적정 매출액 이상의 기업을 과세 대상 기업으로 설정하는 것이 중요할 것이다(김선일 외 2020). 아울러 디지털세가 실질적으로 도입되려면 각국의 다자협정·모델 규정 마련을 비롯해 국내법 개정 등 추가적인 과정도 필요하다.

4 역량적 정의와 디지털 포용

오늘날 4차 산업혁명 시대 디지털 기술 발달과 비대면 사회의 도래로 지능정보기술을 활용한 신산업이 창출되고, 지능형 정보기기 등을 통해 삶의 질이 개선되는 등 다양한 영역에서 긍정적인 효과가 나타나고 있다. 그러나 디지털 사회가 가속화될수록 정보기술에 대한 접근 능력과 활용 역량의 차이는 경제·사회적 불평등과 차별을 이전보다 심화시킬 것이라는 우려도 제기된다. 인터넷 이용 실태 조사에 따르면 70대 이상의 인터넷 쇼핑과 인터넷 뱅킹 이용률은 15.4%, 6.3%로 매우 낮고, 고령자의 디지털 정보화 수준은 일반 국민 대비 64.3%에 불과하고, 저소득층, 장애인, 농어민도 일반 국민 대비 75% 수준에 그치는 것으로 나타났다. 지능형 정보기기 등을 통해 장애인·고령층 등 취약계층을 포함하여 누구나 디지털을 활용하여 경제활동을 영위하고, 삶의 질 향상을 추구할 수 있도록 디지털 격차 해소를 위한 디지털 활용정책이 절실하다. 고도화된 정보사회에서 정보격차는 단순히 불편의 문제가 아닌 사회적·경제적 불평등을 가중시킨다는 것은 주지의 사실이다. 이처럼 디지털 격차 해소는 정의의 관점에서도 중요한 논제이다. 정의란 무릇 사람들에게 그들이 마땅히 받아야 할 것을 주는 것이라 할 것인바, 디지털 사회에서 디지털 기기를 다루고, 정보를 해석하는 능력을 키울 수 있도록 교육 기회나 정책 혜택을 제공하는 등 시민들이 마땅히 누릴 것을 제공해 주어야 할 것이다. 즉, 국민의 일상생활이 디지털과 밀접하게 연관됨에 따라 사회구성원 누구나 디지털을 잘 활용하고, 소외와 차별 없이 디지털 기술의 혜택을 고르게 누리도록 하여 사회통합과 지속가능한 발전의 기반을 마련하는 것이 중요하다.

이와 관련하여 정부는 2020년 6월 국무총리 소속 '정보통신전략위원회'에서 전 국민 디지털 역량 강화, 포용적 디지털 이용환경 조성, 디지털 기술의 포용적 활용 촉진 및 디지털 포용 기반 조성 등을 내용으로 하는 '혁신적 포용국가 실현을 위한 디지털 포용 추진계획'을 발표하고 2021년 총 808억 원의 디지털 격차해소 기반조성 예산을 편성하였다.

디지털포용 정책의 제도적 기반으로는 지난 2001년 '생활에 필요한 정보통신서비스에 접근하거나 이용하기 어려운 자에 대하여 정보통신망에 대한 자유로운 접근과 정보이용을 보장함'을 목적으로 제정되었던 「정보격차 해소에 관한 법률」이 2009년 「정보화촉진기본법」과 함께 「국가정보화 기본법」으로 통합된 후 현재의 「지능정보화 기본법」에 이르고 있다. 그런데 「지능정보화 기본법」은 정보격차 해소 시책의 마련, 정보격차 해소 교육의 시행, 장애인·고령자 등의 지능정보 서비스 접근 및 이용 보장 등에 관한 단편적인 규정들만을 두고 정보격차 해소, 예방 정책의 체계적 추진을 위한 법정계획과 관계기관 간의 역할 조정·협업 등을 위한 기구조차도 부재한 실정이다.

한편 최근에는 이와 관련하여 「디지털포용법안(강병원 의원 대표발의, 의안번호 제2107422호)」이 발의되어 논의 중이다. 동 법안은 D-N-AData-Network-AI를 근간으로 진행되고 있는 4차 산업혁명으로 인하여 비대면 사회가 도래함에 따라, 더욱 커지고 있는 정보격차digital divide의 우려를 해소하기 위한 것이다. 이는 코로나 팬데믹 등으로 비대면 사회로의 진입이 가속화됨에 따라 기존 「지능정보화 기본법」의 규정만으로는 정보격차로 인한 사회문제를 해소하기 어렵다는 공감대가 형성되어 별도 법률의 제정이 추진된 것이다.

동 법안에서 "디지털포용"은 사회의 모든 구성원이 소외와 차별 없이 지능정보기술을 활용하고 지능정보 서비스를 이용할 수 있도록 하여 삶의 질 향상과 지속가능한 포용적 성장을 추구하는 환경 조성 및 그 지향점을 의미하며, "디지털역량"은 지능정보기술, 지능정보 서비스 및 그와 관련된 기기·소프트웨어에 대한 접근 또는 이용에 필요한 소양, 지식 및 능력 등을 의미한다. 디지털포용 정책으로 누구나 쉽게 찾아가 배울 수 있는 디지털 교육 체계를 구축하여 전 국민 디지털 역량을 강화하고, 장애인·고령층을 위해 디지털 기기·서비스의 접근성을 개선하고 어디서든 디지털 서비스를 이용할 수 있는 포용적 디지털 이용 환경을 조성하고, 취약계층을 위한 포용적 디지털 기술과 서비스를 확산하는 디지털 기술의 포용적 활용을 촉진해야 할 것이다. 특히 이같은 디지털 포용 정책을 신속하게 발굴하고, 관련 법·제도를 개선하며, 대국민 홍보 등을 체계적으로 추진할 수 있도록 제도적 기반을 강화할 필요가 있다.

5   지능정보기술의 사법적 활용

다양한 분야에서 인공지능기술의 도입으로 인한 사회변화를 예측하고 이에 적합한 대응방안을 제시해야 할 필요성이 제기되면서, 인공지능은 기술 활용에 있어 가장 보수적이라 할 수 있는 사법(司法)의 영역에서도 등장하고 있다. 최근 각국의 사법부는 지능정보기술을 활용한 디지털화 digitisation로의 혁신을 최우선 과제로 삼고 있다. 재판 과정을 전자 및 온라인 체계로의 이행을 지속적으로 진행하여 왔으며, 화상회의 기술은 법관, 당사자 등이 온라인으로 사법 절차에 원활하게 참여하는 것을 실현시키고 있다. 기존의 디지털화가 법원 정보를 입력, 추적, 관리하기 위한 일반적인 소프트웨어를 바탕으로 한다면, 인공지능 및 다른 스마트 기술들과 연계된 사법의 지능정보화란 지식을 인식하고, 데이터를 이해하며, 예측 및 결정을 만들어내는 기술에 기반한다(정채연 2021).

사법에서 인공지능 기술이 신뢰를 확보하기 위해서는 설계·개발·관리·이용 등 인공지능 개발 전반에서 지켜져야 할 합헌성 원칙을 확립하고, 편향성을 비롯한 알고리즘의 흠결을 방지할 수 있는 실효적인 절차의 마련이 선행되어야 한다(Ashley 2018). 눈부신 발전을 거듭하고 있는 지능정보기술을 고려할 때 법정에서 사실관계 확인을 비롯해 법관의 판결에 도움을 줄 수 있는 인공지능의 출현을 기대하는 것은 어렵지 않다. 실제로 미국 위스콘신주 법원은 형사사건 선고전 조사보고서presentencing investigation reports, PSI에 콤파스Correctional Offender Management Profiling for Alternative Sanction, COMPAS라는 '재범위험 평가 알고리즘'을 참고하였다. 이처럼 사법절차에 있어 인공지능이 유무죄에 대한 결정에까지 관여하는 등 사법시스템에서 중요한 역할을 하게 된다면 그에 상응하여 알고리즘의 투명성과 책임성이 확보되고 있는가가 무엇보다 중요하다. 인공지능 알고리즘은 복잡하고 베일에 가려져 있어, 인공지능이 왜 이런 결론을 내렸는지 설명할 수 없는 기술적 특성을 지니며 머신러닝을 기반으로 한 강력한 성능의 인공지능일수록 이러한 설명의 곤란성은 더 커지는 것으로 알려져 있다. 따라서 사법에서 인공지능을 활용하기 위해서는 알고리즘 편향성 등의 문제로 사법의 공정성을 훼손하지 않도록 알고리즘에 대한 견제 및 조화check and balance 원칙이 달성될 수 있도록 민주적 책무성을 고양하는 윤리적 가이드라인의 적절한 운영을 도모해야 한다. 이와 관련하여 유럽평의회Council of Europe 산하의 사법효율을 위한 유럽위원회European Commission for the Efficiency of Justice는 2018년 12월 3일 "사법시스템과 사법환경에서의 인공지능 이용에 관한 유럽 윤리헌장European Ethical Charter on the Use of Artificial Intelligence in Judicial Systems and Their Environment"을 공식 채택하였다.

이러한 사법의 디지털화는 법원행정의 업무 부담을 경감시키고 예산을 절감시키는 것에 그치지 않고 궁극적으로는 국민의 재판받을 권리를 신장시키고 사법적 의사결정의 투명성과 객관성을 제고하여 사법부에 대한 신뢰를 고양하는 데 기여하는 방향으로 발전시켜야 할 것이다. 무엇보다 사법에서 지능정보기술 활용의 기본 방향은 국민의 사법에 대한 접근권을 고양하고 대국민 사법 서비스 개선에 기여하는 것으로 설정되어야 한다. 이를 위해 당사자의 자율적인 분쟁해결 역량 제고를 위해 인공지능 기술 활용 모델을 개발하고, 데이터 저장·보관 및 전자 증거의 진위성 입증을 위한 블록체인 기술 활용, 판결문 데이터베이스 등 인프라 구축, 서비스 지능로봇 및 챗봇의 활용 등 다양한 방안을 검토해 볼 수 있을 것이다. 한편 재판이나 조정 등에서 인공지능이 활용되는 경우에도 법관이 인공지능에 과도하게 의존하지 않고 독립하여 구체적 사건에 대하여 독립적인 판단을 내릴 수 있는 기준과 절차가 마련되어야 할 것이다. 사법의 인공지능 활용은 단순히 사법절차의 효율성만을 지향해서는 아니 되며 무엇보다 사법절차에 대한 국민의 신뢰도를 제고하고 국민의 재판받을 권리를 실질적으로 보장하기 위한 방향으로 설계·운영되어야 할 것이다.

IV 맺음말

정의의 개념은 시대와 논자에 따라 다양하기에 무엇이 정의인가에 대한 합의는 현대 국가에서는 국가와 법의 첫째 덕목으로서 최고 규범인 헌법에서 기본적 자유에 대한 보장, 인간의 존엄과 가치 존중으로 나타난다. 또한 비록 정의의 원칙에 대한 합의가 없더라도 절차적 정의를 통해 정의롭지 못한 결과, 불공정한 결과를 피할 수 있을 것이라는 기대는 사회의 다양한 영역에서 헌법적 가치를 준수하며 정확하고 투명하게 공개된 기준에 따른 정의로운 절차가 법제도를 통해 설계되는 것에 주목하게 된다. 디지털 사회는 데이터가 핵심 자산이 되고 데이터의 활용으로 기존 정보와 지식이 재생산되는 사회이다. 공익 목적의 데이터 개방, 공정한 데이터 경제 질서의 확립은 데이터를 향유하는 국민들의 기본권 보장에 기여할 것이다. 아울러 디지털 경제 시대 새로운 경제활동에 상응하는 세원을 확보하여 재정적 기반을 강화하고, 정보격차 문제를 해소하기 위한 디지털 포용 정책을 적극 시행함으로써 디지털 경제로의 전환이 야기하는 사회구조적 문제와 디지털 사회에서 사회경제적 불평등에 효과적으로 대응할 수 있을 것이다. 아울러 공정성과 투명성이 확보된 지능정보기술을 사법제도에 접목함으로써 디지털 사회의 복잡·다양한 갈등을 효과적이고 공정하게 해소함으로써 디지털 사회 정의 실현을 위한 기반이 제고될 것으로 기대된다.

참고 문헌

강준모. 2020. "데이터 종류에 따른 독점의 영향과 규제방안." 한국데이터법정책학회.

강지원. 2020. "EU의 온라인 플랫폼 시장 불공정거래행위 규율 강화: 「온라인 플랫폼 시장의 공정성 및 투명성 강화를 위한 2019년 EU 이사회 규칙」을 중심으로." 『외국입법 동향과 분석』 22. 국회입법조사처.

김도균. 2012. "한국 법질서와 정의론: 공정과 공평, 그리고 운의 평등 - 試論." 『서울대학교 법학』 53(1).

김도균. 2020. 『한국 사회에서 정의란 무엇인가』. 아카넷.

김대수 외. 2019. 『4차 산업혁명과 기술경영: 혁신과 성장』. 한경사

김선일 외. 2020. "디지털세 도입을 위한 논의." 『조세연구』 20(2).

예상준 외. 2021. "최근 디지털세 논의 동향과 시사점." 『KIEP 오늘의 세계경제』 21(14).

이봉의. 2006. "공정거래법상 필수설비법리의 현황과 과제-심결례 및 판례를 중심으로-." 『상사판례연구』 19(1).

정채연. 2021. 『사법절차 및 사법서비스에서 인공지능 기술의 도입 및 수용을 위한 정책 연구』. 사법정책연구원.

한애라. 2019. ""사법시스템과 사법환경에서의 인공지능 이용에 관한 유럽 윤리헌장"의 검토-민사사법절차에서의 인공지능 도입 논의와 관련하여-." 『저스티스』 172.

황경식. 2018. 『존 롤스 정의론: 공정한 세상을 만드는 원칙』. 쌤앤파커스.

Ashley, Kevin D. 2018. *ARTIFICIAL INTELLIGENCE AND LEGAL ANALYTICS – New Tools for Law Practice in the Digital Age*. Cambridge University Press.

Eu Commission. 2017. "Enter the Data Economy – EU Policies for a Thriving Data Ecosystem." *EPSC Strategic Notes Issue 21*.

LOI n° 2016-1321 du 7 octobre 2016 pour une République numérique, JORF n°0235 du 8 octobre 2016.

Mission Bothorel. 2020. Pour une politique publique de la donnée, *Rapport public*(décembre 2020).

Nguyen, David and Marta Paczos. 2020. "Measuring the Economic Value of Data and Cross-Border Data Flows: A Business Perspective." *OECD DIGITAL ECONOMY PAPERS No. 297*.

White, Josh. 2019. "The OECD's digital tax plans more costly than BEPS." *International Tax Review*.

제2부

실행가치

5
안전

SAFETY

윤정현

국가안보전략연구원

*   이 글은 윤정현·이수연(2022), "디지털 안전사회의 의미: 안전과 안보의 복합공간으로서 전환적 특징과 시사점." 『정치·정보연구』 25(3): 123-150을 토대로 보완, 발전시켰다.

I 들어가며

디지털 사회의 구성원들은 실시간으로 정보를 주입 받고 재생산하며 끊임없는 상호작용을 영위해 나간다. 디지털 기기를 통해 로그온하고, 흥미로운 정보를 따라 링크를 클릭하며 대화하는 과정에서 우리는 개인 데이터의 일부를 게시하고, 콘텐츠를 공유하게 된다. 그러나 이 같은 디지털 환경에서의 평범한 일련의 소통행위들은 물리적, 정서적, 경제적 측면에서 예기치 못한 피해를 낳을 수 있다. 특히, 데이터를 중심으로 산업, 서비스가 고도화되고 사회 전 부문들이 네트워크화된 초연결 환경에서는 원치 않는 방식으로 왜곡된 정보가 유통되고 사생활이 침해될 수 있는 위험성을 내포한다. 또한, 예기치 못한 오류나 데이터의 조작 등으로 공공인프라 서비스가 중단될 경우, 그 피해는 개인을 넘어 지역과 국가 전반에 확대·증폭될 수도 있다. 이처럼 그간 인류의 편의성 증진에 크게 기여해왔던 디지털 혁신과 기술발전은 다른 한편으로 새로운 형태의 불확실성을 안겨주고 있는 것이다.

이 같은 여건에서 디지털 사회의 안전과 정보에 대한 구성원들의 신뢰는 디지털 사회의 원활한 운용과 영속성을 위한 기본 전제가 된다. 보편화된 클라우드 서비스와 다양한 소통 어플리케이션의 확대는 디지털 환경에서 신뢰할 수 있는 정보의 유통과 보안 문제를 가장 첨예한 사안으로 만들었다. 이제 디지털 안전은 초연결 시대를 살아가는 인류의 신체적, 경제적, 환경적, 정서적 안전을 뒷받침하는 위한 기본 전제가 되었다. 디지털 인프라의 '안정성과 가용성', 사이버 공간의 보안을 위한 시스템의 '기밀성 및 무결성', 디지털 정보의 '신뢰성', 지나친 디지털 의존도 완화를 위한 '균형성' 등은 디지털 사회의 안전을 구현하기 위한 구체적인 실천적 사안이라 할 수 있을 것이다.

Ⅱ 디지털 안전사회의 개념적 적용 범위와 초점

디지털 사회의 안전의 가치에 대해 살펴보기 위해 우리는 안전이라는 개념이 갖는 전통적 의미뿐만 아니라 그것이 디지털 환경에 대입되었을 때 재해석될 수 있는 의미에 대해 재조명할 필요가 있다.

사전적 의미에서 '안전安全, safety'은 예기치 못한 사고가 발생할 염려가 없는 상태를 의미한다. 개인이나 조직, 자산에 위해hazard를 입힐 가능성이 있는 뜻하지 않은 위험들을 통제함으로써 위험에서 벗어날 수 있는 조건 및 상태를 의미하는 것이다.[1] 즉, 나를 둘러싼 환경에서 의도치 않은 불상

---

1   여기서 '위험(risk)'은 위태롭고 험난한 상황에 놓일 수 있는 가능성을 말하는데, 안전은 이러한 가능성이 실

사가 일어날 가능성을 최소화하는 데 목표를 두고 있다. 산업현장과 노동·일상 등 주로 미시적 수준에서 관리되는 안전 개념에서 중요한 점은 결국 보호 대상이 자신을 둘러싼 위험요소를 통제할 수 있는 정서적 확신이 필요하다는 점이다(Morgan 2021). 즉, 위험 원인이 없는 상태이거나 또는 있더라도 실제 피해로 이어지지 않도록 대책이 마련되어 있고 이것이 분명히 인지되어야 한다. 따라서, 단지 재해나 사고 등이 발생하지 않았다고 해서 이를 안전과 등치시키기는 어려우며, 잠재된 위험의 예측을 기초로 한 대책이 수립되어 있고, 이러한 대책이 사회 전반에 폭넓게 확인되어야만 비로소 안전한 사회라 할 수 있다. 이러한 맥락에서 안전은 사회적으로 만들어지며 폭넓게 공유되는 것이다.

'안보security'는 안전과 상당히 유사한 정의를 가지며, 실제로 많은 국가에서 중의적인 의미를 가진 공통된 하나의 단어로 설명된다.[2] 그러나 두 용어가 구분되어 있는 영어에서는 개인, 조직 또는 자산을 위협하는 외부의 의도적인 행동에 대해 보호되는 상태로서, 원치 않는 상황이 발생하지 않도록 취하는 행위에 초점을 둔다. 즉, 외부의 위협에 대한 불확실성을 최소화하고 공격 위험을 막도록 관리하는 것이다. 특히, safety가 비의도적 위험요소로부터 벗어난 상태를 강조하는 것과 달리 security는 불법적이고 악의적 위험으로부터 안전을 지키는 것이라 할 수 있다. 따라서 security에는 무기나 방호 체계 등 물리적 수단의 확보 노력에 초점을 맞추며 이를 실

현될 염려가 없는 상태를 의미한다고 볼 수 있다. https://www.merriam-webster.com/dictionary/safety; 이창무(2015).

2　독일어 'Sicherheit', 스페인어 'seguridad', 프랑스어 'sécurité', 이탈리아어로 'sicurezza'가 그 예이다. https://www.controlglobal.com/articles/2010/safetysecurity1004/

행하는 과정에서 필요한 기밀성, 무결성 및 가용성 등이 주요 실천 가치로 논의되기도 한다. 안보는 외교·국방·인프라 등 안전보다 광범위한 영역에서 거시적 사안을 다루고 있으며 개인이나 가족, 공동체뿐만 아니라 국가와 지구적 차원까지를 포괄함으로써 구성원의 안전을 보장하는 것을 목표로 하고 있다(정지범 2009b, 65).

중요한 점은 디지털 공간의 위험에는 물리적 공간의 '안전'과 '안보'적 특징이 혼재되어 있다는 점이다. 실제로 사이버 공간에서 안전을 확보하기 위해서는 최소한의 안심하고 접속할 수 있는 사용자의 신뢰뿐만 아니라 이를 뒷받침하는 보안체계와 매뉴얼에 대한 실천이 뒤따라야 한다. 즉, 사이버 공간에서 안정성, 확실성, 무해성을 담보하기 위해서는 기밀성, 무결성, 가용성 등의 기능적 수단의 확보가 전제되어야 하는 것이다. 또한, 외부의 의도적인 해킹이 아닌, 사용자의 실수로 개인정보를 남겼다 하더라도 누군가에게 불법적으로 악용되어 똑같은 피해를 유발할 수도 있다. 피해의 대상과 범위 또한 마찬가지이다. 개인이나 소수 커뮤니티 수준에서 공유·유포된 악성 프로그램이 직간접적 네트워크를 통해 순식간에 관련 산업 부문·지역 전반에 확산될 수 있으며, 나아가 초국가적인 차원의 사이버 안보 문제로 귀결될 수 있다. 이는 미시적 수준의 '안전'의 모습으로 발생했다 하더라도 직간접적인 메커니즘을 통해 '안보'적 결과로 귀결될 수 있음을 보여준다. 문제는 디지털 사회의 초연결 환경은 이러한 사고가 온라인 공간에 머물지 않고 대규모의 물리적인 피해를 낳을 수 있는 취약점을 내포하고 있다는 점이다. 만약 특정 집단이나 국가 단위에서 이를 의도적으로 활용할 경우, 물리적 환경의 군사 공격 수단에 버금가는 사이버 공간의 무기화가 낳는 위협으로 다가올 수 있다. 이처럼, 디지털 사회의

[표 5.1] 물리적 환경과 디지털 환경에서의 '안전'과 '안보'의 개념적 적용 범위

구분	디지털 환경에서의 '안전'	
	물리적 환경에서의 안전(Safety)	물리적 환경에서의 안보(Security)
주요 초점	인식·정서적 안정감의 달성	물리적 수단의 확보
위험의 의도성	비의도적 위험	악의적, 불법적 위험
위해 요인	내부의 불상사	외부의 공격
측정 지표	안정성, 확실성, 무해성 등	기밀성, 무결성, 가용성 등
적용 범위	미시적(개인, 소지역)	거시적(국가, 초국가 수준)

출처: Morgan(2021); 이창무(2015); 정지범(2009b)을 토대로 저자 작성.

위험은 전쟁이나 자연재해와 같이 가시적이고 물리적인 형태로 다가오지는 않지만, 그 만큼이나 우리의 실제적인 삶을 위협할 수 있는 '연성안보soft security'**3** 및 '신흥안보emerging security'**4**로서의 특징이 보다 빈번하게 발현되는 환경이라 볼 수 있다.

특히, 장기적 관점에서 디지털 사회의 '포스트휴먼post-human'**5** 변수가 제기하는 미래 안전의 불확실성 또한 검토할 필요성이 제기된다. 포스트

---

3 사이버안보, 원자력안보, 보건안보, 환경안보, 난민안보 등 비전통 안보(non-traditional security)로 통용되고 있으며 전쟁이나 자연재해 등과 같은 경성안보(hard security) 혹은 전통안보와 구분되는 개념이다. 최근 연성안보 분야에서의 국제적 협력을 기초로 경성안보로 논의를 확장할 필요성이 제기되고 있다(주창환 외 2018, 172).

4 신흥안보(emerging security) 개념은 이들 간의 경계를 구분 짓기보다는 잠재적 안보이슈로 전환 가능한 미시적 안전문제들 역시 안보적 관점에서 적극적으로 바라보려는 시도로서, 양질 전환의 확산 과정에 나타나는 동태적 변화에 초점을 둔다. 또한 국가 행위자뿐만 아니라 다층적 수준에서 비국가 행위자들 간의 복합적인 상호작용의 유의미한 영향에도 주목한다.

5 포스트휴먼은 SF, 미래학, 현대미술, 철학 분야에서 기원한 개념으로 현재의 인류가 겪고 있는 다양한 문제를 해결할 수 있는, 인간을 넘어선 상태에 존재하는 실체로 설명된다. "posthumanism." *Oxford Dictionary* (Retrieved 8 November 2017); Ferrando(2014).

휴먼 담론은 현재의 인류가 풀지 못하는 다양한 문제들을 해결하기 위한 목적으로 기술변형에 의해 강화된, 인간을 뛰어넘는 미래의 존재이자, 다른 한편으로는 인간이 창조한 기술적 산물이 고도로 발전함에 따라 인간과 구별하기 힘든 수준에 이르는 것을 의미한다.[6] 특히, 기계와 시스템을 통제·제어하는 '사이버네틱스cybernetics'의 접근을 통해 디지털 전환사회의 복잡한 사회 인프라 등을 효과적으로 관리해줄 것이라는 기대를 부여받고 있기도 하다. 그러나 이를 기반으로 구현된 AI, 로봇 등 자동제어시스템 등은 반대로 허용 가능한 판단·통제 범위를 준수할 것인가에 대한 불확실성을 제기하고 있다. 동시에 예상치 못한 오류와 새로운 부작용을 낳을 수 있는 위험 또한 내포하고 있다(박명규 2020, 109-110). 특히, 경험적 데이터와 알고리즘을 통해 기능하는 비인간 행위자들은 판단 메커니즘이 인간과 근본적으로 다르기 때문에 외부의 해킹이나 정보의 조작 등에 매우 큰 취약점을 보이기도 한다.

이러한 위험요소의 쟁점들은 디지털 사회의 안전가치 실현을 위해 다음의 5가지 측면에서 세부 이슈에 초점을 맞출 필요성을 제기한다. 첫째, 디지털 사회의 대표적인 사이버 보안 이슈이다. 스마트폰과 사물인터넷IoT을 통한 디지털 기기의 활용이 보편화됨에 따라 누구나 개인정보 유출 및 금융범죄, 사이버 폭력 등의 위협에 놓이게 되었기 때문이다. 사이버 보안 이슈는 온라인 공간의 개방성, 안정성 문제와 기밀성, 무결성 등의 환경이 동시에 구현되어야 하는 분야이기도 하다. 둘째, 디지털 신뢰성에 대한 이

---

6 "What is the difference between posthumanism and transhumanism?" Institute for Ethics and Transforming Technologies (Retrieved 8 November 2017).

슈로서, 가짜뉴스 및 조작 정보로부터 제기되는 위협이다. SNS 등은 실시간 검증이 불가능하기 때문에 이러한 거짓정보는 순식간에 사회 전체로 확산될 수 있으며 딥페이크 등을 활용한 고도화된 조작 등은 사회 전체를 혼란과 갈등에 빠뜨릴 수도 있다. 셋째, 스마트 과의존으로부터 탈피 및 디지털 중독에 관련된 이슈이다. 누구나 스마트 기기를 보유하게 되면서 일상의 지장을 초래할 만큼 중독을 호소하는 현상들이 증가하고 있다. 온라인 공간에 머무는 시간이 급증함에 따라 수익을 창출하고 있는 플랫폼 기업에 대한 규제 문제 또한 첨예한 쟁점으로 부상 중이다. 넷째, 디지털 자동제어 인프라의 안정성 확보 이슈이다. 현대인들은 일상에서 뗄 수 없는 자동화된 디지털 인프라에 의존하여 살아가고 있다. 복잡화된 시스템을 효과적으로 관리하기 위해서는 고도화된 자동제어 시스템의 운용이 필수적이다. 점차 인간의 통제 범위를 벗어난 오작동, 나아가 AI 등 인간을 대체하는 제어 주체로서 포스트휴먼 환경에서의 불확실성에 대비해야 할 필요성이 증대되고 있다. 마지막으로, 디지털 기반 신흥안보 위험의 도전이다. 국가 단위의 사이버 공격이나 데이터 탈취, 조작, 글로벌 초연결 네트워크로부터의 바이러스 침해 등은 미시적 차원의 피해를 넘어 심각한 재산상의 피해와 물리적 충격을 낳는 거시적인 국가안보 이슈로 전환될 수 있다.

최근 디지털 사회의 안전을 위협하는 새로운 도전들에 주목한 연구와 규제에 대한 논의가 활발해지고 있다. 영국의 "On-Line Harm" 규제 프레임워크 논의가 대표적인데, 여기에는 온라인 안전에 대한 교육과 인식 제고뿐만 아니라 분야별 세부 위험사항에 대해 규제와 이해관계자 간의 협력을 통해 달성해야 할 목표에 대해 제시하고 있다. 다음 III절에서는 다섯

디지털 안전사회를 위한
On-Line Harm UK 보고서의 주요 내용

영국은 디지털 안전사회를 위한 일관된 규제 프레임워크를 형성하고자 'Online Harms White Paper(Updated 15 Dec 2020)'를 발표한 바 있다. 이를 위해 독립된 규제 기관이 규제 프레임워크를 구현하고 감독하도록 하였으며, 온라인 안전에 대한 교육과 인식 제고를 촉진하고 온라인 위해를 다루기 위한 안전 기술을 개발할 것을 명시하였다. 규제 기관의 권한의 범위에 대해서는 현재 논의가 진행 중이다. 새로운 규제 프레임워크의 구현을 통해 이루고자 하는 목표는 다음과 같다.

1) 개방되고 안전한 인터넷
2) 온라인에서의 표현의 자유
3) 사용자의 디지털 안전을 위해 기업들이 적극 참여
4) 유해 행위를 막는 인터넷 규칙과 규범
5) 온라인 안전의 혁신을 이룬 기업과 함께 번영하는 영국 디지털 경제
6) 온라인 활동의 위험성을 인지하고, 온라인에서의 피해 발생 시 대응방안을 아는 시민
7) 온라인 안전을 위해 협력하는 글로벌 연합체
8) 온라인 기업 및 서비스에 대한 국민의 신뢰 회복이다.

이 보고서는 온라인상의 해악이 심각한 결과로 이어질 수 있으며, 디지털 안전사회를 형성하기 위해서는 기업적, 국가적, 그리고 국제적 조치가 필요함을 시사하고 있다.

가지 측면의 디지털 안전을 위협하는 주요 유형들을 사례와 함께 살펴보기로 한다.

III 디지털 안전사회를 구성하는 세부 개념과 주요 쟁점

1 사이버 보안

사이버 보안은 사이버 공격으로부터 정보통신망을 보호하여, 정보의 기밀성·무결성·가용성 등을 안정적으로 책임 있게 유지하는 상태를 의미한다. 사이버 환경에서 네트워크 운영상의 위험으로부터 사용자와 그의 자산 등을 보호하기 위한 기술 장치 및 지침, 정책 등의 총체적 수단을 의미한다. 다시 말해 사이버 공간의 다양한 위협으로부터 해당 시스템의 운영 영속성을 보장하려는 것으로 가용성, 메시지 인증, 부인 방지를 포함한 무결성, 그리고 기밀성을 일반적인 목표로 설정하고 있다.

새로운 디지털 서비스 구현 방식이 등장할 때마다 함께 수반되는 보안 문제의 해결은 디지털 사회의 중요한 난제로 떠오르고 있다. 모바일 기기뿐만 아니라 드론, IP카메라, 홈오토, 자율주행차 등 디지털 사물인터넷의 확산에 따라 과거 업무용 전산 시스템에 머물렀던 정보보호 이슈는 우리 주변의 모든 사물로 확대되는 추세이다. 특히, 빅데이터 운용 시스템이 해킹을 당할 경우, 이로 인한 정보 유출과 데이터 조작의 피해는 특정 부문을 가리지 않고 사회 불특정 다수에게 막대하다.

네트워크화된 디지털 초연결 사회의 환경에서 컴퓨터 한 대에서 발견된 악성코드는 전 세계의 시스템에서 사용하고 있는 소프트웨어의 취약점을 타고 불특정 다수의 컴퓨터에 무차별적으로 확산될 수도 있다. 온·오프라인 간의 경계가 무너지고 있는 사물인터넷 시대에서 고도화된 사이버 공격은 곧바로 물리적 공간에서의 피해로 이어지기도 한다.

현재 사이버 공간에는 더욱 다양하고 복잡한 범죄의 기회가 열리고 있으며, 고도로 자동화된 시스템을 사이비 공격에 활용하려는 시도가 증가하고 있다. 최근 급격히 증가하고 있는 인공지능 기반의 동시다발적인 사이버 공격은 인간의 취약점이나 데이터의 오염과 같은 인공지능 시스템의 취약성을 결합한 새로운 사이버 공격 형태도 가능함을 시사한다.

특정 시점에 국한되지 않고 상시적, 전방위적으로 나타나는 사이버 위협에 맞는 보안모델이 필요해지고 있다. 사전 차단·예방부터 탐지·대응까지 모든 주기에 걸쳐 전방위 위협대응 체계를 구축하고 각종 디지털·사이버 위협에 회복력을 가질 수 있는 이른바 '디지털 면역체계'가 필요한 것이다.

1) 개인정보의 유출 방지[7]

최근 소셜 미디어 플랫폼은 모든 종류의 사이버 위협과 범죄의 온상이 되고 있다. Digital 2019 보고서에 따르면, 세계 최대의 소셜 미디어 플랫폼 페이스북Facebook은 월간 23억 명이 사용했으며 이들이 공유한 광범위한 데이터는 해커들의 손쉬운 먹잇감이 되고 있다. 실제로 개인정보가 디지털화됨에 따라 데이터 유출 우려 발생, 개인정보 보호 관련 이슈 빈도에서 빅데이터 분석이 가장 높은 우선순위를 가지며 피싱·스미싱·파밍, SNS 개인정보 보호, IoT, 모바일 앱 순으로 높게 나타난 바 있다.

대표적인 것은 주요 소셜플랫폼에 축적된 빅데이터의 활용 과정에서

---

7 한국정보화진흥원(2019) 및 개인정보보호위원회(2015) 참고하여 별도 표시가 없는 2.1.1.~2.1.5. 내용 작성.

나타나는 의도치 않은 유출이다. 지난 2020년 출시된 AI 챗봇 이루다 개발에 사용된 대화 데이터를 통해 이용자의 실명, 계좌번호, 주소 등 개인정보 유출로 서비스가 중단되는 사례가 발생하였다. 특히, 페이스북에서 지난 4월 해킹 관련 웹사이트에 국내 이용자 12만여 명을 포함한 106개국 5억 3300만 명의 아이디, 이름, 휴대폰 번호, 거주지, 이메일 주소 등 민감한 개인정보가 유출된 바 있다.

IoT를 통한 유출 문제도 심각해지고 있다. 초연결 지능화 사회는 '모든 사물과 사람이 연결되고 지속적으로 수집·축적된 데이터로 인공지능 스스로가 분석·활용하여 부가가치를 창출하는 사회'이다. 그러나 이러한 발전의 이면에는 IoT를 통해 네트워크에 연결된 드론, 자율주행 등 스마트 모빌리티부터 가전제품에 이르기까지 거의 모든 기기가 해킹 등 외부의 사이버 공격 위험에 노출되어 사생활 침해 및 개인정보 유출 문제가 발생할 수 있다. 이 때문에 사이버 보안이 스마트홈 등 IoT가 적용된 제품을 구매할 때 기업이 고려하는 가장 중요한 요소가 되기도 하였다(개인정보보호위원회 2015). 실제로 스마트홈 기기와 서비스가 사용자 습관 행동 정보를 추적 가능해 거실에 위치한 AI 스피커를 통해 가족 간 대화 내용 수집, 구글맵을 통해 개인의 이동 정보 취득 등 개인정보 유출이 가능하다. 실제로 보안연구기관인 펜테스트파트너스는 해킹 컨퍼런스인 데프콘에서 삼성전자의 스마트 냉장고를 통해 지메일 개인정보 탈취를 시연한 바 있다.

뿐만 아니라 스마트 모빌리티에 기반한 사생활 침해 문제 역시 중요한 문제가 되고 있다. 드론 이용 인구가 급격이 증가하면서 불법으로 드론을 띄워 무단 영상 촬영을 시도하는 사례가 보고되고 있으며, 자율주행차의 경우 탑승자의 영상, 음성, 위치정보 등의 오남용 및 해킹 문제가 제기된다. 실제로 텐센트사의 '킨보안연구소'는 테슬라 차량 CAN 통신에 원격으로 접속해 주차되어 있거나 움직이는 차량을 조종할 수 있음을 시연한 바 있다(KBS News, 2016. 9. 22.).

여기에 모바일 앱 서비스 이용 과정에서의 유출[8] 역시 중요한 문제이다. 스마트폰 앱을 이용할 경우 서비스 이용대가로 강제로 개인정보 접근 권한을 과도하게 요구하여 소비자피해가 발생 가능하다. 국회 정무위원회에서는 구글 플레이의 인기 높은 앱App 상위 30개를 분석한 결과, 평균 19.4개가 개인정보 접근 권한을 요구하고 있었으며 요구되는 개인정보는 앱의 기능과 무관한 경우도 있는 것으로 보고되었다. 스마트폰 앱 개발사는 이러한 접근 권한을 악용해 이용자의 개인정보를 넘겨 부당이익을 취할 수도 있다.

2) 금전적 탈취 및 저작권 도용으로부터의 보호

사이버 금융범죄는 그 표적과 방식에서 가장 빠른 진화를 보이고 있다. 특히, 최근에는 일반적인 금융전산망의 해킹을 넘어 가상화폐를 노린 공격들이 발생하고 있다.[9] 최근 3년간 국내 가상화폐거래소에서 다수의 해킹 사건이 발생하여 가상화폐 분실, 개인정보 유출 등 경제적 피해 발생으로 가상화폐거래소 폐지 논란이 일어나기도 하였다. 야피존('17.4), 빗썸('17.6), 코인이즈('17.9), 유빗('17.12), 코인레일·빗썸('18.6), 올스타빗('18.10), 빗썸('19.3) 등이 대표적이다.

---

8 개인정보보호위원회(2015) 보고서를 참고하여 작성.
9 한국정보화진흥원(2019) 참고하여 하위 내용 작성.

메타버스 공간에서의 저작권을 둘러싼 쟁점

BOX 5.2

네이버가 만든 메타버스 플랫폼 제페토(ZEPETO)는 사용자들에게 텍스트, 그래픽, 이미지, 삽화, 아이콘, 사진 등 다양한 자료를 제공하는데, 여기에 주요 스포츠 패션 브랜드의 아이템이 거래되면서 IP기업들과의 협업 또한 활발히 나타나고 있다. 그런데, 최근 아바타가 착용하는 구찌, 프라다 등 각종 패션 브랜드의 모조품이 유통되어 상표법 위반 여부가 논란이 된 바 있다. 또한 게임 플랫폼 안에서 새로이 창작된 게임 캐릭터, 배경의 저작권 문제가 발생하고 있다. 예를 들어 RPG 장르의 '로블록스(Roblox)' 게임의 경우 로블록스에서 제공하는 오픈 저작툴 '로블록스 스튜디오'를 사용하여 자신만의 게임 및 관련 아이템을 만들며 게임 내 통용화폐 로벅스(Robux)를 받는다. 이때 사용하는 인터페이스, 그래픽, 디자인, 데이터 코드 등 저작권의 보호를 받는 다양한 요소들을 활용하게 된다.[12] 그 결과 사용자가 만든 게임과 아이템들은 저작권 보호의 대상이 되는 독립적인 2차 저작물의 성격을 갖지만, 원저작물과의 관계 및 이를 활용한 후속적 창작물에서 2차적 저작물의 작성권 침해가 발생할 수 있다. 반대로 오프라인에서의 저작권을 온라인 공간에서 무단 침해하는 사례도 나타나고 있다. 최근 K-pop 아티스트의 헤어, 메이크업, 의상 스타일을 통째로 표절하여 애니메이션 캐릭터에 사용하는 문제가 불거지기도 하였다.

경제적 측면과 관련한 또 하나의 주요 이슈는 디지털 저작권이다.[10] 최근 부상하고 있는 '메타버스metaverse'[11] 가상세계에서 관련 법제도 부재로 저작권 침해가 발생할 수 있다는 우려 또한 제기되고 있다.[12] 2021년 6월, 메타버스 게임 플랫폼 로블록스Roblox가 음원 사용 저작권 문제로 전미음

---

10 서울경제(2021.9.2.) 참고하여 작성.

11 초월을 뜻하는 '메타(Meta)'와 세계를 뜻하는 '유니버스(Universe)'의 합성어로서 인터넷 공간과 물리적 공간이 공존하는 세계로서, '나'를 상징하는 아바타 캐릭터를 통해 게임뿐만 아니라 실생활의 다양한 사회·문화·경제 활동이 가능한 가상과 현실이 융합된 공간을 의미한다(윤정현 2021, 4).

12 Roblox Term of Use: 6, Intellectual Propoerty: Ownership of our Intellectual Property. https://en.help.roblox.com/hc/en-us/articles/115004647846-Roblox-Terms-of-Use

악출판협회NMPA로부터 2억 달러 규모의 손해배상 청구 소송을 당했으며, 메타버스 공간에서의 공연료와 관련하여 저작권 단체와 징수 및 분배를 둘러싼 갈등이 표출되었다. 개발자에게 저작툴을 제공하는 오픈 플랫폼인 메타버스 공간에서 이용자는 직접 게임, 아바타 아이템, 맵 등 사용자 제작 콘텐츠UGC를 제작함으로써 경제적 가치를 창출하지만, 창작물에 대한 권리 귀속과 제3자 저작권 침해 문제가 발생한다는 난제를 제기한다.

3) 사이버 폭력 방지

온라인 공간에서는 언어폭력, 명예훼손, 스토킹, 성폭력, 신상정보 유출, 따돌림, 강요 등 다양한 유형의 범죄와 폭력이 발생할 수 있다. 2020년의 사이버 폭력 경험률(학생 및 성인, 가해 또는 피해)은 32.7%에 달했다. 학생, 성인 모두 '언어폭력'의 사례가 가장 많았으며, 학생들은 익명 관계, 성인은 지인 관계에서 주로 발생했고 온라인게임, 인스턴트 메시지 등 SNS가 주요 피해 수단인 것으로 나타났다.

가장 대표적인 사이버 공간의 폭력 유형은 성범죄이다. 디지털 성범죄는 몰카, 불법 영상물 유포, 지인 능욕 디지털 성착취, 몸캠 등 온라인 공간에서 타인의 성적 자율권과 인격권을 침해하는 행위로 디지털 기기 및 정보통신 기술의 발달에 따라 큰 폭으로 증가하였다.[13] 2019년 디지털 성범죄 피해 아동·청소년은 505명으로, 전년(251명) 대비 101.2% 증가했으며, 청소년 디지털 성범죄는 SNS, 게임, 메신저 등에서 일상적으로 발생하며, 범죄라는 인식이 부족한 것으로 조사되기도 하였다. 특히, 인터넷 개인 방

---

13 BBC NEWS 코리아(2021.4.16.) 참고하여 작성.

송, 유튜브 등 동영상 사이트나 SNS를 통해 유통되는 콘텐츠는 수익과 직결되는 구독자 수나 조회 수를 올리기 위해 선정성·폭력성·유행성이 높은 내용이 담겨 있다. 최근 코로나19의 장기화, 온라인 수업의 영향으로 청소년의 인터넷 방송 매체 이용률이 증가하면서 저연령 청소년의 성인 영상물 이용 경험 비중이 급증한 사례가 보고되었다(2016년 18.6% → 2018년 19.6% → 2020년 33.8%). 2021년 3월 여성가족부에서는 '청소년유해매체 모니터링단 운영' 사업 예산 13억 원을 편성하여 청소년유해매체물 점검 업무를 수행하기도 하였다.[14]

국외에서는 영국 정부가 2020년 페이스북, 트위터 등 소셜 미디어 사업자가 유해한 콘텐츠 확산을 막고 이용자를 보호하는 '주의 의무duty of care'를 이행하도록 강제하였으며, 이를 따르지 않을 경우 방송통제규제 기관인 오프콤Ofcom이 최대 1,800만 파운드(약 267억 3,500만 원) 혹은 연간 글로벌 매출액의 10% 중 더 큰 금액을 벌금으로 부과하거나 영국 내 서비스를 차단하는 규제 방안을 발표한 바 있다.[15] 이 같은 영국 정부의 노력은 디지털 융합환경과 글로벌 빅테크 기업의 영향력 확대에 따라 신뢰할 수 있는 공영미디어의 영향력에 대한 지속가능성이 약화될 것을 우려하고 있기 때문이다.[16]

---

14 청소년유해매체물 제공 사업자의 청소년 유해 표시 의무 등 청소년보호법상 의무 사항(청소년 유해 표시 의무, 나이 및 연령 확인 의무 등) 이행 점검과 인터넷상 청소년유해정보 등에 대한 상시 점검 활동 등이 있다(여성가족부 2021.4.19.).

15 BBC NEWS(2020.12.15.) 참고하여 작성.

16 http://www.mediaus.co.kr/news/articleView.html?idxno=219587

2 디지털 정보의 신뢰성

정보 확산으로 인한 대표적 부작용인 '인포데믹스infodemics'는 '정보'와 '전염병'의 합성어로, 추측이나 근거 없는 각종 루머들이 덧붙여진 부정확한 정보가 IT기기나 미디어를 통해 그 사회에 전염병처럼 빠르게 전파되는 것을 의미한다. 개인의 사생활 침해는 물론 심각한 사회적 혼란과 갈등을 낳을 수 있으며, 경제, 정치, 안보 등에 부정적 영향을 미치는 인포데믹스는 '디지털 시대의 신新흑사병'으로도 불리고 있다.

인포데믹스의 대표적 상징물인 가짜뉴스는 디지털 사회의 독자들이 더 이상 정보의 수용자에만 머무르지 않고 '사용자생산콘텐츠user generated content, UGC'를 창출하는 생산 주체로 등장하면서 보다 빈번해진다. 더 많은 독자들의 반응을 통해 이윤을 창출하는 '주목경제attention economy'의 구도에서 각 콘텐츠들은 보다 자극적이고 선동적인 색채를 띠게 된다.

같은 맥락에서 비교적 동질적인 사람들과 인적 네트워크를 형성하는 SNS에서는 '선택적 노출selective exposure'과 '확증편향confirmation bias'이 강화될 수 있는 구조이므로 원하는 뉴스만 선별적으로 볼 수 있는 특징을 가지게 된다. 이러한 과정이 반복되면 매스커뮤니케이션으로부터 분리된 독자적인 정보생태계가 만들어질 수 있으며 이러한 정보생태계 안에서 어떠한 '여과 과정gatekeeping' 없이 허위정보와 오정보가 지속적으로 생산 유통되는 악순환에 빠지는 것이다.

이처럼 근거 없는 각종 루머와 가짜뉴스들이 스마트 기기나 미디어를 통해 확산 및 재생산될 때, 그 사회는 디지털 정보에 대한 신뢰성이 약화되고 불필요한 소모적인 논쟁과 사회적 분열로 치닫게 될 가능성이 높다. 문제는 이러한 현상이 실제 발생한 재난이나 불확실한 상황에 대한 합리적 접근을 방해함으로써 그 피해를 더욱 증폭시킨다는 점이다. 이 같은 디지털 사회의 가짜뉴스와 인포데믹스의 위험성은 '소셜 미디어상의 자유와 규제'의 합리적 균형점을 찾기 위한 논의의 필요성과 예방과 치유 방안을 어떻게 추진해야 하는가에 대한 고민을 던져준다.

1) 사회적 불신과 갈등을 야기하는 가짜뉴스[17]

인터넷과 SNS에서 유포되고 있는 편향되고 왜곡된 허위·조작정보는 객관적인 여론 형성을 방해하고 사회분열을 조장하는 등 여러 가지 정치·사회·경제적 문제를 야기할 수 있다. 2013년 미국의 한 언론사 SNS 계정에 올라온 '백악관 폭발테러' 가짜뉴스는 단 몇 분 만에 뉴욕증시 시가총액 1,360억 달러를 증발시켰다(사이언스타임즈 2017). 또한, 미국인들은 가짜뉴스가 성 차별주의, 테러리즘, 불법 이민, 인종차별주의, 기후변화, 폭력범죄보다 더 큰 문제인 것으로 인식하며, 68%는 가짜뉴스가 정부기관에 대한 신뢰에 큰 영향을 줄 수 있을 것이라 응답한 조사결과가 보고되기도 하였다.

2) 딥페이크 및 조작정보

딥러닝deep learning과 페이크fake의 합성어인 딥페이크는 특정인의 얼굴 등을 인공지능 기술을 활용하여 특정 영상에 합성한 편집물로 초기에는 주로 디지털 성범죄에 이용되어 왔다. 그러나 최근에는 미디어를 통한 가

---

17 한국정보화진흥원(2019).

짜뉴스의 유포, 나아가 초국가적 범죄조직의 국제적 여론조작과 진실 왜곡을 위한 도구로 악용되고 있다. 유명 정치인, 경제인, 인플루언서들의 영상을 조작해 유포하고, AI 봇들이 순식간에 검열을 피해 대량 유포하는 사례가 발생되었다. 아울러, 개인 이미지나 동영상을 올리는 인터넷 SNS가 보편화되면서 일반인도 피해를 볼 위험에 놓이게 되었으며, 특히 정교한 조작이 가능하여 가짜를 식별하기가 더욱 어려워지고 있다.

최근에는, 실시간 검증이 불가능한 SNS의 취약성을 고려한 딥페이크 유포가 증가하고 있다. 일례로, IS는 이스라엘의 군사 작전 영상을 조작하여 오폭 및 민간인 학살 장면으로 둔갑시키고 국제여론을 악화시켜 이스라엘의 적극적 군사 대응을 어렵게 만든 바 있다(Antebi 2019). 이러한 딥페이크 기술이 군사 분쟁에 활용될 경우, 사회적 파급력을 무기로 상대국의 군사작전을 저지하는 수단으로 기능할 수 있다. 이에 따라 2019년 6월 미국은 딥페이크의 정치적 영향력에 주목하며, 「Deepfakes Report Act of 2019」 법안을 제출한 바 있으며, 국내에서는 2019년 12월 「AI 기술을 악용한 영상·이미지 복제 등의 딥페이크 문제 해결을 위한 법안」이 발의되기도 하였다.

3 디지털 중독 방지

1) 스마트 기기 과의존 위협으로부터의 탈피: '디지털 디톡스'

디지털 사회를 살아가는 현대인에게 디지털 기기는 자신과 분리할 수 없는 마치 신체의 일부와 같은 속성을 갖는다. 그러나 스마트폰이 없으면 불안감을 느끼며, 특별한 이유가 없어도 실시간으로 확인해야 하는 수준의 지나친 의존도는 심각한 병리학적 문제를 낳는다. 디지털 기기에 대한 무제한적 사용은 신체적 건강을 위협할 뿐만 아니라 중독 현상으로 이어진다. 스마트 기기에 중독된 질병을 의미하는 '노모포비아Nomophobia=No mobile phone phobia' 혹은 좀비에 빗댄 '스몸비Smombie'라는 용어의 등장이 이를 뒷받침한다. 실제로 최근 국제보건기구에서 제정한 제11차 질병분류 체계에 '게임이용 장애'가 등록된 사례가 있다.

이에 따라, 최근 나타나고 있는 '디지털 거리두기' 운동은 현대인들에게 이른바 지나친 디지털 정보 노출로 인한 독소(부작용)를 제거하기 위한 '디지털 디톡스digital detox'의 시간이 필요함을 주장한다. 스마트폰을 비롯한 디지털 기기에 너무 많은 시간을 의존하고 있는 현대인의 일상에서 일정 시간 이들의 사용을 멈추고 지친 심신을 균형 있게 바로잡자는 것이다.

특히, 하루 종일 SNS 기반의 소통에 과몰입하고 자극적인 유해 콘텐츠에 빠지기 쉬운 디지털 소비층(아동, 청소년)을 보호하기 위한 기본적인 의미 또한 내포하고 있다. 코로나19 팬데믹으로 인해 온라인 학습이 증가하면서 아동·청소년의 인터넷, PC·스마트폰 이용률은 더욱 증가하였는데, 2020년 기준 국내 스마트폰 이용자(43,828,000명) 중 23.3%가 스마트폰 과의존 위험군으로 조사되었으며, 특히, 아동·청소년의 스마트폰 과의존 위험군이 0.5%(2018년) → 0.9%(2019년) → 3.3%(2020)로 큰 폭으로 증가한 것으로 나타났다(뉴스톱 2021). 이는 세계적인 현상으로, WHO, 미국소아과학회, 캐나다 소아학협회, 호주, 홍콩 등에서는 2세 미만 스크린 미디어 금지, 4~5세는 스크린 시간을 1시간 이내로 허용하는 사용 지침을 발표하였으며, 우리나라도 여기에 포함되었다.[18] 디지털 중독은 정신행동건강뿐만 아니라 수면장애, 안과 및 근골격 문제, 비만 등 여러 질환과의 관련성

[표 5.2] 디지털 미디어 과사용이 유발하는 병리학적 문제

분야	주요 유발 문제
정신	중독성/공격성, 분노/폭력/우울/불안, ADHD, 자존감/외로움, 스트레스 대처 기술, 부모·친구관계, 사회성, 기타 정신기능 장애
인지	언어, 지능, 사회인지 문제
신체	안구건조, 비만, 당뇨, 근골격계 질환
기능	규칙적인 수면, 학업, 신체활동 제한

출처: 헬스경향(2020).

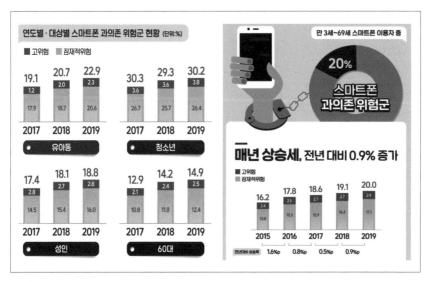

[그림 5.1] 국내 스마트폰 과의존 증가율 현황

출처: 과학기술정보통신부·한국정보화진흥원(2020).

이 보고된 바 있다.

---

18 헬스경향(2020) 참고하여 작성.

실제로 한국정보화진흥원NIA의 '2019년 스마트폰 과의존 실태조사'에 따르면, 국내 스마트폰 이용자의 20%가 스마트폰 과의존 위험군에 속해 있다. 스마트폰 과의존 위험군은 해마다 전 연령에서 증가 추세에 있으며, 특히, '유·아동'이 가장 큰 폭의 증가세를 기록했다. 유·아동, 청소년 과의존 위험군은 부모가 과의존 위험군이거나, 맞벌이 가정인 경우가 많다는 점에서 환경 문제의 심각성을 제기한다. 또한, 우리 사회의 스마트폰 과의존 심각성에 관해 묻는 질문에 78.7%가 '심각하다'고 응답하였고, 이용자의 36.6%가 본인의 '스마트폰 이용 시간이 과하다'고 응답했다(과학기술정보통신부·한국정보화진흥원 2020).

2) 디지털 디톡스 마련을 위한 기술적·제도적 쟁점

이에 따라 디지털 중독에서 벗어나기 위해 2030세대를 중심으로 전자기기 사용 줄이기, 명상, 독서, 여행, SNS 사용 줄이기 등 생활 속의 디지털 디톡스 실천 서비스 도구들이 개발되고 있다.[19] 미국 비영리단체 리부트 Reboot는 '24시간 동안 컴퓨터와 휴대전화를 쓰지 않겠다'는 서약 운동을 전개한 바 있으며, 네덜란드는 2006년 '비디오게임 중독 디톡스 센터'를 세계 최초로 설립하기도 하였다. 국내에서도 한국정보화진흥원을 중심으로 스마트폰 중독이나 과의존 예방 및 치료를 위한 스마트 헬스케어 앱 개발 등 디지털 디톡스 프로젝트가 추진 중이다.

우선, 스마트폰 중독이나 과의존 예방 및 치료의 일환으로 SNS 규제가

---

[19] 이미 구글, 애플 등 IT 기업에서 디지털 디톡스 서비스를 개발하여 제공하며 다양한 스마트폰 앱이 개발되었다. 스마트폰을 사용하지 않으면 포인트가 쌓이는 '방치타임', 가족끼리 스마트폰 사용 시간 공유하는 '넌 얼마나 쓰니' 앱 등이 출시되기도 하였다(숭대시보 2018.11.19.).

논의되고 있다. 규제 찬성 측에서는 SNS가 디지털 중독성을 악화시킨다고 설명한다. SNS의 '무한 스크롤', '타이핑 버블', 친구 수치화, 알림, 그리고 '좋아요' 등의 요소가 사용자들의 온라인 활동을 지속시킨다(Kidron ct al. 2018). 실제로 SNS를 보편적으로 사용하는 청소년들을 조사했을 때, 한 달에 한 번 이상 인터넷을 사용하는 청소년은 하루 평균 52분 이상 SNS를 사용하고 있으며 이들 중 10.1%가 중독, 불안, 우울감, 소외, 사이버 폭력 등의 문제를 경험했다(박공주 2019).

나아가 규제 찬성 측은 SNS를 통한 유해 콘텐츠 확산을 방지하기 위해 규제가 필요하다고 주장한다. 영국은 가짜뉴스, 아동학대, 그리고 테러행위 등 폭력적인 내용을 삭제 조치나 블록처리 하지 않은 플랫폼에 벌금 부과 혹은 영업정지 등의 조치를 취한다는 SNS 규제안을 발표했다. 유럽연합EU, 캐나다, 인도 등에서도 온라인을 통한 가짜뉴스 및 불법 유해 콘텐츠를 규제하기 위해 SNS에 대한 법적, 제도적 장치를 마련하고 있다.[20]

한편 규제 반대 측에서는 SNS 규제가 주체성과 자율성을 부정하는 행위라고 주장한다. 인터넷은 개방성, 상호작용성, 탈중앙통제성, 접근의 용이성, 다양성 등을 갖춘 표현 매체로, 인터넷상의 표현에 대해 질서 위주의 사고만으로 규제하는 것은 표현의 자유 발전을 저해할 수 있다.[21] 이에 더해 SNS 문제의 원인을 SNS라는 서비스의 고유성에서 찾고 그에 대한 규제 도구를 발달시키는 것은 사회적 비용을 양산하는 것이라는 주장이 제기된다(황용석 2012). SNS는 사적 개인들의 발화가 기록되고 빠른 속도로

---

20 http://www.newsian.co.kr/news/articleView.html?idxno=35019

21 헌재 2002. 6. 27. 선고, 99헌마480 결정.

유럽의 페이스북 규제 사례

BOX 5.3

2016년 5월 유럽연합 집행위원회는 글로벌 인터넷 업체들과 증오 발언(hate speech) 차단 협약을 체결해 페이스북, 트위터, 유튜브 등에 대한 규제에 돌입했다. 협약은 업체가 자율적으로 유해, 불법 콘텐츠를 가려내고 필요할 경우 24시간 이내에 삭제한다는 내용을 포함한다. 특히 독일 정부는 인터넷 사업자가 자사의 네트워크를 통해 전파되는 증오 발언과 가짜뉴스가 악영향을 미치기 전에 삭제하지 않을 경우 최대 5,000만 유로의 벌금을 물리겠다는 법안을 내놓았다(Auchard and Busemann 2017.3.14.). 즉, '규제된 자율규제' 방식을 통해 사실상 정부규제를 민간이 나서 행사하도록 제도화한 것이다(이향선 외 2015, 152-170).

이에 페이스북은 새로운 규제 가이드라인을 발표했다(Zuckerberg 2017). 가짜뉴스, 성적 노출, 정치적 성향 등의 콘텐츠에 대한 자체 검열을 시작한 것이다. 이전에도 아동 음란물, 과도한 폭력물 등 사회적으로 유해하다는 합의가 분명한 콘텐츠에 대해서는 필터링이 존재했지만, 이는 '콘텐츠에 대한 규제를 하지 않는다'는 기조 속에서 예외적인 경우에 해당했다. 새로운 가이드라인은 네트워크상 콘텐츠에 대한 개입에 소극적이던 기존의 입장에서 벗어나 페이스북이 미디어 기업으로서의 책임성을 인정했다는 점에서 중요성을 가진다.

소통되는 공간으로, 다양한 부작용이 발견되는 것은 피할 수 없는 커뮤니케이션 과정의 현상이라는 점을 인정하고 그것이 가져온 활발한 소통의 기능을 제약하는 것은 과도한 조치로서 민주주의 발전에도 바람직하지 않다는 시각이다.

4 디지털 기술시스템의 안전

1) AI 등 '포스트휴먼'의 불확실성/위험 이슈와 이에 대한 대비

오늘날 디지털 기술은 정보통신 분야뿐만 아니라 생명공학, 인지·뇌과학에 적용되고 있으며 인간의 육체적·지적 능력을 보완해 주는 도구 이상의 기술적 결과물을 보여주고 있다. 이러한 기술발전의 지형 변화는 인간 중심주의로서의 휴머니즘의 틀을 벗어나 인간과 세계를 바라보도록 요구하는 '포스트휴먼 시기'에 우리가 당도했음을 시사한다. 고도화된 정보통신 기술 인프라를 통해 우리 삶이 디지털화가 되어 데이터를 만들고, 이것이 인공지능과 결합하여, 경제, 사회, 삶 모든 분야에 스며들면서 인간이 아닌 것의 인간화가 이루어지는 셈이다. 대표적으로 AI의 진화는 새롭게 등장하게 포스트휴먼에 대한 논의의 확장 필요성을 제기한다.[22]

머신러닝과 딥러닝을 거치면서 AI는 점점 인간화되고 있다. 실제 인간과 같은 자율성과 사유를 갖춘 존재가 아님에도 불구하고 의식 없이 지능을 발휘할 수 있음을 보여주고 있기 때문이다. '이 같은 의식 없는 지능'을 통해 사람만이 할 수 있는 역할을 대신하면서 AI는 인간의 삶을 편리하게 해주는 수단에서 시스템을 통제해가는 주체로 자리매김하고 있다. 이러한 포스트휴먼 시대로의 전환은 디지털 사회의 핵심 행위자로서 기계와 AI의 알고리즘이 제어하는 시스템의 작동방식의 신뢰성에 대한 비판적 접근이 필요함을 제기한다(백종현 외 2017).

---

[22] 사실 포스트휴먼은 근대의 인간 중심 사상인 휴머니즘(Humanism)에 대한 비판적 입장을 견지한다. 기계를 통해 인간의 외연이 확장된 시대가 아니라 인간과 기계, 동물과 식물이 하나의 평면에서 만나고 섞이며 서로를 통해 변형되는 거대한 '공존의 시대'로서 포스트휴먼을 바라보는 것이다(이원태 외 2014, 6-7).

디지털화된 인간의 그림자가 인간과 공존하며 새롭게 펼쳐지는 경제, 사회, 문화 양상은 인간이 미처 통제하지 못하는 상황을 만들어낼 위험이 크다. 세계경제포럼의 *The Global Risk Report*(2017)에 따르면, 인공지능은 지능정보기술 중에서 편익 및 위험이 가장 큰 기술 중 하나다(WEF 2017). 12개의 신기술 중 인공지능과 로봇공학이 편익과 그에 따른 위험이 가장 큰 것으로 나타났다. 인공지능의 발전 및 기술 적용이 산업구조에 혁신적인 변화를 야기하고 경제에 긍정적 영향을 미쳐 사회적 편익을 가져올 것이라는 긍정적인 평가 이면에는 일자리 대체, 개인정보 유출, 사이버 보안 등 가까운 미래 위험부터 스스로 사고하고 선택하는 슈퍼AI에 이르기까지 넓은 범위에서 인공지능 위험을 논하고 있다. 같은 해 영국 옥스퍼드대, 인류미래연구소FHI, 실존적위험연구센터CSER가 공동으로 개최한 '인공지능 워크숍'을 토대로 작성한 보고서는 인공지능을 악용했을 때 발생할 영향에 대해 인공지능의 이중성, 효율성 및 확장성, 우수성, 익명성, 보급성, 취약성 등 6개의 특성이 '기존 위협의 확대', '새로운 위협의 출현', '위협의 전형성 변화' 등을 초래할 수 있다고 보고한 바 있다. 이러한 영향으로 디지털 보안, 물리적 보안, 정치적 보안에 영향을 줄 수 있다는 것이다(최호진 외 2021).

그 밖에도 일상에서의 AI의 적용 확대가 낳는 오작동, 정보보안 취약, 데이터 독점, 정부의 역할 정립 미흡, AI의 인간 대체로 인한 노동자 소외, 프라이버시 침해, 데이터·알고리즘 편향 등 기술, 산업, 정부, 사회 영역에서 종합적으로 다양한 위험 이슈가 제기되고 있다(최호진 외 2021). 이에 따라 각국은 AI 역기능 대응을 위한 법·제도의 정비, 기술 중립적 정책을 통해 보안기술 발전을 위한 경쟁 시스템 구축, 기업의 윤리경영 강조 및 모니

[표 5.3] 인공지능으로 변화되는 위협의 지형: 6가지 속성

주요 속성	인공지능 기술의 각 속성별 특징
이중성	인공지능은 특정 용도로 사용되도록 정해지지 않았고, 민간용이나 군사용, 기타 방어적 용도나 위해적 용도 어느 쪽으로도 사용될 가능성이 열려 있음
효율성/확장성	특정 작업을 인간보다 빠르거나 낮은 비용으로 수행할 수 있고, 더 많은 작업을 수행하기 위한 시스템 복제 역시 가능
우수성	정해진 작업을 수행하는 데 인간보다 뛰어난 성능 발휘가 가능하며 인간에 비해 특별한 상황적(의무 휴식, 야간작업 등) 요인에 제약받지 않음
익명성	인공지능으로 타인과 소통하거나, 타인의 행동에 대응하는 등 물리적으로 다른 사람과 대면하는 상황 감소
보급성	하드웨어에 비해 인공지능 알고리즘은 쉽게 재현될 수 있으며, 이에 따라 본래의 기술 개발과 다른 목적으로도 사용 가능
취약성	잘못 훈련된 데이터를 인공지능에 입력해 학습 시스템의 오류를 유발하는 '데이터 중독 공격(data poisoning attack)'및 이미지 인식 알고리즘이 인식하는 데이터에 노이즈를 추가해 알고리즘 오류를 유발시키는 '적대적 사례(adversarial example)', 자율시스템의 결함 등 미해결된 취약점이 다수 존재

출처: 한국정보화진흥원(2018).

터링 시스템 구축, AI 전문인력 양성, 공공부문 AI 도입을 위한 정부 역할 정립, 기술발전 및 사회적 수용성 강화를 위한 거버넌스 마련과 중장기 전략 로드맵 설정 등의 움직임에 나서고 있는 상황이다.

5 디지털 기반 신흥안보

1) 디지털 자동제어 인프라의 안정성 확보

업무 방식과 여가, 이동, 소통 방식에 이르기까지, 현대인들은 디지털 인프라에 의존하여 살아간다. 특히 산업·공공 부문의 디지털화가 심화되

[표 5.4] 인공지능의 적용 확대에 따른 디지털 사회의 신흥안보 위험으로의 전환

구분	기존 위협의 대상 확장	위협 속성의 변화	거시적 귀결
개념	AI 활용으로 기존 위협의 비용 감소, 규모 확대가 손쉬워지면서 위협 참여자 및 빈도 증가, 대상 확대	성공적인 공격으로 효과성 증가, 타겟팅 정교화, 추적 곤란성 증가로 위협의 심각성 증대, 안보화로 전환	새로운 환경에 맞춰 새로운 형태의 위협 등장으로 기존과 다르게 빈도도 잦고 규모도 클 수 있음
경제적 위협	음성 합성 통한 모바일 사기	금융기관의 사이버 피싱, 해킹 자동화 등	AI 알고리즘 해킹에 의한 금융 시장 충격
물리적 위협	무인 병기 체계 장악 비대면 암살/테러	국가 인프라 등 주요 통제시스템에 대한 공격	대량의 드론 조작, AI를 활용한 도심 테러 자율주행차 해킹 테러 (주요 요인, 무작위 대규모)
정치적 위협	타겟팅 가짜뉴스, 세뇌	조작 데이터를 활용한 AI-Bias 유도	딥페이크(Deep Fake) AI 활용한 언론·미디어 조작

출처: Brundage et al.(2018)의 내용 재구성.

면서 일상의 모든 활동들은 자동화된 시스템이 제공하는 디지털 서비스에 대한 의존도가 높아지게 되었다. 디지털 인프라는 이를 활용하는 조직의 정보 기술 및 운영 기반을 제공하는 디지털 기술로서 데이터 센터, 인터넷 중추망internet backbone, 광대역broadband 모바일 통신 및 앱 서비스 기반 등이 포함된다고 볼 수 있다. 그러나 편의성 증진에 크게 기여해왔던 디지털 인프라의 제어시스템은 다른 한편으로 예기치 못한 사고나 외부의 공격에 새로운 형태의 사회적 불확실성을 안겨주는 '신흥안보emerging security'의 잠재적 요소를 안게 되었다고 볼 수 있다.

각 부문별로 복잡하게 연계된 이러한 서비스들은 비록 낮은 확률이기는 하지만, 인간의 통제 범위를 넘어서는 돌발적이고 예상치 못한 사고의 원인으로 작용하기도 한다. 특히, 그 대상이 공공 행정 인프라, 병원, 발전소 등 국가 핵심기반시설일 경우, 사회시스템 전반의 안정성을 위협하는 중대 사안으로 변모할 수 있기 때문이다. 따라서 통제 가능한 디지털 인프라의 안정성stablity과 가용성availability[23] 여부는 디지털 사회의 국민에 제공되어야 할 우선적인 가치와 직결된다 할 수 있을 것이다.

디지털화로 프로세스의 최적화·자동화의 이점을 얻었지만 IT 네트워크를 통해 ICS산업 제어 시스템: Industrial Control System과 SCADA원격 감시 제어 시스템: Supervisory Control And Data Acquisition에 대한 접근이 용이해지면서 랜섬웨어 공격, 이메일 피싱 등에 대한 시스템 취약성이 증가하고 있다.

이에 최근 미국은 글로벌 사이버 보안 위협에 대처하고 '회복력resilience'[24]을 높이기 위해 에너지 인프라 보호 법안Securing Energy Infrastructure Act을 통과시켰다. 이에 따라 제어시스템의 '가외성redundancy'[25]을 확보하고 사이버 공격으로 인한 전력 계통 인프라의 디지털 제어를 방지하기 위

---

23 디지털 사회에서의 가용성은 '네트워크, 프로그램 등의 정보 시스템이 정상적으로 사용 가능한 정도'를 의미한다. 가용성을 수식으로 표현할 경우, 시간(Uptime)을 전체 사용 시간(Uptime+Downtime)으로 나눈 값으로 이 값이 높을수록 가용성 또한 증가한다. US DoD, "Inherent Availability (AI)." *Glossary of Defense Acquisition Acronyms and Terms* (13 April 2014).

24 '회복력(resilience)'이란 '다시 뛰어오르다'라는 뜻의 라틴어 'resilio'에 연원한 용어로, 평형 상태를 추구하는 사회·조직 시스템이 위험으로 인한 충격을 흡수하는 과정에서 정보를 습득하고 변화된 환경에 적응하여 지속가능한 상태로 스스로를 재구성해나가는 역량으로 정의할 수 있다. 여기서 중요한 것은 단순히 충격 이전 상태로의 회복(recovery)이 아닌, 원래의 상태를 넘어 보다 발전적인 상태로까지 도약할 수 있는 가능성을 내포하는 역량을 의미한다는 점이다(Holling 1973; Walker 2004; Manyena 2006; Folke 2006).

25 불확실한 상황에서 행정의 신뢰성을 높이기 위한 것으로, 조직 내 기능의 중복이 발생하더라도 목적을 보다 분명하게 할 수 있어 능률 제고와 적응력 향상을 기대할 수 있다.

[표 5.5] 디지털 기반 산업 제어 시스템을 표적으로 한 국내외 공격 사례

발생 시기	공격 대상	공격의 형태 / 피해
2010. 6.	이란 나탄즈 (Natanz) 핵시설	원격 제어 시스템을 목표로 하는 악성코드 '스턱스넷'이 이란 나탄즈 핵시설에 침투, 원심분리기를 오작동시켜 핵무기 개발을 지연시킴
2012. 8.	사우디 석유회사 아람코	회사 내 컴퓨터 3만 5천 대가 마비되어 모든 작업을 문서를 통해 수동 처리하게 되었으며 결제 시스템까지 마비되어 일시적인 석유 판매 중단 조치
2014. 12.	한국수력원자력	임직원 메일을 통한 악성코드 공격으로 원전 종사자의 개인정보와 원전 도면이 유출됨
2015. 12.	우크라이나 공공 전력망	대정전으로 20만 명이 약 6시간 동안 전기 사용 불가
2016. 3.	코레일 서울 철도교통관제센터	철도 운영 기관 직원들을 대상으로 메일 계정과 비밀번호를 빼내는 피싱 메일이 유포됨
2016. 4.	미국 미시간발전소 수자원 시설	랜섬웨어가 첨부된 이메일을 통해 스피어 피싱 공격 발생, 내부 네트워크까지 감염이 확산되면서 회사 시스템 일시 중단
2016. 11.	미국 샌프란시스코 시영철도 시스템	결제 시스템 HD크립토의 변종인 맘바(Mamba) 랜섬웨어에 감염되어 2천 대의 무인발급기 마비
2017. 6.	일본 혼다자동차 사야마 공장	워너크라이 랜섬웨어에 감염되어, 약 48시간 동안 엔진 생산과 조립 중단
2019. 6.	이란 IRGC 정보조직	이란의 드론 무인기 격추에 따른 미 사이버 사령부의 보복 공격으로 이란 혁명수비대(IRGC)와 연계된 정보조직 전산망이 다운됨으로써 며칠간의 작전 활동 중단

출처: 윤정현(2019); IGLOO Security(2017); Booth et al.(2019.4.11.).

해 시스템 일부를 아날로그화(작업자에 의한 수동제어)하는 등 최악의 셧다운을 피하는 대비책을 마련하고 있다.[26]

2) 글로벌 초연결 네트워크로부터의 안전성 확보

글로벌 회계·컨설팅 법인 EY의 '2021 EY 글로벌 정보보안 설문조사 Global Information Security Survey 2021, GISS'에 따르면 코로나19 이후 사이버 공격이 급증했지만, 기업들이 사이버 공격에 대응할 예산을 충분히 확보하지 못한 상황이다. 그 어느 때보다도 사이버 공격 대응에 대한 우려가 크다고 답했다. 설문에 참여한 기업 중 56%는 재택근무 또는 유연근무와 같은 새로운 형태로 근무환경 대응을 시도하면서 상대적으로 사이버 보안이 소홀해졌으며, 응답자 중 77%는 지난 12개월 동안 랜섬웨어와 같은 위협적인 사이버 공격이 증가했다고 밝혔다.[27]

사이버 위협은 "네트워크를 통해 방대한 정보가 융합되어 다양한 상호작용이 가능한 사이버 공간에서 익명성, 쌍방향성, 공간의 무제약성, 즉흥성, 동시성, 대칭성, 낮은 진입 비용 등으로 인해 해킹, 바이러스, 웜worm, 서비스 거부 등의 공격을 통해 국가, 기업 등 주요 시스템을 마비"시키는 행위를 지칭한다. 앞선 조사 결과에서 알 수 있듯이 최근 사이버 공격은 디지털 전환으로 인한 공격 면의 확대와 더불어 인공지능과 스웜swarm 기술로 인한 파급효과와 공격 속도가 지속적으로 높아지고 공격 형태가 더욱 정교해지고 있다(김민수·양정모 2020).

국가가 주도하는 사이버 공격이 증가함에 따라 사이버 보안에 대한 초국가적 민관 공동의 노력이 대두되고 있다. 2017년 MS사는 국제 사이버 보안 규칙을 마련하고 민간인의 인터넷 사용을 보호하는 방안으로 "디지

---

26 Tech Recipe(2019.10.27.).

27 https://www.ey.com/ko_kr/news/2021/11/ey-korea-news-release-2021-11-04

글로벌 사이버 공격 사례

2021년 4월~5월 사이 미국 송유관업체 '콜로니얼 파이프라인'은 러시아의 연이은 사이버 공격을 당했다. 러시아 해커들의 조직적이고 은밀한 사이버 공격에 국토안보부와 국무부·재무부 등 정부 기관과 마이크로소프트와 인텔 등 1만 8,000여 곳이 피해를 보았다. 미 정부는 피해 범위를 파악하는 데만 수개월이 걸리고, 보안시스템 정상화는 2022년 중반에나 가능할 것으로 판단하고 있다. 또 2021년 4월 뉴욕 지하철 시스템이 중국 해커에 뚫렸다. 중국 정부와 연계된 해커들이 뉴욕 메트로폴리탄 교통국 컴퓨터 시스템에 침입했다고 한다. 해커들은 교통 운영시스템에 침투해 끔찍한 지하철 사고를 유도할 수도 있었다. 중국 외교부는 "근거 없이 추측하지 말라"며 부인했다. 중국은 지난해부터 코로나19와 관련된 기술과 정보 해킹에 집중하고 있다. 중국 해커들이 코로나19 치료제로 유력시된 렘데시비르를 개발한 제약사 길어드사이언스를 표적으로 삼았다는 것이다. 중국 지능형지속위협APT 공격 단체는 지난해 10월부터 올 3월까지 미 정부와 방산업체들을 해킹한 것으로 나타났다. 한편 한국의 경우 국가정보원에 따르면 최근 북한 추정 해커조직이 한국항공우주산업KAI·한국원자력연구원을 해킹했다. 대우해양조선은 제3국으로 추정되는 해커로부터 침해를 받았다.

출처: 중앙일보(2021.7.15.).

털 제네바 협약Digital Geneva Convention"을 체결할 것을 전 세계 정부에 촉구했다(한국과학기술정보연구원 2017). 이후 2018년 11월 프랑스 정부 주도로 국제 사이버 보안 협약안인 '파리 콜Paris Call for Trust and Security in Cyberspace'이 체결됨에 따라 사이버 보안을 강화하고자 정부, 기관, 기업 등이 협업할 것을 약속하는 공동의 선언이 이루어졌다. 참여자들은 더 안전한 디지털 제품을 만들고 사이버 범죄를 함께 대응하며, 전 세계 모든 이해관계자들의 협력을 강화하고자 애쓰는 한편 사이버 보안 관련 국제 규범을 엄격히 준수하고 있다. 2019년에는 화웨이가 사이버 보안 문제에 공

BOX 5.5

'사이버 공간의 신뢰와 안전을 위한 파리 콜(Paris Call)'의 9가지 원칙

○ 개인과 인프라 보호(Protect individuals and infrastructure)

○ 인터넷 보호(Protect the Internet)

○ 선거 과정 보호(Defend electoral processes)

○ 지적 재산 보호(Defend intellectual property)

○ 악성 소프트웨어 확산 방지(Non-proliferation)

○ 디지털 프로세스, 제품 및 서비스의 라이프사이클 보안 강화(Lifecycle security)

○ 사이버 위생 강화(Cyber hygiene)

○ 보복 해킹 금지(No private hack back)

○ 국제 사이버 규범 촉진(International norms)

출처: https://pariscall.international/en/principles

동 대응하기 위하고자 파리 콜에 가입해 디지털 제품과 디지털 시스템의 보안 강화를 위해 노력하는 564개의 단체들과(2019년 기준) 협업을 약속했다(지디넷코리아 2019.8.6.). 2021년에는 미국이 참여해 NATO의 사이버 정책을 고도화해 전 세계 30여 개 이상의 국가와 랜섬웨어 방지를 위한 국가 간 협력을 적극 추진할 방침이다(IT비즈뉴스 2021.11.14.). 현재 80여 개 국가, 36개 공공기관과 지방정부, 391개의 비영리단체와 대학 및 시민단체, 마이크로소프트, 구글 등 706개 민간기업이 함께 사이버 공간의 신뢰와 보안을 위한 전 세계 공통의 규범을 마련하기 위해 공동 노력할 예정이다.[28]

---

28 https://pariscall.international/en/

Ⅳ 맺음말

앞서 살펴본 대로 물리적 안전과 안보의 개념이 혼재되어 있는 디지털 사회에서의 안전이란 결국 초연결된 상호작용 과정에 상존하는 기능적, 경제적, 환경적, 정서적 위해요소 등으로부터 자유로운 환경임을 알 수 있다. 또한 언제, 어디서나 신뢰할 수 있는 정보를 통해 위험을 효과적으로 통제할 수 있는 기술적·제도적 기반을 갖추고 있어야 한다.

디지털 사회의 불확실성과 복잡성은 기존에 가졌던 안전에 대한 인식의 틀을 확장할 것을 요구한다. 이를 위해서는 무엇보다도 현재의 물리적 환경의 패러다임에 머물러 있는 제도와 안전 문화가 가진 한계들을 극복해야 한다. 디지털 분야의 기술발전은 그 파급력의 속도가 과거와는 비교도 할 수 없을 만큼 매우 빠르게 진행되기 때문에 그 결과를 사전에 예측하고 대응하기란 매우 어렵다. 이러한 불확실성은 잠재적인 사회적 위험을 촉발시킬 수 있으며 향후 복잡다기한 이해관계자들 간의 갈등을 유발할 수 있는 가능성 또한 배태하고 있다. 급속하게 발전하고 있는 디지털 전환이 낳는 사회 각 부문의 예기치 못한 안전 문제에 대비하기 위해서는 사회전반의 적응 역량을 증진시키는 노력을 기울일 필요가 있다.

첫째, 이른바 '회복력resilience'의 관점에서 디지털 안전 관리를 위한 접근이 필요하다. 초연결 네트워크와 디지털 시스템 간의 연계성이 고도화된 오늘날 우리 사회는 그동안 간과해왔던 낮은 확률의 위험에 대한 도전에 직면하고 있다. 모바일 통신망의 광역적인 단절이나 자율주행 시스템의 마비에 따른 초대형 사고, 국가기간시설 제어 시스템의 붕괴와 같은 미래의 극단적인 위험을 100% 예방하기란 불가능하다. 관건은 그 징후를 조기에 발견하여 피해를 최소화하는 것이다. 일상과 생명에 직결된 핵심 인프라망에 대한 집중적인 보안 정책뿐만 아니라 실시간으로 진화하는 해킹에 대비할 수 있도록 네트워크 생존성을 강화할 필요가 있다.

둘째, 정부와 전문가, 시민 간의 소통 강화이다. 디지털 사회의 주요 플랫폼은 상호의존성과 복합성으로부터 발생하는 위험으로부터 사회구성원 간의 협력적 네트워크로 관리될 필요가 있다. 주요 사회 인프라 관련 민간업체, 정부 간의 항상적인 정보 공유와 의사소통을 통해 협력적으로 재난 위험에 대한 적응 전략이 모색될 수 있도록 해야 한다. 모든 구성원들이 공유하고 안전을 위한 안전문화를 일상에서 실천할 수 있는 사회적 수용성의 향상이 시급하다.

셋째, 지금까지 우리는 시스템 차원의 사고에서 발생되는 위협을 일차적으로는 기술의 문제로 치부해왔으며 대체 기술개발이나 추가적인 규제안 마련과 같이 주로 단기적인 처방으로 해결해왔다. 그러나 이러한 방식으로는 고도화되고 있는 디지털 환경의 범죄 및 우발적 사고로부터 발생하는 시스템의 취약성에 대처하기 어렵다. 따라서 법·제도 부문뿐만 아니라 보다 근본적인 현대인의 사회적 욕구와 행동양식에 대한 이해의 바탕위에 기술적 편의를 고려할 수 있는 학제간 연구와 소통이 필요하다.

안전욕구safety needs는 매슬로우Abraham Maslow의 인간 욕구 단계에서도 가장 기초적인 생리적 욕구physiological needs 바로 다음 단계에 해당되며, 나의 신체와 감정, 주변 환경을 둘러싼 위험으로부터 보호받고 싶은 기본적인 욕구이기도 하다. 디지털 사회의 편의성과 혁신의 효과는 결국 그안에서 살아가는 사회 구성원들의 수용성을 얼마나 향상시킬 수 있느냐에달려 있다. 국민의 안전과 신뢰는 디지털 사회의 폭넓은 수용성 확보를 위한 전제이다. 물리적, 경제적, 환경적, 정서적 측면에서 아날로그적 사회와 구별되는 안전이 갖는 개념과 범위에 대한 고찰은 디지털 사회에서 국민이 누려야할 기본적 가치의 탐색을 위한 출발이기도 하다.

참고 문헌

개인정보보호위원회. 2015. 『사물인터넷시대의 개인정보 침해요인 분석 및 실제사례 조사』. 남서울대학교 산학협력단.

과학기술정보통신부·한국정보화진흥원. 2020. "2019 스마트폰 과의존 실태조사."

관계부처 합동. 2021. "한국판 뉴딜 2.0 '미래를 만드는 나라 대한민국'."

김민수·양정모. 2020. "국가 사이버테러대응 미래 발전전략 수립에 관한 연구." 『융합보안논문지』 20(1).

김상배. 2020. "데이터 안보와 디지털 패권경쟁: 신흥안보와 복합지정학의 시각." 『국가전략』 26(2): 5-34.

박공주. 2019. "청소년의 SNS 중독경향성이 대인관계에 미치는 영향." 『융합정보논문지』 9(8): 170-179.

박명규. 2020. "위험사회, 포스트휴먼 조건 그리고 인간의 책임." 『지식의 지평』 29: 103-130.

백종현 외. 2017. "제4차 산업혁명과 포스트휴먼 사회." 『철학과 현실』 112: 20-128.

윤정현. 2018. "디지털 위험사회의 극단적 사건(X-event) 사건 전망과 시사점." 『신안보연구』 3(1): 33-66.

윤정현. 2019. "인공지능과 블록체인의 도입이 사이버 안보의 공·수 비대칭 구도에 갖는 의미." 『국제정치논총』 59(4): 45-82.

윤정현. 2021. "Metaverse, 가상과 현실의 경계를 넘어." 『Future Horizon+』 51: 3-8.

이원태 외. 2014. 『포스트휴먼(Post-Human)시대 기술과 인간의 상호작용에 대한 인문사회 학제간 연구』. 정보통신정책연구원.

이창무. 2015. "보안이란 무엇인가?" 『보안뉴스: 시큐리티 월드』. https://www.boannews.com/media/view.asp?idx=48894 (검색일: 2021년 11월 13일).

이향선·이민영·김일환·이해영. 2015. 『해외 인터넷서비스 사업자 실효적 규제방안 연구』. 서울: 방송통신심의위원회.

정지범. 2008. 『국가종합위기관리: 이론과 실제』. 법문사.

정지범. 2009a. 『재난에 강한 사회시스템 구축: 복원력과 사회적 자본』. 법문사.

정지범. 2009b. "광의와 협의의 위험, 위기, 재난관리의 범위." 『한국방재학회논문집』 9(4): 61-66.

주창환·유은하·김수한·조형진. 2018. 『동북아 안보구조의 변화와 중국-한반도 관계: 시나리오 분석 및 한국의 대응방안』. 대외경제정책연구원.

최호진·황하·민경식·이재용·장영현. 2021. 『디지털 혁신 시대의 새로운 위험 요인과 대응방안 연구』. 경제·인문사회연구회.

한국정보화진흥원. 2018. "인공지능 악용에 따른 위협과 대응 방안." NIA Special Report 2018-12.

한국정보화진흥원. 2019. "2020년 ICT 이슈와 9대 트렌드 전망." 『IT&Future Strategy』 7.

황용석. 2012. "표현매체로서 SNS(Social Network Service)에 대한 내용규제의 문제점 분석." 『한국언론정보학보』 58(2): 106-129.

Antebi, Liran. 2019. "Isreali Lessons: From Five Decades of Developing and Operating UAVs." 『제5회 육군력 포럼 자료집』 113-129.

Auchard, Eric and Hans-Edzard Busemann. 2017.3.14. "Germany plans to fine social media sites over hate speech." https://www.reuters.com/article/us-germany-fake-news-idUSKBN16L14G

Beck, Ulrich. 1992; 『위험사회』 홍성태 역. 새물결. 1997.

Booth, Adrian. et al. 2019. "Critical infrastructure companies and the global cybersecurity threat." (2019.4.11.)

Brundage, Miles et al. 2018. *The Malicious Use of Artificial Intelligence: Forecasting, Prevention, and Mitigation.* Oxford: Future of Humanity Institute.

Casti, John. 2012. *X-Events: The Collapse of Everything.* New York, William Morrow.

Ferrando, Francesca. 2014. "The Body" in *Post-and Transhumanism: an Introduction.* Peter Lang, Frankfurt.

Folke, Carl. 2006. "Resilience: The emergence of a perspective for social-ecological systems analyses." *Global Environmental Change* 16. Science Direct.

Holling, C. S. 1973. "Resilience and stability of ecological systems." *Annual Review of Ecology and Systematics* Vol. 1.

Kidron, Baroness, Alexandra Evans, and Jenny Afia. 2018. "Disrupted Childhood: The Cost of Persuasive Design." 5Rights.

Manyena, S. B. 2006. "The Concept of Resilience Revisited." *Disasters* 30(4): 433-450.

Morgan, Jecinta. 2021. "Difference Between Safety and Security." *Difference Between Similar Terms and Objects*, 12 February, 2021, http://www.differencebetween.net/language/ words-language/difference-between-safety-and-security/ (검색일: 2021년 10월 12일).

Walker, B. et al. 2004. "Resilience, Adaptability and Transformability in Socio-ecological Systems." *Ecology and Society* 9(2).

WEF. 2021. *Global Risk Report 2021: Fractured Future*. Geneva: World Economic Forum.

Zuckerberg, Mark. 2017.2. "Building Global Community." https://www.facebook.com/notes/mark-zuckerberg/building-global-community/10103508221158471/?pnref=story

뉴스톱(2021.9.23.). "어린이 하루 스마트폰 이용 1시간 넘으면 문제 생긴다." http://www.new-stof.com/news/articleView.html?idxno=12150 (검색일: 2021년 10월 17일).

매일경제(2019.11.3.). "美, 中동영상앱 '틱톡' 조사 착수…개인정보 수집 안보위협 판단." https://www.mk.co.kr/news/world/view/2019/11/902783/ (검색일: 2021년 10월 17일).

머니S(2019.4.17.). "하루 세 번 스마트폰 사용 못하는 나라." https://moneys.mt.co.kr/news/mwView.php?no=2019041008298091680 (검색일: 2021년 10월 18일).

방송통신위원회(2021.2.3.). "「2020년 사이버 폭력 실태조사 결과 발표」" https://www.korea.kr/news/pressReleaseView.do?newsId=156435323

블로터(2020.11.8.). "바이든, 사실상 승리…화웨이·틱톡 규제 이어질까." https://www.bloter.net/newsView/blt202011080002 (검색일: 2021년 10월 17일).

사이언스타임즈(2017.11.13.). "AI가 가짜뉴스 잡는다." https://www.sciencetimes.co.kr/?news=ai%EA%B0%80-%EA%B0%80%EC%A7%9C%EB%89%B4%EC%8A%A4-%EC%9E%A1%EB%8A%94%EB%8B%A4 (검색일: 2021년 10월 17일).

서울경제(2021.9.2.). "메타버스 짝퉁·표절도 처벌받을까…재산권·범죄보호 등 법제화 시급." https://www.sedaily.com/NewsView/22RB5BJXDY (검색일: 2021년 10월 17일).

숭대시보(2018.11.19.). "디지털 디톡스, 아날로그로 돌아가는 사람들." http://www.ssunews.net/news/articleView.html?idxno=6739 (검색일: 2021년 10월 18일).

시사위크(2021.9.10.). "IoT시대, 당신의 사생활은 안녕하신가요." http://www.sisaweek.com/news/articleView.html?idxno=147262 (검색일: 2021년 10월 17일).

여성가족부(2021.4.19.). "온라인 매체의 청소년 유해성 점검 강화." https://blog.naver.com/mogefkorea/222312288823 (검색일: 2021년 10월 18일).

연합뉴스(2021.6.2.). "'정보 샐라'…미 의회, 중국산 드론 정부 구매 금지 입법 추진." https://www.yna.co.kr/view/AKR20210602059800009 (검색일: 2021년 10월 17일).

이투데이(2021.2.11.). "바이든, '틱톡 매각' 트럼프 행정명령 전면 재검토…집행 무기한 중단." https://www.etoday.co.kr/news/view/1994220?trc=view_joinnews (검색일: 2021년 10월 17일).

조선비즈(2019.11.7.). "[Tech&BIZ] 스마트폰 중독 줄이자…IT 기업들 '디지털 디톡스' 앞장." https://biz.chosun.com/site/data/html_dir/2019/11/06/2019110604069.html (검색일: 2021년 10월 18일).

조선일보(2021.4.5.). "페이스북 개인정보, 한국도 12만명 유출…2년 전 데이터라지만 조치 필요."

https://biz.chosun.com/site/data/html_dir/2021/04/05/2021040501599.html (검색일: 2021년 10월 15일).

중앙일보(2021.7.15.). "세계는 사이버 전쟁중…북 해킹에 항의도 못하는 한국." https://www.joongang.co.kr/article/24105756#home

지디넷코리아(2019.8.6.). "화웨이, 사이버 보안 국제 협약 '파리 콜' 가입." https://zdnet.co.kr/view/?no=20190806101540

테크M(2021.6.21.). "[NFT바로알기] ③ '회색지대' NFT, 저작권보호 '시급'…가상자산 교훈 잊지 말아야." https://www.techm.kr/news/articleView.html?idxno=85014

톱스타뉴스(2021.3.29.). "불가능하다고 판단…'레드벨벳 의상 표절 의혹' 동경바빌론 측, 제작 중단." http://www.topstarnews.net/news/articleView.html?idxno=868390 (검색일: 2021년 10월 17일).

한겨레(2021.5.26.). "그건 범죄야!…청소년 디지털 성범죄 인식, '제2의 갓갓' 막는다." https://www.hani.co.kr/arti/area/capital/996831.html (검색일: 2021년 10월 18일).

헬스경향(2020.7.29.). "디지털중독, 정신건강은 물론 각종 질환의 원인." https://www.k-health.com/news/articleView.html?idxno=49477 (검색일: 2021년 10월 18일).

IT비즈뉴스(2021.11.14.). "美 정부, 국제 사이버 보안 협약 '파리 콜'에 참여 선언." https://www.itbiznews.com/news/articleView.html?idxno=55374

KBS News(2016. 9. 22). "자율주행 전기차, 해킹에 원격조종당해." https://news.kbs.co.kr/news /view.do?ncd=3348773 (검색일: 2021년 10월 18일).

BBC NEWS(2020.12.15). "Online harms law to let regulator block apps in UK." https://www.bbc.com/news/technology-55302431 (검색일: 2021년 10월 18일).

BBC News Korea(2021.4.16). "디지털성범죄 피해 아동·청소년 2배 늘어… '인터넷 채팅'이 고리." https://www.bbc.com/korean/news-56771525

IGLOO Security. 2017. https://www.igloo.co.kr/security-information/%eb%8f%84%ec%8b%9c%ec%9d%98-%eb%ac%b8%eb%aa%85%ec%9d%b4-%ec%82%ac%eb%9d%bc%ec%a7%84%eb%8b%a4%eb%a9%b4-%ec%82%b0%ec%97%85%ec%a0%9c%ec%96%b4%ec%8b%9c%ec%8a%a4%ed%85%9c-%eb%b3%b4%ec%95%88%ec%9d%b4/

Tech Recipe(2019.10. 27). "美 전력 인프라 제어, 수동 전환하려는 이유." https://techrecipe.co.kr/posts/9000 (검색일: 2021년 11월 10일).

https://www.merriam-webster.com/dictionary/safety

https://www.merriam-webster.com/dictionary/security

6

교육

EDUCATION

안태현
서울대학교 국제문제연구소

Ⅰ 머리말

코로나19의 위기를 거치면서 디지털 기술의 발전과 확산은 가속화되고 있을 뿐만 아니라 우리의 삶 속에서 더욱 뚜렷이 체감되고 있다. 2019년과 2020년 사이에 전체 국민의 온라인 교육 이용률은 24.6%에서 35.6%로, 학생의 온라인 교육 이용률은 61.8%에서 98.9%로, 인터넷뱅킹 이용률은 64.9%에서 76.5%로(과학기술정보통신부·한국지능정보사회진흥원 2021, 39, 41), 온라인 동영상 제공 서비스OTT 이용률은 52.0%에서 66.3%로 증가하는(방송통신위원회 2020, 26) 등 수치를 통해 다양한 일상 활동의 디지털 기술 활용 정도가 큰 폭으로 늘어남을 확인할 수 있다. 감염병에 대응하는 한편 사람들 사이의 교류와 협력을 유지하는 효율적인 수단으로서 디지털 기술이 가지는 이점은 명확하며 따라서 기술의 활용은 꾸준히 확대될 것으로 기대된다. 코로나19 치료제와 백신 개발을 위해 질환 발생 과정을 분석하고 수천 개 화합물의 효능을 계산하는 슈퍼컴퓨터, 확진자 및 접촉자의 동선 추적에 활용되는 디지털 기기와 애플리케이션, 전자출입명부와 온라인 백신 접종 예약, 생필품과 의료품을 비대면 방식으로 배송하는 온라인 상거래 플랫폼, 수업과 회의는 물론 공연과 행사의 비대면 진행을 지원하는 화상회의 프로그램은 코로나 시대 속 디지털 전환의 일부 장면에 지나지 않는다.

우리의 삶과 사회의 다양한 부문에서 디지털 기술이 더욱 광범위하게 적용되는 현실은 우리가 디지털 기술을 올바르고 긍정적이며 생산적인 방식으로 활용하도록 이끌어줄 교육의 필요성을 제기한다. 가령, 소셜 미디어와 인스턴트 메신저를 통해 감염병에 대처할 수 있는 정확하고 유용한 데이터와 정보가 공유되는 대신 백신에 관한 가짜뉴스와 인종차별적이고 혐오를 부추기는 정보가 확산되거나, 원격 수업과 재택근무가 확대되는 환경 속에서 인터넷 접근성을 보장받지 못하고 디지털 기술 활용 능력을 갖추지 못한 취약 계층이 소외되고 피해를 겪는 문제는 디지털 대전환을 맞이한 우리 사회가 직면한 변화에 부응하는 교육을 준비하고 제공해야 하는 과제를 안고 있음을 보여준다.

이 글에서는 디지털 사회로 변화하는 데서 파생되는 문제점을 극복하는 한편 발전의 기회를 극대화하기 위한 교육의 설계와 실행에서 지침으로 삼을 수 있는 주요한 가치를 선정하여 논의하고자 한다. 먼저 교육 개념에 대한 다음의 논의에서 교육 목표에 영향을 미치는 요인을 고찰함으로써 교육 분야의 보편적 가치를 제시하는 작업의 발판으로 삼는다. 이어서 디지털 교육의 세부가치로 ① 디지털 자율성과 주도성, ② 디지털 도덕성, ③ 디지털 접근과 문해력, ④ 디지털 소통과 공감, ⑤ 디지털 창의성과 혁신을 검토한 후, 마지막으로 디지털 사회를 위한 교육 영역의 가치 논의로부터 도출할 수 있는 함의와 기대하는 효과를 다룬다.

II 개념 논의: 교육

서구에서 이루어진 교육의 목적과 본질에 대한 철학적 논의는 철학 그
자체만큼의 역사를 가진다. 이천 년 이상 이어져 온 서양 사상의 전통이 그
의 철학에 대한 주석이라고도 평해지는 플라톤은 잘 알려져 있듯이 소크
라테스의 제자이다(Whitehead [1929] 1978, 39). 대화를 통해 비판적 사고
의 과정을 이끌고 상대의 자율적인 성찰을 유도하는 소크라테스의 문답법
은 진리를 향한 추구, 곧 철학의 길에 들어서는 발판을 마련하는 방식일 뿐
만 아니라 이성에 의한 검증 끝에 도덕적 무지를 깨달은 상대에게 자신의
영혼을 돌보아 미덕을 얻기를 권고하는 가르침의 기법이기도 하다. 지식
을 곧 덕으로 보았던 소크라테스의 사상은 서구 교육철학의 전통 속에서
이성이 중심적 위치를 차지하는 흐름을 형성하였고, 지혜를 음미하는 관
조가 교육을 통해 도달할 수 있는 인간 최고의 활동이라고 보았던 아리스
토텔레스, 신을 알게 됨으로써 궁극적으로 신의 사랑에 동참하는 행복을
이루게 만드는 교육을 실현하고자 했던 아우구스티누스, 이성의 힘에 따
르는 품성을 기르는 교육을 강조했던 로크John Locke, 교육을 통해서만 인
간이 이성에 의해 도덕 법칙을 발견하고 실천하는 존재가 될 수 있다고 설
명한 칸트Immanuel Kant는 그 흐름 속 일부 예에 불과하다.[1]

그러나 이성을 중시한다는 공통점의 다른 한편에서 우리가 발견할 수

---

[1] 교육에 관한 소크라테스, 아리스토텔레스, 아우구스티누스, 로크, 칸트의 논의로 언급된 내용은 각각 플라톤
의 『소크라테스의 변명』, 아리스토텔레스의 『니코마코스 윤리학』과 『정치학』, 아우구스티누스의 『신국론』과
『자유의지론』, 로크의 *Some Thoughts concerning Education*, 칸트의 『윤리형이상학 정초』에서 살펴볼 수
있다.

있는 것은 사상가의 수만큼이나 다양한 교육관이다. 특히 교육철학의 가장 기본적이고 핵심적인 문제라고 할 수 있는 교육 목표에 대한 주장에서 상반된 내용을 찾기란 어렵지 않다. 홉스Thomas Hobbes에 따르면 권위에 대한 복종을 교육하는 것이 주권을 가진 통치자의 의무인 반면, 루소Jean-Jacques Rousseau는 아이를 자연적 본성에 따라 발달하도록 이끌어 자유와 행복을 누릴 수 있는 자율적인 인간으로 자라나게 하는 것이 교육의 목표라고 여겼다.[2] 인간의 자유로운 본성에 대한 루소의 믿음은 물질적인 문명의 억압으로 인해 인간이 타락한다는 생각에서 비롯되었는데, 이와 달리 밀John Stuart Mill은 개인이 행복을 실현할 최선의 방법은 문명사회 속에서 적절한 교육을 받음으로써 재능을 개발하고 이를 발휘하여 자신의 이익을 자유롭게 추구하는 것이라고 보았다.[3] 행복이라는 동일한 목적을 바라본 이들이지만 목적을 이루는 교육 방식에 관해서는 엇갈렸던 것이다. 어쩌면 각자가 생각한 행복이 달랐을지도 모르고, 이는 결국 교육 목표에 관한 이견을 의미한다.

교육의 원칙과 역할에 대해 관심을 가진 연구자들에게 교육 목표에 대한 합의가 부재한 상황은 간과할 수 없는 문제일 것이다. 아퀴나스 연구자로서 합리적이고 과학적인 인간관에 의문을 제기한 마리탱Jacques Maritain은 지성과 의지를 포함한 영혼을 가진 인간의 본질이 총체적으로 실현될 수 있도록 지원하는 교육을 제안한다. 그는 자신의 교육론과 마찬가지로 모든 교육론이 인간과 삶에 대한 특정한 관념을 토대로 삼는다고 지적하

---

2 홉스의 교육론에 대해서는 *Leviathan*을, 루소의 교육론에 대해서는 『에밀 또는 교육론』을 참고할 수 있다.
3 밀의 교육론은 *On Liberty*를 참고할 수 있다.

면서, 바로 그러한 이유로 사상가마다 교육의 원칙과 방식에 관해 서로 다른 주장을 펼치게 된다고 설명한다. 스펜서Herbert Spencer가 자연주의 철학으로부터 자연주의 교육사상을 발전시키고, 듀이John Dewey가 사회주의로부터 사회적 교육사상을 발전시키며, 피히테Johann Gottilieb Fichte가 민족주의를 토대로 독일 민족을 위한 국가 주도의 교육 제도를 주장했듯이 말이다. 각기 다른 철학과 특히 형이상학을 기반으로 삼은 교육사상가들은 자연히 교육의 목표와 궁극적 목적에 대해서도 같은 생각을 가질 수 없으며, 마리탱은 이를 두고 그들이 각자 섬기는 신deity이 다르다고 표현한다. 가령 스펜서에게는 자연, 루소에게는 자유, 프로이트Sigmund Freud에게는 성, 듀이에게는 사회, 에머슨Ralph Waldo Emerson에게는 개인이 신이라는 것이다. 그리고 교육의 지향점에 대한 이와 같은 견해의 차이는 결국 교육 목표가 부재한 상황을 초래하였다고 마리탱은 진단한다(Gallagher and Gallagher 1962, 39-42).

교육론과 철학의 밀접한 관계는 교육이 가진 가치판단적인 성격을 시사한다. 이러한 맥락에서 영국의 교육철학자 피터스Richard Stanley Peters의 논의를 살펴보면, 그는 세 가지 기준을 가지고 교육과 인간의 다른 활동을 구분하면서 교육이 지닌 내재적 가치를 강조한다(Peters 1966). 우선 엄밀한 의미의 교육은 값지거나 중요한 무엇인가가 이루어짐을 필연적으로 내포하며, 이는 단순한 수단으로서의 가치 이상을 의미한다. 예를 들어 우리가 누군가를 두고 '형편없는 교육을 받았다'라고 말할 때의 교육은 분명 긍정적이거나 가치 있는 것으로 볼 수 없지만, 이러한 용법은 교육 개념의 부차적 의미를 전달할 뿐이다. 반면 주된 의미에서의 교육이란 교육받는 이가 본질적으로 가치 있는 행위를 하도록 이끌어짐을 내포하고 따라서 값질 수밖에 없다. 그렇다면 교육이 유도하는 본질적으로 가치 있는 행위는 어떤 행위일까?

이에 대한 답을 피터스는 교육을 규정하는 다른 두 가지 기준을 통해 제시한다. 한 가지 기준은 교육의 결과에 관한 것인데, 그에 따르면 교육은 단순한 기술이나 정보의 집합을 넘어선 일련의 지식과 이해를 획득하는 것이다. 이러한 지식과 이해에는 (a) 기술과 정보의 기저에 놓인 원리, (b) 절차에 대한 지식과 정보, (c) 교육을 통해 획득한 전문성을 사회 혹은 문화와의 관계 속에서 인식하는 관점이 포함된다. 따라서 교육을 받는 이의 삶은 그의 전반적 관점이 바뀌고 교육 분야의 표준을 체화하게 되는 등의 방식으로 변화하게 마련이다. 또 다른 기준은 교육의 과정에 관한 것으로서 피터스의 설명에 따르면 교육받는 과정을 거치는 동안 우리는 적어도 학습하는 대상과 내용 그리고 학습을 위해 필요한 것들에 대한 이해를 가지게 되며 어느 정도의 자발성을 가지고 교육에 참여하게 된다. 따라서 교육은 세뇌나 일방적인 개조 훈련과는 구분된다.

요약하자면 피터스가 정의하는 교육이란 교육받는 이가 다소의 이해와 자발성을 가지고 참여하며 그 결과 학습 대상의 원리, 절차, 사회와의 연관성을 파악하게 되는 활동이다. 주목할 점은 교육에 의해 우리가 단순한 개인으로 머물지 않고 공공의 영역으로 나아가게 된다는 것인데, 이는 교육을 통해 접하게 되는 인식 체계가 곧 과학, 철학, 미학, 문학, 역사, 수학 등 기존 학문에 내포된 사고와 의식 체계이기 때문이다. 다시 말해, 피터스는 다른 목적을 위한 수단으로서가 아닌 교육 자체가 가지는 가치를 드러내고자 하였지만, 그 가치의 적어도 일부는 역사적으로 축적되고 사회적으로 수용된 사고 체계와 접하면서 형성된다고 볼 수 있다.

디지털 사회의 교육과 관련하여 추구되고 실현되어야 할 가치를 찾는 작업에 대해 교육철학의 논의, 특히 마리탱과 피터스의 교육론이 주는 함의는 인간과 삶에 관한 특정한 이해와 사회적으로 형성된 인식 및 사고 체계에 의해 교육의 목표와 가치가 결정된다는 점이다. 이는 인간과 사회의 본질과 발전에 대한 고찰이 교육의 역할에 대한 논의로 이어지는 경우가 드물지 않을 만큼 교육이 가진 중요성이 큼을 시사하기도 한다. 요컨대 국민 모두가 누려야 할 보편적인 교육 가치를 수립하기 위해서는 인간의 존재, 활동, 삶, 공동체, 지식에 대한 사회 공동의 합의가 필요하다. 따라서 본 연구의 교육 논의는 다른 10대 기본가치의 포괄적이고 일반적 의미를 우리 사회가 어느 정도로 공유하는 인식으로 간주하고 교육의 목적이 이러한 기본가치의 실현에 있다는 전제로 진행하고자 한다. 사회 구성원 모두가 본질적으로 존엄한 존재로서 자유롭고 평등하게 살아가며 공정한 관계를 맺고, 안전한 환경을 누리고 일할 수 있는 권리를 존중받으며 민주적인 공동체를 구성하고 대내외적으로 평화를 영위하면서 지속가능한 발전을 이루기 위한 교육을 우리 사회가 지향한다는 가정에는 큰 무리가 없을 것이다. 그리고 이같이 폭넓은 교육의 목적에 부합하게끔 학생의 정체성, 품성, 이성과 지성, 사회성, 창의성 등을 모두 교육의 대상으로 본다.

교육의 일반적인 목적과 범위를 디지털 대전환의 현실과 우리가 살게 될 디지털 사회의 모습에 비추어 도출한 디지털 교육의 세부가치는 다음과 같다. 첫째, 기술에 종속되지 않는 본질적 가치를 지닌 주체로서 건강하고 안전하게 디지털 환경을 활용할 수 있는 인간을 지향하는 디지털 자율성과 주도성, 둘째, 디지털 기술의 활용에 있어서 사회 구성원 모두의 존엄성, 자유, 안전을 지키기 위한 디지털 도덕성, 셋째, 모든 시민이 디지털 기술과 기기를 자유롭게 사용할 수 있는 역량과 기회를 공정하고 평등하게 누리는 사회를 위한 디지털 접근과 문해력, 넷째, 서로를 존중하는 시민들이 평화롭고 민주적인 공동체를 만드는 데 기여할 수 있는 온라인상 교류와 협력을 도모하기 위한 디지털 소통과 공감, 다섯째, 일과 여가를 포함한 다방면에서 디지털 기술을 창의적으로 활용할 수 있고, 지속가능한 발전에 부합하는 디지털 환경의 혁신을 이룰 수 있는 역량과 여건을 구성하는 디지털 혁신과 창의성이다.

교육에 연관된 세부가치를 구체화하는 논의에서 유의할 점 중 하나는 교육에 있어서 가치의 영역이 다양하다는 점이다. 다문화 교육이 포괄하는 가치의 영역을 구분하는 블럼Lawrence A. Blum의 논의를 예로 살펴보면, 다른 문화의 사람들을 존중하는 '개인', 모든 학생들을 공정하게 대하고 학생들이 각자의 능력과 환경에 적절한 교육을 받을 수 있도록 하는 '교사', 문화적 배경에 대한 존중과 공정한 태도가 교내 문화와 학부모와의 관계 속에서 구현되게끔 하는 '학교', 기회의 평등과 인종의 통합을 실현하는 '사회' 등 적어도 네 개의 가치 영역을 발견할 수 있다(Blum 2000, 3-5). 디지털 교육의 세부가치에 대한 아래의 논의는 이를 염두에 두고 디지털 교육에 의해 육성하려는 개인의 의식, 태도, 역량은 물론 교육 방식과 과정, 여건도 함께 고려하고자 한다.

III 세부가치

1 디지털 자율성과 주도성

자율성 또는 자기 주도성은 타인의 의지가 아니라 자신의 원칙에 의해 결정하고 행동할 수 있는 특성이자 권리로서 특히 자유주의 전통 내에서 교육의 주된 목표 중 하나로 간주된다(Winch and Gingell 2008, 18). 자율성이 교육 목표로 설정됨에 있어서 자유주의 교육사상에 지대한 영향을 미친 밀은 타인의 동의 없이 해를 입히지 않는 범위에서 개인이 자유롭게 삶의 목표와 수단을 선택하고 추구할 수 있다고 보았다(Mill 1978). 이에 비추어 볼 때, 디지털 자율성과 주도성은 디지털 기술과 기기를 주체적으로 활용하는 역량으로 정의될 수 있으며, 이를 도모하기 위한 교육은 과정과 방식에 있어서 개인의 의식, 태도, 기술, 지식을 모두 다루어야 한다.[4]

디지털 자율성을 형성하는 첫 단계로는 일관되고 견고한 디지털 정체성을 구축하는 작업이 이루어져야 할 것이다. 정체성이란 각 개체가 오직 자기 자신과 맺는 관계로서 자신에 대한 인식이 그 핵심이라고 할 수 있다(Audi [1995] 2015, 494-95). 즉, 개인의 정체성이란 각자가 인식하는 자기 자신이라고 할 수 있으며, 그 구체적인 내용은 개인이 사회적 관계 속에서 자신과 타인을 신체, 성격, 가치관, 사회적 지위, 경제력, 소속 집단 등에 따

---

4 경제협력개발기구(Organisation for Economic Co-operation and Development, OECD)의 보고서는 역량(competency)이란 지식(knowledge)과 기술(skills)만이 아니라 태도(attitudes)와 가치(values)를 적절히 취하거나 활용하는 것도 포함한다고 정의하면서, 사람들이 포용적이고 지속가능한 미래를 만드는 데 기여하고 또한 그러한 미래의 혜택을 누리기 위해서 필요한 지식, 기술, 태도, 가치를 개발하는 교육의 역할을 강조한다(OECD 2018, 4-5).

라 구분하면서 구성된다. 인터넷의 개발과 보급이 우리의 정체성에 가져온 큰 변화 중 하나는 자신의 육체에 고정되지 않은 다양한 정체성을 자유롭게 구성할 수 있게 되었다는 것이다(이채리 2004, 253-54). 사이버 공간에서 우리는 자신의 성별, 연령, 인종을 선택하고 온라인상의 능력과 성격, 지위를 창조할 수 있다. 오프라인 세계에서는 한국의 어느 중학교에 다니는 내향적이고 상냥한 소녀가 온라인 게임의 세계에서는 인간을 학살하고 끊임없이 전쟁을 벌이는 잔인한 마왕이 될 수 있다.

하지만 온라인 정체성이 물리적 제약으로부터 벗어난 자유로움만을 갖는 것은 아니다. 온라인 공간에 우리가 남긴 글과 행동을 비롯한 산발적인 정보는 고스란히 저장되고 종합적으로 분석되어 오프라인 세계의 우리와 연결될 수 있다. 온라인 게임이나 커뮤니티 활동 중에 마찰을 빚은 사람에게 소위 신상 털기doxing를 당해 개인정보가 노출되는 피해를 호소하는 사례를 우리는 심심찮게 접할 수 있다.

즉, 온라인 공간에서 구축한 정체성과 오프라인 공간에서 구축한 정체성은 별개의 것으로만 존재하기보다 서로 영향을 미칠 가능성을 안고 있다. 디지털 정체성을 디지털 시대를 살아가는 우리들이 형성하게 될 정체성이라고 한다면, 현재 진행되고 있는 가상공간과 현실공간의 교류 및 융합의 결과로 온라인 정체성과 오프라인 정체성이 융합되는 미래를 전망해볼 수 있다. 정보통신정책연구원(2013)에 따르면, 융합정체성의 등장은 아직 현실이 아니지만 두 공간에서의 경험과 인식 사이에는 다소의 상호작용이 확인되었으며 다수의 사람들은 두 공간에서의 자아를 일관된 것으로 간주한다.

온라인 정체성과 오프라인 정체성의 관계를 고려할 때 온라인상에

공무원 임용 취소 사례에서 드러난 디지털 족적 관리 의식의 문제

2020년 경기도 7급 공무원 임용 시험에 합격한 A씨는 본인의 최종 합격 사실을 인증한 글을 일간베스트(일베) 게시판에 올렸다. 이후 그가 해당 사이트에서 여성을 희롱하고 장애인을 비하하는 내용의 글을 수년에 걸쳐 수십 차례 게시했던 사실이 드러나 A씨의 임용을 막아달라는 청와대 청원까지 올라오는 등 논란이 크게 일었다. 결국 A씨의 임용 자격은 박탈되었고 그를 조사한 경찰은 불법 촬영물을 온라인에 게시한 혐의 등으로 A씨를 검찰에 송치하였다.

온라인 게시판에서 거침없는 활동을 해온 개인이 자신의 신원이 드러날 수 있는 정보를 스스로 노출시키고 화를 자초한 이 사건은 비윤리적이고 위법적인 온라인상의 행위를 방지하기 위한 디지털 도덕성 교육의 중요함을 보여주는 한편, 디지털 족적 관리에 대한 낮은 의식과 해당 사안에 대한 인식 제고의 필요성을 시사한다.

자료: 박신원(2021); 지홍구(2021).

우리가 남기는 흔적, 즉 디지털 족적을 관리할 필요성을 발견하게 된다. 〈BOX 6.1〉의 사례에서 볼 수 있듯이 온라인 공간의 활동으로 인해 오프라인 공간의 입지와 활동에 제약이 가해질 수도 있음을 인식하고 둘 사이의 충돌이 일어나지 않도록 디지털 족적을 관리하는 방법을 익히는 교육이 이루어져야 할 것이다. 가령 다양한 검색 엔진으로 본인을 검색하여 프로필, 게시글, 댓글 등의 내용이 올바르고 적절한지를 정기적으로 확인하고 검색한 정보를 종합하여 본인의 평판을 살펴보는 방법을 소개할 수 있다.

　디지털 족적과 평판을 관리하는 능력 외에도 디지털 기술을 활용함에 있어서 자신의 삶을 지키고 관리할 수 있는 능력 전반이 요구된다. 이는 자율적인 디지털 사용자로서의 정체성에 기초하여 육성할 수 있을 것이다.

예를 들어 기술을 건전하고 균형 잡힌 방식으로 활용하는 능력, 해킹이나 악성코드 등의 사이버 위험으로부터 개인정보와 기기, 네트워크상의 정보를 보호하고 적절한 조치를 취할 수 있는 보안 관리 능력 등을 들 수 있다. 구체적인 교육 내용으로는 스크린 타임이나 디지털 웰빙과 같은 스마트폰 중독 방지 앱을 적극적으로 활용하는 방식이나 소셜 미디어, 블로그, 카페 활동 등에 노출시켜서는 안 될 개인정보 등이 포함된다.

나아가 디지털 환경을 조성하는 적극적인 참여자로서 스스로를 인식하는 디지털 정체성을 형성하는 교육을 구상해 볼 수 있다. 즉, 디지털 기술을 단순히 활용하는 수준을 넘어서 기술을 응용하고 개발하는 등 디지털 혁신과 창의성을 발휘할 수 있는 발판을 교육을 통해 마련할 수 있을 것이다.

2   디지털 도덕성과 권리 의식

디지털 자율성과 주도성의 실현을 구성하는 요소 중 하나인 개인정보를 보호하는 역량은 정보기술 활용과 관련된 전반적인 권리와 인권의 문제로 연결된다. 프라이버시와 개인정보의 보호를 자신이 마땅히 누려야 할 권리로 각자가 인식한다면 해당 권리를 모두에게 속한 것, 다시 말해 타인의 권리로서도 인식하게 될 가능성이 높다. 그렇다면 디지털 환경에서 누구나 누려야 할 권리로는 또 무엇이 있을까? 디지털 사회에서 실현되어야 하는 존엄, 자유, 평등, 정의, 안전 등의 기본가치들을 고려해 보면, 안전할 권리, 차별받지 않을 권리, 지적재산권 등을 들 수 있다.

디지털 환경에서 보장되어야 하는 권리와 원칙이 존중되는 사회의 형

교사 브이로그 사례에서 보는
교육 현장의 디지털 권리 의식

2021년 5월 온라인 커뮤니티와 청와대 청원 게시판 등에는 학교 브이로그를 촬영하여 공개하는 교사에 대한 불만을 제기한 글이 올라왔다. 학생들의 목소리나 얼굴이, 심지어 실명이 공개된 점을 지적하면서, 개인정보가 노출되는 학생들의 스트레스와 이를 악용한 범죄 가능성을 우려하는 내용이었다.

교육부는 2019년 교원 유튜브 활동 복무지침을 마련하여 학생이 등장하는 영상을 제작할 경우 학생과 보호자의 사전 동의와 학교장의 사전 허가가 필요하다고 명시하였으나, 유튜브에는 이러한 지침이 지켜지지 않은 것으로 보이는 영상이 다수 올라와 있다.

디지털 권리에 대한 의식을 고취시키고 디지털 도덕성을 함양하는 교육은 장에서의 실천도 아울러 이루어질 때 그 성과를 증대할 수 있을 것이다.

자료: 장윤서(2021).

성, 즉 디지털 도덕성의 증진은 디지털 교육의 목표 중 하나라고 할 수 있다. 디지털 도덕성 증진을 위한 과제를 크게 나누어 보면, (i) 디지털 사용자와 시민으로서 개개인이 가지는 권리와 이를 통해 도출되는 원칙에 대한 사회 구성원의 의식과 이해를 높이고, (ii) 이러한 권리와 원칙이 실제로 존중받고 실천되는 교육 여건을 조성하는 일을 들 수 있다.

프라이버시와 개인정보의 보호와 연관하여 첫 번째 과제 달성을 위한 교육을 구상해 본다면, 자신과 타인의 프라이버시 그리고 개인정보를 존중하는 인식과 태도를 함양하고 관련 기술과 지식을 익히는 활동 등을 포함할 수 있을 것이다. 그리고 두 번째 과제를 위해서는 위의 〈BOX 6.2〉에서 볼 수 있듯이 교육 현장에서 학생과 교사의 프라이버시가 존중되고 개인정보가 지켜지는 실천적 노력과 제도적 뒷받침이 이루어져야 한다.

한편, 온라인상에서 안전할 권리에 대한 빈번한 침해와 위협은 시급한 대응과 철저한 교육이 필요한 문제점 중 하나이다. 사이버 집단 괴롭힘과 따돌림, 스토킹을 비롯한 사이버 폭력으로부터 자신을 보호하고 대응할 역량과 타인의 안전을 존중하는 자세는 디지털 사회의 성숙한 시민이라면 모두 갖추어야 할 미덕이며, 유해 콘텐츠에 대해 대응하는 원칙과 방식에 대한 숙지도 모두에게 필요하다. 물론 권리와 원칙을 함양하는 노력은 학교를 비롯한 교육 현장에서의 실천을 동반해야 한다. 교육 현장에서의 사이버 폭력 발생과 유해 콘텐츠에 대한 노출을 최대한 방지할 제도적, 문화적 개선을 시행하고, 학생들 간의 사이버 괴롭힘 등이 일어난 경우 이에 효과적으로 대처할 수 있는 원칙과 절차를 수립하며, 안전을 위한 제도적 장치가 제대로 작동하는지 여부를 면밀하고 꾸준하게 점검해야 한다.

아울러 차별받지 않을 권리에 대해 인식하고 이를 실천하는 자세를 교육을 통해 함양할 수 있다. 가령 고소득 직종의 광고가 여성보다 남성에게 더 높은 빈도로 노출되는 구글이나 영국 대입 심사에 AI를 도입한 결과 빈곤 지역 공립학교 출신 학생들이 예상보다 낮은 점수를 받은 사례 등에서 드러나는 알고리즘에 의한 차별 문제처럼 디지털 기술에 의해 이루어질 수 있는 차별의 가능성을 인식하고 이에 대한 대응을 고찰하도록 유도하는 것 역시 교육의 역할 중 하나일 것이다. 또한 AI에 의한 대입 심사와 같은 사례의 경우, 교육 제도와 과정의 공정함에 대한 심도 있는 논의와 합의가 필요함을 시사한다. 요컨대 차별받지 않은 권리와 관련한 디지털 교육의 과제는 해당 권리에 대한 의식을 제고하는 것과 더불어 교육 전반의 공정성을 점검하고 확보하는 것이라고 할 수 있다.

디지털 도덕성과 권리 증진을 위해 디지털 교육이 다루어야 할 또 다른

온라인 교육 확대에 따른 지적재산권 문제

코로나19로 인해 온라인 수업을 준비하게 된 교사들의 고민 중 하나는 저작권법 위반이다. 수업에서 영상, 사진, 음원 등을 자료로 채택하고 글꼴 등의 저작물을 사용하고자 할 때 저작권법을 위반하지 않는 올바른 활용 방식에 대해 여러 엇갈리는 지침이 제시됨에 따라 다수의 교사들이 혼란을 호소한 것이다. 특히 글꼴 저작권자가 교육청에 소송을 제기한 과거의 사례로 인해 교사들이 느끼는 부담과 압박은 적지 않다.

이러한 문제는 교육 현장 전반에서 발견되며, 온라인 수업에 다소 내재된 문제인 만큼 교사 개인의 노력에 맡기기보다 당국에 의한 규정 확립, 관련 교육 및 지도 시행, 분쟁 시 법률 지원과 자문 제공 등이 체계적으로 이루어져야 할 것이다.

자료: 남궁민(2020).

문제로는 지적재산권을 생각해볼 수 있다. 저작권, 상표권, 특허 등을 비롯한 지적재산권에 대한 이해와 존중은 콘텐츠 및 기술의 원활한 사용과 활발하고 혁신적인 생산을 도모하는 데 필요한 역량이기도 하다. 지적재산권을 지키기 위한 기술을 활용하고 표절과 저작권 등 디지털 창작물의 소유와 사용에 관계된 법적 사항을 파악하는 것은 윤리적이고 책임감 있는 소비자로서 타인의 창작물을 도용하지 않기 위해서뿐만 아니라 디지털 창작자로서 자신의 권리를 능동적이고 적극적으로 지키기 위해 필요한 지식일 것이다. 즉, 지적재산권 보호는 디지털 창의성과 같은 교육의 다른 세부가치와 노동과 같은 다른 기본가치의 실현에 기여할 수 있다.

한편 교육 과정에서 지적재산권에 대한 존중이 실천되는지에 대해서도 점검이 필요하다. 〈BOX 6.3〉에서 지적하듯이, 코로나19 사태로 인해 급작스럽게 교육 방식이 비대면으로 전환되면서 교육 현장에서 지적재산권 침해가 일어나거나 이로 인한 분쟁이 발생할 소지가 커졌다. 교사들을 대상으로 지적재산권에 대한 지침 수립과 교육이 이루어지고 학교에서 사용할 수 있는 교육 자료를 지원하는 등의 제도적 뒷받침이 강화될 때, 새로운 방식의 교육이 원활하게 진행될 뿐만 아니라 교육 전반이 지적재산권에 대한 의식을 제고하고 실천을 유도하는 디지털 교육의 목적에 부합하게 될 것이다.

3   디지털 접근과 문해력

디지털 접근은 모든 사람이 평등하게 정보통신 기술과 기기에 접근할 수 있고 활용할 수 있는 인적 및 환경적 특성으로서 기본가치 중 특히 자유, 평등, 정의와 연관된다. 교육과 관련하여 디지털 접근의 실현은 사회 구성원의 디지털 문해력을 함양하는 한편 교육 과정에서 디지털 접근의 측면에서 소외되는 계층이 없도록 환경을 조성하는 노력을 통해서 이루어진다.

코로나19는 우리 삶의 많은 부문에서 디지털 전환을 가속화시켰으며, 교육 현장은 이러한 변화가 두드러지는 영역 중 하나이다. 유치원 및 학교 수업은 원격 수업 체제로 전환되었고, 학원에서도 비대면 방식의 수업을 병행하거나 확대하였다. 이렇듯 온라인 수업이 강제화되면서, 인공지능, 빅 데이터, 가상현실, 증강현실 등 정보통신 기술을 활용하여 새로운 교육 서비스를 제공하거나 기존의 서비스를 개선한 에듀테크 산업도 빠르게 성장하고 있다.

교육의 디지털화는 교육 현장의 혁신을 촉진하며 기존의 문제점을 해결하기도 한다. 태블릿 PC를 통해 인공지능 교사와 학생의 1 대 1 수학 수업이 이루어지는 큐비나 아카데미는 디지털 인프라를 바탕으로 한 맞춤형 수업의 가능성을 제시하고, 산간 지역의 학생들이 수도의 우수한 교사들의 온라인 수업을 받도록 지원하는 비영리단체 유미네팔YouMe Nepal의 활동은 도농 간 교육 격차 해소를 위한 원격 수업 활용 방안을 보여준다.

그러나 갑작스럽게 진행되는 디지털 전환은 교육 격차를 심화시키는 부작용도 낳았다. 원격 수업에 필요한 스마트폰, 태블릿 PC, 노트북과 같은 기기와 유무선 인터넷 서비스를 갖추는 것은 저소득 취약 계층에게 부담이 되었고, 가정 내 적절한 학습 공간을 확보하고 학생의 원격 수업 적응을 위한 부모의 지원이 이루어지는 여부에 있어서도 계층이나 가정환경에 따른 격차가 발견되었다. 또한 장애 학생이나 다문화 학생을 위한 수어, 자막 등을 포함한 디지털 교육 자료와 다양한 언어의 디지털 콘텐츠 개발도 해결해야 할 과제로 지적되었다.

한편, 디지털 기술로부터 소외되는 계층은 교육 현장만의 문제가 아니다. 소득, 장애, 연령, 학력, 지역 등의 요인으로 인해 정보통신 기술을 활용할 수 없는 사람들은 인터넷을 통해 생산, 검색, 공유되는 디지털 정보로부터 배제되는 불리한 처지에 놓인다. 디지털 기술의 발전이 가속화되고 보급이 확산되는 상황에서 디지털 소외 계층은 정체되는 반면, 기술을 활용할 수 있는 계층의 소득과 지식은 증가하면서 두 계층 사이의 격차가 확대되는 추세가 감지되며, 이는 기존의 사회적 약자를 더욱 소외시키고 사회·경제적 불평등을 심화시킬 우려가 있다.

사회 구성원 누구나 정보통신 기술을 활용할 수 있기 위해서는 필요한 장비를 확보하는 것으로 충분하지 않으며, 디지털 기기와 기술을 활용하고 디지털 정보를 다룰 수 있는 능력을 갖추어야 한다. 즉, 전 국민의 디지

디지털 금융 소외와 불평등

디지털 플랫폼을 강화하고 우대금리를 제공하는 비대면 상품을 출시하는 등 금융권이 디지털 전환에 나서면서 변화의 혜택을 누리지 못하는 노년층의 디지털 금융 소외 현상이 발견된다.

금융감독원의 자료에 따르면, 2020년 기준 5대 시중은행에서 비대면 적금 가입으로 우대금리를 적용받은 비율은 20-30대에서 77.4%에 이른 반면, 60세 이상에서는 19.4%에 그쳤다.

이는 디지털 접근 및 활용 능력의 격차가 개인이 획득하는 이익의 차이로 이어지는 사례 중 하나로 디지털 사회에서의 고른 적응이 이루어지지 않는다면 불평등의 새로운 요인이 생기게 됨을 시사한다.

자료: 임주영(2021).

털 문해력 혹은 디지털 리터러시 함양은 디지털 사회의 교육이 직면한 중요한 과제이다.

보다 구체적으로 이야기하면 디지털 문해력은 정보, 매체, 기술을 찾아 취득하고, 판독하여 평가하며, 종합적으로 활용, 생산, 응용, 공유할 수 있는 역량을 의미한다. 디지털 문해력에 포함되는 지식과 기술능력은 디지털 매체의 기본 구조에 대해 이해, 디지털 매체의 사용이 지식과 정보의 획득과 관리에 미치는 영향에 인식, 컴퓨터를 비롯한 디지털 기기의 능숙한 사용, 디지털 콘텐츠의 수집과 체계적 정리를 위한 소프트웨어와 애플리케이션의 효율적 활용, 필요한 정보와 콘텐츠에 대한 명확하고 상세한 인식, 온라인상의 정보와 콘텐츠를 효과적으로 탐색하고 비판적으로 평가하며 종합할 수 있는 능력 등이다.

Wee센터의 온라인 상담

시·도 및 지역 교육청에 설치된 Wee센터는 각 학교에 자리한 Wee클래스에서 도움이
필요한 학생을 발견하고 요청할 때 상담 프로그램을 제공하는 활동을 펼쳐왔다. 코로나
19 확산과 지속으로 우울함과 무력감을 호소하는 학생들이 늘어나고 이들의 정신건강을
돌볼 필요성이 증대함에 따라, Wee센터는 원격수업 기간에도 학생과 학부모가 전문상
담교사에게 상담을 받을 수 있도록 온라인 체계를 구축하였다.
이는 교육 현장에서 디지털 기술을 활용하여 소통을 증진하고 학생들을 적극적으로 관
리한 사례로 주목할 만하다.

자료: 김보섭(2020).

4 디지털 소통과 공감

디지털 소통과 공감은 각각 정보통신 기술을 활용한 의사소통과 온라
인상에서 자기 자신과 타인의 감정, 필요, 뜻을 인식하고 세심하게 대응할
수 있는 역량을 의미하며, 둘의 관계는 디지털 공감이 디지털 소통을 지원
하고 협력을 도모하는 것으로 이해할 수 있다.

디지털 소통을 증진하는 교육적 활동은 (i) 교육 과정에 디지털 기술을
도입함으로써 교육 당사자, 즉 교사, 학습자, 보호자 간의 원활하고 활발한
소통과 교류를 지원하고, (ii) 사회 구성원들이 타인과 소통하고 협력하기
위해 기술을 효과적으로 사용할 수 있도록 훈련을 시행하는 크게 두 가지
노력으로 나누어 볼 수 있다.

교육 과정 중에 이루어지는 소통을 증진하기 위해 디지털 기술을 적용
하는 방식 중 하나는 학부모와 교사가 학생의 학업 성과를 비롯한 여러 정

보를 쉽고 빠르게 교환할 수 있는 플랫폼의 활용인데, 교육용 온라인 플랫폼의 역할은 코로나19로 인해 대면 상담이 어려운 요즘과 같은 때에 더욱 긴요해지고 있다. 〈BOX 6.5〉에서 소개하는 Wee센터의 원격상담체계 구축과 운영은 이러한 요구에 적절히 부응한 사례로 볼 수 있다.

아울러 디지털 기술을 활용한 소통과 협력, 즉 원격 의사소통과 비대면 방식의 공동 작업을 원활히 진행할 수 있는 역량을 디지털 교육을 통해 함양할 필요가 있다. 온라인 개강과 수업, 재택근무가 일상화된 시대를 살고 있는 사람들에게 오프라인에서 한 번도 만난 적 없는 사람과 업무상 요청을 주고받고, 팀 발제를 준비하며, 공동 프로젝트를 진행하는 것은 응당 수행해야 하는 일의 일부가 되었다. 친지와의 사적 교류나 종교나 취미 등을 매개로 이루어지는 친목 활동에서도 모바일 메신저와 소셜 미디어를 통한 소통은 지극히 당연한 것으로 여겨진다. 따라서 올바르고 효율적인 온라인 소통 방식을 익히는 것은 대다수의 사람들에게 원만한 생활을 영위하고 조화로운 관계를 맺으며 업무의 생산성을 높이기 위해 필요하고 유익한 일이라고 할 수 있다. 이메일, 문자 메시지, 메신저 등을 통한 온라인 소통 시에 지켜야 할 예절과 바람직한 화법 등에 대한 교육을 받은 디지털 시민들은 온라인상 소통과 작업에 활용할 수 있는 다양한 수단과 방식을 이해하고 그 중 가장 효율적인 방식을 채택하면서도 다양한 소통 채널을 활용할 수 있는 능력을 갖추게 될 것이다.

디지털 소통 능력을 구성하면서 지원하는 역량 중 하나인 디지털 공감과 다양성을 존중하는 태도 또한 디지털 시민이 갖추어야 할 자세이다. 타인의 위치에 서서 그의 생각과 감정을 이해하고 그의 상황에 이입할 수 있는 공감 능력이 일반적인 소통과 교제에서 중요하다는 점은 비교적 널리

동의하는 바이다. 하지만 온라인 소통의 경우 오프라인 소통에 비해서 상대의 표정, 몸짓, 어조 등을 파악하기 어려울 때가 많으므로 상대의 마음과 의견을 이해하기 위해서 더욱 각별한 노력과 훈련이 필요하다.

사회 구성원들의 상호 이해와 원활한 소통 및 교류는 공동의 협력과 조화로운 공동체에 기여할 것으로 기대되고, 따라서 디지털 소통과 공감은 기본가치 중 특히 평화와 민주에 연관하여 추구하고 실현해야 할 교육적 가치라고 할 수 있다.

5 디지털 창의성과 혁신

창의성의 육성과 도모는 교육의 목표로 흔히 지목되지만, 창의성의 의미를 설명하기란 쉽지 않다. 이 문제를 해결하기 위해 교육철학 분야에서 시도한 작업 중 하나는 창의성에 대한 일반적인 생각과 관념들을 관통하는 중심 의미와 요건을 파악하는 것인데, 이는 비교적 이견 없이 창의성을 대표한다고 여겨지는 사례들, 즉 셰익스피어와 도스토예프스키 같은 작가, 뉴턴과 아인슈타인 같은 과학자, 모차르트와 베토벤 같은 작곡자, 미켈란젤로와 렘브란트 같은 화가 등을 기초로 이루어진다(Winch and Gingell 2008, 41-43). 이러한 예시들을 통해 창의성 개념의 용법을 검토한 결과 발견한 주된 요건은 세 가지이다. 첫째, 창의적인 사람은 공공 영역에 자리한 무엇인가에 의해 정의되어야 하는데, 이는 흔히 그가 만든 작품 혹은 결과물의 특성에서 비롯된다. 즉, 작품이 속한 분야에서 해당 작품을 창의적이라고 판단할 수 있는 객관적이고 합의된 기준이 있어야 함을 의미한다. 둘째, 창의적이라고 여겨지는 이의 작품이나 결과물이라면 해당 분야의 기술적·지적 표준을 충족함으로써 가령 훌륭한 소설이나 훌륭한 이론이라는 평가를 받아야 한다. 이는 곧 작품의 훌륭함을 가늠할 수 있는 표준이 있음과 그러한 표준을 이해하고 충족할 수 있는 이들이 있음을 전제한다(White 1968, 126). 셋째, 창의적인 예술가나 과학자의 결과물은 기존의 표준을 충족할 뿐만 아니라 긍정적으로 수용될 만한 독창성을 보임으로써 표준을 확장하고 새로운 지평을 연다. 다시 말해, 창의적인 결과물은 혁신을 이루어낸다(Barrow and Woods [1975] 2006, 144-48).

창의성의 구성 요건에서 유추할 수 있는 점 중 하나는 창의성이란 특정 영역이나 분야와 연관해서 평가되고 규정되는 자질이라는 것이다. 따라서 디지털 창의성과 혁신은 디지털 기술과 관련된 훌륭하고 독창적인 창작물에서 발견되는 특성과 성취라고 할 수 있다. 사회적 관계 형성과 소통에 기반을 둔 동시에 이를 획기적으로 변화시킨 페이스북, 디지털 콘텐츠와 디지털 기기를 결합하고 혁신적인 마케팅 전략을 채택함으로써 충성도 높은 고객들을 확보한 애플, 방대한 데이터에 대한 사람들의 접근성을 높이는 한편 그들의 데이터 이용 과정으로부터 새로운 데이터를 수집하고 체계화하는 방식으로 인터넷 환경을 압도적으로 장악한 구글 등은 디지털 창의성과 혁신이 드러나는 대표적인 사례들이다.

그리고 이러한 사례들에서 창의적인 작품은 해당 분야에서 훌륭한 작품임을 확인할 수 있다. 페이스북은 사용하기 쉽고 다양한 부가기능과 연계기능을 갖춘 소셜 미디어이고, 아이폰은 직관적인 인터페이스와 전용 앱스토어에서 제공되는 폭넓은 콘텐츠로 호평을 받았으며, 구글은 뛰어난 검색력을 바탕으로 검색 엔진 시장에서 독보적인 점유율을 차지하였다. 다시 말해, 디지털 기술과 정보에 대한 이해와 활용 능력은 디지털 창의력

BOX 6.6

코로나19 사태 속 디지털 창의성과 교육의 역할

코로나19 사태 초기에 경희대 산업경영공학과 4학년생 이동훈 씨가 코로나바이러스 감염 확진자의 동선을 지도로 보여주는 일명 '코로나 맵'을 개발하여 화제가 된 바 있다. '코로나 맵'의 특징은 질병관리본부에서 공개한 확진자와 유증상자 수, 확진자별 이동 경로, 격리 장소 등의 정보를 편리하게 확인할 수 있다는 것으로, '코로나 맵'의 기능에 대한 호응은 2020년 1월 30일에 서비스를 시작하고 하루 만에 조회수 240만 회를 넘어선 데에서도 엿볼 수 있다. 이동훈 씨를 특별 초대한 2월 17일의 청와대 업무보고 자리에서 문재인 대통령은 텍스트 정보를 이미지로 전환하여 전달한 발상을 칭찬하며 정부가 데이터 소통 방식에 관심을 둘 것을 당부하기도 하였다.

독학으로 프로그래밍을 공부하고 친구들과 스타트업을 운영하는 이동훈 씨는 창업학점과 공간 등을 제공하는 경희대 창업 프로그램의 지원이 중요하였음을 강조하였는데, 이러한 사례는 교육이 디지털 창의성의 형성과 발휘에 기여할 수 있는 한 방식을 보여준다고 할 수 있다.

자료: 김평화(2020); 이석종(2020); 백두산(2020).

을 발휘하고 혁신을 이루기 위한 발판이며, 따라서 디지털 접근과 문해력은 그 자체로 교육이 실현해야 할 가치일 뿐만 아니라 디지털 창의력과 혁신에 연계된 가치이기도 하다.

또한 디지털 자율성과 주도성에 대한 논의에서 언급했듯이, 디지털 기술의 단순한 이용자가 아닌 디지털 기술을 응용하고 발전시키며 디지털 환경의 지평을 확대하는 창작자로서의 정체성을 형성하는 것 역시 디지털 창의력과 혁신을 뒷받침하는 교육적 가치의 구현으로 이해할 수 있다. 〈BOX 6.6〉의 사례는 대학이 학업과 창업을 병행할 수 있도록 학생들을 지원함으로써 그들이 주도적으로 디지털 환경에 참여하고 디지털 창작 능력을 발휘하도록 이끈 결실의 한 예이다.

교내 창업 프로그램의 지원을 받아 '코로나 맵'을 개발한 이동훈 씨의 사례는 디지털 창의성을 육성하고 혁신을 도모하는 교육 활동이 우리 사회와 세계가 직면한 문제를 대처하는 데 기여할 수도 있음을 보여준다. 각종 전염병을 비롯한 국제보건의료 문제는 물론 기후 변화, 식량 부족, 에너지 위기 등 개별 국가들이 기존의 방식으로 해결하지 못하고 있는 많은 어려움들이 기술을 창의적으로 응용하고 발전시켜 해당 문제에 적용하는 통찰력과 혁신 능력에 의해 돌파될 수 있다. 뿐만 아니라 기술의 발전으로 인해 발생하거나 우려되는 사이버 범죄나 실업 등의 문제에 대한 대응 역시 새로운 기술의 도움으로 이루어질 수 있다. 이는 교육에 의해 구현되는 디지털 창의성과 혁신이 지속가능성, 안전, 노동 등 다른 기본가치를 도모하고 실현하는 노력으로 이어질 가능성도 시사한다.

Ⅳ 맺음말

디지털 전환에 대응하고 디지털 사회를 주도적으로 형성하기 위해서는 교육을 통한 사회 구성원의 의식, 태도, 기술, 지식의 변화와 교육 제도와 방식 그 자체의 변화가 모두 필요하다. 또한 이는 디지털 기술 발전의 결실을 향유하고 보다 윤택한 삶을 누리기 위한 작업이기도 하다. 비대면 수업으로의 전환은 모든 학생들이 디지털 기술과 기기에 어려움 없이 접근할 수 있어야 한다는 사회적 과제를 안겨주었지만, 그런 한편 거주 지역에 관계없이 학생들이 양질의 수업을 접할 수 있다는 긍정적인 가능성도 보여주었다. 본 연구는 새로운 기술에 의해 맞이하고 있는 사회에서 우리가 지향하는 바를 전반적으로 고려하여 디지털 교육의 다섯 가지 세부 가치를 도출하였다. 디지털 자율성과 주도성, 디지털 도덕성과 권리 의식, 디지털 접근과 문해력, 디지털 소통과 공감, 디지털 창의성과 혁신은 디지털 전환에서 파생되는 부작용과 문제점을 극복하는 한편 발전과 혁신의 기회를 극대화하기 위한 교육을 설계하고 실행하는 과정에서 지침의 역할을 수행할 수 있으리라고 기대한다.

참고 문헌

과학기술정보통신부·한국지능정보사회진흥원. 2021. 『2020 인터넷이용실태조사』. 대구: 한국지능정보사회진흥원.

김보섭. 2020. "코로나19로 다친 마음을 열어줘요 'Wee센터 학생 상담'." 『지금 서울교육』(6월). 서울특별시교육청.

김평화. 2020. "[인터뷰] 지도로 확진자 동선 한눈에 보여준 대학생 이동훈 '개발자로 살고파'." 『IT조선』(2월 5일).

남궁민. 2020. "온라인 수업하다 소송당할라...교사 기죽이는 '저작권 사냥꾼'." 『중앙일보』(4월 7일).

루소, 장 자크. 2007. 『에밀 또는 교육론 1·2』. 이용철·문경자 역. 파주: 한길사.

민경배·박수호. 2009. "융합 사회의 인간, 인간관계: 온라인 자아 정체성과 사회화를 중심으로." 『디지털 컨버전스 기반 미래연구(I)』. 정보통신정책연구원.

박신원. 2021. "임용 취소된 '일베 7급 공무원' 檢 송치...불법 촬영물 온라인 게시 혐의." 『서울경제』(6월 30일).

방송통신위원회. 2020. 『2020년 방송매체 이용행태 조사』. 과천: 방송통신위원회.

백두산. 2020. "확진자 동선 보여주는 '코로나 맵' 개발한 경희대학교 이동훈 씨." 『대학저널』(3월 24일).

아리스토텔레스. 2011. 『니코마코스 윤리학』. 강상진·김재홍·이창우 역. 서울: 도서출판 길.

아리스토텔레스. 2017. 『정치학』. 김재홍 역. 서울: 도서출판 길.

아우구스티누스. 1997. 『신국론 1·2』. 조호연·김종흡 역. 서울: 현대지성사.

아우구스티누스. 1998. 『자유의지론』. 성염 역. 왜관: 분도출판사.

이석종. 2020. "문재인 대통령, 코로나맵 개발자에 '정부가 좀 배워야겠다'." 『아시아투데이』(2월 17

일).

이채리. 2004. "인터넷의 존재론적 특성과 온라인상의 자아정체성에 대한 고찰." 『철학연구』65: 241-61.

임주영. 2021. "60대 이상 적금 가입자 81% 대면가입...온라인 우대금리 못받아." 『KBS News』(9월 29일).

장윤서. 2021. "'선생님 브이로그에 학생 얼굴 막 나와도 되나요'교사 브이로그 논란." 『한국일보』(6월 6일).

정보통신정책연구원. 2013. 『초연결 사회에서 디지털 자아의 정체성 연구』. 과천: 미래창조과학부.

지홍구. 2021. "일베 성범죄 의혹 경기도 7급 공무원...결국 임용 취소." 『매일경제』(1월 27일).

칸트, 임마누엘. [2005] 2018. 『윤리형이상학 정초』 3판. 백종현 역. 서울: 아카넷

플라톤. 2020. 『소크라테스의 변명』. 강철웅 역. 파주: 아카넷.

Audi, Robert, ed. [1995] 2015. *The Cambridge Dictionary of Philosophy*. 3rd ed. With the assistance of Paul Audi. New York: Cambridge University Press.

Barrow, Robin and Ronald Woods. [1975] 2006. *An Introduction to Philosophy of Education*. 4th ed. Revised by Robin Barrow. London: Routledge.

Blum, Lawrence A. 2000. "Value Underpinnings of Antiracist and Multicultural Education." In *Education, Culture and Values*. Vol.1, *System of Education: Theories, Policies and Implicit Values*, edited by Mal Leicester, Celia Modgil and Sohan Modgil. London: Falmer Press.

Gallagher, Donald and Idella Gallagher, eds. 1962. *The Education of Man: The Educational Philosophy of Jacques Maritain*. Garden City, NY: Doubleday.

Hobbes, Thomas. [1991] 2006. *Leviathan*. rev. ed., edited by Richard Tuck. Cambridge: Cambridge University Press.

Locke, John. 2000. *Some Thoughts concerning Education*. Oxford: Clarendon Press.

Mill, John Stuart. 1978. *On Liberty*, edited by Elizabeth Rapaport. Indianapolis: Hackett.

Organisation for Economic Cooperation and Development (OECD). 2018. *The Future of Education and Skills: Education 2030*. Paris: OECD.

Peters, Richard Stanley. 1966. *Ethics and Education*. London: Allen and Unwin.

White, J. P. 1968. "Creativity and Education: A Philosophical Analysis." *British Journal of Educational Studies* 16(2): 123-137.

Whitehead, Alfred North. [1929] 1978. *Process and Reality: An Essay in Cosmology*. rev. ed. New York: Free Press.

Winch, Christopher and John Gingell. 2008. *Philosophy of Education: The Key Concepts*. 2nd ed. London: Routledge.

7

노동

LABOUR

백욱인

서울과학기술대학교 명예교수

I 머리말

노동과 일, 활동은 '인간의 조건'(아렌트 2019)을 구성하는 기본적인 요소이다. 노동과 일, 활동은 해당 사회가 처한 구체적인 조건에 따라 달라진다. 새로운 기술적 조건은 인간의 노동과 일, 활동의 관계를 변화시킨다. 그래서 우리 시대에 노동과 일, 활동이 어떻게 변화하였는가를 살피는 작업은 디지털 시대의 달라진 인간 조건을 이해하기 위한 출발점이다. 디지털 시대의 인간 조건은 기계와 인간과의 관계를 중심으로 이전과 달라지고 있다. 현대 정보사회에서는 생산물의 제작에 인공지능과 빅데이터가 활용되고, 작업장의 일이 컴퓨터를 매개로 진행되며, 많은 사회활동이 인터넷을 통해 이루어진다. 이런 상황 속에서 한나 아렌트가 구분한 '사적인 것'과 '공적인 것'을 가르던 노동과 일과 활동의 경계도 흐려지고 의미가 달라진다.

가사경제를 담당하던 고대 그리스 시대의 사적인 노동은 가전제품과 가사도우미 등 서비스노동자가 담당하게 되었다. 공장노동은 여전히 임노동을 통해 이루어지지만 그것은 이미 사적 노동의 영역을 오래 전에 벗어났다. 사회적으로 필요한 생산수단과 소비재를 생산하는 노동은 가계경제를 넘어 사회적 차원에서 이루어지고 있다. 일과 활동 또한 뚜렷하게 구분하기 힘든 상황이 되었다. 소셜네트워크 서비스가 사람들의 활동이 이루어지는 주요 무대로 등장한다. 자동화와 인공지능의 도입으로 일자리가 줄어들어 생계를 위한 노동이 어려워지거나 일을 하지 못하는 경우도 늘어나고 있다. 사람들은 많은 활동을 인터넷과 연결된 채로 수행한다. 직장에 정규적으로 고용되어 수행하는 노동이 줄어들고, 무엇을 스스로 제작하는 일도 하지 않고, 정치활동과 취미활동을 인터넷으로 처리하는 비율이 증가한다. 현대 정보사회의 인간 조건인 노동, 일, 활동은 어떻게 재편되고 있는가를 파악하고 이에 대비하는 일은 디지털 시대의 기본적인 인권과 가치의 토대를 마련하는 의미를 지닌다.

현대 정보사회에서는 플랫폼 기업을 중심으로 하여 노동과 일과 활동의 내용과 상호관계가 재편되고 있다. 인공지능과 새로운 디지털 기술의 도입으로 실업이 늘어나고 정규직이 감소하는 한편 파편화된 시간을 파는 노동이 늘고 있다. 안정적 직장이 줄어들고 불안정 고용은 늘어난다. 반면 디지털 플랫폼 기업의 말단에서 일하거나 활동하는 사람들이 늘어나고 그것에 투여하는 시간도 늘어난다. 사회 구성원 대부분이 인터넷과 연결된 스마트폰을 들고 다니는 사회에서는 기존의 노동과 일, 활동을 구분하던 경계도 무너진다. 지하철로 이동하고 있거나 집에서 쉴 때에도 노동이나 일과 활동에 '랜선'으로 연결된다. 안정적인 직장과 일자리가 감소하는 반면 인터넷을 매개로 하는 일거리와 활동은 늘어난다. 생산자와 소비자를 매개하는 디지털 중계 플랫폼이 활성화되고 그로 인해 플랫폼 독점 현상이 지구적 차원에서 이루어진다.

'디지털 시대의 노동, 일, 활동'에서는 '4차 산업혁명'이라는 이름표를 달고 몰려오는 자동화, 'AI', '빅데이터'가 우리의 노동과 일, 일상생활을 비롯한 활동에 어떤 영향을 미치고 그것이 가져올 결과는 무엇인지, 그리고 그 과정에서 드러나는 문제점과 이를 해결하기 위한 정책적 대안과 방향은 어떠해야 하는지 살펴볼 것이다. 이를 통해 현대 정보자본주의 시대에서 노동과 일의 가치를 다시 세우고 활동의 새로운 의미를 검토하고자 한다.

II   개념 논의: 디지털 시대의 노동, 일, 활동

디지털 시대의 인간 조건을 구성하는 노동, 일, 활동은 어떤 변화를 겪고 있을까? 산업혁명을 통해 가내에서 이루어지던 장인노동의 작업work; 일은 공장 안에서 포섭되어 자본-임노동관계를 통해 이루어졌다. 상대적으로 자유롭던 장인의 노동은 공장 안에서 자본의 통제와 감시를 받게 되었다. 공장노동자가 되어버린 장인은 자신의 노동력을 팔고 임금을 받기 때문에 주어진 노동시간에는 자신이 주도하는 일이나 활동을 할 수 없었다. 그것은 노예제 시대에 노예가 하던 가사노동과 달리 사회적으로 이루어졌으나 사회적 활동은 제한되었다. 생산성을 높이기 위한 분업과 협업이라는 사회적 행위가 촉진되었음에도 불구하고 노동자의 권익을 보장하기 위한 사회적 활동은 엄격하게 통제되었다.

산업혁명 초기의 장시간 저임금노동이나 연소노동 등 노동에 대한 억

압과 착취는 노동이 갖는 인간적 가치를 황폐화하였으나 이에 대한 노동자들의 각성과 대응은 '노동 3권'의 보장 및 각종 사회보장제도의 확대라는 성과를 거두기도 했다. 20세기에 들어 상대적 고임금과 고용 안정성이 보장되는 포디즘이 확산되었다. 그러나 공장노동자들의 조직적 파업과 1970년대 석유위기를 거치면서 공장 자동화가 빠른 속도로 진행되었고 생산에 정보기술을 활용하기 시작했다.

1980년대 들어 개인용 컴퓨터가 보급되고 1990년대 중반부터는 인터넷의 대중적인 확산이 이루어지기 시작했다. 2000년대 중반부터는 스마트폰이 보급되어 사회 구성원이 언제 어디서나 인터넷에 연결되는 조건이 마련되었다. 2010년대에는 그간에 소셜네트워크 서비스나 포털, 쇼핑 중계 사이트 등에 축적된 방대한 데이터를 인공지능을 통해 다양한 용도로 활용하기에 이른다. 알파고 같은 인공지능은 특정한 분야에서 인간 능력을 뛰어넘었고 '4차 산업혁명'으로 불리는 본격적인 디지털화가 가속화되기 시작했다. 사물인터넷을 통해 생산-유통-분배-소비에서 이루어지는 데이터를 연결하고 실시간으로 통제하면서 생산성을 높이기 시작했다. 디지털 혁명이 생산-유통-분배-소비 영역으로 확장되면 현대 정보사회는 플랫폼을 기반으로 돌아간다. 빅데이터와 인공지능을 활용한 자동화 생산체제 플랫폼, 거대 매개 플랫폼을 활용한 유통혁명, 사회 구성원의 활동 결과물을 빅데이터로 축적하고 활용하는 소셜네트워크 서비스 플랫폼 등은 노동과 일, 활동의 관계에 근본적인 변화를 가져온다.

1   자동화 시대의 노동과 일, 활동 관계

디지털 정보사회에서 이루어지고 있는 인간 조건의 변화를 파악하려면 인공지능 기반 플랫폼이 기존의 노동이 이루어지던 공장을 넘어 사회 전체로 퍼져나가는 현상에 주목해야 한다. 산업자본주의와 포디즘 시기의 공장노동이 감소하는 대신에 플랫폼을 중심으로 '사회공장social factory'이 확산되고 자신의 노동, 일, 활동을 무상으로 제공하는 '무상노동free labour'이 이루어진다. 이런 과정에서 기존의 안정적인 '일자리'는 줄어들고 일시적으로 시간을 쪼개서 자신의 노동과 일, 활동을 파는 '일거리' 중심의 취업체계가 만들어진다. 정규직이 차지하는 비율은 줄어들고 임시직이나 시간 단위로 고용되는 일시직 고용이 늘어난다. 이에 따라 안전한 노동조건과 직업안정성을 보장받지 못하는 노동의 새로운 조건이 만들어진다. 정규직이 아니기 때문에 사회보험의 혜택을 받지 못하고 필요한 때에만 적시적재로 노동력을 공급하기 때문에 고용의 지속성을 보장받지 못한다. 생산현장이 자동화될수록 정규직 노동자의 수요는 더욱 줄어들 것으로 예측된다. 물론 기술 발전과 혁신에 따라 새로운 일자리가 만들어지지만 그것의 증가 속도는 기존 일자리의 감소율을 보상하지 못한다. 자동화에 따른 미래의 일자리 전망에 대해 실업의 증가와 일자리 상실이라는 측면을 강조하는 입장과 혁신 기술의 확산에 따른 새로운 일자리의 확대를 주장하는 입장들이 서로 대립되는 전망을 내놓고 있다. 자동화의 미래를 둘러싸고 노동생산성의 증가에 따라 노동 없이 필요에 따라 일하는 새로운 사회의 전망을 강조하는 '가속주의'라는 입장과 기술혁신이 새로운 착취와 수탈을 강화하리라는 입장이 대립되기도 한다.

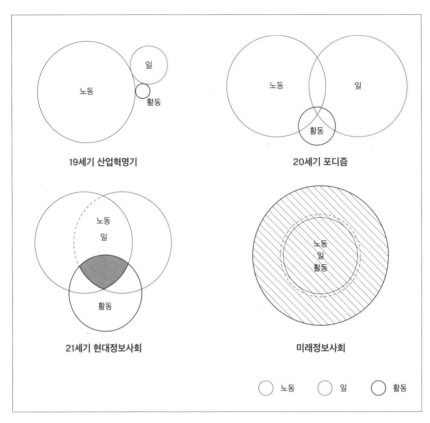

[그림 7.1] 사회변동과 노동, 일, 활동의 변화

완전 자동화에 다가가는 디지털 분업체계는 생활소비, 유통 영역으로
확산된 분업체계로서 어셈블리 라인이 생산 이전 단계에서 생산으로 이어
지고, 그것이 유통과 직결되어 생산-유통-분배-소비의 최적화된 연결을
보장하는 축적체제의 기반이 된다. 이것은 생산-유통 소비의 접속, 온라
인-오프라인의 접속, 네트워크 접속을 강화하고 플랫폼으로 들어오고 나
가는 결합을 확대하면서 플랫폼 이전과 이후, 플랫폼의 안과 바깥을 연결
하는 새로운 축적체제이다. 이러한 축적체제는 '가치' 생산보다는 '부'의

축적을 중심으로 전개되며, 개별 공장이 아니라 기업을 통해 축적이 이루어지고, 노동 과정과 생활 과정의 통합을 기축으로 노동력에 대한 잉여가치와 더불어 일반 이용자의 활동 결과물을 무상으로 수취하고 이용자들의 광범한 네트워크를 확장하여 축적의 생태계를 확장하는 특징을 지닌다.

'사회공장'은 노동이 직접적으로 이루어지는 공장뿐만 아니라 일상활동이 이루어지는 생활공간에서 만들어진 활동 결과물을 수탈한다. 플랫폼 서비스 이용자는 자신의 목적에 맞게 서비스를 이용하지만 그런 서비스 이용 과정에서 만들어진 결과물과 데이터들이 서비스를 제공하는 플랫폼에 고스란히 이동되어 축적된다. 플랫폼 업체는 이용자 활동 결과물을 자신들이 제공하는 서비스 상품의 원료로 활용한다. 이러한 과정을 통해 이용자 활동은 결과적으로 플랫폼 자본을 위해 수행한 노동이나 일로 전환된다. 이용자는 플랫폼 업체와 노동 계약이나 일거리 계약을 맺지 않는다. 이용자들은 플랫폼이 제공하는 서비스를 활용하고 업체가 만든 약관에 동의하고 서비스를 활용할 뿐이지만 그들의 플랫폼 이용과 활동 결과물은 플랫폼 자본을 위한 서비스상품의 소비를 촉진하고 서비스상품을 만드는 원료로 전환된다. 이런 기제를 통해 플랫폼은 사회 구성원의 노동, 일, 활동이 맺는 관계를 변화시킨다.

인공지능과 빅데이터 시대의 노동분업이란 무엇인가? 인공지능 도입에 따른 '노동의 종말'(리프킨 2005)이라는 미래학의 수사는 현재 진행되고 있는 노동 현실을 똑바로 보지 못하게 만든다. 그들은 직업과 일의 종말을 예언하지만 자동화의 주변부에 남은 육체노동과 플랫폼 언저리에 연결된 말단 노동은 여전히 우리 사회에서 중요한 몫을 맡고 있다. 빅데이터와 인공지능을 활용한 생산체제는 노동력을 잘게 썰고 절단하여 끊임없이 대체가능한 여러 층으로 분절한다. 심지어 한 개인의 노동시간도 그가 처한 환경에 따라 잘게 재단하여 필요한 경우에만 시장에 팔 수 있도록 만든다. 수많은 사람들의 유휴 노동시간을 잘게 쪼개고 빅데이터와 인공지능을 활용하여 플랫폼을 활용하는 노동자들의 노동시간을 '재봉선 없이seamless' 이어 붙인다.

인공지능과 자동화 로봇이 모든 인간 노동을 대체하지는 않는다. 기계들로 연결된 생산-소비 과정 가운데 인간 노동이 어떤 특정 부위에 결합될 것이고, 그렇게 접합된 장소에서 다양한 인간 노동이 이루어질 것이다. 인공지능 기계와 결합된 인간 노동은 과거와 달리 자신의 명확한 모습을 드러내지 않는다. 울타리 쳐진 공장이 없어지고 사회적 공장이라는 틀 속에서 시공간 분할이 이루어진 다음에 그것이 다시 플랫폼을 통해 정교하게 재결합되는 방식을 취하기 때문에 인공지능 시대의 노동은 이전과 비교하여 눈에 잘 보이지 않게 된다. 이런 특성에 주목하여 인공지능 시대의 노동을 보상 없는 '그림자 노동'(램버트 2016)이나 '유령노동ghost work'(그레이·수리 2019)이라 부르기도 한다. 인공지능에 의해 노동이 사라지고 직장이 없어지는 것이 아니라 노동이 안 보이는 곳으로 가버리거나, 집이 직장이 되거나, 삶의 장소가 업소로 변해버리는 것이다. 안 보이는 디지털 노동을 다시 보이게 만들어야 플랫폼과 인공지능에 기초한 새로운 노동의 모습이 눈에 뜨이기 시작할 것이다.

플랫폼에 결합된 노동 혹은 플랫폼에 통합된 노동은 옆 사람이 눈에 보이는 분업을 통해 결합되는 공장노동과는 다르다. 포디즘 흐름생산의 어셈블리 라인은 결합 노동자의 일과 동작을 시간의 흐름을 통해 하나로 통합한다. 포디즘의 흐름생산에서는 정교하게 배정된 특정한 반복 동작이 연속된 흐름생산 안에서 결합되어 생산 라인을 통과하면서 조립된 완성품이 만들어진다. 흐름생산 담당자들은 비록 동일한 동작을 반복하지만 자기 앞과 뒤의 공정을 파악하거나 짐작할 수 있다. 그리고 노동자들은 동일한 공장 안에서 이루어지는 결합노동력의 협업과 연결된 접속의 힘을 공유한다. 그러나 완전 자동화가 이루어진 플랫폼 기반 공장의 경우 노동자들은 서로 볼 수도 없고 다른 공정을 확인할 수도 없다. 그들은 공간과 시간 두 차원 모두에서 멀리 떨어져 있어 눈에 보이지 않는다.

인공지능 플랫폼의 일반화가 진행됨에 따라 서로 다른 이종적 노동 형태가 더욱 다양하게 분산되는 동시에 그보다 더 큰 체제의 수준에서 하나의 틀로 '자동화'되고 있는 것이다. 인공지능 발달로 이루어지는 '자동화 automation'의 핵심은 노동, 일, 활동 영역의 구분이 불분명해지면서, 일과 노동, 활동 복합체의 '다양화이질화; heteromation'가 동시에 진행되고 있다는 점이다(Ekbia and Nardi 2017).

2   그림자 노동(일), 유령노동과 디지털 인간 조건

직장인은 직장에서 일(노동)을 한다. 그런데 직장을 떠나도 우리는 직장과 연결되고 직장을 벗어나서도 다른 일을 끊임없이 한다. 친구를 만나고 쇼핑을 하고 영화를 보고 집에서 아이들과 놀아주고 스마트폰으로 카톡을 하는 것도 일이다. 이런 일들이 오히려 직장에서 일하는 것보다 더 많은 시간이 들고 더 힘들 수도 있다. 사람들은 인터넷뱅킹으로 돈을 보내고 식당에서 셀프서비스로 밥을 먹고, 셀프서비스로 주유를 하고, 집안을 청소하고 아이를 돌보며, 유튜브에 올라온 동영상에 댓글을 단다. 이러한 과정에서 우리는 직장에서는 고용된 노동자, 시장에서는 상품이나 서비스의 소비자, 디지털 플랫폼에서는 이용자로 모양이 바뀐다. 그러나 시장이나 플랫폼에서 소비자나 이용자로 그런 일을 한다고 대가를 받지는 못한다. 현대 정보사회에서는 일상생활의 많은 부분이 이처럼 '눈에 보이지 않는 그림자 노동(일)'을 통해 이루어진다. 이러한 그림자 노동(일)에는 "사람들이 돈을 받지 않고 회사나 조직을 위해 행하는 모든 일(램버트 2016, 13)"이 포함된다. 보상받지 못하는 노동과 일의 영역이 늘어나고 사회적인 활동조차 플랫폼 기업을 통해 상업화되거나 상품화된다.

인공지능을 학습하기 위한 자료를 제공하는 수많은 '유령노동' 또한 인공지능을 위한 필수적 먹이가 된다. 인터넷 플랫폼과 결합된 새로운 형태의 노동과 일이 빠르게 늘어나고 있음에도 불구하고 그런 모습은 잘 드러나지 않는다. "대다수의 모바일 애플리케이션, 웹사이트, 인공지능 시스템을 운영하는 데 투입되는 인간 노동은 겉으로 잘 드러나지 않으며, 사실 의도적으로 감춰지는 경우가 많다. 이처럼 불분명한 고용의 분야를 '유령노동ghost work'이라 부른다"(그레이·수리 2019). 유령노동은 인공지능이나 인터넷 플랫폼 서비스를 이용할 때 알고리즘에 의해 눈에 보이지 않게 진행되는 노동이나 작업, 혹은 활동을 모두 포괄한다. 유령노동의 규모는 우리가 생각하는 것보다 거대하고 앞으로 더욱 늘어날 것으로 예상된다.

3 활동의 작업화와 노동화

기계적 노예화와 사회적 복종은 이러한 거대 플랫폼의 생산 과정에서 이루어지는 인간 행동 결과물의 수탈과 노동력의 착취를 결합하면서 이루어진다. 수탈은 이용자들의 삶과 활동에서 산출된 데이터를 다시 그들의 생산공장으로 투입할 때 이루어진다. 이를 외부효과의 전유라 불러도 좋다. 디지털 플랫폼은 데이터셋과 알고리즘을 결합하여 특정한 산출물을 만든다. 플랫폼은 여러 연결고리를 통해 수십되는 데이터를 알고리즘으로 가공하여 특정한 데이터셋을 만들고 그것을 다시 플랫폼에서 산출물(혹은 생산물, 상품, 콘텐트)로서 이용자에게 제공한다. 이용자가 이를 소비하는 순간 데이터가 만들어지고 그 데이터는 다시 다른 데이터셋으로 가공되거나 다른 데이터셋과 결합되거나 축적된다. 그것이 육체노동이든 관리노동이든 단순 소비든 이용자들과 눈에 보이지 않는 실로 엮여 거대 축적체제에 종속된다. 디지털 플랫폼 어셈블리라인의 생산노동자들은 돈을 받거나, 덜 받으면서 착취당하며, 이용자 또한 돈도 받지 않고 무상으로 일하거나 자신의 활동 결과물을 거대 플랫폼에 공짜로 건네준다.

데이터 생산자와 생산물을 종획enclosure하여, 담장을 쌓고 서비스를 제공해 주는 대가로 이용자들을 플랫폼으로 끌고 와서 그들의 활동 결과물들을 플랫폼 기업이 자신의 것으로 만드는 방식이 디지털 인클로저이다. 플랫폼 종획을 통해 플랫폼 이용자가 탄생한다. 이것은 거꾸로 뒤집힌 종획 운동이다. 이런 방식을 비판적으로 설명하기 위해서 나온 개념이 '사회공장'이다. 사회공장은 노동 과정과 생산이 공장 안에서 이루어지는 것이 아니고, 일상생활 전반에서 이루어진다. 일상생활과 소비 공간에서 서비스를 이용하면서 활동을 한 결과물이 사회 안의 공장, 곧 플랫폼에 축적된다. 이용자가 플랫폼을 이용하는 활동 속에서 새로운 생산물이 만들어지면 플랫폼 자본은 그것을 활용하여 새로운 서비스상품을 만들고 그것을 상업화하여 자본을 축적한다. 결과적으로 플랫폼자본은 이용자 활동을 원료로 하는 상품을 만들어 돈을 벌지만 이용자들은 고용된 노동자도 아니고 작업계약을 맺은 하청업자도 아니기 때문에 그들에게는 아무런 보상이 돌아가지 않는다. 플랫폼자본은 결과적으로 이용자 활동을 작업화하거나 노동화한 결과물을 독점적으로 수취하여 돈을 번다.

다른 한편 '유령노동'에서 보듯이 플랫폼이나 인공지능을 위한 온디맨드 작업이나 긱노동은 네트워크를 통해 연결된 노동력을 직접적으로 착취하지만 그에 대한 책임은 별로 감당하지 않는다. 디지털 어셈블리 라인의 착취 방식은 혁신의 이름을 내걸며 절대적 잉여가치와 상대적 잉여가치를 다단계로 창출한다. 인지자본주의의 핵심 기업에서는 상대적으로 안정된 고용노동을 내부적으로 유지하며 말단에 디지털 테일러리즘적인 노동력을 착취한다. 플랫폼에 이미 내장된 자동 처리 방식으로 이루어지지만 그렇지 않은 경우 인간 노동이 사전, 사후로 접속되어 플랫폼 생산 과정을 마무리하기도 한다. 한편 금융자본과 연동된 스톡옵션을 이용하여 막대한 '부'를 축적한다.

이들 전문직 노동자들은 '언택트'와 원격노동이 가능한 코로나바이러스 시대의 혜택을 받는 계층이기도 하다. 반면 운송과 유통 분야 플랫폼 기업들은 이러한 플랫폼의 말단에 절대적 잉여가치를 수취하는 방식을 결합한다. 이 경우에도 물론 플랫폼 안에 축적되는 데이터를 통해 결합노동자나 이용자의 행위 패턴이나 업무 평가, 평점, 취향 등이 자동으로 축적된다. 시간-동작 연구가 이루어진 테일러리즘처럼 디지털 테일러리즘에서도 탈숙련화가 이루어진다. 단지 기술과 숙련, 지식뿐만 아니라 감정, 판단, 행위까지도 빠져나가고 기계가 데이터셋을 만드는 데 필요한 방식으로 인간 노동의 결과물이 공급된다. 이런 유통플랫폼의 핵심은 최종 이용자의 노동을 플랫폼에 의존적으로 만들어 그들의 노동 과정을 통제하고 노동밀도와 강도를 조절하면서 절대적 잉여가치를 최대화하거나 외주화를 통한 이득을 얻는 데 있다. 이런 플랫폼에서는 기존의 공장노동에서 이루어지던 테일러리즘과 비슷한 사회적 복종이 강화된다. 이를 디지털 테일러리즘이라 불러도 좋겠다. 거대 플랫폼이 제공하는 유통 매개 인터페이스는 한편으로는 서비스 이용자들의 활동 결과물을 수취하여 데이터셋으로 만들면서 동시에 최종 말단 서비스 노동자의 시간-동작을 통제한다. 유통플랫폼은 이용자들의 평가와 등급 매기기를 통해 노동자의 시간-동작을 자동으로 규제하며 절대적 잉여가치를 창출하는 기계이다. 거대 유통플랫폼은 말단에 연결된 피용자들을 프리카리어트로 내몰면서 동시에 자신의 플랫폼을 중심으로 한 생태계를 확장하면서 부를 축적한다.

한편 플랫폼 바깥의 방대한 실업자를 포함한 하급 육체노동자는 디지털 어셈블리 라인에서도 배제된 노동자들이다. 인공지능 자본주의에서도 음식서비스업이나 건설업에 종사하는 일용노동자 직군이나 실업자군이 여전히 존재한다. 이들의 상당 부분이 이주한 외국노동자로 채워지고 있다. 인공지능 자본주의에서도 고소득 계층을 상대로 하는 대인 접촉 서비스노동자는 꾸준히 재생산된다. 로봇으로 대체될 수 있는 분야도 확대되겠지만 동시에 인간의 정서와 감응, 감정을 제공하는 감정 서비스노동 분야는 플랫폼 바깥에서 지속적으로 재생산될 것이다.

III 세부가치

1 좋은 조건에서 삶의 의미를 찾으면서 일하고 노동할 수 있는 권리

"우리는 온라인 뱅킹을 하는 은행 계정의 생산-소비자로, 고되고 힘든 노동을 지탱하는 눈에 보이지 않는 유령노동자로, 말단 택배 운수노동자로, 아마존 창고의 분류노동자로, 페이스북 공장의 모듈 엔지니어로, 아마존 투르크에서 디지털 인형의 눈알을 달아주는 하청노동자로, 가짜뉴스를 만들면서 '패시브 인컴passive income'을 노리는 유튜버로, 그리고 검색 이용자로 생산-소비의 여러 측면에서 플랫폼에 예속되는 한편 인공지능을 기반으로 하는 거대 플랫폼의 노예로 전환되고 있다. 이런 과정에서 사람들은 새롭게 재편되고 있는 인공지능 기반 사회시스템에 복종한다(백욱인 2021)."

노동과 일, 활동이 사회적인 분업의 형태로 복잡하게 분화되고 있는 현대 정보사회에서는 고대 사회처럼 노동은 가계경제, 일은 장인, 정치활동은 귀족과 같이 계층에 따라 분화되지 않는다. 산업혁명 이후 임노동이 노동의 주요한 형태로 자리 잡았고 일과 직장은 다양한 분화를 거쳐 전문화되었다. 활동은 시민사회가 형성되면서 사회 구성원의 다양한 참여를 통해 확장되었다. 정보사회에서는 인터넷을 통해 실시간 소통이 가능해지고 미디어 다양화가 이루어지면서 활동이 노동이 되고 일로 전환하는 사례가 늘어났다.

노동과 일이 눈에 보이지 않는 곳으로 사라지는 시대에 노동의 의미와

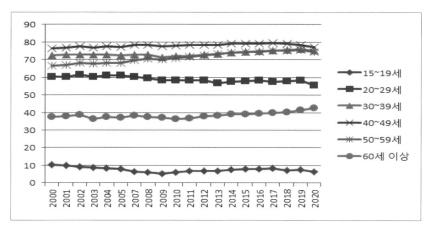

[그림 7.2] 연령별 고용률 시계열표

자료: 통계청, 「경제활동인구조사」

가치는 어떻게 확보되어야 하는가? 한국여성노동자회의 설문조사 결과에 따르면 청년여성 노동자들은 '일'을 독립적인 인간으로 살기 위한 수단이자 존재 가치를 증명하는 활동으로 생각한다. 이들은 일을 인생의 '디폴트(기본값)'라고 보았다. 반면 결혼과 출산은 삶의 부수적인 부분이라고 여겼다.[1] 노동하고 일하면서 삶의 의미를 찾으려면 노동, 일, 혹은 활동으로 의식주를 포함한 문화생활을 유지하며 노동력 재생산이 가능하고 행복을 추구할 수 있는 조건이 마련되어야 한다.

그러나 인터넷의 대중화가 이루어기 시작한 2000년부터 현재까지의 연령별 고용률 시계열 추세를 보면 이러한 기대가 이루어지기는 쉽지 않음을 알 수 있다(그림 7.2 참조). 20대의 고용률은 60% 이하로 떨어지고 있는 반면 은퇴할 나이를 넘긴 60세 이상의 고용률은 40%를 넘어서고 있다.

---

1 한국여성노동자회. 2021. 90년대생 노동자 실태조사 설문.

30-50대 장년층의 고용률은 70% 중반대를 유지하고 있다. 연령별 고용률이 연령대 인구 전체에서 피고용자가 차지하는 비율임을 고려할 때 고용되지 않은 나머지 인구는 노동 대신에 어떤 일과 활동을 하고 있을까? 그들은 하루 중 많은 시간을 인터넷과 연결된 활동이나 일을 하고 있다. 이들이 플랫폼 활동이나 자신이 수행하는 특정한 작업만으로 의미 있는 삶을 살아가려면 기본적인 생계를 보장받을 직업을 가져야 한다. 지속적인 인터넷 플랫폼 활동을 위해서도 생계를 유지할 수입이 필요한 것이다. 안정적인 일자리가 줄어들고 파편적인 일거리만 제공될 때 이들의 삶은 불안정해진다.

혁신적 기술을 실현한다는 플랫폼 기업은 "앞으로 인공지능을 지배하는 자가 세계를 지배할 것이다"라고 주장하면서 인공지능 기술에 투자할 것을 종용한다. 그런데 인공지능을 지배한다는 말은 지금 무엇을 의미하는가? 인공지능이 가져올 기술혁신과 편리를 빌미로 최대의 이윤을 위해 인간을 지배하려는 의도가 숨어 있지는 않은가. 플랫폼 기업은 매우 현대적이면서 혁신적인 속성과 반대로 시대에 뒤쳐지지는 않지만 오래된 자본의 속성이 결합되어 있다. 새로운 혁신기업은 자율과 자유를 점점 더 중요시하는 기업가 정신을 강조한다. 공장자동화와 사무자동화가 정규직 임금노동자를 일자리에서 밀어내면 새로 만들어진 '혁신' 플랫폼 기업이 이들의 노동력을 시분할로 구입하여 새로운 임노동 영역을 개척한다. 자동화와 플랫폼 노동의 지연된 연결, 혹은 동시적 진행이 이루어지고 있는 것이다. 20대와 60대에서 비정규직 비율이 높고 남성에 비해 여성의 비정규직 비율은 높다(그림 7.3 참조).

공유경제와 혁신기업의 이름을 내건 '우버'와 '타다' 같은 기업은 디지

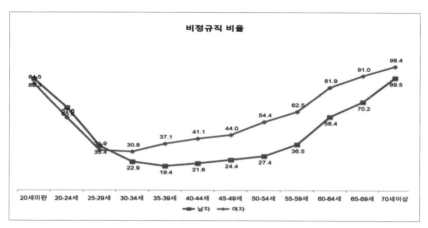

비정규직 비율

88.5 84.5 44.0 41.9 35.4 30.8 22.9 37.1 19.4 41.1 21.6 44.0 24.4 54.4 27.4 62.5 36.5 81.9 58.4 91.0 70.2 98.4 89.5

| 20세미만 | 20-24세 | 25-29세 | 30-34세 | 35-39세 | 40-44세 | 45-49세 | 50-54세 | 55-59세 | 60-64세 | 65-69세 | 70세이상 |

━■━ 남자   ━●━ 여자

[그림 7.3] 연령별 비정규직 비율

자료: KOSIS.

털 플랫폼을 이용하여 기존 운수노동자의 노동 조건을 더욱 악화시킬 위험을 안고 있다. '우버'와 '타다'의 경우 운수노동자는 플랫폼의 IT 기술을 통해서 감시당하고 고객의 평점을 통해서 그들의 노동이 관리되고 있다. 카카오 택시는 '타다'와 달리 직접 운전수를 고용하고 있고 택시 기사와 택시 이용자들을 중간에 연계시키는 작용만 하다가 최근 택시회사를 인수합병하기 시작하였다. 그러면서 운전자 가입 수수료도 올리고 이용자에 대한 차별적 서비스를 통한 유료화를 시행하였다.

에어비앤비는 남는 방을 처음에는 나누는 데서 시작했는데, 이제는 본격적으로 영업을 하는 집들이 늘어나 숙박업계의 판도를 바꾸고 있다. 남는 방을 공유한다는 개념보다는 본격적으로 여유분의 집 혹은 방을 상업적으로 렌트하는 임대업이 되었다. 투숙객들이 바뀌면 청소를 해야 되니까 아예 그것을 위해서 에어비앤비를 위한 청소노동자들을 따로 임시직, 시간직으로 고용하는 플랫폼도 함께 등장한다. 이렇게 하면 청소 노동, 서비스 노동이 이 틀로 진입되면서 새로운 노동환경이 만들어진다. 이런 사례는 공유경제라는 혁신 신화를 빌미로 이루어지는 노동조건의 변화 및 악화를 보여주는 현상들이다.

배달의 민족으로 대표되는 음식 서비스 배달도 마찬가지다. 그런 플랫폼은 단지 식당과 주문자를 중계하는 데서 그치지 않고, 여기서 만들어진 데이터를 축적하고 이것들을 갖고 또 새로운 상품을 만들 수 있을 뿐만 아니라, 스스로 배달의 민족 라이더스처럼 배달노동자까지 자신들이 포괄할 때 배달노동자의 노동조건은 위험에 처한다. 택배 플랫폼에 기술적으로 예속되는 택배노동자도 이러한 문제점들에 봉착한다. 플랫폼을 매개로 이루어지는 이러한 일이 노동이 아니라고 생각할 수 있지만 사실은 노동의 변형된 형태이다. 플랫폼을 매개로 하는 장소와 시간의 결합, 협업과 분업의 변화, 자동화를 통한 노동 과정의 변화를 '디지털 테일러리즘'이라 볼 수 있다. 알고리즘 기반 '시간-동작' 연구를 통한 여러 가지 새로운 노동의 틀이 만들어지고 있다. 최근에 유럽을 포함해서 배달 노동이나 이런 플랫폼 노동자들의 노동을 인정하는 노동자로서의 권리, 즉 노동조합을 만들고, 노동으로서의 권리를 인정하는 판결들이 내려지고 있다. 우리나라에서도 전국택배연합노동조합, 배달노동조합 등이 만들어지고 있다.

독점적 플랫폼에 대한 대안으로 플랫폼 협동조합이 제시되기도 한다. 사적인 플랫폼이 아니고 협동조합적 틀로 이런 여러 가지 문제를 해결할 수 있지 않느냐는 대안이 나오고 있지만, 이 역시 문제점을 지니고 있다. 신기술의 도입으로 새로운 직업과 좋은 일자리가 만들어지고 있는 것도 사실이지만 소득 양극화가 가속화되고 불안정 고용을 포함한 새로운 실업이 생겨난다. 신기술이 직업안정성을 제공하고 다양한 직군을 포용하면

좋겠지만 노인, 장애인, 이주민 등 사회적 취약계층의 일자리 문제는 더욱 악화되고 있다.

2   독점 플랫폼의 지배에서 벗어날 권리

인터넷 시대의 독점은 왜 이전보다 손쉽게 빨리 이루어질까? 인터넷 시대의 독점은 과거 산업혁명 시대의 독점보다 빨리 이루어지고 그것이 미치는 폐해도 심각하지만 우리는 서비스를 공짜로 쓰고 있다는 착각 속에 심각성을 잘 느끼지 못한다. 왜 그런가. 인터넷 시대의 독점이 만들어지는 방식을 이해하려면 경로의존성과 네트워크 효과에 주목할 필요가 있다. 그래서 독점적 지위를 갖는 플랫폼 기업은 갈수록 수익이 증가하는 '수확 체증의 법칙Increasing return'이 적용되는 새로운 경제체제가 만들어진다. 과거에는 '수확이 체감하는Decreasing return' 것이 일반적인 경제법칙이었다. 그러나 신경제, 혹은 인터넷 경제에서는 독점체가 일단 형성되면 시간이 지날수록 수확이 증가하는 환경이 만들어진다. 그래서 구글, 아마존, 애플, 페이스북처럼 어떠한 임계점을 지나서 네트워크 효과를 통해서 경로의존성을 갖는 다수의 이용자를 확보하면 다른 유사한 서비스를 제공하는 군소 서비스 기업들이 경쟁을 감당해낼 수 없게 되니까 이런 플랫폼 기업은 독점을 이루고, 이 독점에 의해서 갈수록 수확이 커지는 체제가 만들어진다. 이것이 인터넷 시대의 독점체가 쉽게 만들어지는 이유이다. PC시대의 마이크로소프트 그리고 인터넷 시대의 아마존과 구글, SNS 시대의 페이스북과 트위터, 애플, 거대 플랫폼 시대의 네이버와 카톡은 이용자 확보를 통한 네트워크 효과에 힘입어 외부성을 최대한 수취하는 한편 합종연

횡을 통한 기업합병으로 자신의 지배력을 키우면서 인터넷 공간에서의 독점적 지위를 누리고 있다. 독점에 대한 규제는 경쟁을 확산하여 혁신을 가져온다. 팀 우(2020)는 2000년 이후 독점적 구조에 대한 규제가 안 이루어지고 경쟁의 촉진이 가동하지 않아 구글, 페이스북 등 거대기업의 인수합병이 강화되고 있고, 이것이 결국 민주주의를 위협할 것이라는 주장을 펴고 있다.

플랫폼 독점은 자연독점이 아니다. 플랫폼 독점은 기업이 의도하지 않은 외적인 조건에 의해 시장 기능에 따라 자연발생적으로 형성된 독점이 아니라 독점을 형성하기 위한 의도된 결과이다. 리나 칸은 시카고학파의 '소비자 후생론'에 제동을 걸면서 아마존의 인수합병 방식을 통한 축적과 독점 형성 과정을 분석하였다(Kahn 2016). 아마존은 낮은 이윤율을 유지하면서도 이용자를 확보하고 네트워크효과 창출의 본원적 축적에 주력하였다. 그들은 금융시장과 결합하여 상장 시 주식으로 가치 실현을 목적으로 한다. 이러한 플랫폼 독점은 경쟁의 약화, 혁신의 저지, 중소 자영업자 및 경쟁업체 몰락, 소비자 부담 증가를 가져온다. 플랫폼 독점을 규제할 제도적 장치와 법률이 만들어져야 한다.

3 불평등한 계약과 수탈에서 벗어날 권리/자영업자와 일의 권리

네이버나 카카오는 미용실, 네일숍, 영어교육, 스크린골프 등 골목상권으로 꼽히는 영역부터 결제·은행·보험·증권 등 금융, 택시·대리운전 호출 등 모빌리티까지 전방위로 사업을 넓혀왔다(원용진·박서연 2021). 이러한 플랫폼 확장은 자영업자의 일거리와 수익에 큰 영향력을 행사한다. 한국의 네이버와 카카오는 검색과 메신저를 넘어 지불과 연관된 전자상거래와 핀테크, 컨텐츠 분야로 확장하고 있다. 네이버가 검색 서비스에 신경을 쓰지 않고 상당 부분 구글에게 내주고도 태연했던 이유는 그들이 전자상거래와 핀테크, 지불 및 금융, 콘텐츠로 이어지는 시장에 주목했기 때문이다. 카카오는 단순한 중계업(크라코프스키 2016)의 영역을 택시나 미용실, 배달 등 자잘한 상권까지 확장하고 카카오뱅크로 금융의 교두보를 쌓고 있다. 쿠팡은 아마존을 모방하면서 나스닥 상장에 성공하면서 시장지배력을 확장하고 있다. 플랫폼 중계업체들이 어떻게 자영업자와 노동자의 삶을 변화시키는지에 대한 검토가 필요하다.

비대화한 플랫폼 유통 중계는 과도한 수수료나 불공정한 규약을 통해 자영업자의 안정적인 수익 창출을 위협한다. 상품과 서비스 유통이나 소비자와 생산자를 손쉽게 이어주는 플랫폼 중계는 생산자와 소비자 간의 직접적 소통과 면대면 관계를 위축시킨다. 효율적인 알고리즘을 활용하여 판매자의 매출을 증대시키고 시장을 확대하는 정기능도 가지고 있지만 노동과 일, 활동의 가치를 독점적으로 수탈하는 플랫폼의 독점적 구조를 견제할 필요가 있다. 노동과 일, 활동이 생산한 가치가 공짜로 혹은 지대 형태나 부불노동 형태로 수탈, 착취되지 않도록 대안적 장치가 마련돼야 한다.

플랫폼 거래는 마켓에 쉽게 접근할 수 없던 생산자와 소비자를 거래 시장에 쉽게 접근할 수 있게 해주는 장점이 있다. 그리고 빠른 속도로 생산자와 소비자 간의 만남이 이루어지고, 거래가 성사될 수 있게 하는 장점은 있지만, 여기에서 많은 문제들이 드러난다. 디지털 유통 서비스 혁명은 생산이 아니고 유통과 서비스 부분에서 이루어지고 있는 혁신을 말한다. 이

것은 인공지능과 머신러닝을 이용한 결과이다. 이런 사례로는 아마존에서 만든 무인 편의점 '아마존 고'를 꼽을 수 있다. 매장에서 고른 상품에 바코드를 대고 그냥 지나가면 자동으로 계산이 되고, 은행으로 송금이 되는 거래 체제가 '아마존 고'이다. 물류에서 결제까지 일괄하여 자동으로 처리하고 그 과정에서 주워 담은 거래와 관련된 데이터를 공짜로 수취하는 체제이다. 거대 유통 플랫폼의 확대에 따라 플랫폼에 대한 의존이 커지고 자영업자의 일이 축소되는 현상에 대응하여 플랫폼 업체와 자영업자 사이에 맺어지는 규약을 민주화하고 플랫폼 업체의 영업 공간을 제한할 필요가 있다.

4   플랫폼 활동에서 자유로울 권리

2020년 현재 우리나라의 인터넷 이용률은 92%에 달한다.[2] IMF 외환위기 이후 인터넷 대중화가 시작된 2000년의 인터넷 이용률은 44.7%였다. 소셜네트워크 서비스가 시작되던 2005년에는 72.8%, 스마트폰 이용이 활성화되던 2010년에는 77.8%, 빅데이터와 인공지능이 결합하면서 각종 플랫폼 시장이 확대되던 2015년에는 85.1%, 코로나19로 언택트 상황이 지속되던 2020년에는 91.1%에 이르렀다. 2020년 1월 현재 16세에서 64세 인구가 하루 동안 이용한 인터넷 평균 시간은 6시간 43분이다. 우리나라는 세계 평균보다 낮은 5시간 22분이다(그림 7.4 참조). 산업사회에서는 노동, 휴식, 활동으로 3분할 된 시간에 따라 생활양식이 만들어졌다. 일

---

2 『인터넷이용실태조사』(국가승인 지정통계 제120005호), 과학기술정보통신부 및 한국지능정보사회진흥원.

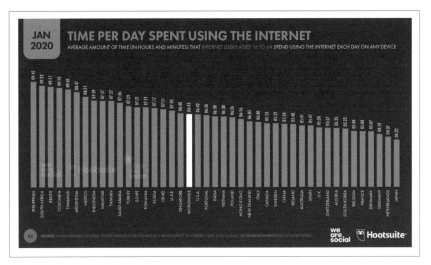

[그림 7.4] 일일 인터넷 평균 이용시간

자료: We are Social. https://wearesocial.com/uk/blog/2020/01/digital-2020-3-8-billion-people-use-social-media/

반적인 경우 직장에서 8시간 노동과 집에서의 8시간 휴식, 그리고 8시간의 각종 활동 시간으로 하루가 구성되었다. 인터넷 평균 시간이 늘어나는 이유는 미디어 컨버전스에 따라 과거의 신문, 라디오 및 텔레비전 등의 레거시 미디어가 대부분 인터넷을 통해 스마트폰으로 수렴되기 때문이다. 작업장에서의 일도 인터넷과 연결된 컴퓨터 없이는 불가능한 경우가 많아지고 있고 각종 문화 콘텐트를 인터넷으로 소비하는 비율이 높아지고 있다. 작업, 휴식, 활동의 모든 영역에서 인터넷 접속이 불가피하게 됨으로써 그만큼 인터넷 접속 시간이 늘어난다.

플랫폼 자본주의는 플랫폼 안으로 이용자들을 끌어들인 다음 이용자들이 서비스를 사용할 때 만들어지는 활동 결과물을 기업이 자신의 것으로 만들어서 이윤을 창출하는 축적체제를 의미한다. 이를 위해서는 일차적으로 데이터의 시원적 축적이 이루어져야 한다. 그래서 플랫폼 기업은 일단

이용자를 많이 확보해야 한다. 계약을 통해서 이용자가 확보됨과 동시에 이들이 만든 외부 효과를 자신들만 쓸 수 있도록 하는 게 약관이다. 그래서 디지털 데이터의 시원적 축적은 이용자 확보에서 출발하면 그때부터 디지털자본과 노동은 분리되기 시작한다. 디지털자본은 벤처기업의 형태나 투자자본 형태로 형성되고, 디지털노동은 소비노동자의 이용자화, 소비-생산자, 혹은 생산-소비자prosumer로 전환된다. 과거에는 생산과 노동이 분리됐지만, 이제는 디지털노동이 변화하면서 생산자와 소비자, 생산과 소비가 잘 구분되지 않는다. 예를 들면 이용자가 유튜브 콘텐츠를 쓰면서 동시에 생산하게 된다. 이용자는 구글이나 네이버에서 검색하면서 검색 서비스를 소비하는데 그 검색 결과가 그대로 플랫폼의 자동화된 알고리즘을 통해 생산적인 것과 연결된다. 플랫폼은 새로운 상품을 만드는 장치를 운영하여 생산-소비자의 역할을 할 수 있는 이용자를 창출한다. 이미 이런 형태는 디지털 시대 이전에도 많이 있었다. 인터넷 뱅킹을 할 때, 돈을 송금할 때, 돈을 받을 상대방의 계좌번호 등 필요한 모든 정보들을 과거 같으면 은행원이 해야 하는 노동을 이용자가 스스로 감당한다. 음식이 차려진 곳으로 걸어가서 음식을 골라 덜어와 자리에 앉아 먹는 뷔페식당에서도 소비자는 생산소비자가 된다. 생산과 소비의 결합 기능은 플랫폼자본주의에서 훨씬 더 강화된다.

자신의 활동 결과물을 수취하는 플랫폼 서비스는 일상생활 전반에 대한 영향력을 확대하고 있다. 디지털 언택트가 혁신적이고 생산성을 높이는 신기술로 받아들여지는 이면에서는 사회 구성원의 일상적 활동을 거대 플랫폼으로 수취하는 독점적 체제가 동시에 만들어지고 있다. 면대면 활동과 디지털 언택트 활동은 서로 상보적인 관계를 만들면서 균형을 이루어야 한다. 이를 위해 이용자가 플랫폼 이용에서 주도권을 확보할 제도적 방안이 모색되어야 한다.

5   일(노동)과 활동을 통한 수입 보장의 권리

기본소득의 기본적 발상은 '사회적인 것'의 축소와 플랫폼 수탈에 대한 대응에서 출발한다. 1970년대 후반 이후 신자유주의적인 정책이 실현되면서 공동적인 것과 사회보장의 영역이 지속적으로 축소하였다. 1990년대 인터넷의 대중화 이후 혁신과 신기술을 내건 거대 기술기업이 성장하고 그들이 제공하는 서비스 플랫폼이 대중의 일상생활 가운데 큰 비중을 차지하기에 이르렀다. 자동화를 통해 진행되는 일자리의 합리화는 플랫폼 기업의 영향력을 더욱 확장하였고 이에 따라 소득불평등과 실업문제가 나타났다. 아마존 같은 신규 기업은 이윤이 나지 않음에도 불과하고 지속적으로 사업을 확장하여 덩치를 키워 해당 시장을 장악한 다음 주식 상장으로 가치를 실현하였다. 이런 과정에서 합종연횡이 가속화되어 독점의 문제가 노골적으로 드러나게 되었다. 유통플랫폼의 지배력에 대항할 수 없는 자영상공업자는 거대 유통플랫폼에 지대나 수수료를 내고 입점할 수밖에 없는 조건이 만들어지고 부당한 가격조정이나 지대로 고통을 받게 되었다.

구글, 네이버 같은 검색 사이트는 이용자의 소비활동 자체를 생산적 과정의 원료로 활용할 수 있는 데이터로 수집하는 한편 그들을 '생산–이용자produser'로 만들었다. 생활시간을 플랫폼 안에서의 다양한 활동으로 투여한 소비자나 이용자는 자신의 활동 결과물에 대한 부당 수취에 대한 권리를 보장받지 못한 반면 거대 플랫폼 기업은 역사상 유례없는 고도성장과 고수익을 창출하였다.

플랫폼 지대의 수취에 대한 대응으로 '너네 공짜로 우리의 활동 결과물을 갖다 쓰지 않느냐? 그러니까 그 대가로 우리한테 소득을 지불하라'는 요구가 제시되기 시작했다. 그것이 베이직 인컴basic income, 곧 기본소득이다. 처음에는 '인지자본주의'를 비판하는 좌파들이 주로 주장했는데, 지금은 우파들도 이를 주장하기도 한다. "기본소득, 혹은 기본임금은 좌나 우가 아니고 앞날과 미래를 위한 것이다." 기본소득의 요지는 지금의 젊은 세대, 집도 없고 자산도 없고 안정된 일자리도 없는 새로운 불평등 사회에서 사는 젊은 세대들에게 특히 기본적인 생계를 위한 소득을 보장하자는 것이다. 기본소득에 대한 사회적 논의가 많이 벌어지고 있고, 경기도의 경우 우리나라에서 실제로 청년들한테 청년기본소득을 주기도 하였다.

그런데 기본소득을 주장하는 근거는 무상 노동이나 혹은 서비스 제공을 통해 습득한 빅데이터라는 수익, 플랫폼 지대 때문이다. 기본소득은 불안정하고 불완전한 고용 상태에 놓여 있는 젊은 세대 및 저소득층에게 소득을 마련해준다는 장점이 있다. 기본적인 소득이 있으면 저임금이나 불안정한 일자리에도 불구하고 노동력 재생산이 가능하다. 저소득층이 기본소득으로 소비하면서 페이스북도 쓰고, 유튜브도 보고, 유튜브에 콘텐츠도 올려놓고 사회적 활동을 지속하면 사회적인 체제의 재생산이 유지되는 최소한의 기반이 마련된다. 이런 경우 기본소득은 플랫폼자본주의 체제가 계속 돌아가는 조건을 마련하는 것이다. 이것이 기본소득에 숨은 디지털 독점자본주의의 체제유지 근거이자 지속적 성장을 위한 방편이기도 하다.

그런데 실제 이를 시행하다 보면, 공동적인 것, 사회적인 것이 축소될 수 있다. 공동적인 것, 사회적인 것은 '집합적 소비 소비수단collective means consumption'의 형태를 띠고 있다. 사적 소유물처럼 개인적으로 소비하는 것이 아니라 집합적으로 소비하는 수단이다. 햄버거는 혼자 먹는 개인적 소비 수단이고 돈을 주고 산 주택은 가족적 소비수단이다. 이에 반해 공동 급식이나 공동 주택, 의료보험, 혹은 국립공원 등은 집합적 소비수단이다. 이들은 사회보장과 관계된 '사회적인 것'인데, 기본소득을 보장하면서 이런 것들을 점차 줄이거나 사유화(상품화, 민영화)할 수 있다. 기본소득을 보장하는 대신에 국립공원 갈 때 혹은 지하철 탈 때 65세 넘은 사람도 돈을 내거나 학교급식을 폐지하거나 의료보험에서 개인 부담률을 높일 수 있다. 기본소득과 사회보장이 제로-섬이 아니라 상호보완적으로 이루어져야 '조삼모사'를 벗어날 수 있다. 이를 잘 운영하지 못하면 기존에 돈을 안 내고 집합적으로 쓰던 것들은 줄어들고, 기본소득은 늘어났지만 결과적으로 생활의 질은 더 나빠질 수도 있다. 기본소득이 보장되는 대신에 공동적인 것이 줄어드는 모순에 봉착할 수도 있다. 그리고 기본소득은 결국 화폐를 주는 것이기 때문에 이런 화폐상품화를 통해서 기존에 상품이 아니었던 것이 상품으로 바뀔 수도 있다. 상품이 아니었던 것이 상품화되면 결국 사회적인 것, 공동적인 것이 돈을 주고 사야 되는 상품으로 변형된다. 그러면 기존에 상품 영역이 아니었던 것들이 점차 더 상품화되고, 자본주의는 더욱더 커질 우려가 있기 때문에 기본소득을 주장할 때 이런 지점도 우리가 유의해서 봐야 된다. 기본소득의 세원과 관련해서는 거대 플랫폼 기업들의 수익에서 세금을 조달하고 그것으로 기본소득 재원을 마련하는 방안을 생각해 볼 수 있다. 초국가 플랫폼 기업의 조세 회피를 차단하고 그들의 수익에서 정당한 세금을 징수하여 이를 기본수입의 기초 재원으로 확보하는 방안을 모색할 수 있다.

플랫폼 기업의 독과점이 낳는 엄청난 수익에 대한 대안으로 제시되는 기본소득과 더불어 그들 기업이 이용자의 활동에 대해 광고 수익을 나누는 패시브 인컴passive income에 관한 논의도 등장하고 있다. 수동수입이란 적극적인 노동을 통한 활동 소득이 아니고, 활동 안 하고 가만히 있는데 돈이 들어오는 것에 대한 비유이다. 블로그를 개설해 놓고 돈을 번다든가 혹은 과거에는 자판기를 하나 사 놓으면 추가적인 활동을 안 해도 자동으로 수익이 창출되는 방식을 의미했던 말이다.

최근에는 거대 플랫폼이 광고 수익을 이용자 생산 콘텐츠에 대한 보상으로 지불할 때 발생하는 수입을 지칭하기 위해 사용된다. 전업 유튜버가 아닌 사람이 취미 활동을 하는데, 이게 유튜브에서 광고 수익에서 배당을 받는 것이 패시브 인컴이다. 내가 좋아서 유튜브에서 내 취미 삼아 콘텐츠도 올려놓았는데, 시간이 지나면 소득이 되어 돌아온다. 놀고 활동한 대가가 패시브 인컴이다. 유튜브에 사람들이 몰려 카메라, 마이크 등 방송장비도 구입하고 많은 시간을 유튜브에서 보낸다. 젊은층이 제일 되고 싶은 직업이 유튜버일 정도이다. 그런데 실상은 사람들이 취미로 좋아서 콘텐트를 만들어 올리고 그러다 보니까 수입이 쫓아오는 게 아니고, 이제는 일을 하게 된다. 하루 중 몇 시간을 유튜브에 올릴 콘텐츠를 만들기 위해 억지로 찍고 일을 하게 된다. 많이 사람들이 봐야 수입이 늘어나니까 인플루언서가 되어야 하고, 비어와 욕설을 남발하고 인기를 쫓아가면서 '유튜브 포퓰리즘'이 만들어진다.

유튜브 포퓰리즘은 정치적으로 편향되고, 문화적으로 극단화된 행동들을 낳는다. 여기에서 돈을 버는 사람이 과연 얼마나 될까? 많은 수입을 창출하는 '대도서관' 혹은 '박막례 할머니' 사례처럼 큰 돈을 번 사람들이 있어서 가능성이 열려 있는 것처럼 보이지만, 결코 모든 사람들한테 열려 있는 것은 아니다. 가능한 모든 것을 투기자산화하고 가상자산까지 만들어 금융시장을 확대하는 현실에서 자신의 노동과 일은 투자(기) 활동으로 바뀐다. 하루에 8시간 알바하여 번 돈, 택배 기사로 오층까지 박스 하나 배달하고 800원 번 돈, 쿠팡 알바로 일한 돈을 가상화폐 투기장으로 던져버린다. 노동과 일은 가상의 손바닥 스크린 공간에서 펼쳐지는 화폐가격 등락을 모니터링할 권리로 바뀌고 빚은 늘고 신경과 정신은 모니터를 보면서 타들어간다. 대부분의 이용자는 이런 데 빠져들어서 유튜브에 머무르는 시간만 늘어나 유튜브 광고 효과만 높여주는 현상이 벌어질 수 있다. 기본소득이나 수동소득에 대해서 접근할 때는 이런 위험성들을 함께 고려해야 한다.

Ⅳ 맺음말

현대 정보사회에서는 과거의 노예제 사회나 산업사회와 달리 노동과 일, 활동 간의 구분이 분명치 않고 상호간의 변환이 이루어지고 있다. 자영업자가 인터넷 기반 유통 플랫폼에 자신이 사고 팔 물건을 스스로 올리는 경우 자영업자의 일은 플랫폼을 가동하는 '유령노동'이 된다. 그럼에도 불구하고 그는 유통 플랫폼에서 팔리는 자기 상품에 대해 일정한 수수료를 제공한다. 이것은 그의 유령노동에 대한 대가를 플랫폼 이용료와 맞바꾸는 셈이 된다. 자영업자가 플랫폼에서 제공하는 양식에 따라 상품의 정보를 올리고 등록하고 유지하면서 제공하는 노동은 그래서 무상노동이 된다. 다른 한편 전문적인 직업을 갖고 자신이 하는 일과 일에서 얻은 경험을 유튜브를 통해 공유할 때 그들의 일은 무상노동 혹은 유튜브 활동으로 전환된다. 그런 경우 노동과 일, 활동의 구분은 하나로 통합되어 그것을 따로 구분하기가 힘들어진다. 그들에게 일과 노동과 활동은 하나인 것이다. 그런 활동이 전체 생활에서 차지하는 비중이 높아지면 활동이 일이나 노동으로 변환된다. 전문직 종사자나 연예인, 정치인, 혹은 활동가들이 유튜브에 자신들이 만드는 채널을 유지할 경우 그들은 처음에는 활동에서 출발하지만 채널의 유지와 발전이 중요해질수록 그들의 활동은 일이나 노동으로 전환된다. 그들이 유튜브와 광고 수익을 나눌 만한 구독자를 확보하거나 클릭 수가 많은 콘텐츠를 제작하기 위해 많은 시간과 노력을 들일수록 그들의 활동은 일과 노동의 성격을 지니게 된다.

플랫폼자본주의에서는 이용자의 소비와 생활 곧 활동이 플랫폼 기업의 생산으로 전유된다. 디지털로 매개되지 않았던 과거의 면대면 활동은 소비되면서 사라지지만 디지털로 활동 결과물이 축적되면 활동이 노동이나 일로 전환된다. 그러나 그것은 개인의 활동 결과물로서는 의미가 없고 빅데이터로 축적되는 이용자 전체의 활동 결과물이기에 이용자 개개인은 자신의 활동 결과물에 대한 몫을 보상받지 못한다. 이용자 활동 결과물을 플랫폼 인공지능이 조합하여 활용하기 때문에 개별 이용자들의 활동 결과물은 전체 플랫폼의 작은 부품으로만 존재한다. 노동, 일, 혹은 활동으로 의식주를 포함한 문화생활을 유지하며 노동력 재생산이 가능하고 행복을 추구할 수 있는 조건이 마련되어야 한다.

참고 문헌

김종진·신우진·김영욱. 2021. "디지털 플랫폼노동 실태와 특징 II-웹기반, 지역기반 규모와 실태."
『KLSI 이슈페이퍼』 146(2021-05).

도미니크 슈나페르. 2001. 『노동의 종말에 반하여』. 김교신 역. 동문선.

마리나 크라코프스키. 2016. 『미들맨의 시대』. 이진원 역. 더난출판.

메리 그레이·시다스 수리. 2019. 『고스트워크』. 신동숙 역. 한즈미디어.

백욱인. 2021. "인공지능 시대의 기계들과 인간들." 『문화과학』 105(2021년 봄호).

제러미 리프킨. 2005. 『노동의 종말』. 이영호 역. 민음사.

원용진·박서연. 2021. 『메가플랫폼 네이버』. 컬처룩.

제레미아스 아담스 프라슬. 2020. 『플랫폼 노동은 상품이 아니다』. 이영주 역. 숨쉬는책공장.

크레이그 램버트. 2016. 『그림자 노동의 역습』. 이현주 역. 민음사.

한나 아렌트. 2019. 『인간의 조건』. 이진우 역. 한길사.

팀 우. 2020. 『빅니스』. 조은경 역. 소소의 책.

Ekbia, Hamid and Bonnie Nardi. 2017. *Heteromation, and Other Stories of Computing and Capitalism*. The MIT Press.

Hovenkamp, Herbert. 2021. "Antitrust and Platform Monopoly." *The Yale Law Journal* 130(8).

ILO. 2021. "World Employment and Social Outlook 2021: The role of digital labour platforms in transforming the world of work." Geneva: International Labour Office.

Kahn, Lina. 2016. "Amazon's Antitrust Paradox." *The Yale Law Journal* 126(3).

제3부

구현가치

8

민주

DEMOCRACY

송경재
상지대학교 사회적경제학과

I 머리말

고대 그리스 아테네에서 시작된 민주주의는 21세기 디지털 전환digital transformation의 시대를 사는 오늘날에도 유효한 정체polity이자 이념, 제도가 되었다. 근대적인 차원에서 민주와 민주주의 논의는 계몽주의 시대부터 시작되었지만, 근원을 파악하기 위해서는 고대 아테네 민주주의에서 논의를 시작해야 할 것이다. 아테네가 건국 초기부터 민주주의라는 정체를 시작한 것은 아니었다. 왕정과 귀족정을 거치면서 평민 간의 갈등이 증폭되고 이를 해결하는 과정에서 민주주의가 고안되었다. 사실 민주주의라는 정치제도에 대해 처음부터 설계한 기록은 없지만, 솔론Solon의 개혁에서 민주주의의 뿌리가 시작되었다고 평가하고 있다. 이후 민주정이 자리잡으며 아테네 민주주의는 페리클레스Perikles 대에 이르러 "정치권력이 소수에게 있지 않고, 다수의 사람에게 있는 제도"로 지칭했다.

고대 민주주의의 시발점인 아테네가 BC 404년 펠레폰네소스 전쟁에서 패하면서 역사의 뒤안길로 사라졌다. 하지만 아테네 민주주의 이념은 로

마 공화정과 중세 도시국가, 근대 시민혁명으로 이어져 현대로 계승되었다. 교황권이 강성하고 신의 뜻대로 움직였던 중세시대를 벗어나, 민주주의가 다시 주목받게 된 것은 주권이 국민에게 있다는 국민주권이 확산하면서부터이다. 대표적으로 루소(루소 2018)는 1762년 『사회계약론*Theories of Social Contract*』을 통하여 국민주권론을 주장하면서 하늘로부터 부여받은 권리로서 시민권의 중요성을 확인해 주었다.

이러한 과정으로 발전한 현대 민주주의는 20세기 초부터 보편적인 의미로 사용되었다. 하지만 민주라는 가치와 민주주의라는 제도와 이념이 혼재되면서 일반적으로 민주, 민주주의는 동일하게 사용되었다.[1] 그리스의 역사가 헤로도투스Herodotus가 처음 사용한 민주주의는 현대 국가의 보편적인 가치가 되면서 모든 국가는 형식적으로는 민주주의 국가를 표방하고 있다. 그러나 민주주의라는 용어의 다의성은 널리 알려진 바이다. 학자들은 민주주의라는 용어는 나폴레옹의 황제정, 스탈린의 소비에트 제도, 히틀러의 파시스트 체제도 민주주의라는 용어를 사용할 정도로 공적 문제의 세계에서 아마도 가장 혼잡한promiscuous 단어라고 규정했다(Heywood 2004; Becker 1959, 4-5; 서현진·이수정 2020; 문중섭 2004).

이러한 다의성에도 불구하고 현대 민주주의에 관해 논의할 때 어떤 이념과 사상적인 차이가 있더라도 내용은 공유하고 있다. 이러한 민주와 민주주의에 대한 평가는 디지털 정보사회에도 그대로 투영되고 있다. 민주에 대한 근본적인 다의성은 디지털 사회에서도 지속되어 왔다. 21세기 정

---

[1] 실제 영어로도 민주와 민주주의는 모두 'democracy'로 사용되고 있으며, 국립국어원의 <표준국어대사전>에서도 명사로서는 주권이 국민에게 있음으로, 정치적으로 국민이 권력을 가지고 그 권력을 스스로 행사하는 제도로 사용되고 있다. 이 글에서는 이를 반영하여 사용하기로 한다.

보통신기술Information & Communication Technologies, ICT 발전에도 불구하고 민주는 다의성을 가지고 발전하고 있다. 4차 산업혁명 등 디지털 고도화는 사회 전반에 큰 변화를 일으켰지만, 정치 영역에서의 영향은 사회에 큰 파문을 불러왔다. 우선 디지털 기술의 발전으로 전 세계적으로 다양한 정치적 현상이 대두하게 되었다. 전통적인 오프라인 대면 정치과정이 ICT를 기반으로 하는 디지털 네트워크를 통해 이루어지고, 저렴한 거래비용으로 시민이 정치에 참여할 기회가 확대되었다. 이런 변화에 대해 학자들은 디지털 기술을 이용한 대의민주주의의 개선 가능성에 주목했다. 초기 디지털 기술 활용의 정치과정에 주목한 다수의 연구자는 커뮤니케이션의 역학관계 변화를 유도한 모습을 보며, 대의민주주의가 안고 있는 대표성과 책임성의 취약점을 보완할 수 있을 것으로 보았다(임혁백 2000; 김용철·윤성이 2005, 21).

이 장에서는 디지털 사회의 중요한 가치로 주목받고 있는 민주 또는 민주주의에 대하여, 민주라는 가치가 디지털 사회에서 어떻게 투영되고 진화하는지를 살펴보고자 한다. 세부적으로 2절에서는 디지털 사회의 가치로서 민주, 민주주의가 중요한 이유에 대해서 살펴본다. 다음으로 3절에서는 민주라는 가치의 광범위성과 다의성으로 인해 민주주의에 내재되어 있는 세부적인 가치를 발굴하고 그 의미를 살펴볼 것이다. 연구에서 추출한 민주의 세부가치는 자유와 평등이라는 보편적인 가치를 제외하고, 디지털 참여권, 저항권, 대표성, 알고리즘 투명성, 디지털 사회적 자본을 중심으로 미래 디지털 사회에서 민주라는 가치가 어떻게 나타날지를 키워드별로 살펴볼 것이다. 그리고 마지막 4절에는 민주가 가지는 가치의 의미와 미래 민주를 위협하는 요소들을 분석하고 그 함의를 제시하고자 한다.

II   개념 논의: 민주

민주라는 가치는 인류가 사회와 국가공동체를 구성하면서 형성된 정치의 등장과 함께 가장 주목받는 가치로 자리 잡았다. 민주는 단순하게 정치적인 행위 과정에서의 제도와 이념을 지칭하는 것이기도 하지만, 사회 운영의 과정과 결과물로서 그리고 사회갈등의 조정과 협의의 방법으로서 다양하게 적용되고 있다. 이와 함께 민주주의는 딱딱한 고정불변의 제도나 이념 정체가 아닌 현실의 상황에 따라 가변적이고 유동적인 특성을 가진 살아 움직이는 개념이라고 할 수 있다(임혁백·송경재·장우영 2017).

민주주의가 근대적 의미로 발전하면서 그 내용은 협소한 의미에서 벗어나 광의의 의미로 확장되었다. 특히 개인과 국가 간의 대립적 관계에서 자유권을 강조한 협의의 개념에서 시작된 근대 민주주의는 점차 내용과 영역이 확대되었다. 좁은 의미에서 정치제도이자 형태로서의 민주주의에서 넓은 의미에서는 생활과 삶의 작동원리를 변화시킬 가치로 민주주의를 포함하는 것으로 확대되었다. 듀이Dewey는 광의의 민주주의를 논의하면서 민주주의가 단순한 정치형태만이 아니라 더욱 근본적으로 공동생활의 형식과 경험을 전달하고 공유하는 방식으로까지 보았다(Pateman 1970). 현대 사회에서 민주, 민주주의가 중요한 이유는 다수의 국가가 지향하고 있는 이념이자 제도이기 때문이다. 그런 맥락에서 현대 정치는 민주주의 그 자체로 이해해도 무방할 정도로 정치는 민주주의라는 의미를 담고 있다. 이에 현대 민주주의는 규범적인 차원에서 민주주의가 어떻게 발현되는가에 주목하는 한편, 경험적인 측면으로 현실 속에서 어떻게 작동하는지에도 관심을 가진다.

먼저 민주라는 용어가 가지고 있는 의미를 파악해야 할 것이다. 근본적으로 민주democracy, 民主는 사전적인 의미는 민이 주인으로 주권이 국민에게 있음을 의미하는 것이지만, 일반적인 개념화된 용어로는 제도적 정체polity로서 그리고 이념과 사상으로서 민주주의와 동의어로 사용되고 있다. 그리고 민주를 구성하는 다양한 요인이 있지만, 민주주의 이론가인 로버트 달Robert A. Dahl이 제시한 바와 같이, 자유롭고 공정한 정기적인 선거제도, 표현의 자유, 시민의 정보접근권, 결사의 자유 등은 민주를 구성하는 요인으로 거론된다(서현진·이수정 2020, 58). 그 이외에 다양한 요인들이 민주라는 가치를 설명하는 데 사용된다. 대표적으로 시민권, 자유, 평등, 다수결의 원리, 법치주의 등을 기본원리로 하고 있다는 데 많은 학자들이 동의하고 있다.

그러나 ICT를 기반으로 하는 디지털 사회의 등장은 전통적인 민주의 의미를 한층 발전적이고 적극적인 가치로 부각시켰다. 디지털 사회에서도 민주와 민주주의가 중요한 가치로 인정받게 된 계기는 크게 3가지 차원으로 제시할 수 있다.

첫째, 민주라는 개념의 보편성 때문이다. 인류가 사회를 구성하여 공동체 생활을 하면서 만들어진 가치 중에서 민주는 시대와 국경을 초월하여 가장 포괄적이고 광범위한 사회작동의 원리가 되었다. 이념이자 제도로서, 그리고 정체로서 민주는 이미 보편적인 가치로 널리 활용되고 있다. 디지털 사회에서도 레이니와 레이니, 웰만(Rainie, Rainie & Wellman 2012)의 통찰과 같이 네트워크를 기반으로 하는 공동체성과 개인성이 복합적으로 나타나고 있지만, 구성원이 주인이 되어 운영한다는 민주의 가치는 보편성을 가지고 있다. 학자마다 디지털 기술의 민주주의 강화와 쇠퇴에 대한 논쟁은 존재하지만, 민주는 보편적인 가치로서 디지털 사회에도 적용될 수밖에 없다.

둘째, 20세기 후반부터 시작된 대의민주주의 위기는 디지털 사회에도 지속되고 있다. 20세기 이래 대표에게 권한을 위임하는 대의민주주의는 국민국가에서 유력한 정체로 자리를 잡았으나 한계 역시 뚜렷하다. 그동안 대의민주주의의 문제점으로 지적되는 것은 첫째, 대표와 시민 간 격차 확대, 둘째, 선진 민주주의 국가에서 나타나는 지속적인 투표율 하락, 셋째, 소수의 정치엘리트에 정치가 결정되는 엘리트 민주주의의 위험성, 넷째, 다수결주의로 인한 소수의 의견이 반영되지 못한다는 한계가 지적된다(임혁백·송경재·장우영 2017; 헤이우드 2003; 최장집 2010). 알려져 있다시피 이러한 대의민주주의의 문제점을 해결하려는 방법으로 디지털 민주주의는 제기되었다(Chadwick 2006; 임혁백 외 2019). ICT가 정치에 활용되면서 대의민주주의에서 지적되는 제약점을 해결하기 위한 유력한 방법으로 시민의 정치 참여 확대를 통한 해결을 제시하고 있다(Norris 2007; Simon et al. 2017; 송경재 2021a). 디지털 민주주의는 시간적 제약·지리적 한계 등을 극복하고 많은 시민이 민주적 책임성과 대표성을 강화하는 전자적 기법을 동원하여 대의민주주의의 약점을 보완하고자 한다. 이러한 흐름이 디지털 사회에서 민주가 가지는 중요성을 확인할 수 있다.

셋째, 21세기 디지털 기술의 발전은 다양하고 새로운 방식으로 민주의 개념을 심화·발전시키고 있다. 과거 인터넷이 등장하면서 시공간의 제약을 없애고 다양한 시민참여를 통한 민주주의의 강화가 확인되면서 기술적 진화는 현실 정치에 접목되었다(임혁백 외 2019). 블로그, 소셜 미디어, 스마트 기기에서 최근에는 인공지능, 빅데이터, 블록체인, 메타버스, 사물인터넷에 이르기까지 정치적 활용이 논의되고 있으며, 핵심은 더 많은 시민의 정책 결정 권한을 확대하고자 하는 시도로 연계되고 있다. 이에 디지털 기술은 형식적 민주의 차원을 벗어나 실제 정치정보를 활용하여 정치 행위를 더 쉽게 할 수 있는 도구로 평가된다. 심지어 디지털 기술은 코로나19 팬데믹 상황에서 대면 정치 행위가 제한된 상황에서도 민주주의를 운영할 수 있게 도움을 주고 있다(송경재 2020; Old 2020; 셍커 2020).

이처럼 디지털 사회에서 민주, 민주주의라는 가치가 왜 중요한지를 살펴보았다. 그렇다면 디지털 기술 발전은 민주주의에 어떤 영향을 주었을까? 학자마다 디지털 기술의 발전에 따른 민주주의 가치에 대한 평가는 다르지만 크게 3가지로 정리할 수 있다.

첫째, 디지털 기술이 민주의 가치를 확대 또는 강화했다는 시각이 있다. 이 시각은 바버(Barber 1984)로 대변되는 강한 민주주의strong democracy론을 주장하는 참여·직접민주주의 옹호론자들에서 시작된다. 디지털 기술은 시민참여와 토론을 확대하고 의사결정의 기회를 강화할 수 있다는 점에서 민주주의를 보다 강하게 할 것이란 논의이다. 이 시각은 디지털 기술을 현시대의 가장 중요한 발전으로 간주한다(송경재 2018; Budge 1996). 인터넷으로 다양한 정치정보를 이용하게 되면서 시민은 공적 이슈에 대해 더 많이 인지하게 되고 온라인 토론과 소셜 미디어, 토론장을 통해 자신의 의견을 명확히 표출할 수 있다. 이를 통해 공동체 문제를 둘러싸고 온라인 공간만이 아니라 오프라인에서의 활동을 위해 지지자들을 적극적으로 동원할 수 있게 된다(Norris 2007). 싱클레어(Sinclair 2012)는 새로운 디지털 커뮤니케이션과 참여적 특징을 가지고 있는 집단을 구분하여 소셜 시티즌social citizen으로 표현하기도 했다. 나아가 시민은 집합행동을 통해 공동체 네트워크를 구성하고 특정 이슈에 대해 의견을 제시하는 등의 활동이 가능하다. 그런 차원에서 디지털 기술은 생각을 교환하고 쟁점을 토론하며, 여론을 동원하는 데 유용한 공론장 형성에 도움을 준다. 하버드 대학교의 정치학자 노리스(Norris 2007, 144-145)가 강조한 바와 같이, 디지털 기술은 직접민주주의의 기회를 촉진할 수 있고, 정부의 책임성을 향상해 정치 공동체를 네트워크로 활성화하는 데 기여할 수 있다. 이 모든 점에서 디지털 기술은 시민을 정치과정에 재연결하여 쇠락해진 시민 에너지의 활력을 불어넣을 수 있다. 요컨대, 디지털 사회에서 민주주의는 ICT를 활용하여 아날로그적인 정치를 디지털 정치 또는 디지털화된 민주주의 실현 과정에서 제기된 산물이라 할 수 있다.

민의가 집성되어 정치제도를 변화시킬 수 있는 선거 과정에서 디지털 기술은 오래전부터 도입되었다. 1990년대 후반 웹 기반의 홈페이지를 개설하여 당시 ICT에 적극적이던 젊은 세대를 투표장으로 이끌었던 시도는 가장 초보적이다. 이후 디지털 기술이 고도화되면서 스마트 기기, 소셜미디어 빅데이터 분석 기법 등 다양한 방법으로 시민들이 참여할 수 있는 영역을 확장했다. 디지털 기술의 민주적 효과에 주목한 서키(Shirky 2011)가 디지털 기술을 참여의 아키텍쳐architecture of participation라고 지적한 것도 그 이유이다. 이후 4차 산업혁명의 빅데이터 분석 기술이 고도화되면서 선거 과정에서 맞춤화된 캠페인은 2008년 미국 대선 이후 보편적인 현상이 되었다(Fraser & Dutta 2009, 376-380). 사회운동에서 초기 정보 네트워크를 이용한 시민의 집합행동은 점차 조밀한 네트워크로 결집하여 지구시민운동과 국가 민주화에서 중요한 동력이 되었다. 월가 점령시위Occupy Wall Street, 아랍의 봄, 홍콩 민주화운동 등 각종 시민 저항운동에서 디지털 사회운동은 시민이 정치의 객체가 아닌 주체로 발돋움하는 데 도움을 주고 있다. 세계적인 민주주의 이론가인 다이아몬드와 플래트너(Diamond & Plattner 2012)는 이를 자유화 기술Liberation Technology로 지적하며 시민의 정치 참여가 민주주의에서 가지는 중요성을 강조하고 있다. 2020년 팬데믹으로 시민 결사의 자유가 제한되었지만, 디지털 저항과 온라인 토론방 참여 등은 여전하고 최근에는 메타버스 집회도 등장했다. 이러한 움직임은 참여의 확대와 함께 후술하겠지만 디지털 저항권으로 발전하고 있다. 2019년 한국의 혜화역 시위로 알려진 여성권 저항운동도 소셜 미디어와 사이버 커뮤니티가 발화점이 되었다(정한울·송경재·허석재 2019).

디지털 가치로서의 민주에 대한 두 번째 시각으로 디지털 기술이 민주의 가치를 오히려 쇠퇴시켰다는 시각은 지나친 낙관론을 경계한다. 이들은 디지털 기술을 민주주의에 적용하더라도 기존의 민주적 정치과정을 변화하지 못할 것이라 주장한다, 좀 더 비관적인 예측은 디지털 기술이 정치 참여의 계층별 차이를 확대하여 무관심 계층 간의 격차를 더욱 확대할 것이라고 비판한다(Norris 2007). 주요 정당과 지배집단을 중심으로 인터넷과 디지털 기술 사용이 보편화되면서 디지털 기술이 등장한 초기에 나타난 소수자의 공간, 대안적 정치 영역은 사라지고 기존 강력한 정치집단이 다시 온라인 공간마저 장악하는 일상의 정치가 복원되고 말 것이라고 주장한다(Margolis, Resnick & Levy 2003). 결국, 비관론자는 사이버 공간은 새로운 정치 주체들이 등장하여 민주주의를 강화하는 것이 아니라 기존 정당과 이익집단, 미디어들이 영역을 확장하여 현실 공간과 같은 대의민주주의의 문제점이 재연될 것이라 지적한다. 퍼트남(Putnam 2000) 역시 디지털 기술이 전통적인 형태의 커뮤니케이션을 보완할 수는 있지만 사회적 신뢰를 형성하는 면대면 방식의 접촉을 대체하지는 못할 것이라고 강조한다.

선스타인(Sunstein 2007)은 디지털 기술이 민주주의에 도움이 되기보다는 과거보다 더 많은 문제를 야기할 수 있다고 주장한다. 선스타인은 소셜 미디어가 다양한 생각을 하는 시민여론의 공간이 아니라, 특정 정치집단끼리 네트워킹이 되어 공론장 기능보다는 정치적 협의의 공간은 줄어들고 분극화polarization의 문제가 나타난다고 우려한다(송경재 2021a). 한국의 디지털 기술의 정치 참여 확대 가능성을 긍정적으로 평가한 연구자들 역시 디지털 기술의 이용에 따라서 잘못된 정치 참여로 인해 민주주의가 약화할 것을 경고했다. 이들은 유튜브 동영상이나 소셜 미디어 알고리즘이 진지한 공론장이라기보다는 타인의 의견을 전달하는 데 그치고 이를 통해 잘못된 정치 정보가 퍼진다는 점에서 개인화된 정치 참여로 민주의 의미를 살리는 데 한계가 있다고 지적한다(한종우 2012, 277-278).

디지털 가치로서의 민주에 대한 세 번째 시각은 현재까지는 디지털 기술이 민주주의에 도움이 되었지만, 미래에는 위험요인이 될 것이라고 지적한다. 앞서 디지털 기술이 민주적 가치를 증진하는 데 과거에는 어느 정도 이바지했지만, 미래에는 위험이 더욱 많아질 것이라는 입장이다. 이 시각은 초기 민주의 가치를 쇠퇴시켰다는 주장과는 다르게 최근 4차 산업혁명 기술이 고도화되면서 본연의 민이 주인이라는 민주의 가치가 훼손될 수도 있다는 점을 우려한다. 무엇보다 디지털 기술은 가치중립적일 수 있지만 이를 악용하는 집단이나 개인에 의해서 디지털 기술은 언제든지 민주의 가치를 훼손시킬 수 있다는 우려감이다(송경재 2021a).

하라리(하라리 2020)는 인공지능이 민주주의에 미치는 부정적인 영향에 관한 경고를 하고 있다. 그는 인공지능이 당장 강한 인공지능으로 인간과 같은 의식체계를 가지지는 못할 것이지만, 딥러닝을 통한 알고리즘이 고도화된다면 인간 사유의 영역이 침해당할 수 있다고 지적한다. 그리고 인공지능과 빅데이터의 발달은 분산된 정치가 아니라 중앙집중화되고 통제된 국가의 형성을 도와줄 수 있다고 경고한다. 그는 인간 편의 제고를 위해 개발한 기술이 개인의 자유를 확장하는 것이 아니라 오히려 개인에 대한 통제를 강화하는 쪽으로 악용되고 있다고 비판하고 있다. 실제 학자들은 일부 국가에서 나타나고 있는 인공지능 통제와 시민감시를 우려 섞인 눈길로 평가한다. 중국의 인공지능은 국가 경쟁력과 식량과 생산, 소비의 효율화를 추구하려 하지만, 인공지능 기술이 발전하면서 부작용이 이미 나타나고 있다. 후술하겠지만, 이러한 디지털 사회의 문제는 기술에 의한 지배인 알고크라시algocracy 우려와 디지털 감시와 디지털 권위주의의 위험성을 제시하고 있다. 무엇보다 국가의 시민감시와 통제를 위해 인공지능 기술이 악용되고 있으며, 인공지능 알고리즘이 음성 인식과 보행 인식을 통해 시민을 감시할 가능성이 제기되고 있다(곽노필 2018). 또 디지털 기술이 발전하면서 과거와 같은 많은 정치 정보를 이용한 현명한 선택을 하는 것이 아니라 아예 조작된 정치 정보로 인한 민주적 가치의 왜곡을 우려하는 목소리도 있다.

그런 차원에서 디지털 기술과 미래 가치로서의 민주는 양면적 속성을 가지고 있다. 무엇보다 디지털 기술은 가치중립적인 데 비해 이를 활용하는 개인이나 집단의 악용 가능성은 존재하기 때문에 일면적인 시각으로 디지털 사회의 민주라는 가치를 평가해서는 안 될 것이다. 이에 디지털 사회의 가치로서의 "민주"는 상대적이고 이중적인 특성이 있으며 바람직한 미래 가치가 되기 위한 노력이 수반되어야 함을 알 수 있다. 이와 함께 디지털 기술이 민주주의에 미치는 영향은 상호의존적이고 상대적인 시각으로 파악하여 미래 디지털 사회의 바람직한 가치로 재정립될 수 있어야 할 것이다. 이와 같이 미래 디지털 가치인 "민주"가 자체의 의미를 중심으로 고민할지, 디지털 기술의 효과를 중심으로 고민할지에 따라 다양한 시각과 입장으로 구분할 수 있다. 하지만 중요한 것은 민주라는 기존 우리 사회의 가치가 디지털 사회에 안착하여 진화하기 위해서는 기존과는 다른 새로운 하위개념으로서의 보완 가치가 필요할 것이다. 민주주의가 다의성을 가진 만큼 디지털 가치로서의 민주 역시 다의적이고 다원적인 의미를 구성요소로 분화할 수 있기 때문이다.

Ⅲ 세부가치

이 글에서 디지털 사회의 가치로서 "민주"의 세부가치는 5가지 영역으로 구분했다. 디지털 사회에서 민주라는 가치를 가장 잘 설명할 수 있는 세부가치는 디지털 참여권, 디지털 저항권, 대표성, 신뢰할 수 있는 알고리즘 투명성, 디지털 사회적 자본으로 구분했다. 디지털 사회의 민주의 세부가치 도출은 자유, 평등, 시민교육 등 다른 디지털 가치를 제외하고 하위가치를 도출했다. 민주의 하위가치는 디지털 사회에서 확장·심화되는 가치와 위협적인 가치 그리고 지향할 가치 등으로 구분했다. 첫째, 디지털 사회에서 확장되는 가치는 디지털 기술이 시민권적인 가치를 강화해 주는 디지털 참여권과 저항권, 둘째, 디지털 사회에서 위협적인 가치로 부각되는 대표성과 알고리즘 투명성, 셋째, 디지털 사회의 신뢰와 협력, 규범, 시민문

[표 8.1] 디지털 사회 가치로서 "민주"의 세부가치 도출

구분	세부가치	내용
디지털 사회의 확장적 가치	참여권	-디지털 사회에서 정책 및 행정과정에 일반 시민이 참여해 정책 결정 등에 영향을 미칠 수 있는 권리
	저항권	-디지털 사회에서 국가권력에 의해 헌법적 기본원리가 침해당하고 다른 합법적인 구제 수단으로는 목적을 달성할 수 없을 때 가지는 국민의 권리
디지털 사회의 위협적 가치	대표성	-대의민주주의에서 민주적 대표성의 위기를 극복하고 민주주의를 강화하려는 방법으로 디지털 기술을 활용하여 많은 시민의 참여를 확대하여 대표성을 강화하려는 시도
	알고리즘 투명성	-인공지능 알고리즘의 결과 도출의 불투명성 문제를 해소하기 위한 노력 -알고리즘으로 나타난 민주주의와 알고리즘 지배(algocracy)가 가지는 의미에 대한 고찰 필요
디지털 사회에서 지향할 가치	디지털 사회적 자본	-신뢰와 호혜성의 규범, 수평적 네트워크로 구성된 무형의 공공재 -사회적 자본 형성이 민주주의를 강화하듯이 디지털 사회적 자본 선순환 효과로 민주적 가치를 풍부화

화의 선순환을 위한 디지털 사회적 자본을 마지막 가치로 제시한다.

1 디지털 참여권

참여는 전통적으로 민주주의와 떼려야 뗄 수 없는 관계이다. 실제 참여는 시민이 주인인 민주주의에서 가능한 것이다. 민주주의의 개념을 가장 잘 체계화한 링컨Abraham Lincoln의 게티즈버그 연설Gettysburg Address 중 "시민의, 시민에 의한, 시민을 위한 정치"는 참여가 민주주의에서 왜 중요한지를 알려주는 명언이라고 할 수 있다(이승종·김혜정 2011, 2-4). 즉 시민

에 의한 정치는 민주주의로 일반화되어 버바와 나이(Verba & Nie 1972)가 강조한 바와 같이, 참여가 낮으면 민주주의의 수준은 낮고, 참여가 높으면 민주주의의 수준이 높다는 명제는 현대에도 유효하다. 참여가 민주주의에서 중요한 이유는 대표성과 함께 시민참여로 공동체 내외부의 타인 교류가 생기고 사회공동체, 국가공동체의 참여 효능감과 공동체 주인의식이 향상되기 때문이다. 정치나 투표행위에 참가한다는 협의적인 개념이 아니라 사람들은 자발적으로 공동체에 참가하고 상호 간의 공통된 관심사를 논의하고 전체가 합의한 목적을 위하여 협동하는 법을 습득한다(이승종·김혜정 2011).

그러나 20세기 중반, 대의민주주의의 문제점이 드러나면서 시민참여와 권리가 제한되었다. 이로 인해 시민참여의 제약 요인으로 시민참여권은 약화하고 말았다. 결국, 절반의 주권을 가진 시민semi-sovereign people으로 전락한 시민은(Schattschneider 1960), 과거 루소가 지적한 바와 같이 투표일만 자유로운 시민으로 전락하고 말았다는 평가를 받게 되었다. 이런 상황에서 20세기 후반 디지털 기술은 봉인되었던 참여권을 확장시키는 계기가 되었다. 시대적으로 참여민주주의 이론의 발전과 함께 시민참여는 민주주의 국가에서 시대적인 흐름이 되었고, 디지털 기술은 참여를 위한 도구로 활용되었다. 인터넷을 위시한 디지털 기술 사용을 통해 시민은 정치정보 연계성을 강화하여 조직화와 동원을 할 수 있어 민주적 대표성과 책임성을 강화한다. 디지털 기술의 시민참여는 전자정부, 전자정당 등 공적인 정치 영역에서 정보를 공유하여 정치과정의 투명성과 책임성이 강화되면서 자연스럽게 민주성도 향상되고 있다.

디지털 시민참여 또는 참여권의 확대는 다양하게 나타나고 있다. 여기

BOX 8.1

UN의 전자정부 평가와 디지털 참여

UN은 디지털 사회에서 시민참여의 가치가 중요함을 인지하고 <전자정부 발전지수(E-Government Development Index)>와 <온라인 참여지수(E-Participation Index)>를 2년마다 평가하고 있다.

전자정부 발전지수는 전자정부 서비스의 우수성과 통신망·교육수준 등 활용 여건을 평가하고, 온라인 참여지수는 '정보제공', '정책참여', '정책 결정' 등 3개 세부 지표를 종합해 평가한다(UN 2021). 2020년 7월 발표된 전자정부 평가는 193개 UN 회원국을 대상으로 실시했는데, 한국은 온라인 참여지수는 1위(미국과 에스토니아 공동), 전자정부 발전지수는 2위에 랭크되었다. 1위는 덴마크였다. 한국은 2010-14년 기간 동안 전자정부 지표에서 1위를 기록하기도 했다. 디지털 사회의 민주에서 중요한 하위개념인 참여의 구성요소인 정보제공, 정책참여, 정책결정 등 3개 지표에서 만점을 기록했다(권수현 2020a).

전자정부 온라인 참여지수 상위 8개국

	순위		
한국	1		1.0000
에스토니아	1		1.0000
미국	1		1.0000
일본	4		0.9881
뉴질랜드	4		0.9881
오스트리아	6		0.9762
싱가폴	6		0.9762
영국	6		0.9762

대한민국 전자정부 온라인 참여지수 역대 순위

1위 1위 1위 4위 1위 1위

2010 2012 2014 2016 2018 2020

자료: 행정안전부; 권수현(2020a)에서 재인용.

에 더해 4차 산업혁명 디지털 기술의 진화는 다양한 차원에서 시민참여권을 강화하고 있다. 먼저, 정부 차원에서 디지털화는 국가행정과 정책 결정이 전자정부를 통해서 운영되어 시민참여를 독려하고 있다. 디지털 사회에서 전자정부는 일상화되었으며 최근 코로나19 팬데믹 상황에서도 정부 기능이 안정적으로 작동·유지되는 것은 그동안 구축한 전자정부 플랫폼도 중요한 역할을 했다. 따라서 국제기구 차원에서 디지털 사회에서 시민참여의 중요성에 주목한 것은 당연하다 할 수 있다. UN 등 국제적인 전자정부의 구축과 운영 실태를 측정하는 지표에서 시민참여지수가 중요한 측정지표가 되었다(UN 2021).

디지털 참여가 더욱 적극적으로 나타나는 것은 행동주의자들의 등장과 연계되어 있다. 디지털 기술과 네트워크를 이용한 '사이버 행동주의cyber activism'는 온라인 공간에서 청원이나 모금과 같은 관습적 참여만이 아니라 넷 스트라이킹, 이메일 공격, 해킹, 온라인상의 농성electronic sit-in과 같은 비관습적 참여까지 포함한다(장우영 2010). 이는 자율적인 요소들에 기반한 수평적 연계를 통해 분산된 네트워크를 활용한 시민의 목소리가 글로벌 이슈에서도 참여의 강화로 나타난 것이다. 최근에는 디지털 네트워크로 연계된 개인의 특성으로 참여권을 설명하기도 한다. 공동체적인 연계는 오프라인의 결속 형태가 아닌 네트워크를 기반으로 하는데 이것이 네트워크화된 개인주의networked individualism로 나타난다는 것이다(Wellman 2001). 시민들이 오프라인의 혈연·학연·지연과 같은 강한 결속력을 가진 참여가 아니라 느슨한 연계의 방식으로 공동체를 조직하고 참여한다(Rainie, Rainie & Wellman 2012). 단기적으로 느슨한 연계는 강력하지 못하지만, 오히려 지속성이 있고 다양한 정치·사회적 이슈에 대한 낮은 참여

BOX 8.2

디지털 시대, 참여권 확대

디지털 전환이 가속화되면서 각종 선거에서 시민의 참여를 확대하려는 움직임이 계속되고 있다. 이 중 가장 선진적인 움직임은 인터넷 선거운동과 선거자금 모금에 법적 제약이 없는 미국에서 시작되었다. 미국은 이미 인터넷 상용화 초기 홈페이지와 커뮤니티, 블로그 기반의 선거운동을 진행하여 많은 경험이 있다.

미국 대통령 선거 오바마 민주당 선거캠프가 주도한 빅데이터 선거 캠페인은 잘 알려진 사례이다. 선거 캠페인 센터로 소셜 미디어의 허브 격인 "마이버락오바마닷컴(myba-rackobama.com)"을 운영하여 지지자들이 자발적으로 개인정보를 공유하고 자원봉사자를 모집했다. 그리고 소셜 미디어를 이용한 지지 성원 글 남기기, 친구 소개하기 코멘트, 사진/비디오 포스트를 업로드하는 것을 독려했다. 오바마 캠프는 그 성과로 소액기부자를 모집하여 선거운동에 풍족하게 사용했다. 이 과정에서 그들은 클라우드 컴퓨터를 선거에 이용하여 유권자 분석에 사용했고 다양한 소셜 사이트 분석까지 진행하는 등 치밀한 전략을 수행했다. 여기에는 개인의 성별이나 나이, 주소, 투표 기록 등의 정보뿐 아니라 그들에 관련한 소비자 정보 역시 25% 포함되어 누가 온라인이나 우편으로 기부를 할 가능성이 있고 또 누가 자원봉사에 참여할 의사가 있는지 등을 예측하는 데 활용되었다(Lynch 2012).

2020년 미국 대선에서의 디지털 기술 활용은 더욱더 적극적이다. 디지털 최첨단 기술인 소셜 미디어와 4차 산업혁명의 메타버스(metaverse) 기술을 이용한 선거운동까지 등장했다. 메타버스를 활용한 민주당 바이든(Biden) 후보의 선거 캠페인은 디지털 시민참여를 촉진하기 위한 도구로 평가받고 있다.[2] 대선 당시 바이든은 메타버스 게임인 '모여봐요 동물의 숲'에 사이버 선거 캠프를 공개했다. 코로나19 팬데믹으로 대면 유세가 어려워지자 젊은 밀레니얼 세대가 이용하는 메타버스 게임 플랫폼에서 선거운동을 하기도 했다(고대영 2021).

마이 버락오바마닷컴

바이든 대통령 메타버스 사이버 캠프

비용으로 많은 사람이 결집할 수 있게 한다는 것이다. 이처럼 디지털 기술의 참여권은 다양한 영역에서의 시민참여를 확대해 준다.

정당과 선거 과정에서 디지털 기술의 활용은 시민참여를 더욱 확대하고 있다. 선거 캠페인에서 디지털 기술이 광범위하게 활용된 사례는 미국에서 나타난다. 2008년 민주당 대통령 후보로 출마한 오바마 후보는 당시 정치적 영향력이 낮았음에도 젊은 세대로부터 광범위한 지지를 받았다. 그 이면에는 '마이버락오바마닷컴mybarackobama.com'이라는 소셜 미디어 연계 플랫폼을 기반으로 혁신적인 캠페인을 시도했기 때문이라는 평가가 있다. 그들의 경험을 통해 이제는 전국적 네트워크를 통한 값비싼 광고가 아닌 신중하고 세밀하게 타겟팅되어 각 독자에게 전달되는 메시지가 훨씬 큰 효과를 발휘한다는 사실이 증명됐다(Lynch 2012).

이처럼 디지털 사회에서 참여권은 상위가치인 '민주'와 같이 공진화하면서 참여와 민주의 선순환 효과를 만들고 있다는 평가를 받고 있다. 4차 산업혁명의 디지털 기술이 고도화되면서 정치과정에서 디지털 기반 시민참여는 다양한 형태로 발전하고 있다. 인공지능과 소셜 미디어, 빅데이터를 이용한 디지털 민주 실험은 이미 다양한 형태로 발전하고 있으며 시민의 참여권을 확장하는 데 도움을 주고 있다.

---

2 메타버스는 어원적으로 가상과 초월을 뜻하는 메타(meta)라는 단어와 현실세계(universe)의 합성어이다. 오프라인이 아닌 온라인의 가상공간에서 정치·경제·사회·문화 활동을 할 수 있는 가상세계를 지칭한다.

2 디지털 저항권

집합행동으로서 시민참여와 함께 디지털 사회에서 주목받는 것은 디지털 저항권이다. 저항권이 공식적으로 등장한 것은 근대 민주주의 국가의 성립 이후라고 할 수 있다. 그렇지만 역사적으로 저항권에 대한 최초의 논의는 맹자孟子의 역성혁명론易姓革命論에서 연원을 찾아볼 수 있다.[3] 맹자는 유교적인 사상은 충과 의를 중시하지만 가장 근본인 백성을 잘 다스리지 못하고 폭정을 하고 인의를 해치는 군주는 스스로 그 통치의 권위와 정당성을 상실한 개인에 불과하며, 백성이 이에 저항하여 통치체계를 전복할 수 있다고 지적했다. 맹자의 이 사상은 사실 민이 근본이라는 그의 위민의식為民意識에 기초한 것이며, 위민을 구현하기 위해 부도덕한 군주를 몰아낼 수 있다고 생각한 것이다. 즉 백성이 나라의 근본이라고 하는 민본주의民本主義에 입각한 것이라는 점에서 오늘날 민주주의의 하위가치로서의 저항권과 가장 밀접한 관계가 있다고 할 것이다.

서양 사상에서 저항권은 계몽주의의 등장과 함께 발전했다. 민주주의에서 저항권의 논리적·개념적 근거를 제시한 이는 로크(로크 1996)이다. 로크는 자연 상태에서의 인간이 합리적이고 이성적인 존재로 보았다. 인간은 자율적으로 생존할 수 있지만, 장기적으로 인간은 자연 상태에서 불

---

3 제(齊)나라의 선왕(宣王)이 맹자에게 물었다. "과인이 듣기로는, 탕(湯)은 걸(桀)을 몰아내고 천자가 되었고, 무왕(武王)은 '주(紂)'를 쳐내고 천자가 되었다 하던데, 이것이 사실입니까?" 맹자가 답했다. "전해오는 기록에 그런 이야기가 있습니다." 왕이 말했다. "신하 된 자로서 제 임금을 시해한 것이 도리에 맞는 일이겠습니까?" 맹자가 말했다. "인(仁)을 해치는 자를 적(賊)이라 하고, 의(義)를 해치는 자를 잔(殘)이라 하며, 잔적한 이는 (왕으로서의 권위를 이미 상실한) 필부일 뿐이니, 무왕께서 '주'라는 자를 주살하였다라는 말은 들었어도, 임금을 시해하였다라는 말은 들어본 바 없습니다." 맹자집주 양혜왕장구(孟子集註 梁惠王章句) 하 제8장.

편함이 있을 수 있고 분쟁이 일어날 때만 법률과 재판, 중재 등을 수행할 시민정부를 구성하면 된다고 보았다(Locke 1988; 로크 1996; 서현진·이수정 2020, 80). 이에 로크는 천부인권과 권력 분립을 통한 안정적인 시민정부를 강조했다. 로크는 여기서 자유주의를 강조하며 저항권을 도입하였다. 민주주의 가치로서 저항권은 초법적이고 예외적인 힘을 행사하는 권력에 대한 저항과 권력이 남용되었을 때 시민이 이에 대해 저항할 수 있다는 것이다. 로크는 중세 말기 '국왕이 곧 국가'라고 칭해지던 절대 군주가 무소불위의 권력을 휘두르지만, 잘못된 권력의 행사에 대한 국민의 저항을 권리로서 인정했다. 즉 로크는 시민정부의 존재를 강조하였기 때문에, 시민이 위임한 권력의 남용에 대한 시민적 저항은 정당하다고 보았다. 로크의 저항권은 이후 시민의 권력 감시, 전제의 방지 장치로서 저항권의 성립을 가져왔으며 현대적인 의미로서 근대 자유주의의 이론적인 토대가 된다. 결과적으로 로크의 사상은 민주주의로의 이행 정당성을 강조하여 영국의 명예혁명과 18세기 미국과 프랑스 시민혁명의 중요한 사상적 도구가 되었다.

이후 저항권은 민주주의 국가에서 제도화되었으며 1789년 프랑스 대혁명 이후 작성된 〈인간과 시민의 권리선언Déclaration des droits de l'Homme et du citoyen〉의 2조에서 "모든 정치적 결사의 목적은 인간의 자연적이고 소멸될 수 없는 권리를 보전함에 있다. 그 권리란 자유, 재산, 안전, 그리고 압제에의 저항 등이다."로 명문화되었다. 그리고 1776년 미국 독립 과정에서도 시민의 권리선언으로 저항권은 명문화된다. 당시 미국의 버지니아, 펜실베이니아 등 각주의 헌법이 제정되면서 헌법에 명시되었다. 이후 20세기 들어 1946년 프랑스 헌법 초안, 1968년 서독연방개정헌법 등에 저항권이 포함되었을 정도로 현대 민주주의에서 중요한 가치가 되었다(서현진·이

수정 2020, 92-93).

　현대 민주주의에서 저항권이 주목받는 것은 권위주의 국가의 민주주의 이행 과정에서 나타난다. 일반적으로 저항권은 모든 국가권력에 저항한다는 무정부주의적인 견해가 아니라 시민을 억압하고 시민권을 침해했을 때 시민들의 인권과 민주주의를 수호하기 위한 최후의 수단으로 저항권이 부여된 것이다. 따라서 저항권은 권위주의나 독재를 위해 행사하는 것이 아니라 민주주의 이행·공고화 과정에서 시민권을 지키기 위한 기본권으로 인정받고 있다.[4]

　디지털 사회에서 저항권이 주목받는 것은 민주주의 이행 과정에서 디지털 기술을 이용한 시민 저항권이 활발해지기 때문이다. 디지털 사회에서의 저항권은 과거 산업사회의 그것과 달리 인터넷과 소셜 미디어, 스마트 기기로 무장한 시민이 더 효율적으로 저항적인 집합행동을 할 수 있다. 권위주의에 저항하는 시민들이 물리력의 한계를 극복하고 저항운동을 전개할 수 있었던 것은 네트워크 연계성의 위력 때문이다.

　21세기 디지털 기술의 확산으로 다양한 유형의 저항권이 나타나고 있다. 라인골드(라인골드 2003)는 디지털 사회에서 영리한 군중smart mobs이 사회에 적극적으로 참여하여 사회변화를 주도할 것이라고 강조한다. 그는 산업사회에서는 군중이 수동적인 존재였지만, 디지털 사회에서는 여론을 형성하고 참여하는 디지털 사회운동 세력이 영리한 군중이라고 지적한다. 라인골드는 무엇보다 영리한 군중을 디지털 네트워크를 형성해 정치·경

4　한국의 경우 헌법의 조항에는 저항권이 규정되지는 않았지만, 전문에 '우리 대한국민은 3·1운동으로 건립된 대한민국임시정부의 법통과 불의에 항거한 4·19민주이념을 계승' 한다는 문구를 통해 저항권 명시를 대신하고 있다.

제·사회 문제에 저항권을 행사하는 시민으로 평가한다. 대표적인 사례가 2001년 필리핀 에스트라다 대통령에 대한 저항운동이다. 당시 시민들은 휴대전화 문자메시지 "검은 옷을 입고, 에피파니오 데 로스산토스 거리로 가라Go2EDSA, Wear black"등을 전달하며 부패한 에스트라다 대통령에 저항했다. 이에 순식간에 문자로 소통한 시민들이 100만 명이 넘게 집결하였고 이들의 저항적 시위는 계속되어 결국 대통령이 물러나게 되었다. 이는 디지털 저항 무기를 이용하여 잘못된 정치권력을 퇴진시킨 유명한 사례이기도 하다. 그리고 시애틀 반反 세계화anti-globalization 운동 등 다양한 이슈에 대한 기존 권력에 저항하는 현명한 군중의 등장은 디지털 사회의 중요한 특징이라고 할 수 있다.

그리고 다이아몬드와 플래트너(Diamond & Plattner 2012)는 디지털 기술 특히 소셜 미디어를 이용한 권위주의 정부에 대한 저항의 하나가 아랍의 봄Arab's spring이라고 지적한다. 이들은 부패한 권위주의 정권이었던 튀니지와 이집트 등에서 촉발된 아랍의 봄을 기성 권력의 잘못에 대한 시민권을 지키기 위한 저항이라고 평가했다. 시민운동 차원에서 생존권과 자유권을 얻기 위해 저항적으로 나선 시민들은 결국 권위주의 정권을 퇴진시키고 새로운 정부를 구성하는 데 성공했다. 당시 시민들은 소셜 미디어를 적극적으로 활용하여 '페이스북 효과Facebook effect'로 불리기도 했다. 서키(Shirky 2011) 역시 소셜 미디어를 비롯한 디지털 기술을 참여와 집합행동의 기술로 평가하면서 독재 권력에 저항한 시민들의 디지털 저항권을 새로운 시대의 흐름이고 민주주의를 이행·공고화하는 데 중요한 요소로 보았다. 그는 디지털 기술은 민주화운동에서 정부의 감시와 통제를 우회하여 시민참여와 저항 공론장을 구성했고, 시민들의 디지털 저항권으로

BOX 8.3

홍콩 우산혁명(2014)과 범죄인 인도법 반대(2019)

2014년 홍콩 시위는 우산혁명(雨傘革命)으로 불린다. 4월 22일 홍콩에서 24개 대학교 학생들이 2017년 홍콩 행정장관직 입후보에 아예 반중(反中) 인사 출마가 힘들어지게 제도를 바꾼다는 조치에 반발해 동맹휴업이 시작되었다. 동맹휴업은 학교를 넘어 시내로 확산하였고, 28일에는 중심가를 학생들과 시민들이 점거하면서 본격화되었다. 당시 학생들은 중국 정부의 민주주의 원칙에 어긋나는 선거권 제한에 반발해 저항을 시작했다. 무엇보다 학생들과 시민들은 자신들의 목소리를 전 세계에 전달하기 위하여 소셜 미디어를 활용하여 홍콩의 상황을 알리고, 이번 시위가 정당한 홍콩 민주주의 운동이라고 호소했다. 홍콩경찰의 과도한 진압 과정은 온라인으로 생중계되었고 홍콩 민주화운동 정보가 세계로 확산되었다. 이에 전 세계에서 지지 시위가 확산하여 1997년까지 홍콩을 지배했던 영국 런던 중국대사관에서는 시민 약 3,000명이 시위를 했다. 그리고 미국에서는 주로 중국계 인구가 많이 거주하는 뉴욕과 시카고, 샌프란시스코 등에서 반대운동이 진행되었다.

이후 치러진 선거에서 시위를 주도했던 시민대표가 다수 의원으로 당선되었다. 하지만 냉각기가 지나고 2019년 홍콩 범죄인 인도법 반대를 둘러싸고 또다시 시위가 확산하였다. 범죄인 인도법은 사생활과 언론의 자유를 침해하고 중국이 한 국가 두 체제라는 일국양제(一國兩制)를 무시하여 홍콩의 자율성을 인정하지 않고 인권을 침해할 소지가 있다고 시민들이 다시 분노한 것이다. 무엇보다 이 법은 시민의 자유를 제한하고 중국 정부에 반대하는 민주화 인사를 처벌할 수 있는 근거가 된다고 반대했다. 디지털 도구를 이용한 시민들의 저항은 곧바로 시위 과정에서 각종 정보를 전달하고 시위운동의 방향성을 논의하는 온라인 공론장이 되었다. 시위 과정에서 홍콩 시위대는 유튜브, 인스타그램, 페이스북 등의 디지털 기술을 이용해 전 세계 시민들로부터 지원금을 모금했다. 그리고 모금된 거액의 지원금을 활용해 주요 언론사에 홍콩 민주화 시위 지지 광고를 게재하는 등 전술적으로 활용하기도 했다(연합뉴스 2019년 8월 20일).

자료: 경향신문(2014년 12월 26일).

표출되었다고 논의했다.

한국에서도 다양한 시민 저항운동에서 디지털 기술이 활용되고 있다. 2016-17년의 박근혜 전 대통령 탄핵 촛불집회와 이에 반대하는 태극기집회에서는 소셜 미디어와 유튜브 등이 중요한 저항의 도구가 되었다(송경재 2018). 그리고 2019년 혜화역 시위로 알려진 여성권 저항운동도 소셜 미디어와 사이버 커뮤니티가 발화점이 되었다. 이처럼 시민운동과 저항운동 차원에서 디지털 기술은 이제 없어서는 안 될 중요한 조직화와 동원의 도구가 되었다(정한울·송경재·허석재 2019).

디지털 기술을 활용한 저항권의 등장은 시민의 참여를 확대하고 스스로 목소리를 형성하여 독재와 권위주의에 대해 저항한다. 이런 현상에 대해 카스텔(Castells 2009)은 디지털 기술이 민주주의와 시민저항, 참여의 무기라고 평가하기도 했다. 디지털 사회의 가치로서 저항권은 과거와 달리 일국 차원에서 진행되는 한계를 벗어나 글로벌 네트워크를 구축할 수 있다는 장점이 있다. 실제 2011년 아랍의 봄 과정에서 중동 지역의 시민들과 학생들은 소셜 미디어를 이용하여 국제적인 지지를 얻을 수 있었다. 이에 권위주의 정권이 쉽게 물리력을 동원하지 못하도록 국제기구와 해외 국가들의 감시를 촉구하여 저항적인 연대 네트워크를 형성하기도 했다.

3　디지털 대표성

민주의 중요한 가치 중 하나는 대표성representation이다. 대표성은 민주라고 하는 우리 사회의 가치가 정당성legitimacy을 부여받는다는 차원에서 매우 중요하다. 민주주의를 구현하기 위한 민에 의한 직접 지배를 실현하기 어려운 조건에서 대표자들에게 위임하는 대표성 문제는 민주주의의 내용적·실질적 측면에서 매우 중요한 가치이다. 이처럼 민주주의 가치에서 중요한 대표성이지만, 역으로 대표성은 민주주의의 위기를 초래한 원인으로 지목되고 있다.

알려져 있다시피 고대 그리스 아테네 민주주의는 성인 남성만이 직접 참여한 민주주의였다. 일부 추첨을 통한 공직이 부여되었지만, 기본적으로 아테네 민주주의는 시민이 스스로를 대표하여 발언하고 정치할 수 있는 권리를 가지고 있었다. 이런 아테네의 직접민주주의는 오늘날 대의민주주의와 본질적으로 다른 특징이 있다(마넹 2007, 25). 아테네에서는 민회에 참가하는 모든 시민이 스스로 대표되었기 때문에 대표성의 문제는 적었다. 물론 현대 민주적 가치 차원에서 여성, 외국인을 제외했다는 점에서 아테네의 민주적 대표성은 비판받을 것이지만 당시 사회 조건에서 성인 남성이 스스로 대표하는 정체로서 직접민주주의가 가능했다.

그러나 아테네가 역사의 뒤안길로 사라지면서 민주주의는 근대 이후까지 구현되지 못했다. 일부 중세 도시국가에서 공화정이 유지되었지만, 전면적으로 민주주의적 가치에 의해 작동되었다기보다는 기존 왕정과 대비되는 형태의 귀족정과 참주정 등의 다른 형태에 불과했다. 이후 근대 국민주권이라는 개념이 보급되면서 본격적으로 민주주의는 발전하기 시작한다. 하지만 18세기 사회는 중세와 달리 인구가 늘어나고 영토의 규모가 커지면서, 직접민주주의가 작동하기 어렵게 되고 이에 등장한 것이 국민의 대표를 선출하여 정치를 맡기는 방식인 대의민주주의representative democracy였다. 중세를 지나 근대로 진입하면서 다시 등장한 민주주의는 아테네 민주주의를 규정했던 '모든 시민은 평등하고 자유롭다'라는 핵심 가치를 이

어받았고, 이를 구현하기 위하여 선거를 통해 대표를 선출하고 선출된 대표가 지배하는 대의민주주의를 정치체제로 선택했다(권수현 2020b, 24). 이에 미국의 건국의 아버지 중 하나이며 2대 대통령인 애덤스John Adams는 직접민주주의가 아닌 선거를 통한 대표의 통치가 매우 중요하다고 강조했다. 그는 통치자와 피치자가 질적으로 다르고 가장 중요하게 영토가 광대하고 인구가 많은 경우 최고 인물로 이루어진 소수집단이 전체를 대신해야 한다고 주장했다(판 레이브라우크 2016; 서현진·이수정 2020, 171에서 재인용).

그러나 20세기 들어 대두된 민주주의의 위기는 바로 대표성 문제에서 시작된다. 대표성은 오히려 현대 민주주의 퇴행의 한 원인으로 지목되고 있다. 대의민주주의 정치 생활에 직접 영향력을 행사하는 입법과 정책 결정 과정에서 시민 의사와 요구를 대변할 수 있는 대표성의 문제가 드러난 것이다. 무엇보다 선거 시기 투표자와 유권자의 의사를 대의할 대표자가 제대로 선출되었는가의 문제까지 드러나면서 민주주의의 위기로까지 지목하고 있다(최장집 2010; 최장집·박찬표·박상훈 2007; 이지문 2016). 민주주의의 가장 중요한 원칙이 대표성이지만 실제 현실정치에서의 대표성은 전체 유권자인 국민이 아니라 소수집단만을 대표하고, 이마저도 성별·세대별·지역별로 주권재민의 원칙이 구현되지 않는다는 비판이 제기된 것이다. 따라서 정치적 대표성의 관점에서 보면, 기술적descriptive 대표성이 확립되어야 하며, 이는 실질적 대표성 문제와 연계되어야 한다(이지문 2016, 116-117). 현대 민주주의의 실현체로서 대의민주주의가 대표성을 바탕으로 발전했지만, 오히려 그 대표성이 부족하여 일부 집단의 과대 대표, 또는 과소 대표되는 한계에 빠져버린 것이다. 이는 이른바 '민주주의 위기'로 지적되었으며, 핵심은 '대표성의 위기'이다.

이 조건에서 등장한 디지털 기술은 대표성의 위기를 해결하기 위한 기제mechanism로 주목받았다. 인터넷을 필두로 디지털 기술이 일상에서 보편적으로 사용되면서 디지털 기술의 정치 현상이 일상화되고 대표성을 확대하기 위한 다양한 시도가 전개되었다(Barber 1984). 학자들은 시민참여와 대표성의 결합이 대의민주주의의 대표성을 강화할 것이라 전망했다. 오프라인 정치과정이 디지털 네트워크를 통해 이루어지고, 저렴한 거래비용으로 시민이 정치에 참여할 기회가 확대되었다(Castells 2009; 라인골드 2003). 변화는 민주주의 대표성 약점을 디지털 기술로 보완하기 위한 다양한 시도로 연계되었다. 임혁백(2000)은 대의민주주의의 위기를 민주적 대표성과 책임성의 약화라고 지적하고 이를 보완하기 위한 참여민주주의, 결사체 민주주의, 디지털을 이용한 민주주의의 보완이 필요하다고 강조한다.

디지털 기술을 이용하여 대의민주주의 대표성 강화를 위한 시도는 2단계로 구분된다. 첫 번째 단계는 시민참여의 확대 수단으로 디지털 기술을 이용하는 것이다. 초기 디지털 기술 활용의 정치과정에 주목한 사회과학자들은 정치 커뮤니케이션의 확대, 낮은 참여의 거래비용, 디지털 기술 사용자의 확대로 참여 자체를 확대하여 대의민주주의의 대표성 약화를 보완할 것을 강조했다(Chadwick 2006; Shirky 2011 등). 즉 대표성의 약점을 보완하기 위하여 제한된 참여를 넘어 강화된 참여를 통해 대표성을 강화하려는 시도이다. 상호작용적인 커뮤니케이션으로 네트워크의 활용은 정당, 사회운동, 이익집단과 미디어만이 아니라 지역·국가·지구적 수준의 거버넌스 기관들과 시민의 연계가 가능하게 된다. 이를 통해 공적 생활에서 시민이 주도적으로 참여하여 주류 정치에 소외된 집단의 과소 대표 문제를 해결할 수 있는 단초를 제공한다. 디지털 기술을 단순히 정치와 행정과정에 적용하는 것이 아니라, 수동적인 입장이었던 시민들의 정치 참여 기회를 확대해 대표성을 강화하겠다는 것이다.

두 번째 단계는 디지털 사회가 고도화됨에 따라 대의민주주의의 대표성이 단순한 참여의 양적인 증가만을 의미하는 것이 아니라 책임 있는 참여가 확대되어야 한다는 논의도 등장하고 있다. 무엇보다 대의민주주의에서 소수의 의견이 다수에 의해 무시되는 문제는 대표성 차원에서 심각한 민주주의 왜곡의 원인이 된다. 이런 시도에 대해 참여를 확대하는 것과 함께 질 높은 참여를 유도하는 것이 중요하다는 힐버트(Hilbert 2009)와 일군의 연구자들은 디지털 민주주의 논의를 새롭게 제시하고 있다. 그는 단순하게 참여의 양을 늘리는 것과 함께 디지털 기술을 이용하여 대표성을 향상시키고 시민들이 정책 결정에 참여를 많이 하게 만들어야 한다고 주장한다. 이러한 과정에서 디지털 민주주의가 강화되고 대표성의 문제를 줄일 수 있다고 강조한다(송경재 2021a에서 재인용).

이처럼 디지털 민주주의는 대의민주주의의 대표성 약화를 위한 방법으로 제시되고 있다. 디지털 기술이 고도화되어 소셜 미디어와 스마트 기기의 사용이 증가하는 것은 시민이 정치에 참여할 수 있는 도구를 손안에 가지게 된다는 점에서 참여의 진입장벽을 낮출 수 있다. 디지털 기술은 참여의 확대를 통한 시민 대표성 강화에만 머무르는 것이 아니라 책임 있는 참여를 통한 민주주의의 심의성을 강화하는 방향으로 진화하고 있다. 이를 임혁백 등(2017)은 디지털 기술을 활용한 혼계형 민주주의heterarchy democracy라고 지적하고 대표와 시민참여가 결합된 형태의 민주주의를 제시하기도 한다. 또 탭스콧과 탭스콧(탭스콧·탭스콧 2017)은 4차 산업혁명 기술이 고도화되면서 블록체인과 인공지능은 분권화된 시스템을 활용하여 시민의 의사를 직접 정치나 행정과정에 투입하려는 디지털 민주주의 실험도 증가하고 있다고 지적한다. 이는 대의민주주의하에서 동맥경화 상태에 있는 시민들의 대표성을 강화하고 참여적인 디지털 민주주의 실험이라 할 수 있다.

정치과정에서 디지털 기술이 민주주의 대표성을 강화한 사례는 2010년 아이슬란드Iceland 전 국민 참여 헌법 개정 과정이다. 물론 아이슬란드가 인구 34만 명에 불과한 국가라는 점 때문에 직접민주주의가 가미된 헌법 개정이 가능했지만, 여기서 디지털 기술은 시민들이 다수가 참여할 수 있는 좋은 방법이었다. 이 방식은 디지털 기술과 접목되어 시민이 직접 참여하여 대표성이 강화된 개헌 실험으로 평가받고 있다(신헌철 외 2016). 올드(Old 2020)는 팬데믹으로 정상적인 대면 정치과정이 힘들어지면서 민주주의가 위기에 직면했으나, 디지털 기술 선진국을 중심으로 비대면 선거운동과 정치 활동이 정상화되면서, 가뜩이나 왜곡될 수 있는 대표성 약화 문제가 완화되었고, 다수의 참여가 가능한 선거가 정상적으로 진행되고 있음에 주목한다(송경재 2020b).

그러나 디지털 기술이 고도화되었음에도 여전히 정보격차digital divide는 쉽게 개선되지 못하고 있다. 디지털 신기술의 등장이 인간의 인식론적 적응 속도를 능가하기 때문에 정보격차는 해소되기보다는 부분적으로 강화될 것이라는 조심스러운 전망도 있다. 이에 따라 정보로부터 소외될 수밖에 없는 취약 계층은 디지털 사회에서 정치적 대표성을 상실할 수도 있다. 실제 디지털 기술이 수평적인 민주주의보다 데이터를 기반으로 하는 정치 분열과 참여격차를 심화시킬 가능성도 있다. 윌리엄스(윌리엄스 2018, 180-181)는 챗봇이나 인공지능을 활용한 가짜뉴스로 인한 잘못된 선택으

BOX 8.4

디지털 대표성 강화를 위한 플랫폼, 루미오(Loomio)

디지털 기술을 이용해 시민의 대표성과 참여를 확대하려는 많은 시도 중에서 루미오가 주목을 받았다(Jackson and Kuehn 2016; 송경재 2019). 루미오는 2011년 월가 점령시위(Occupy Wall Street)와 연대하는 뉴질랜드 웰링턴 집회에서 벤 나이트(Ben Knight)와 리처드 바틀릿(Richard Bartlett)이 고안했다. 루미오는 오픈소스 프로젝트 (open source project)로 월가 점령시위 과정에서 민주적 협업 과정과 민주주의를 위한 디지털 기술을 개발하려고 시작되었다. 2011년 11월 15일 첫 미팅을 시작으로 전 세계의 다양한 참여자들의 토론과 심의를 통해, 대표성을 강화하려는 디지털 민주주의 플랫폼으로 개발되었다. 루미오 프로젝트가 주목하고 있는 것은 다수의 참여와 의사결정과정의 민주성과 대표성의 강화이다. 게시판과 마찬가지로 주제글을 등록하고 사람들이 댓글을 달면서 그 주제에 대해 논의하고 필요하면 투표를 통해 결정을 할 수 있는 방식이다 (Krause 2015; 이진순 외 2017, 140; 루미오 홈페이지 https://www.loomio.org/g/WmPCB3IR/loomio-community; 송경재 2019에서 재인용).

자료: 루미오 https://www.loomio.org (검색일: 2021년 11월 16일).

로 유권자들의 정치 참여와 대표성이 왜곡될 수도 있음을 지적한다. 샤퍼 (Shaffer 2019)는 최근 미국 대선 과정에서 만연하고 있는 가짜뉴스의 문제점은 단순히 허위정보의 확산에만 그치는 것이 아니라 정치에 관심이 있는 유권자들의 대표성을 왜곡시킬 수도 있다는 점에서 심각하다고 지적한다.

그렇지만 일부 부정적 전망도 있지만, 디지털 기술을 활용한 대표성의 강화 시도는 시민 참여적이고 심의를 강화하는 영역으로 발전할 수 있다는 점에서 디지털 사회에서 중요한 실험이 될 것이다. 대의민주주의에서 대표자에 의존했던 방식에서 국가의 중요한 결정 과정에서 디지털 기술을 이용하여 시민 스스로가 직접 참여하는 방식으로 대표성이 강화될 수 있을 것이다.

4   알고리즘 투명성; 알고리즘 민주주의, 알고리즘 지배

디지털 사회의 중요한 가치 중의 하나인 민주는 4차 산업혁명 인공지능과 알고리즘의 발전으로 새로운 전환기에 직면했다. 4차 산업혁명은 과거와는 차원이 다른 사회혁신의 패러다임을 제시하며 디지털 전환으로 불리는 아날로그에서 디지털로의 변환을 가속화하고 있다. 여기서 주목받는 것이 바로 알고리즘 민주주의algorism democracy 또는 인공지능 민주주의 artificial intelligence democracy의 등장이다.[5] 알고리즘 민주주의는 컴퓨터 프로그램으로 작동하는 기계에 의한 지배로 학계에서 논의된 지는 얼마 되지 않지만, 민주주의와 정치이론에서 중요한 연구주제가 되었다. 무엇보다 포스트 휴먼 사회에서 새로운 통치체제에 대한 고민이 디지털 기술과 결합하여 알고리즘 민주주의로 구체화되고 있다.

---

[5]   컴퓨터 용어인 알고리즘은 문제를 해결하기 위한 절차나 방법인데, 최근 일반적으로 사용되면서 '인공지능 알고리즘', 또는 줄여서 '알고리즘'으로 사용되기도 한다.

사실 인공지능 알고리즘은 디지털 기술과 뇌과학, 신경과학, 데이터 과학 발전의 산물이다. 인공지능에 관한 아이디어는 1950년 영국 맨체스터 대학교의 앨런 튜링Allen Turing이 발표한 "계산기와 인간지능Computing Machinery and Intelligence"이라는 논문에서 컴퓨터가 스스로 생각할 수 있을 것인지에 대한 증명 방법을 제시하면서 구체화되었다(테크니들 2019, 25-26; 송경재 2021b). 인공지능은 컴퓨터를 이용하여 마치 인간의 뇌와 같은 신경망을 구축하고 학습, 추론, 지각, 자연 언어 이해 능력 등을 구축하여 컴퓨터 프로그램으로 실현한 알고리즘으로 정의할 수 있다.

인공지능 알고리즘이 정치에 적용되기 이전에 우리 사회 전반에 알고리즘은 깊숙이 침투해 있다. 대표적으로 비즈니스 영역에서 이용은 우리의 상상을 넘어서고 있다. 알려져 있다시피 인공지능 면접은 구글이나 아마존, 페이스북 등 많은 ICT 기업들이 적용하고 있고, 빅데이터 기술과 연계하여 알고리즘과 미래 예측을 기반으로 마케팅과 신제품 개발에 활용하고 있다. 의학 분야에서도 잘 알려진 IBM 왓슨을 필두로 인공지능은 인간과 협업하여 환자를 진단하거나 MRI, CT 등의 정밀 해석에 도움을 주고 있다. 법률 서비스 차원에서는 판례와 법조문 비교 등에 인공지능이 활용 중이다. 특히 한국 국회에서는 법안 심사와 처리 과정 그리고 법제 관련 자료와 의정활동 전반을 빅데이터화하여 인공지능을 활용할 계획이다. 교육 차원에서도 미국 MIT는 AI 칼리지를 설립할 정도로 인공지능 분야에 투자를 많이 하고 있다. 복지 분야에서는 노인병원과 요양시설에서 사용되고 있으며, 장애인을 도울 수 있는 인공지능 로봇도 현실화하고 있다.

사회 전반의 인공지능과 알고리즘 기반의 디지털 전환은 정치 영역에도 확산되고 있다. 인공지능과 빅데이터 알고리즘의 정책 활용, 소셜 미디어가 민주적 여론과 선거에 미치는 영향, 인공지능 정치인 등 다양한 영역에서 알고리즘 민주주의가 실험 중이다.

그러나 다른 한편에서 연구자들은 알고리즘에 의한 지배algocracy와 민주주의의 왜곡을 경계한다. 2021년 현재 인공지능의 정치적 활용 수준을 구분하면 세 가지로 구분되는데, 전 세계적으로 첫째, 인공지능 정치인 또는 정치·행정 인공지능 도우미, 둘째, 알고리즘 정책결정 인공지능, 셋째, 알고리즘 또는 인공지능을 통한 지배의 가능성이다.

첫째, 인공지능 정치인은 2017년 개발된 뉴질랜드의 샘SAM과 로봇 대통령인 로바마ROBotic Analysis of Multiple Agents가 대표적이다. 샘은 정치토론 챗봇chatbot 정치인이다. 샘은 페이스북 메신저와 연결되어 복지, 인구구조 변화, 기후 변화 대처방안 등을 시민들과 토론하고 있다. 또 개발자인 벤 괴르첼Ben Goertzel은 2015년부터 인공지능 로봇 대통령인 로바마(버락 오바마와 로봇의 이름을 결합)를 개발 중이다. 에스토니아에서 2015년에 도입한 인공지능 '노라Nora'와 '한스Hans'는 의원을 지원하기 위한 정보 분석, 법안 분석, 번역, 여론 파악 등을 담당하고 있다(박영숙·제롬 글렌 2020; 송경재 2021b). 둘째, 정책결정과정에서의 인공지능 활용도 널리 보급되고 있다. 네바다주 보건당국SNHD에서는 식중독 예방에 인공지능 알고리즘, 일본의 지속 가능한 지역 발전 전략 수립 과정에서의 정책결정 인공지능은 아직은 낮은 수준이지만 단순 행정과정의 도우미 역할보다는 중요한 기능을 수행한다(송경재 2021b). 알고리즘 민주주의에서 더욱 논란은 셋째, 알고리즘을 활용한 정치적 악용과 왜곡 문제이다. 아직은 인공지능의 정치적 활용이 호기심과 단순한 보조업무에 약한 인공지능 단계weak AI이지만 이미 그 능력은 놀랍다. 그러나 단지 강한 인공지능 단계strong AI가 아니라고 해도 알고리즘과 인공지능은 현재 수준에서도 인류가 그동안 축적한 디지털 사회의 가치로서 민주주의를 심각하게 훼손할 수 있다는 점은 우려스럽다.

무엇보다 권위주의 국가에서의 알고리즘과 인공지능의 발전은 기계에 의한 통치라는 우려감이 들 정도이다. 실제 권위주의 정부에서는 알고리즘을 이용하여 민주주의를 강화하는 것이 아니라 민주주의를 위협하고 있다. 안면인식 기술은 기존의 단순한 보안기술보다 복합적으로 본인을 인증할 수 있다는 점에서 인공지능 알고리즘 발전과 함께 주목받았다. 그리고 안면인식 기술과 인공지능 알고리즘의 결합은 치매 실종자 수색, 교통사고 도주 차량 검거, 범죄자 밀입국 방지를 위한 좋은 기술로 인식이 되었다. 하지만 안면인식 기술은 중국에서 확인되지만, 정부 주도로 인공지능을 통한 감시와 통제를 강화하고 있다. 중국의 전 국민 감시 시스템인 텐왕天網은 알고리즘이 민주주의에 직접적인 위협을 가할 수 있음을 보여준다. 텐왕은 신용 등급부터 온라인 이용 내역까지 평가되어 항공기, 고속철 탑승, 대학 입학 등 중국민 생활 전반을 구속하는 데 악용되고 있다.

알고리즘의 민주적 가치의 왜곡은 민주주의 국가에서도 나타난다. 넷플릭스Netflix에서 방영한 다큐멘터리 '알고리즘의 편견'은 디지털 사회에서 알고리즘이 차별과 불평등을 만들 수 있음을 경고한 방송이다. 인공지능 알고리즘 안면인식 기술은 흑인에 더욱 편파성을 보였고 여성도 제대로 인식하지 못하는 것을 알려주었다. 이에 대해 연구자들은 실제 알고리즘을 설계한 사람이 실리콘밸리 백인 남성이라는 특정 계층이기 때문에 백인과 남성 위주의 편견과 차별이 들어갔다고 분석한다(송성훈 2021). 구글 애드센스는 흑인 이용자에게 범죄기록 조회 광고를 25% 더 노출했다.

그리고 알고리즘으로 추출되는 구글 검색엔진에서도 여성이 남성보다 고임금 직업에 노출될 빈도가 1/6 수준에 불과했다.

디지털 사회의 가치로서 알고리즘 민주주의가 자칫 알고리즘에 의한 지배, 알고크라시로 악용될 가능성이 있다. 인공지능 알고리즘 기술이 기득권과 지배층의 입장을 강화하여 정교하고 교묘한 통치 기술로 악용될 수 있다는 것이다. 알고리즘 설계 과정에서 데이터의 투입과 알고리즘 적용은 중요하고 특히 데이터 기반 학습 과정은 알고리즘의 기계학습을 통해 의사결정이 정립된다. 여기에 우선순위, 상황, 필터링 등을 부여하는 것은 결국 인간이기 때문에 기득권층과 지배층에 의해 알고리즘이 악용되었을 때 디지털 사회는 차별적인 정치 공간으로 변질되고 말 것이다(민희·김정연 2019). 결국 알고리즘은 울리와 하워드(Wooley & Howard 2016)가 경고한 바와 같이 민주적으로 활용되는 것이 아니라 사회통제와 여론을 왜곡시키는 도구가 될 수도 있다. 실제 알고리즘에 의한 통제인 알고크라시와 디지털 독재 또는 권위주의로의 회귀를 우려하는 시각도 있다. 런시먼(Runciman 2018)은 알고크라시가 민주주의와 함께 개인의 자유를 결정적으로 침해할 것을 우려한다. 실제 알고크라시는 공공의 의사결정과정에서 그동안 진행된 정치과정과 정책결정과정의 정당성과는 다른 방향의 해법을 제시할 수 있는데 그것이 공동체의 이해관계를 조정하는 데 있어 모든 변인을 반영했는지에 대한 합의가 쉽지 않을 수 있다. 알고리즘이 다수가 아닌 소수 엘리트 계층에게 통제권이 부여된다면 과거 엘리트 민주주의의 디지털 버전으로 회귀하는 것이기 때문이다. 또 캐시 오닐Cathy O'Neil은 빅데이터가 취약 계층의 불평등을 심화하고 민주주의를 위협하는 사례가 증가하고 있다고 비판한다(오닐 2017). 이러한 왜곡은 정치적인 면에서도 가능한데 페이스북 연구진은 '투표 메가폰' 캠페인을 통해 34만 명의 유권자가 투표에 더 참여할 수도 있음을 확인했다.[6] 이 수치는 미국 한 주의 전체 선거 결과뿐 아니라 전국적인 선거에도 영향을 미칠 수 있는 결과이다. 그런 차원에서 미래 디지털 사회의 알고크라시와 데이터 엘리트 집단의 권위적 지배에 대한 경계심을 늦추지 말아야 할 것이다(손현주 2019). 물리학자 스티븐 호킹Stephen W. Hawking의 사후 출간된 『호킹의 빅퀘스천에 대한 간결한 대답』에서도 인공지능 알고리즘의 위험성을 심각하게 경고한다(호킹 2019). 인공지능이 비약적으로 발전해 인간을 뛰어넘는 시기인 특이점 singularity에 이르러 강한 인공지능strong AI으로 진화한다면, 단순히 민주주의라는 인간 공동체의 약화가 아니라 인류를 멸종으로 내몰 수 있는 요인으로까지 지적하기도 했다.

그런 맥락에서 알고크라시와 디지털 권위주의를 억제하기 위한 균형과 견제의 민주주의 정치의 본령을 다시 한 번 되새길 필요가 있다. 디지털 기술을 악용한 권위주의적 정책결정권자가 정보제공자가 되어 여론을 조작하거나, 시민감시 도구가 되지 않게 사회적 공론 형성과 확고한 정치 제도화를 해야 할 것이다. 이 제도화의 과정은 민주주의가 고안되고 설계되었을 때와 마찬가지로 많은 논의와 고려사항, 혼란이 요구될 수도 있지만, 위험한 민주주의를 예방하기 위한 과정으로 이해해야 할 것이다.

한 가지 긍정적인 점은 현재 학계와 정치권, 시민사회 모두 디지털 기술

---

6 페이스북 연구진들은 미국 의회선거 당일 투표에 참여한 페이스북 이용자가 '나는 투표했다'는 게시물을 올리면, 친구들의 뉴스피드에 해당 게시물이 우선적으로 노출되도록 알고리즘을 조정했다. 그 결과 투표일에만 6100만 명의 페이스북 사용자가 게시물을 올렸고, 이에 영향을 받은 다른 이용자들도 투표 인증을 했다(오닐 2017).

의 민주주의에 미치는 부정적 영향을 인지하고 있다는 것이다. 과거와 달리 현명한 시민이 디지털 민주주의의 적이 될 수 있는 시나리오가 나와 이에 대응할 방법도 고민이 시작되었다는 점이다. 그런 차원에서 우리가 우려하는 국내 정치과정에서의 알고크라시와 시민 감시와 통제 시도는 사회적 합의가 어려워 쉽게 법·제도적으로 도입되기는 어려울 수 있다. 정치는 다른 생각을 하는 집단과 협상과 타협을 통해 양보하고 협의하는 이해조정의 과정이 중요한데 알고리즘이나 디지털 기술이 이 과정을 수용하기는 아직 사회적 합의라는 과제가 있기 때문이다. 문제는 민주주의 국가가 아니라 권위주의 국가에서 일방적으로 알고크라시와 시민 통제 기술을 적용했을 때의 위험성이다.

결국 알고크라시나 디지털 기술의 민주주의 퇴행은 디지털 영역에서의 해결도 중요하지만, 현실공간에서의 민주주의의 수준과 연결되어 있다. 반면 민주주의 국가에서도 우려는 있지만, 일부 인간의 지적 능력의 부족함을 채워주는 영역에서 인공지능 활용은 점차 늘어날 수도 있다. 정치에서 법안 정보의 제공이나 정책결정의 선택지를 제공하고, 실제 민원인과 상담하는 낮은 수준에서의 정치적 활용은 점차 확대될 것이다. 아직은 위험성보다는 효율성이 크기 때문이다.

알고리즘 민주주의는 민주주의의 규범적 기초인 인간의 자율성과 자유의지를 훼손하고 정치 활동을 알고리즘에 의존하게 할 수 있다. 중요한 것으로 인공지능은 민주주의 자체를 실현하는 것이 중요한 것이 아니라 절차적으로 얼마나 문제가 없는지에 중점을 두게 되어, 현대 대의민주주의에서 비판받았던 '형식적 민주주의' 문제가 재등장할 수도 있다. 이처럼 알고리즘의 등장으로 대표되는 인공지능은 기술의 가치중립성에도 불구

BOX 8.5

신뢰할 수 있는 알고리즘을 위한 노력

신뢰할 수 있는 인공지능 또는 설명 가능 인공지능(Explainable AI)은 인공지능 알고리즘을 기반으로 한 딥러닝 기술이 모델의 복잡한 구조로 인해 결과를 도출하는 데 증명하기 어렵기 때문에 등장했다. 인공지능의 핵심인 머신러닝은 알고리즘의 설계와 계산, 도출 과정이 복잡하여 아무도 모른다는 의미의 블랙박스(blackbox)라고도 하는데, 결국 이는 도출 과정의 정당성과 이론적 논리성을 제공하기 힘들 수도 있다. 이에 설명 가능 인공지능은 기존 알고리즘의 불투명성 문제를 해결하는 방법으로 연구되고 있다 (Samek, Wiegand & Muller 2017; 최형규 2021에서 재인용). 설명 가능 인공지능이 아직 초창기인 점을 감안하더라도 미래 불투명한 알고리즘의 문제를 극복하고 알고크라시가 아닌 알고리즘 민주주의 실현을 위한 중요한 도구가 될 것으로 기대된다.

유럽에서는 알고리즘의 설명 가능성을 높이기 위해 EU의 일반 정보보호 규정(General Data Protection Regulation)으로 규정하고 있다. GDPR 13조와 14조는 설명을 요구할 권리(Righ to explanation)로 알고리즘에 의해 행해진 결정에 대해 질문하고 결정에 관여한 논리에 대해 의미 있는 설명을 요구할 권리를 규정했다(한국정보화진흥원 2018).

한국에서도 신뢰할 수 있는 알고리즘을 위한 노력이 진행중이다. 인공지능 챗봇 이루다, 오바마 전 대통령 딥 페이크 사건이 제기되면서, 2021년 5월 14일 과학기술정통부는 <신뢰할 수 있는 인공지능 실현전략>을 발표했다. 세부적으로는 인공지능 신뢰의 구현을 위한 가이드 북 제작, 산학연 연계, 인증제 도입 등 다양한 방안이 포함되어 있다.

하고 누가 기술을 통제하느냐에 따라 민주적으로 활용될 수도 있고(알고리즘 민주주의), 기계에 의한 지배(알고크라시)로 악용될 수도 있다. 결과적으로 기술의 사회적 활용에 따른 방향성이 중요하게 된 것이다. 특히 알고리즘은 일반인이 접근하기 어려운 '블랙박스'인 관계로 더욱 심각한 문제를 야기할 수 있다. 신뢰할 수 있는 알고리즘의 투명성 문제가 제기된 이유이기도 하다(한국정보화진흥원 2018). 인공지능 알고리즘을 설계하는 지도자가 민주적이라면 민주사회의 의사결정과정을, 독재자라면 악의적으로 지배하는 빅브라더big brother가 될 수도 있다(조소영 2020).

그런 차원에서 디지털 사회의 미래 가치로서의 알고리즘은 민주주의와 알고리즘에 의한 지배라는 양 측면이 공존할 것이다. 알고리즘 투명성이 디지털 사회에서 중요한 가치로 부각된 이유이다. 권위주의 국가에서의 알고크라시의 등장은 향후 전 세계 민주주의의 심각한 위협 요인이 될 것이다. 하지만 알고리즘을 민주적으로 활용하려는 시도 역시 진행 중이기 때문에 알고리즘 민주주의의 흐름도 같이 발전할 것이다. 디지털 기술 발달에 따른 정치비용 감소와 정책결정의 능률성과 합리성 제고, 시민참여 확대라는 알고리즘 민주주의라는 긍정적 측면이 있지만, 알고리즘 권력의 일상화에 따른 지배의 정교화라는 알고크라시라는 양 극단이 나타날 개연성이 존재한다(조소영 2020; 한국경제신문 2019). 이에 장기적으로 신뢰할 수 있는 알고리즘은 디지털 사회에서 중요한 가치가 될 것이며, 미래 민주주의의 중요한 척도가 될 것이다.

5 디지털 사회적 자본

사회적 자본의 개념적 정의는 "사회조직 특성으로 신뢰trust, 규범norm, 수평적 네트워크horizontal network로 이루어진 협력을 위한 공공재public goods"이다(Putnam 1993; 2000; Norris 2002). 사회적 자본이 주목받게 된 것은 20세기 초 사회학과 교육학, 인류학, 민속학, 지역학에서 시작되었지만, 20세기 후반 사회적 자본이 시민사회의 발전과 시민문화 형성, 경제발전, 거버넌스, 공동체적 덕성의 함양 등 민주주의 선순환virtuous circle에 주목하면서 사회과학 전 영역으로 확장되었다.

민주주의에서 사회적 자본이 주목받게 된 것은 사회적 자본 형성이 시민 자유 확대와 공동체의 협력적 행동으로 민주주의를 강화할 수 있기 때문이다. 민주주의에서 사회적 자본의 의미를 처음 발견한 이는 19세기 건국 초기 미국을 방문한 프랑스의 토크빌(Tocqueville 2003)이었다. 토크빌은 당시 신생국 미국을 방문하여 프랑스와는 다른 시민들의 역동성과 공동체적인 삶, 자발적인 조직의 참여, 언론의 자유, 민주적 제도를 발견했다. 그는 이를 종합하여 『미국의 민주주의Democracy in America』를 기술하여 유럽에 소개했다. 토크빌은 시민사회의 역동성과 공동체적인 삶과 민주적이고 자유로운 사회 분위기, 타운 미팅town meeting 등에 주목하여 '사회적 자본'이라는 용어는 쓰지 않았지만, 자발적 결사체의 중요성을 '결사체의 예술art of association'로 평가했다.

현대 민주주의에서 사회적 자본에 관한 재발견은 1993년 로버트 퍼트남이 *Making Democracy Work: Civic Traditions in Modern Italy*에서 이탈리아 사회적 자본을 분석하면서이다. 그는 이탈리아 남부와 북부의 시민의식, 경제 수준, 정치 참여 등을 비교 분석하여 신뢰와 협력의 공공재인 사회적 자본이 민주주의와 시민사회 성숙에 긍정적이라고 분석했다. 이러한 사회적 자본의 민주주의 강화 효과에 주목하여 많은 후속 연구가 진행되었다.

다수의 연구 결과 사회적 자본은 공동체의 형성과 발전에서 중요하며 사회적 자본의 형성에 따라 협력의 수준, 시민참여 문화, 시민사회 형성, 공동체적 가치가 확산되어 민주주의의 기본적인 토대가 형성된다고 보았다. 요컨대, 현대 민주국가에서 사회적 자본은 신뢰와 협력, 그리고 호혜성 규범을 기반으로 수평적 네트워크가 형성되어 높은 시민성의 사회화 기능 socialization function을 수행하는 등 민주주의에서 중요한 가치가 되었다. 퍼트남은 민주주의 강화의 중요한 요소가 사회적 자본 축적과 발전이고, 사회적 자본 형성은 장기적으로 시민 결사체 발전에 도움이 될 것으로 보았다(Putnam 2000; Diamond 1999, 227). 다수의 연구 결과, 민주주의에서 사회적 자본의 중요성을 인정하고, 사회적 자본 쇠퇴가 현대 민주주의의 퇴행과 연관되어 있다고 강조한다. 퍼트남 이후 많은 연구자들은 20세기 후반 민주주의를 대의민주주의의 위기로 보고 그 원인을 사회적 자본의 쇠퇴에서 찾았다.

한편 디지털 사회에서 사회적 자본에 대한 접근은 많은 선행 연구자들이 지적하고 있는 대의민주주의의 위기를 디지털 기술과 사회적 자본 형성으로 해결하고자 하는 시도와 연관되어 있다. 그러나 이러한 시도는 두 가지 시각으로 구분된다. 지금까지의 디지털 사회적 자본에 관한 연구는 민주주의 강화에 기여할 것이라는 시각과 쇠퇴의 한 요인이 될 것이라는 시각으로 구분된다. 논쟁은 연구를 진행하는 대상과 학자, 분석 방법에 따라 다르게 전개되고 있지만, 다수 연구자는 디지털 기술의 네트워크 연계를 통한 공동체 형성과 정보 공유와 협력의 가능성에 방점을 찍고 디지털 사회적 자본의 민주주의 강화에 주목하고 있다(Chadwick 2006, 87-88). 이는 미래 디지털 사회의 민주주의 강화를 위한 중요한 가치로서 디지털 사회적 자본이 중요한 이유이기도 하다.

먼저 디지털 기술이 사회적 자본에 부정적인 영향을 줄 것이라는 시각은 기술의 사회적 영향에 대해 비관적이다. 즉 오프라인 현실정치 활동이 중요한데, 온라인 가상공간에서의 공동체 형성과 네트워크 연계가 얼마나 민주적 의미가 있을 것인가를 의심하고 있다. 그리고 일부에서 지나치게 디지털 기술에 의존하면서 현실 공동체와 결사체 참여가 감소할 것으로 우려한다. 인터넷을 위시한 소셜 미디어 등은 개인화된 도구이기 때문에 공동체의 약화를 우려한다. 나이, 힐리거스, 어브링(Nie, Hillygus & Erbring 2002)의 연구에 따르면 인터넷이 보급되면서 시민들이 전통적인 정치적 관심사로부터 멀어질 수 있다고 경고한다. 이들은 인터넷에서 얻을 수 있는 많은 정보가 오히려 주변 이웃과 친구, 가족 공동체의 삶을 파괴하고 교류가 저하해 결사체 정치 영역은 쇠퇴할 것으로 생각했다. 결국, 우리의 삶을 바꿀 수 있는 정치개혁이나 변화는 현실에서 나타나는 것이지 온라인에서는 힘들다는 것이다. 오히려 온라인 활동만 하게 되면 오프라인에서의 민주주의 학습과 사회화, 시민사회의 성숙에 기여하지 못한다는 시각이다. 그리고 최근 활발히 사용하고 있는 디지털 기술인 소셜 미디어는 오프라인에 대한 관심을 떨어뜨릴 수 있어 사회적 자본을 약화하고 개인정보 유출, 사생활 침해, 가짜뉴스 등으로 민주주의의 가치를 손상시킬 것이라는 우려도 있다. 결과적으로, 정치 정보의 낮은 신뢰로 인해 네트워크로 연계된 공동체와 결사체 내에서는 타인 신뢰가 저하되고 장기적으로 온라인 불신이 강해질 수 있다. 이는 디지털 기술이 사회적 자본에 부정적인 영향을 미칠 것이란 점을 확인해 준다.

그러나 디지털 사회적 자본이 부정적인 현상만 있는 것은 아니다. 오히려 최근에는 메타버스를 이용한 새로운 민주주의 실험으로 오프라인과 다를 바 없는 새로운 디지털 사회적 자본의 형성 가능성까지 확장하고 있다. 대표적으로 웨버, 라우마키스, 버먼(Weber, Loumakis & Bergman 2003)은 디지털 기술을 잘 활용한다면 디지털 사회적 자본이 가능하고 나아가 민주주의의 내용과 형식을 발전시킬 수 있다고 본다. 그들은 소셜 미디어와 같은 새로운 참여와 소통의 도구가 잘 활용되고 있고 시민 결사체 형성과 글로벌 사회운동에 적용되고 있다고 이야기한다. 이들의 논의가 더욱 설명력을 가지는 것은 다수 학자가 앞서 살펴본 월가 점령시위, 홍콩 민주화운동, 한국의 촛불시위 등 시민사회운동에서 디지털 기술을 활용한 협력과 정보 공유, 신뢰의 형성이 시민참여 확대와 사회적 자본 형성에 도움을 준다고 논의한다(Diamond & Plattner 2012; Simon et al. 2017; Zúñiga, Barnidge and Scherman 2017; 송경재 2021a; 임혁백·송경재·장우영 2017).

특히 디지털 기술은 소외된 개인들 간의 네트워크를 강화하여 준다. 소셜 미디어와 스마트 기기는 원자화된 개인들 간의 신속한 네트워크 효과가 있으며 이들 간의 정보 교환과 커뮤니케이션은 새로운 온라인 공간에서 디지털 사회적 자본 형성을 가능하게 한다. 이러한 새로운 결사체적인 특징을 가지는 소셜 미디어는 과거 오프라인 결사체와 마찬가지로 참여하는 사람들 간의 이해관계를 조정하고 공동의 목표를 추구하면서 내적 연대와 협력을 강화하는 디지털 사회적 자본을 형성한다. 이러한 디지털 사회적 자본의 형성은 어린이부터 성인, 노인에 걸쳐 다양한 시각의 정보를 교환하고 토론할 수 있는 공론장 역할을 하며 공통의 이해관계가 일치할 때는 직접 집합행동에 참여하기도 한다. 과거 2009년 미국산 소고기 수입 반대와 2016년 박근혜 전 대통령 탄핵 과정에서 등장한 각종 사이버 커뮤니티는 바로 이러한 과정을 거쳐 정치 참여까지 진화했다.

이처럼 디지털 사회적 자본에 대해 상반된 시각이 존재하지만, 핵심은 디지털 기술을 잘 이용한 사회적 자본의 형성·축적이 민주주의 강화에 도움이 된다는 것이다. 마치 퍼트남(Putnam 2000)과 노리스(Norris 2007)가 증명한 사회적 자본의 선순환 효과가 디지털 환경에서도 나타난다는 것이다. 요컨대 디지털 기술을 활용한 네트워크와 협력의 강화는 정보의 신뢰와 호혜성 규범의 확대, 시민참여의 강화라는 선순환 효과가 가능하다. 디지털 기술의 활용 → 네트워크 공동체 형성 → 디지털 사회적 자본 형성 → 시민참여 확대 → 정치문화와 제도적 수용 → 민주주의 공고화 → 디지털 사회적 자본의 재형성이라는 선순환이 가능하다. 아울러 디지털 사회적 자본 가치는 맺음말에서 언급할 몇 가지 "민주" 가치 퇴행의 위협 요인을 극복할 수 있는 수단으로도 중요하다.

IV 맺음말

이 글에서는 디지털 가치로서 '민주'를 상위가치로 설정하고 5가지 하위가치와 연계해서 분석하였다. 디지털 사회에서 민주의 의미를 파악하고 수많은 하위가치 중에서 미래 사회에서 중요하게 주목받을 가치를 추출하여 의미를 규명하고자 했다. 그런 차원에서 상위가치로서 민주와 하위가치인 디지털 참여권, 저항권, 대표성, 알고리즘 투명성, 디지털 사회적 자본은 상호 조응하면서 발전하는 가치사슬이라고 할 수 있다. 종합하여 미래 디지털 사회의 여러 가지 가치 중에서 민주가 중요한 가치로서 자리 잡기 위해서는 다음과 같은 요인들을 충분히 고려해야 할 것이다.

첫째, 민주라는 가치가 본질적으로 '불완전하고 진화하고 있는 유동적인 가치'라는 점을 인식해야 한다. 그리고 디지털 가치로서 민주도 이러한 성격을 그대로 가지고 있다. 후쿠야마(Fukuyama 1992)가 전체주의, 공산주

의에 대한 민주주의의 승리를 주장하며 외친 '역사의 종언the end of history'
은 민주, 민주주의의 취약점을 제대로 보지 못한 오류이다. 일반적으로 민
주는 고정화된 가치가 아니라 인류가 진화하면서 사회와 국가 공동체를
형성하는 과정에서 만들어진 것이고 아직도 상황에 따라, 시대에 따라 변
화하고 있다. 고대 그리스 아테네 민주주의가 그랬듯이, 민주주의는 잘 작
동하고 있을 때는 문제가 없지만, 잘못 작동하면 심각한 퇴행backsliding을
초래한다. 또 현실에서 민주를 구현하는 것도 쉬운 것은 아니다. 21세기 들
어 민주주의가 여전히 중요한 인류의 가치로 주목받지만, 그 이면에는 민
주라는 가치가 침식당하고 퇴행하는 조짐도 보이고 있기 때문이다. 서구
선진 민주주의 국가라고 평가하는 미국과 영국, 프랑스에서 나타나고 있
는 극단주의, 고립주의, 인종주의 등 심각한 민주주의 퇴행 위험은 '불완전
하고 진화하고 있는 유동적인 가치'인 민주에 대한 냉정한 평가가 필요함
을 알 수 있다. 그리고 민주가 가지는 본질적인 문제로 인해 디지털 기술은
이러한 시도에 방어벽이 될 수도 있지만, 오히려 위험을 크게 할 수 있다.

둘째, 대의민주주의 위기를 극복하려는 시도는 계속되고 있지만, 디지
털 기술이 도입된다고 하더라도 민주주의 자체의 문제가 아닌 주변부에서
새로운 문제가 나타나고 있다. 이 책의 다른 장에서 다루고 있는 자유와 평
등, 시민권 가치 등은 디지털 사회의 핵심 가치이지만 민주와 결합하여 새
로운 문제를 낳기도 한다. 그런데도 디지털 가치로서 민주는 기술의 사회
진화와 인류의 이성적인 가치의 발전 과정에서 나타난 결과물이라는 점에
서 미래 디지털 사회에서 중요할 것이다. 이러한 현상에 대해 정치학자 채
드윅Andrew Chadwick의 디지털 기술과 민주의 관계에 대한 고전적 접근은
시사하는 바가 크다(Chadwick 2006). 그녀는 앞으로 다가올 미래에 디지털

기술이 새로운 정치와 민주적 실험을 가능하게 하는데, 이를 피할 수는 없을 것이라고 예견한다. 따라서 피하지 못한다면 오히려 적극적으로 디지털 기술을 활용해 주변부의 문제를 해결하려는 시도로 디지털 기술과 사회적 노력을 더 발전시켜야 한다고 강조한다. 그런 맥락에서 우리가 고민해야 할 것은 기술과 사회의 상호작용을 통하여 디지털 기술을 민주주의에 부합된 형태로 만들어야 하고, 이 과정이 바로 디지털 사회의 미래 가치로서 민주를 강화할 방향성일 것이다.

셋째, 미래 디지털 사회의 가치로서 민주의 '이중성'을 파악하는 것이 요구된다. 앞서 제시한 바와 같이 디지털 사회의 민주 가치는 위협요인도 많은 것이 사실이다. 최근에는 4차 산업혁명 기술이 발전하면서 디지털 기술이 민주주의를 강화 또는 약화할 수 있다는 논쟁이 진행 중이다. 뭉크 Yascha Mounk는 이미 미국의 민주주의를 위협하는 요인으로 디지털 기술로 양산된 바이러스성 콘텐츠와 네트워크 연계가 민주주의의 위기를 초래한다고 비판한다(Mounk 2018). 이러한 디지털 가치로서 민주의 위협요인에 대한 종합적 또는 개별적 대응과 사회 공동체 차원에서 제도화된 대처 방안을 동시에 고민해야 할 것이다. 비판에 직면한 디지털 민주주의 발전을 위한 실천적·이론적 고민과 논의가 필요한 시점이다. 인공지능 알고리즘의 악용, 빅데이터 왜곡, 딥 페이크 문제를 해결하기 위한 국제적인 규범 정립도 요구되고, 디지털 기술의 민주적 활용에 관한 고민도 더욱 국내적·국제적 차원에서 확대되어야 할 것이다. 그리고 이는 국가만의 문제가 아니라 글로벌 디지털 기업, 시민사회 등의 관심과 개선 의지도 요구된다. 그런 차원에서 디지털 미래에서의 협력과 신뢰의 공공재인 디지털 사회적 자본digital social capital이 중요하다.

[표 8.2] 디지털 가치 "민주"를 위협하는 요인

구분		주요 내용
1	디지털 기술의 미래에 대한 불확실성이 민주주의를 위협한디는 시각	- 기존 인간이 통제할 수 있는 수준의 디지털 기술을 넘어서면 미래의 불확실성은 증가해 디지털 가치로서 민주를 위협할 것
2	디지털 기술이 민주주의를 쇠퇴 또는 왜곡한다는 시각	- 디지털 기술 발전에도 존재하는 정보격차로 인한 대표성 왜곡 - 알고리즘 조작과 확증 편향, 필터 버블의 심리를 이용한 정치 결과 조작 가능성
3	알고리즘에 의한 통제인 알고크라시와 디지털 독재 또는 권위주의로의 퇴행을 우려하는 시각	- 알고크라시의 위험성 - 알고리즘이 다수가 아닌 소수 엘리트 계층에게 통제권이 부여된다면 과거 엘리트 민주주의의 디지털 버전으로 회귀

넷째, 디지털 전환의 빠른 움직임 속에 '민주' 역시 역사·문화·제도적 차원에서 변화가 시작되고 있다. 그렇지만 디지털 가치로서의 민주는 아직 완성된 것이 아니므로 여전히 위협요인 또한 나타나고 있다. 디지털 기술이 정치에 적용되면서 제기된 민주주의 강화 또는 쇠퇴(왜곡)가 여전히 해결되지 않았기 때문이다. 물론 가치중립적인 디지털 기술 자체가 아니라 이를 이용하는 인간과 조직, 사회 공동체의 문제일 것이지만, 디지털 기술의 놀라운 발전 속도를 감안한다면. 반드시 장밋빛 디지털 민주주의의 전망만 있는 것은 아니다. 영국 시사주간지 『이코노미스트』의 부설 경제분석 기관인 이코노미스트 인텔리전스 유닛(EIU 2021)이 발표한 *Democracy Index 2020*에서 2000년대 초반까지 완전한 민주주의full democracy 국가로 평가받던 미국이 2016년 이후 결함 있는 민주주의flawed democracy 국가로 떨어진 것은 디지털 기술의 부정적인 영향도 한 부분으로 지목되고

있다.[7]

　마지막으로, 미래 디지털 사회의 가치로서 민주는 이중적인 전망이 교차하고 있는 만큼 더욱 디지털 기술과 사회, 디지털 기술과 정치와의 교호작용을 통한 올바른 민주주의를 제시하는 노력을 게을리해서는 안 될 것이다. 자칫 이를 소홀히 했을 경우 알고크라시, 시민 감시, 디지털 권위주의 또는 독재 위험성도 그만큼 커지기 때문이다. 그리고 이러한 과정에서 현명한 디지털 시민의 권능 강화empowerment는 미래 디지털 민주주의의 공고화를 가늠하는 중요한 잣대가 될 것이다. 그런 차원에서 극단의 전망이 교차하는 미래 사회의 디지털 시민성과 시민교육, 자유와 평등의 의미, 민주적 가치가 연계되어 바람직한 디지털 사회의 장단기 대안을 마련해야 할 것이다. 이를 위한 법·제도 차원의 선제 대응 노력도 필요하다. 불확실하고 가변적인 디지털 가치의 선순환적인 발전을 위한 정치·사회·문화 등 전 영역에서의 예측과 제도적 대응을 사전에 준비할 필요가 있다.

참고 문헌

고대영. 2021. "정치·사회로까지 확산한 메타버스." 『이투데이』 (10월 5일).
곽노필. 2018. "인공지능·빅데이터 파시즘 되살린다." 『한겨레』 (6월 7일).
권수현. 2020a. "한국, 유엔 전자정부 평가서 온라인참여 1위·전자정부 발전 2위." 『연합뉴스』 (7월 11일).
권수현. 2020b. "민주주의, 대표성, 양/성평등." 『젠더리뷰』 56: 22-32.

7　미국의 민주주의 지표가 하락한 원인은 여러 가지가 있을 것이다. 물론 디지털 기술의 부정적 영향 때문이라고 단정할 수는 없지만, EIU(2021)에서는 트럼프 대통령의 디지털 선동과 극단주의, 소셜 미디어 가짜뉴스, 의사당의 시위대 점거 등이 직간접적 영향을 미친 것으로 해석하고 있다.

김상배. 2016. 『인터넷 권력의 해부』. 파주: 한울.

김용철·윤성이. 2005. 『전자 민주주의』. 서울: 오름.

라인골드, 하워드. 2003. 『참여군중』. 이운경 옮김. 서울: 황금가지.

로크, 존. 1996. 『통치론』. 강정인·문지영 옮김. 서울: 까치.

루소, 장 자크. 2018. 『사회계약론』. 김영욱 역. 서울: 후마니타스.

마넹, 버나드. 2007. 『선거는 민주적인가』. 곽준혁 옮김. 서울: 후마니타스

문종섭. 2004. 『민주주의: 어제·오늘·내일』. 부산: 신지서원.

민희·김정연. 2019. "지능정보기술과 민주주의: 알고리즘 정보환경과 정치의 문제." 『정보화정책』 26(2): 81-95.

민희·윤성이. 2015. "온라인 정치 참여: 국내·외 연구동향." 『정보화정책』 22(2): 3-18.

박영숙·제롬 글렌. 2020. 『세계미래보고서 2035-2055』. 서울: 교보문고.

서키, 클레이. 2008. 『끌리고 쏠리고 들끓다』. 송연석 옮김. 서울: 갤리온.

서현진·이수정. 2020. 『민주정치와 시민교육』. 서울: 백산서당.

셍커, 제이슨. 2020. 『코로나 이후의 세계』. 박성현 역. 서울: 미디어 숲,

송경재. 2018. "다중의 등장과 민주주의 심화." 『한국지방정치학회보』 8(2): 1-27.

손현주. 2019. "인공지능 거버넌스와 민주주의의 미래." 『사회사상과 문화』 22(2): 305-349.

송경재. 2019. 『민주주의 기술의 현실과 미래』. 대구: 한국정보화진흥원.

송경재. 2020. "코로나 19 팬데믹 시대: 민주주의와 사회통합을 위한 과제." 『이슈와 통찰』 26: 9-16.

송경재. 2021a. "4차 산업혁명과 민주주의의 기술(ICT for Democracy)." 『한국정치연구』 30(2): 1-27.

송경재. 2021b. "디지털 정치의 진화; 인공지능 정치의 가능성과 한계." 지식협동조합 좋은나라. 현 안과 정책 380호.

송성훈. 2021. "공정이란 가면을 쓴 AI 알고리즘." 『매일경제』 (11월 5일).

신헌철·김명환·박의명·김연주. 2016. "시민의 손으로 직접 법 만든다…세계는 '디지털크라시' 실험 중." 『매일경제』 (2월 3일).

오닐, 캐시. 2017. 『대량살상 수학무기』. 김정혜 역. 서울: 흐름.

윌리엄스, 조앤. 2018. "무엇이 민주주의를 위협하는가." 오노 가즈모토 엮음. 정현옥 옮김. 『초예 측』. 서울: 웅진지식하우스.

이승종·김혜정. 2011. 『시민참여론』. 서울: 박영사.

이지문. 2016. "대표제의 위기와 추첨 민주주의의 전망." 2016년 국회입법조사처·법과사회이론학 회 공동학술대회 자료집.

이진순 외 지음. 2017. 『듣도 보도 못한 정치』. 서울: 문학동네.

임혁백. 2000. "21세기 국회의 역할; 민주주의의 새로운 패러다임." 『의정연구』 6(2).

임혁백·김범수·송경재·장우영. 2019. 『4차 산업혁명 시대 온라인 시민참여정책 플랫폼 혁신 방안』. 서울: 국회사무처.

임혁백·송경재·장우영. 2017. "빅데이터 기반 헤테라키 민주주의 메가 트랜드." 2017 Big step,

ICT로 미래로! 심포지엄 자료집. 대구: 한국정보화진흥원.

장우영. 2010. "네트워크 개인주의와 시민저항: 2008년 촛불시위를 사례로." 『한국정치연구』 19(3): 25-55.

정한울·송경재·허석재. 2019. 『사회적 갈등의 경로 분석과 사전 예방에 관한 연구』. 서울: 행정안전부.

조소영. 2020. "인공지능과 민주주의." 『공법연구』 49(2): 147-167.

최장집. 2010. 『민주화 이후 민주주의』. 서울: 후마니타스.

최장집·박찬표·박상훈. 2007. 『어떤 민주주의인가』. 서울: 후마니타스.

최형규. 2021. "설명가능한 인공지능(Explainable AI; XAI) 연구 동향과 시사점 학습이 완료된 딥러닝 모델에 대한 설명을 중심으로." 소프트웨어정책연구소.

탭스콧, 돈·탭스콧, 알렉스. 2017. 『블록체인 혁명: 제4차 산업혁명 시대, 인공지능을 뛰어넘는 거대한 기술』. 박지훈 역. 서울: 을유문화사.

테크니들. 2018. 『인공지능 비즈니스 트랜드』. 서울: 와이즈맵.

판 레이브라우크, 다비트. 2016. 『국민을 위한 선거는 없다』. 양영란 역. 서울: 갈라파고스.

하라리, 유발. 2020. 『사피엔스: 유인원에서 사이보그까지, 인간 역사의 대담하고 위대한 질문』. 조현욱 역. 서울: 김영사.

한국경제신문. 2019. "알고리즘이 권력 도구로 이용될 위험도 커져요." 『한국경제신문』 10월 28일.

한국정보화진흥원. 2018. "EU의 인공지능 新규제메카니즘: '설명가능 인공지능(XAI)' (Regulatory Mechanisms towards Trust in AI/ML)." NIA Special Report 2018-3.

한종우. 2012. 『소셜 정치혁명세대의 탄생』. 전미영 옮김. 서울: 도서출판 부키.

헤이우드, 앤드류. 2003. 『정치학』. 조현수 역. 서울: 성균관대학교 출판부.

호킹, 스티븐. 2019. 『호킹의 빅 퀘스천에 대한 간결한 대답』. 배지은 역. 서울: 까치.

Andrejevic, M. 2014. "Big data, big questions the big data divide." *International Journal of Communication* 8: 1673 - 1689.

Barber, Benjamin. 1984. *Strong Democracy, Participatory Politics for a New Age*. University of California Press.

Becker, Carl. 1959. *Modern Democracy*. New York. Yale University Press.

Budge, Ian. 1996. *The New Challenge of Direct Democracy*. Oxford: Polity Press.

Castells, Manuel. 2009. *Communication Power*. Oxford: Oxford University Press.

Chadwick, Andrew. 2006. *Internet Politics: States, Citizens, And New Communication Technologies*. Oxford: Oxford University Press.

Crozier, Michel J., Samuel. P. Huntington and Joji Watanuki. 1975. *The Crisis of Democracy*. New York : New York University Press.

DeLong, Bradford J. 2002. "Introduction to the Symposium on Business Cycle." *Journal of Economic Perspectives* 13(2): 19-22.

Diamond, Larry. 1999. *Developing Democracy: Toward Consolidation*. Baltimore and London: The Johns Hopkins University Press.

Diamond, Larry & Marc Plattner. 2012. *Liberation Technology: Social Media and the Struggle for Democracy*. Baltimore: The Johns Hopkins University Press.

EIU. 2021. *Democracy Index 2020*. London: EIU.

Engelstad, F. 1989. "The Assignment of Political Office by Lot. Social Science." *Information* 28: 23-50.

Fraser, Matthew & Soumitra Dutta. 2009. *Throwing Sheep in the Boardroom: How Online Social Networking Will Transform Your Life Work and World*. New Jersey: WILEY.

Fukuyama, Francis. 1992. *The End of History and the Last Man*. Massachusetts: Free Press.

Hilbert, Martin. 2009. "The Maturing Concept of E-Democracy: From EVoting and Online Consultations to Democratic Value Out of Jumbled Online Chatter." *Journal of Information Technology & Politics* 6(2): 87-110.

Jackson, Sam K. and Kathleen M. Kuehn. 2016. "Open Source, Social Activism and 'Necessary Trade-offs' in the Digital Enclosure: A Case Study of Platform Co-operative, Loomio.org." *triple C: Communication, Capitalism & Critique* 14 (2): 413-427.

Krause, Alanna. 2015. *Loomio is Co-Hosting the Open Source*. Open Society Conference. http://blog.loomio.org/2015/03/23/osos/. (accessed August 15, 2020).

Locke. John. 1988. *Two Treatises of Government*. edited by Peter Laslett. New York: Cambridge University Press.

Lynch, Mike. 2012. "버락 오바마의 승리, 그 뒤에는 빅 데이터가 있었다." 『CIO Korea』 (11월 15일).

Margolis, Michael, David Resnick and Jonathan Levy. 2003. "Major parties dominate, minor parties struggle: US elections and the Internet." Rachel Gibson & Paul Nixon (eds). 2003. *Political Parties and the Internet: Net gain?* London: Routledge.

Mounk, Yascha. 2018. *The People vs. Democracy: Why Our Freedom Is in Danger and How to Save It*. Cambridge: Harvard University Press. 『위험한 민주주의: 새로운 위기, 무엇이 민주주의를 파괴하는가』. 함규진 역. 서울: 와이즈베리.

Nie, N. H, D. S. Hillygus and L. Erbring. 2002. "Internet use, interpersonal relations, and sociability." in B. Wellman and C. Haythornthwaite (Eds.). *The Internet in Everyday Life*. Malden, MA: Blackwell.

Norris, Pippa. 2002. *Democratic Phoenix: Reinventing Political Activism*. New York: Cambridge University Press.

Norris, Pippa. 2007. *Digital Divide*. Cambridge: Cambridge University Press.

Old, Rosalyn. 2020. "The digital tools that can keep democracy going during lockdown." nesta. https://www.nesta.org.uk/blog/digital-tools-can-keep-democracy-going-during-lockdown/ (accessed August 15, 2021).

Pateman, C. 1970. *Participation and Democratic Theory*. Cambridge: Cambridge University Press. 『참여와 민주주의』. 권오진·홍민식 역. 서울: 서당.

Putnam, Robert. 1993. *Making Democracy Work: Civic Traditions in Modern Italy*. Princeton: Princeton University Press.

Putnam, Robert. 2000. *Bowling Alone: The Collapse and Revival of American Community*. New York: MIT Press.

Rainie, H., L. Rainie & B. Wellman. 2012. *Networked: The New Social Operating System*. New York: MIT Press.

Runciman, David 2018. *How Democracy Ends*. New York: Basic Books.

Samek, W., T. Wiegand & K. R. Muller. 2017. Explainable Artificial Intelligence: Understanding, Visualizing and Interpreting Deep Learning Models.

Schattschneider, Elmer E. 1960. *The Semi-Sovereign People*. New York: Holt, Rinehart and Winston.

Shaffer, Kris. 2019. *Data vs Democracy: How Big Data Algorithms Shape Opinions and Alter the Course of History*. New York: Apress Media.

Shirky, Clay. 2011. *Cognitive Surplus: Creativity and Generosity in a Connected Age*. New York: The Penguin Press.

Simon, Julie, Theo Bass, Victoria Boelman & Geoff Mulgan. 2017. *Digital Democracy: The tools transforming political engagement*. UK: Nesta.

Sinclair, Betsy. 2012. *The Social Citizen: Peer Networks and Political Behavior*. Chicago: The University of Chicago Press.

Sunstein, Cass. 2007. *Republic.com 2.0*. Princeton University Press.

Tocqueville, Alexis. 2003. *Democracy in America*. Penguin.

UN. 2021. *E-Government Survey 2020*. New York: UN.

Verba, Sidney & Norman Nie. 1972. *The model of democratic participation: A cross-national comparison*. Beverly Hills: Sage Publications.

Weber, Lori, Alysha Loumakis & Bergman James. 2003. "Who Participates and Why?: An Analysis of Citizens on the Internet and the Mass Public." *Social Science Computer Review* 21(1): 26-42.

Wellman, Berry. 2001. "Physical Place and Cyberspace: The Rise of Personalized Networks." *International Urban and Regional Research* 25(2): 227-252.

Woolley, S. C. & P. N. Howard. 2016. "Political communication, computational propaganda, and autonomous agents: Introduction." *International Journal of Communication* 10: 4882-4890.

Zúñiga, Homero Gil, Matthew Barnidge and Andrés Scherman. 2017. "Social Media Social Capital, Offline Social Capital, and Citizenship: Exploring Asymmetrical Social Capital Effects." *Political Communication* 34(1): 44-68.

9

평화

PEACE

송태은
국립외교원 안보통일연구부

I 머리말

최근 디지털 기술혁신의 빠른 진전은 다양한 신기술emerging technologies 을 출현시키며 각국의 기술개발 경쟁을 더욱 치열하게 만들고 있다. 다양한 정보통신기술Information & Communication Technology, ICT, 사이버 기술 cybertechnology, 인공지능Artificial Intelligence, AI, 5G, 사물인터넷Internet of Things, IoT, 블록체인Blockchain, 드론drone, 지능형 자율로봇, 스마트시티smart city, 3D 프린팅Printing, 극초음속 비행체Hypersonic Glide Vehicle, HGV, 양자기술quantum technology 등 여러 첨단기술은 서로 융합되고 혁신을 일으키면서 각국의 지식·기술기반 국가 경쟁력을 증진시킬 수 있기 때문에 각국의 기술개발 경쟁도 격화되고 있다.

인류 역사에 등장했던 모든 기술이 그러했듯이 신기술은 인류의 평화와 행복의 증진에 기여하는 데에 잘 사용될 수도 있고 반대로 새로운 무기체계를 발달시키면서 이전보다 파괴적인 전쟁의 수단을 등장시킬 수도 있다. 가장 대표적으로 인공지능AI 기술에 의해 인간의 개입 없이도 공격의 대상이 되는 적군을 살상하는 자율살상무기Lethal Autonomous Weapons, LAWs는 국제사회에서 규범적 논쟁을 일으키고 있는 가장 위험한 형태의 첨단기술이다. 이미 2022년 시작되어 지금도 끝나지 않은 러시아-우크라이나 전쟁에서도 지능형 자폭 드론이 실제로 사용되고 있고, 미국에서는 인공지능 파일럿pilot이 군사훈련에 투입되는 등 자율무기 사용은 이미 현실화되었다. 이러한 첨단 군사기술의 급속한 발전으로 인해 무인 전투체계와 로봇 전투부대는 이제 실전에 배치될 수 있는 단계에 도달했다. 이번 러시아-우크라이나 전쟁에서 AI 기술이 탑재된 드론이 사용된 것으로 보이는 정황이 보도되고 있어, 이번 전쟁은 자율무기가 사용된 첫 사례가 되고 있다.

신기술의 출현은 새로운 무기체계를 등장시키면서 세계 안보환경에 급격한 변화를 초래하고 있다. 더불어, 격화되고 있는 미국과 중국의 기술 패권경쟁과 기술 강국 간 첨예한 신무기 개발경쟁으로 인해 신기술은 세계에 평화보다 전쟁을 더 쉽게 초래할 것처럼 보인다. 하지만 과거에도 그래왔듯이, 근본적으로 기술의 역할은 양면적이다. 기술은 사용 방식과 목적에 따라, 주체에 따라 인류에 위험과 위협을 유발할 수도 있고 그러한 위험과 위협을 차단할 수도 있다.

기술의 이러한 양면적 성격은 최근 새롭게 등장하는 거의 모든 첨단기술에서 발견할 수 있다. 즉 국토 구석구석을 정찰하고 시민과 도시의 안전을 감시하는 드론이 폭탄을 탑재하여 테러리스트 단체의 자폭 전술을 수행할 수도 있고, 날아다니는 새나 벌레의 모습을 한 초소형 크기로 제작된 드론이 개인의 사생활을 몰래 추적하는 데에 사용될 수도 있다. 영상 조작 기술인 딥페이크deep fake가 적용된 영상을 찾아내기 위해서는 그러한 딥페이크 영상을 제작할 수 있는 인공지능 알고리즘을 개발하는 기술이 요구된다. 양자역학 기술은 사이버 안보 기술을 획기적으로 발전시킬 수 있지만 반대로 암호를 아주 쉽고 신속하게 풀 수 있는 능력도 보유하게 한다.

신기술이 갖는 이러한 양면적 성격은 결국 다음과 같은 질문을 끊임없이 양산한다. "앞으로 국가 간 전쟁은 인간 간의 싸움이 아니라 로봇부대들의 대리전이 될 것인가?", "인간의 생명을 희생시키지 않는 전쟁은 인간이 희생되는 전쟁보다 더 윤리적인가?", "극초음속 미사일은 핵을 대체할 것인가?" 혹은 "핵탄두를 탑재한 극초음속 미사일은 핵전쟁 위험을 과거에는 상상도 할 수 없을 만큼 세계를 파멸시킬 것인가?", "드론이 도시의 안전을 감시하고 정찰하다가 악의적인 해킹 프로그램에 감염되면 시민들에 대해 마치 벌떼처럼 치명적인 공격을 수행하는 폭력의 도구가 될 수도 있지 않을까?"

이러한 수많은 질문은 궁극적으로 "과연 현대 디지털 시대의 평화를 어떻게 정의할 것인가?"에 답하기 위한 세부 질문이 된다. "고도화되는 디지털 환경과 빠르게 발전하는 신기술은 인류가 평화를 달성하는 데에 더 유리하게 이용될 것인가, 아니면 세계평화를 더 빠르게 위협하는 방향으로 사용될 것인가?", "디지털 기술은 궁극적으로 인류를 보호하는 데에 더 잘 사용될 것인가 혹은 더 많은 갈등과 무력충돌을 초래할 것인가?", "첨단기술과 신무기의 등장으로 평화의 개념은 과거와 달라지는 것인가?", "아무런 법적 규범이 마련되지 않은 신무기 체제의 빠른 발전을 감안할 때, 강대국의 신무기 개발경쟁을 늦추거나 막을 수 있는 방법은 없을까?"

이러한 맥락에서 이 글은 디지털 시대의 '평화peace'의 개념을 '신흥평화emerging peace'로서의 평화, 즉 '디지털 평화digital peace'로서 논하고

자 한다. 디지털 시대의 평화는 기존의 국가 간 국제정치에서 논할 수 있는 평화보다 훨씬 복잡한 기술 환경을 전제로 하고, 비국가 행위자도 위협 구사의 주체가 될 수 있는 안보 환경 하에서의 평화이므로 '탈국제정치적 post-international politics' 맥락을 갖는 개념이다. 즉 디지털 평화의 개념은 기존의 전통안보 연구처럼 국가 간 군사안보적, 전략적 관계를 들여다보는 것만으로는 논할 수 없다. 또한 이 글은 '디지털 평화'라는 광의의 개념이 실제로 어떻게 작동해야 하는지 살펴보기 위해 디지털 평화의 조건을 탐색하고, 파생 개념으로서 다양한 하위개념을 제시한다.

이 글은 기존의 전통적인 의미에서의 평화의 개념을 넘어 디지털 기술에 의해 복잡한 성격을 갖게 되는 평화를 논하기 위해 평화를 만들어내는 '주체actors'가 다양하고 평화를 구축하는 '방식'이 복잡하다는 사실을 고려한다. 또한 이 글은 '디지털 평화'를 기존의 전통적 평화의 개념과 구분하여 '신흥평화emerging peace'로서 다루고, 신흥평화를 고정된 정적인 성격이 아니라 시간이 경과함에 따라 평화의 성격과 내용이 새롭게 형성되는 동적인 개념으로서 다루고자 한다. 먼저 이 글의 II장은 전통적인 '평화'의 개념을 검토하고, '신흥평화'로서 '디지털 평화'를 어떻게 이해할 것인지 논한다.

이 글의 III절은 '디지털 평화'라는 광의의 개념을 구체화하기 위해서 디지털 평화가 논의될 수 있는 이슈 영역을 세분화하여 기술과 평화가 어떤 관계를 가질 수 있는지 5개의 하위개념―'사이버 평화', '알고리즘 평화', '디지털 평화감시와 평화유지', '데이터 안보', '시민사회의 디지털 평화'―을 고찰한다. 구체적으로 '사이버 평화cyber peace'는 디지털 기술이 작동하는 '공간space' 혹은 '환경environment'의 개념이고, '알고리즘 평화algorithm peace'는 디지털 평화가 작동하는 '방식'에 대한 개념이다. 또한 '디지털 평화감시digital peace surveillance'와 '디지털 평화유지digital peace-keeping'는 디지털 평화가 추구하는 '목적'에 대한 개념이다. 이에 더하여, 국가가 디지털 평화를 달성하기 위해 추구할 '목적' 차원에서 논의될 '데이터 안보'의 개념은 국가와 시민사회 간 혹은 국가와 산업계 간 갈등을 초래하고 있는 '데이터 주권data sovereignty'과 관련된 개념으로서 다뤄질 것이다. 더불어 이 글은 '시민사회의 디지털 평화digital peace for civil society'를 디지털 평화의 '대상object'이자 '내용contents'과 관련된 개념으로 제시한다. 마지막으로 이 글의 결론 IV절에서는 신흥평화로서의 디지털 평화가 탈국제정치적 맥락에서 어떤 정책적 함의를 갖는지 논한다.

II 개념 논의: 디지털 평화

국제정치학 연구에서 논하는 전쟁과 평화의 개념은 대중적으로 언급되는 개념처럼 두 개념이 이분법적으로 나뉘지 않는다. 즉 '평화'의 반의어는 단순히 '전쟁'이나 '무력충돌'이 아니다. 평화의 개념을 좀 더 확장시키는 것은 평화가 언제 파괴될 수 있는지, 즉 평화의 '조건condition'이나 '환경environment'에 대한 보다 민감한 관찰을 필요로 한다. 평화의 개념은 "무력충돌이 부재한 평화가 진정한 평화인가?"라는 물음을 내재하고 있다. 즉 평화의 상태는 '평화로움peacefulness'의 정도와 그러한 평화로움을 어떻게 정의하느냐에 따라 질적으로 달라질 수 있다. 세계평화는 '정도 혹은 수준의 문제a matter of degree'이며, 평화의 궁극적인 '목적'과 평화의 '형태'

에 따라 세계평화의 상태는 더 엄밀하게, 그리고 다양하게 평가될 수 있다 (Smoke & Harman 1987, 1-4, 73-75).

이러한 '평화로움의 상태'는 특정 현상을 바라보는 시각에 따라 상당히 다양하게 해석될 수 있다. 대체로 일반인들이 생각하는 것처럼 평화로움의 최고 수준이 국가의 '무장해제disarmament'를 통해 이루는 것이 가능한지는 불확실하다. 국가가 서로 군사적으로 싸우는 이유가 무기가 존재하기 때문이 아니라 서로 원하는 것을 얻기 위해 무력을 통해 그것을 쟁취하려 하기 때문이다. 따라서 세계의 모든 국가가 핵무기를 완전히 철폐한다고 하여 세계평화가 자동적으로 도래하지 않고, 핵이 부재한 상태에서 재래식 무기를 사용한 국가 간 총력전이 전개될 가능성은 줄어들지 않고 오히려 증가할 수도 있다. 현재 진행되고 있는 러시아-우크라이나 전쟁에서 핵을 가진 러시아가 비핵국가인 우크라이나를 상대로 핵무기를 사용하겠다고 위협하는 행위가 바로 그러한 사례이다. 국가의 핵무기 보유가 바로 핵무기 사용으로 이어지는 것은 아니며, 오히려 '공포의 균형balance of fear, balance of terror'은 국가 간 전면전이 일어나는 것을 막는 기능을 한다. 핵무기 보유에 의해 공포의 균형이 유지될 수도 있고, 전면전이 발생하지 않는다고 해도 국가 간 저강도 무력충돌은 언제든지 일어날 수 있다. 또한 그러한 저강도 무력충돌이 핵무기의 사용으로 이어지는 것도 아니다(Sagan & Waltz 1995). 그만큼 평화의 조건은 매우 복잡하고 단선적이지 않다.

한편 평화는 '운영 혹은 관리operational' 차원에서도 이해될 수 있다. '운영적 평화operational peace'가 그러한 개념을 반영할 수 있다. 국제사회는 평화가 불안정한 특정 국가에 대해 국제연합UN과 같은 국제기구의 평화유지활동peace keeping operations이 효과적으로 수행될 수 있도록 국가 주권의 중요한 수단인 무력 사용에 제한을 가할 수 있다. 이러한 평화유지활동은 평화에 대해 단기적인 목표를 가지면서 평화 상태가 지속될 수 있도록 지원하는 운영적 평화와 관련된다. 국가의 국토와 사회 전반에 대한 감시와 일정한 통제 및 다양한 정보활동도 국가 안보와 평화로운 사회의 유지를 위한 운영적 평화활동으로 볼 수 있다. 적대관계에 놓인 두 국가의 국경 주변에서 주민 간 혹은 군인 간 폭력 사건은 더 큰 군사적 무력충돌을 유발할 수 있으므로 분쟁 관리의 측면에서 운영적 평화의 중요성은 아무리 강조해도 지나치지 않다. 해상에서의 남북한 어선 간 사소한 혹은 우연한 충돌이 군사적 긴장을 유발하여 교전으로 발전될 수도 있고, 실제로 그러한 사례가 다수 있었던 사실도 운영적 차원에서의 평화의 중요성을 보여준다.

'디지털 평화'의 개념도 기존의 평화의 개념처럼 양면성을 갖는다. 각종 정보통신기술ICT을 비롯한 다양한 사이버 기술과 인공지능AI 기술 등 여러 첨단 디지털 기술은 군사용으로도, 민간용으로도 사용될 수 있고, 적극적 평화의 목적을 위해서도, 소극적 평화의 목적을 위해서도 사용될 수 있다. 또한 디지털 기술은 전장battlefield에서의 직접적인 폭력 사용을 위해 사용될 수도 있고, 평화유지의 감시도구로 사용될 수도 있다. 예컨대 드론은 내전 지역에서 평화유지 활동을 모니터링할 수도 있고, 폭탄을 탑재한 드론은 자폭테러의 도구가 될 수도 있다. 사람 기자reporter 대신 기사를 작성할 수 있는 인공지능 알고리즘은 내러티브narrative 구사 능력 혹은 사람과의 신속한 대화를 통해 위기나 재난 발생 시 속보를 실시간으로 전달하거나 더 구체적인 정보를 제공할 수 있다. 하지만 인공지능의 이러한 커뮤니케이션 기술은 반대로 타국 대중 여론을 교란시키거나 타국 정부의 정치적 정당성political legitimacy을 훼손하기 위한 가짜뉴스 생산과 확산에도 이용되어 디지털 프로파간다digital propaganda 활동을 전개할 수도 있다(송태은 2020).

이러한 맥락에서 디지털 평화의 개념은 디지털 기술이 국제사회의 '평화'와 '협력'에 기여할 수 있는 능력을 강조하는 개념으로 발전시킬 수 있다. '디지털 평화'라는 단어는 최근 산발적으로 언급되고 있으나 완전히 정착된 개념이거나 광범위하게 사용되고 있는 개념은 아니다. 이 글에서 개념화를 시도하는 '디지털 평화'는 디지털 기술을 세계평화와 국가 간 협력을 도모하기 위해 사용해야 한다는 '목적성'의 측면과 디지털 기술 자체를 폭력적으로 사용하지 않아야 한다는 '수단적' 측면에서의 평화의 가치를 강조하고자 한다.

또한 디지털 평화의 개념은 디지털 기술이 만들어내는 '내용contents'의 측면도 다룰 수 있다. 앞서 언급한 민주주의 사회에 대한 공격의 성격을 갖는 타국발 가짜뉴스 유포, 즉 허위조작정보 활동disinformation campaign은 사회분열과 갈등폭발을 유발하기 위한 목적을 갖기 때문에 서구권에서는 이러한 전복적subversive 성격의 정보활동을 국가 주권에 대한 위협으로 인식한다. 따라서 디지털 기술이 만들어내는 '내용'도 디지털 평화 구축에서 중대한 사안이 된다.

더불어, 앞서 언급했듯이 '평화'는 반드시 '갈등'이나 '분쟁'의 존재 여부와 관련된 개념만은 아니다. '안전safety'과도 긴밀하게 연결되는 '평화'는 개인이 일상적인 삶을 영위해 나가는 데서 필요한 기본적인 환경적 조건이 갖춰지는 것을 전제로 한다. 예컨대 코로나19 바이러스와 같이 강력한 전파력을 갖는 전염병이 창궐하는 상황에서 개인이 의식주를 해결할 수 없거나 인터넷 접근이 쉽지 않는 등 극단적으로 취약한 환경에서는 범죄나 폭력이 쉽게 발생할 수 있다. 팬데믹pandemic 시기 국제사회가 '디지털 격차digital divide'의 문제를 반복적으로 강조하며 각국의 디지털 인프라 기반의 구축과 '디지털 역량digital capacity' 강화를 중요하게 다루고 있는 것도 그러한 이유에서이다(UN 2020).

이번 팬데믹 기간 동안 드러난 사실은 전염병의 여파 속에서도 정상적인 삶을 영위하기 위해 가장 중요한 조건은 개인의 인터넷에 대한 접근 access 가능성과 디지털 기기의 사용 여부였다. 즉 재택근무와 화상수업 등 디지털 기술의 혜택을 누리기 위해서는 기본적으로 인터넷 망이 국가 전역에 인프라로 구축되어 있어야 하고, 모든 개인이 컴퓨터나 스마트폰 등 디지털 디바이스를 쉽게 사용할 수 있는 환경이 조건이 되기 때문에 최빈국과 빈곤층은 팬데믹의 피해를 가장 크게 경험할 수밖에 없었다.

이러한 맥락에서 볼 때 이 글의 '디지털 평화'의 개념은 21세기 초연결 사회hyper-connected society에서 개인이 누려야 할 기본적인 디지털 기술에 대한 접근, 즉 '기술적 환경'의 측면도 곧 평화를 위한 중요한 요건으로 간주한다. 디지털 기술에 대한 개인의 접근성과 같은 기본적인 디지털 인프라가 구축되어 있는 환경은 개인의 정보 획득, 커뮤니케이션 활동, 안전, 건강, 교육, 경제활동을 위해 필수적이기 때문이다. 이러한 기술적 환경은 평화 자체와 직접적으로 연관되지 않은 것처럼 보이지만 디지털 평화를 가능하게 하는 가장 기본적인 조건이 된다.

III 세부가치

1 사이버 평화

21세기 정보통신기술의 발전은 국가 간 직접적 교전combat 없이 비무력적 수단을 통해서도 상대 국가에게 치명적인 파괴적 피해를 입힐 수 있는 새로운 전장인 '사이버 공간cyber space'을 탄생시켰다. 사이버 공격은 가시적으로 보이지 않는 사이버 공간을 통해, 대규모의 군사력을 사용하지 않고 공격 의도와 공격 주체의 노출을 은폐하면서 수행된다. 이러한 사이버 공격이 현대 국가 간 전쟁 결과를 좌지우지할 수 있을 만큼 파괴력이 큰 이유는 인터넷 네트워크의 연결성connectivity 때문이다. 현대 각국 군은 합동작전의 효율성을 위해 육·해·공 지휘통제 및 데이터 네트워크의 연결성을 강화시키고 있기 때문에, 연결성이 높을수록 사이버 공격으로부터 더 취약해진다. 즉 사이버 공간의 평화를 가장 쉽게 파괴할 수 있는 지점은 '연결을 차단하는 것delink'으로부터 시작된다.

인터넷 커뮤니케이션 네트워크가 전 지구적으로 확장될 수 있었던 것은 해저케이블submarine cable을 통해 전 세계의 통신 네트워크를 연결시키게 되면서부터이다. 1988년 최초로 설치된 해저케이블은 세계 인터넷 트래픽의 99%를 전송하고 있는 반면 인공위성의 데이터 전송은 1%에 지나지 않는다. 인공위성은 대기, 기후, 대규모 트래픽 등 위성 상태에 따라 네트워크가 불안정하므로 해저케이블의 대안이 되지 못한다는 기존의 인식은 러시아-우크라이나 전쟁에서 우크라이나에 제공된 스페이스엑스(Space X)의 스타링크(Starlink)가 보여준 인공위성의 활약으로 그 위상이 달라지고 있다. 또한 해저케이블을 절단하여 적성국의 핵심 인프라 시스템 네트워크를 훼손하는 행위도 일어나고 있다. 디지털 시대에 통신 네트워크를 차단하는 일은 단순히 통신보안의 문제를 넘어 인프라에 대한 공격 행위이므로 국가 안보와도 직결된다.

이러한 측면에서 볼 때 '사이버 공간의 평화' 혹은 '사이버 평화'는 디지털 평화를 이루기 위한 '환경적 조건'이 된다. 사이버 공간은 오늘날 온갖 디지털 기기, 인프라, 주요 기관과 사람을 모두 연결시켜주고 모든 행위 주체가 활동하는 가장 중요한 공간이기 때문에 이 공간의 평화는 디지털 평화의 근본이 되는 조건이 되는 것이다. 이 공간을 통해 개인, 기업과 기관, 국가 등 모든 종류와 모든 수준의 행위자들이 정보·커뮤니케이션 활동과 경제활동을 영위할 수 있고 국가의 다양한 행정, 정치, 외교, 군사활동의 거의 대부분이 사이버 공간을 통해 이루어지고 있다.

오늘날 사이버 공격은 국가 간 군사적 긴장의 존재 여부와 관계없이 평시에도 거의 상시적으로 일어나고 있다. 해커hackers나 테러리스트terrorists, 국내외 범죄조직과 같은 비국가 행위자도 정보 탈취와 금전적 이익을 위해 사이버 공격에 가담하고 있기 때문이다. 따라서 사이버 공간의 평화는 국가 간 외교 관계의 좋고 나쁨과 반드시 관련되는 것은 아니고, 국가가 자국 내 비국가 행위자들의 불법적 행동에 대한 '책임 있는responsible' 조치를 취하는 것도 사이버 평화를 이루기 위한 중요한 국가행위이다.

사이버 공간의 평화를 유지하는 것이 쉽지 않은 이유는 사이버 공간의 '복잡성complexities'에 있다. 오늘날 사이버 공간은 인터넷 네트워크의 전 지구적 확장과 모든 공간에 편재한 사물인터넷IoT의 발달, 국가의 핵심 기반시설 간 증대한 네트워크와 상호의존성으로 인해 물리적 공간과 가상공간의 경계가 점점 무의미해지고 있다. 인간과 인간, 인간과 사물, 사물과 사물 간 연결이 전방위로 확대되고 있는 초연결성으로 인해 모든 일상 공간과 전투 공간도 통합되고 있다. 그렇기 때문에 사이버 공간은 어떤 물리적 공간보다 가장 다양한 행위자가 존재하면서 아주 다양한 성격의 관계가 혼재한 공간으로 변모하고 있다. 그만큼 이 공간에서 어떤 돌발적인 현상이 일어날지 예측하기 힘들어지고 있는 것이다.

결과적으로 사이버 공간은 현재 국제사회가 규범과 제도 형성을 두고 가장 힘들게 협력과 평화를 추구하고 있는 공간이다. 사이버 공간은 다양한 행위자에 의해, 그리고 여러 행위자가 사이버 공간을 사용하는 다양한 목적으로 인해 전장과 범죄의 공간이 되기도 하고 협력과 공조의 공간이 되기도 한다. 따라서 '사이버 공간의 평화'는 앞서 언급한 상위 개념인 '디지털 평화'를 성취하기 위한 가장 기본적인 요건이 될 수밖에 없다.

현재 디지털 기술의 평화로운 사용과 관련해서 국제사회에서 규범적 차원에서 중요하게 다뤄지고 있는 또 다른 이슈는 '정보통신기술과 사이버 기술의 평화로운 사용'에 관한 것이다. 사이버 공간의 평화를 파괴하는 주요 문제로 국제사회에서 가장 빈번하게 논의되는 이슈는 전 세계적으로 다양한 행위자에 의해 상시적으로 발생하고 있는 '랜섬웨어ransomware 공격'이다. 특히 국제사회는 국가에 의한 디지털 기술의 악의적인malicious 사용에 대해 어떻게 제재할 것인지, 그리고 그러한 악의적인 활동의 주요 진원지가 되는 국가 내 랜섬웨어 공격에 가담하는 비국가 행위자를 어떻게 제어할 것인지 논의하고 있다.

랜섬웨어 공격의 주요 진원지는 러시아, 중국, 북한, 이란으로서 주로 서방과 외교적 갈등관계에 있는 권위주의 레짐authoritarian regimes인 경우

BOX 9.1

지속적으로 증가하고 있는 랜섬웨어 공격

사이버 위협 조사 기관인 체크포인트리서치(Check Point Research)의 조사에 의하면 2020년 10월과 비교할 때 2021년 10월 전 세계의 다양한 기관에 대한 사이버 공격은 40%가 증가했고, 61개 기관은 매주 랜섬웨어의 공격을 받고 있다. 2020년에서 2021년 사이 사이버 공격의 가장 빈번한 표적이 된 지역은 아프리카와 아시아태평양 지역의 국가들이었으나, 사이버 공격이 가장 큰 폭으로 증가한 지역은 유럽과 북미이다. 즉 개발도상국의 취약한 디지털 기술 환경은 사이버 공격의 쉬운 표적이 되고 있고, 반면 선진국들은 오히려 디지털 네트워크 인프라가 잘 갖춰진 높은 수준의 연결성으로 인해 취약성이 점점 증가하고 있는 것으로 볼 수 있다.

자료: Check Point(2021).

가 많다. 최근 북한발 랜섬웨어 공격도 급격하게 증가하고 있는데, 2021년 10월 마이크로소프트Microsoft가 발표한 '디지털 방어 보고서Digital Defense Report'에 의하면 이미 국제사회의 제재 하에서 코로나19 팬데믹 기간 동안 더 어려운 경제상황에 놓인 북한은 암호화폐 혹은 블록체인 신생 기업을 가장한 사이버 절도를 통해 국내 경제적 어려움을 상쇄하고 있다. 이렇게 사이버 공간에서는 국제사회에서 고립된 최빈국 북한도 비대칭적asymmetric 위협을 구사할 수 있다(Microsoft 2021, 52).

세계적인 사이버 위협 문제의 해결은 테러리즘, 보건, 환경 등 다양한 여타 신흥안보emerging security 위협처럼 문제 해결에서 국가 단독의 노력이 아닌 여러 국가와의 협력과 공조, 즉 '세계적 거버넌스governance'와 '다자주의multilateralism'가 중요하다.

랜섬웨어 공격 문제를 해결하기 위해 최근 바이든 행정부는 미국의 우호국들과 적극적인 논의의 장을 마련한 바 있다. 2021년 10월 14일 백악관 국가안보회의National Security Council, NSC는 유럽과 아시아의 30여 개국 장관들과 화상회의를 갖고 '랜섬웨어 대응 이니셔티브 회의Counter Ransomware Initiative Meeting'를 발족시키고 공동선언문을 발표했다. 러시아는 참석하지 않은 이 회의의 공동선언문은 각국의 핵심 인프라, 에너지 및 보건기관 등에 대한 랜섬웨어 공격과 금전적 이익을 위한 랜섬웨어 공격을 규탄하고 각국이 국내의 다양한 정책과 제도를 통해 랜섬웨어 공격을 차단할 수 있는 '네트워크 탄력성network resilience'을 증진시키고 그러한 역량이 결여된 다른 국가들을 지원할 것을 강조했다.

2 알고리즘 평화

'알고리즘 평화algorithm for peace'의 개념은 오늘날 첨단 신기술 중 핵심적인 기술인 인공지능의 알고리즘을 인류평화에 기여할 수 있는 방향으로 발전시켜야 한다는, 즉 디지털 기술의 사용 '방식'에 대한 '규범적norma-tive' 함의를 담는다. 그러나 국제사회에서의 디지털 기술의 사용 방식이나 방향에 대한 규범적 논의는 빠른 기술발달이 야기하는 부정적 현상의 발생 이후에야 이루어지고 있다.

그러한 가장 가시적인 사례는 오늘날 첨단 디지털 기술의 발전이 군사 체계와 군사작전에 끼치는 영향에서 빈번하게 찾아볼 수 있다. 다양한 첨단 신기술과 신무기의 등장은 미래전의 전쟁양식mode of warfare에 지대한 영향을 끼칠 것으로 예상되고 있다. 즉 군사 분야에서 인공지능 기술과 로봇 기술이 결합되면 전투 효율성이 높아지고 공격 타격률이 정확해지는 등 군사적으로 유용한데다가 자율무기의 경제성으로 전쟁비용이 낮아질 수 있으므로 로봇 등 무인무기를 동원한 군사적 해결방식이 선호될 경우 전쟁이 더 쉽게 발발할 수 있다. 특히 디지털 첨단기술의 전장으로의 진입 문제는 인간의 관여가 부재한 자율로봇의 살상이 가능한 시스템이기 때문에 인간 존엄성의 보호와 살상의 책임성 소재 등에 대한 다양한 국제적 논쟁을 양산시키고 있다.

이렇게 전쟁의 수행과 관련하여 점점 더 중요해지고 있는 인공지능을 이용한 자율무기 개발에 각국이 첨예한 경쟁을 벌이고 있지만 오늘날 인공지능 알고리즘의 의사결정 능력은 불완전하다. 그렇기 때문에 '알고리즘 평화'는 국제사회에서 집중적으로 논의되고 있는 '디지털 기술의 평화로운 사용peaceful use of digital technology'과 관련하여 가장 중요한 개념 중 하나가 된다. 알고리즘 의사결정이 불완전하여 신뢰하기 힘듦에도 불구하고 인공지능 기술이 적용된 자율무기를 사용할 경우 인류평화에 파괴적인 결과를 초래할 수 있기 때문이다.

현재 국제사회에서 주요하게 다뤄지고 있는 이슈 중 하나는 자율살상무기체계LAWS에 대한 규제에 관한 논의이다. 소위 '킬러로봇killer robot'으로 불리는 자율살상무기에 대한 국제사회의 논의는 '자율살상무기 자체의 적법성', '기존 국제규범체계를 통한 규제의 실효성', '새로운 국제규범체제를 통한 규제' 등 세 가지의 규제 방식을 놓고 국가 간 논쟁이 지속되고 있다. 가장 첨예한 대립 쟁점은 '인간의 통제human control와 개입'의 문제이다. 유럽과 중남미 등 다수 국가는 자율살상무기에 대한 인간통제가 국제법에 명시되길 원하고 있으나 미국과 러시아 등 군사기술 강국은 그러한 새로운 규범을 정립하는 데에 반대하고 있다.

앞서 언급한 대로 디지털 기술과 관련한 평화의 문제가 복잡성을 띠는 것은 이 분야의 국제규범과 제도가 아직 구축되어 있지 않기 때문에 다양한 행위자가 규범 구축 과정에서 목소리를 내고 어젠다를 내세우며 진입하는 것도 하나의 원인이 된다. 자율살상무기 이슈에서도 마찬가지이다. 국제 비정부기구Non-governmental Organization, NGO 등 시민사회는 세계평화를 위한 좀 더 근본적인 차원에서 자율살상무기를 규제해야 한다는 주장을 펼치고 있다. 즉 규제의 대상과 무기개발의 연구 단계부터 금지해야 한다는 주장으로서 다수의 기술 선도국이 자율살상무기의 생산·배치·운용만을 규제하자는 입장과는 상당한 간극이 있다.

신기술을 이용한 무기개발 경쟁이 본격화된 상황에서 시민사회의 근본적인 차원의 문제제기는 첨예한 미중경쟁과 진영 간 경쟁의 국제정치 장에서 힘을 얻지 못하고 있다. 특히 미국은 자율무기 체제의 긍정적인 측면을 강조하면서 현재의 국제법을 통해 자율무기 체제에 대한 규제가 가능하므로 별도의 규범체계나 정치적 선언은 불필요하다는 입장을 보이고 있

AI 알고리즘의 커뮤니케이션 기술

'소셜봇(social bot)'은 AI 알고리즘의 대화형 프로그램으로서 소셜 미디어 계정을 스스로 통제하면서 사람과 쌍방향 커뮤니케이션을 구사할 수 있으므로, 재난 발생 시 다수의 사람에게 소셜 미디어를 통해 위기 상황을 실시간으로 자동으로 알리는 역할 등 속보성 정보 전달에 유용하다. 하지만 이러한 소셜봇은 선거철 가짜뉴스와 같은 허위조작정보를 대량으로 확산시킬 수 있으며 그러한 정보 확산 활동에 AI 알고리즘 프로그램인 '봇부대(bot army)'가 빈번하게 동원되고 있다.

자료: 송태은(2020, 20-22).

다. 미국 정부가 구성했던 전문가 패널 '인공지능에 관한 국가안보위원회 National Security Commission on Artificial Intelligence, NSCAI'도 자율무기 개발을 금지하지 말 것을 권고했던 사실이 말해주듯이 자율무기 개발은 기술 강국 간 무기개발 경쟁에서 핵심 분야이므로 국제사회의 일치된 합의가 만들어지기는 쉽지 않다.

한편 알고리즘 평화의 개념은 '디지털 평화'의 '내용'과도 긴밀하게 연결된다. 디지털 평화의 내용적 측면이 국제사회에서 중요하게 다뤄지는 이유는, 사이버 공간에서 이루어지는 정보활동과 커뮤니케이션 활동이 최근 초국가적 사이버 공격의 빈번한 목표대상이 되고 있고 이러한 활동에 인공지능 알고리즘이 이용되고 있기 때문이다. 디지털 기술이 야기하는 사이버 공간에서의 분쟁이나 갈등은 해킹, 정보유출이나 오남용 및 악용의 문제도 원인이 되지만, 정보의 이동이나 확산 과정에서 발생하는 감정적 의견 충돌이나 악의적인 여론 왜곡 및 프로파간다 활동 등 사회교란 행위에서도 비롯될 수 있다(송태은 2020).

특히 심리적 갈등과 분열이 소셜 미디어에서의 타국에 의한 의도적인 여론왜곡을 통해 악의적으로 유발되거나 기획될 수 있는데, 이러한 활동에 인공지능 알고리즘의 커뮤니케이션 기술 혹은 내러티브 구사 능력이 빈번하게 동원된다. 소셜 미디어 플랫폼에서의 가짜뉴스의 대량 유포와 같은 타국발 사이버 공격은 궁극적으로 선거과정과 같은 민주주의의 핵심 제도의 정상적인 기능과 국가의 정치적 정당성을 훼손하려는 목적으로 수행된다. 따라서 서구권은 이러한 사이버 심리전 행위를 주권에 대한 도전으로 받아들이고 사이버전 대응 모의훈련에서 허위조작정보의 유포에 대응하는 시뮬레이션을 포함시키는 등 군사적 차원에서 대응하고 있다(송태은 2021a).

2020년 5월 유엔 안전보장이사회는 '사이버 안정성, 분쟁 방지, 역량 구축'을 주제로 비공식 회의를 개최하였는데, 이 회의는 1946년 유엔 안보리 출범 이후 사이버 안보와 위협을 독립적인 주제로 다룬 안보리 차원의 첫 회의였다. 이 회의는 사이버 공간에서의 '허위조작정보', '선거 개입', '지적 재산권 도용', '사회기반시설 파괴'가 국제 평화와 안보에 실질적인 위협이 된다고 언급하였다. 즉 악의적인 거짓된 정보 유포를 통한 여론 왜곡 행위와 그러한 사회교란 행위를 통한 국내 정치과정에의 개입이 세계 평화를 방해하는 행위임을 국제적 차원에서 확인한 것이다.

알고리즘 기술의 문제로 최근 사회적으로 심각하게 언급되는 것은 알고리즘의 '편향성bias' 문제이다. 머신러닝의 재료가 되는 빅데이터big data가 제한된 범위에서 수집되거나 특정 그룹으로부터 수집된다면 인공지능 알고리즘이 도출시키는 분석은 편향되고 그러한 분석에 의거한 의사결정은 위험할 수 있다. 인공지능 알고리즘이 편향된biased 데이터를 사용하여

인공지능 알고리즘의 편향성 문제

BOX 9.4

미국에서 인공지능 안면인식 기술이 사회적 문제로 크게 대두된 것은 2020년 5월 미국 미네소타주 경찰의 과잉 진압으로 흑인이 사망하는 '조지 플로이드(George Floyd)' 사건이 계기가 되었다. 플로이드를 찾아내는 과정에서 소셜 미디어 플랫폼에서 사람들의 안면 이미지를 무작위로 수집하여 분석하는 안면인식 기술인 '클리어뷰 AI(Clearview AI)'를 사용했기 때문이다. 이 사건으로 인공지능 기술의 대중 감시와 인종프로파일링 (racial profiling)의 위험성을 인지하게 된 미국 시민사회가 반발하자 Amazon은 경찰에 자사 인공지능 안면인식 기술 소프트웨어 '레커그니션(Rekognition)'을 제공하지 않는 1년의 유예기간(moratorium)을 선언했지만 인신매매 단속에 사용되고 있는 이 기술을 계속 사용할 것을 발표했다.

자료: 송태은(2021b, 18-19).

특정 그룹에게 차별적인 분석 결과를 도출시키게 되면 결과적으로 그러한 그룹에 대한 차별적인 정책이 만들어지고 사회갈등을 유발할 수 있기 때문에 알고리즘이 디지털 평화와 연결되는 것이다.

3 디지털 평화감시와 평화유지

개인과 조직 및 사회의 다양한 영역, 도시와 국토의 어떤 곳에서도 수집될 수 있는 빅데이터를 기반으로 개발되는 AI 알고리즘은 날씨, 금융, 산업, 의료, 범죄, 재난 등 다양한 분야에서 발생하는 각종 문제와 위험을 분석, 예측하며 인류에 다양한 방식으로 기여할 수 있다. 사이버 공격과 관련해서도 인공지능은 사이버 공간에 대한 실시간 감시를 통해 외부로부터의 사이버 공격 위험을 신속한 분석을 통해 포착해내어 주요 인프라 시스템이 마비되는 상황을 막는 데에 도움을 줄 수 있다.

최근 인공지능은 안면인식, 보행인식 및 감정인식 등 다양한 인식 기술에 광범위하게 적용되고 있다. 인공지능을 이용한 보안검색기술Security Screening Technologies의 경우 테러와 범죄를 예방하기 위한 목적으로 세계 각 대도시에서 광범위하게 이용되고 있다. 오늘날 공항 보안검색기술은 영상 속 위험물질을 자동으로 판독, 검출, 분류하고 있고 검색 시간을 단축시키면서도 정확도는 높아졌다. 영국의 경우 2019년 9월부터 트루비전Thruvision 업체의 인공지능 탐지기술을 스트랫포드역Stratford Station에서 시범적으로 운용하고 있다. 이 탐지기술은 총, 칼, 폭발물 등 개인이 무기를 소지할 경우 최대 30피트 거리에서도 물리적인 직접 수색 없이 감지할 수 있다.

지능형 CCTV나 지능형 드론 등 안면인식 기술을 사용한 개인에 대한 광범위한 정보 수집은 범죄자나 테러리스트의 얼굴이나 특이 행동을 인식하여 위험인물이 대중교통 수단을 사용하는 것을 미리 차단하는 등의 활동에 이용될 수 있다. 인공지능 기술을 탑재한 지능형 드론은 기상·국토·해양 관측, 재난 감시, 시설 점검, 교통 및 물류 감시, 농업 등 산업 분야에서 이미 광범위하게 활용되고 있다. 즉 지능형 감시기술은 국가 안보나 평화유지를 위한 가장 기본적인 조건인 시민과 국토의 '안전'을 관리하고 치안에 기여하는 역할을 효과적으로 수행하고 있다(송태은 2021b, 11-13).

세계 인류와 자연을 보호하기 위한 디지털 감시기술의 개발이나 빅데이터를 활용한 다양한 프로젝트는 인텔Intel이나 구글Google과 같이 세계적인 IT 기업들이 주도하고 있다. 인텔의 경우 AI 드론을 사용하여 아동착취나 훼손된 문화재를 탐지하고, 빙하를 피하는 안전한 항해를 돕거나 북극

　　　　　　　　　　　　　제3부　구현가치

연구를 지원하기도 하며, 피부암 감지 등 의료연구 사업을 전개하고 있다. 구글도 인공지능의 머신러닝을 통해 장애인의 언어소통의 어려움을 해소해주는 '유포니아 프로젝트Project Euphonia'를 비롯해서, 항공사진을 이용한 '구글 홍수예보 이니셔티브Google Flood Forecasting Initiative'와 같은 프로젝트를 전개하고 있다. 이 밖에도 해상의 불법 조업을 단속하거나 아마존 열대 우림의 불법 벌채를 감시하는 활동에도 인공지능 감시기술이 광범위하게 이용되고 있다.

특히 유엔은 평화유지활동Peace Keeping Operation, PKO의 디지털 전환 전략을 추구하고 있다. 유엔의 평화유지군 활동은 군인, 경찰, 정전 감시단 등을 파견하기도 하고 특정 국가나 지역기구가 다국적군을 구성하여 평화활동을 전개할 수도 있다. 이러한 평화유지활동에서 디지털 기술은 분쟁의 재발을 예측하고 방지하기 위한 데이터 기반의 분석, 평화의 조건을 조성하고 유지하기 위한 정찰, 감시, 치안에서 핵심적인 도움을 제공할 수 있다. 또한 데이터 분석을 통해 긴급한 인도적 지원이 필요한 주민들을 찾아내는 등 디지털 기술은 평화유지활동을 위해 광범위하게 활용될 수 있다.[1]

더불어, 신기술은 국가의 군비통제arms control 노력이나 비확산non-proliferation 조치의 이행 여부를 감시하고 신뢰구축조치Confidence Building Measures, CBMs의 투명성transparency을 강화하고 증진시키는 데에 기여할 수 있다. 인공지능 감시기술의 원거리 탐지 및 이미지 인식 등의 기술은 국가가 핵물질이나 핵무기 등 핵 프로그램을 안전하게 관리하고 있는지 검증하는

---

1 "Strategy for the Digital Transformation of UN Peacekeeping." https://peacekeeping.un.org/en/strategy-digital-transformation-of-un-peacekeeping

레짐safeguards and verification regimes의 효과를 증진시킬 수 있으므로 핵 비확산과 군축에 긍정적인 영향을 끼칠 수 있다.

이 밖에도 디지털 평화유지 개념은 신무기의 무차별적인 개발을 억지하는 국제사회의 노력과도 관련된다. 유엔을 비롯하여 유럽안보협력기구 Organization for Security and Cooperation in Europe, OSCE, 북대서양조약기구North Atlantic Treaty Organization, NATO 등의 국제기구는 신기술을 이용한 무기개발이 수출통제export control 레짐이나 국제제재를 위반할 가능성에도 주목하고 있다. 예컨대 인공지능 알고리즘 자체에 대해 수출통제하는 것은 어렵지만 인공지능 칩이나 그러한 칩을 제조하는 기술, 클라우드 인프라에 대해 규제하거나 인공지능 기술의 작동을 지원하는 음성이나 영상 기술 등 특정 어플리케이션application에 대해 규제하는 방법이 가능하다.

4 데이터 안보

'데이터 주권data sovereignty'은 디지털 시대 각국이 최대한의 데이터를 확보하고 자국의 데이터 정책을 합리화하기 위해 국가가 내세우는 개념이다. 데이터는 인공지능, 사물인터넷, 양자역학 기술 등 미래산업 경쟁력의 가장 중요한 기반이 되기 때문에 각국은 자국 데이터의 다른 국가로의 이동을 규제하려는 유인을 갖는다. 따라서 중국과 러시아 등은 '데이터 현지화data localization' 정책을 강화하거나 새롭게 채택하여 자국에서 생산된 데이터가 다른 국가 혹은 기업으로 이동하는 것을 경계하고 있다. 이러한 데이터 주권은 더 포괄적인 의미에서 '데이터 안보'의 가치에 속하는 개념으로 볼 수 있다.

데이터 안보가 디지털 평화와 연결되는 이유는 오늘날 미국과 중국의 전방위적인 기술 패권경쟁 속에서 양국 간 무역갈등과 화웨이Huawei를 둘러싼 갈등이 모두 근본적으로는 데이터 확보를 둘러싼 경쟁이라는 사실에서도 확인할 수 있다. 중국은 자국 기업을 육성하고 미국 기업을 견제하기 위해 자국 내에서 수집, 생성된 데이터가 해외로 반출되는 것을 엄격하게 제한하고, 그러한 데이터를 자국 서버에 저장할 것을 의무화하고 있다. 이러한 데이터 정책을 추구하기 위해 중국은 2021년 8월 20일 개인정보보호법을 전국인민대표대회 상무위원회 회의에서 통과시켜 정식으로 공포하였고 2021년 11월 1일부터 시행하고 있다. 이렇게 데이터의 정치경제적, 군사안보적 중요성으로 인해 미국과 중국뿐 아니라 각국은 데이터 및 개인정보와 관련된 법을 마련하여 이를 외국기업이 준수하게 하는 등 데이터 정책의 제도화를 추구하고 있다.

현재 구글, 마이크로소프트, 페이스북, 아마존 등 미국의 주요 IT 기업들은 전 세계 인터넷과 소셜 미디어 사용자들에 대한 데이터를 독점하고 있고, 세계 클라우드 시장의 Big4로 불리는 아마존웹서비스AWS, 마이크로소프트MS, 구글, 알리바바Alibaba 중 3개 기업이 미국 기업이다. 이렇게 세계 데이터 시장을 거의 독점하고 있는 선도적인 IT 기업을 다수 보유하고 있는 미국은 데이터 주권에 대해 반대하며 '자유로운 정보의 이동'을 지지하고 있다. 이러한 미국의 데이터 정책은 데이터 주권을 강조하고 있는 유럽과 중국, 러시아 등과 대립하고 있다. 국가 간 데이터 확보를 둘러싼 경쟁은 자국 IT 기업의 이익을 대변하고 보호하려는 국가의 노력으로 이어지고 있고, 이러한 국가의 산업계에 대한 보호는 아이러니하게도 기업의 국가에 대한 데이터 우위 결과를 초래하고 있기도 한다. 2021년 10월 미국 하원에서는 미국의 대표적인 빅테크 기업들인 FAANGFacebook·Apple·Amazon· Netflix·Google이 시장에서 독점적 지위를 남용하고 있으므로 이들에 대한 규제를 강화할 필요성이 논의되었고 이들 기업에 대한 반독점 규제 법안이 통과되기도 했다.

현재까지 국제사회에서 데이터 문제를 다루는 데서 규제와 법제화 차원에서 가장 강력한 규범은 유럽연합EU이 2016년 5월 제정하고 2018년 5월 25일부터 시행한 '유럽연합 개인정보보호법령General Data Protection Regulation, GDPR'이다. 이 법령은 EU 회원국 모두가 준수해야 하는 EU의 법률로서, EU 회원국에 거주하는 개인의 정보를 수집, 처리하는 데서 세계 어느 기업이든지 GDPR의 적용을 받게 된다. 개인정보보호와 관련하여 세계의 다양한 국제협의체와 국제기구 및 비정부기구들이 내놓는 권고안과 결의문은 EU의 GDPR와 달리 정부와 기업의 개인정보보호 관련 윤리원칙을 준수하도록 강제할 영향력을 갖지 않는다.

한편 국제사회는 디지털 기술을 통해 국가나 기업이 개인의 사적 정보를 수집하고 사용하는 과정에서 개인의 동의를 구하지 않거나 개인정보를 유출, 남용, 오용할 가능성에 대해 우려의 목소리를 높이고 있다. 특히 현재 중국의 사회감시 체계와 권위주의적 사회통제 기제에 대해 국제사회가 우려하는 부분은 중국이 감시기술을 통해 수집한 개인정보와 사생활 및 지인 관계에 대한 종합적인 정보를 조합하여 개인의 정치성향이나 정치적 행동을 사전에 예측하고 정치적 탄압에 사용하는 활동에 대한 것이다.

민주주의 국가의 정부도 광범위한 디지털 감시체계를 통해 수집된 개인정보를 정치적으로 악용할 유인을 가질 수 있다. 세계적으로 많은 선진 민주주의 국가가 디지털 감시기술 체계를 사회 전체에 구축하고 있고, 스

BOX 9.5

AI 기반 국가 감시체계의 프라이버시 침해 문제

많은 선진국에서는 드론이나 자율주행 차량에서 수집된 영상과 정보를 통해 도시 전체의 영상을 실시간으로 업데이트하여 도시를 관리하는 인공지능 기술을 구현하고 있다. 특히 권위주의 및 독재국가의 정부는 자국 시민을 감시하기 위해 스마트폰에 강제로 설치된 악성코드를 통해 시민들의 채팅, 사진, 상품 구매 내역 등을 감시하는 등 프라이버시를 비롯한 인권을 광범위하게 침해할 가능성이 크다. 중국 당국은 소수민족이 거주하는 지역 주민들의 신장, 목소리, 유전자, 임신 여부와 같은 개인 신상을 비롯해서 지역 주민들과의 대화시간이 감소하거나 전기 사용량이 달라지는 일, 지역 간 이동 등 일상의 전 영역을 감시하고 있는 것으로 알려져 있다. 이렇게 수집된 개인정보는 빅데이터 기반의 통합정보관리시스템(IJOP)에 입력되는 등 광범위한 개인정보 수집과 감시체제가 중국 전역으로 확대되고 있다.

자료: 이원영(2020); BBC News(2020).

마트시티 구축과 스마트치안 등을 통해 전방위적인 디지털 감시체계 구축을 합리화하고 있다. 이렇게 각국의 데이터 확보 경쟁과 서로 다른 데이터 정책에 의해 고조되고 있는 국가 간 갈등, 개인정보의 수집, 처리, 보관 등의 과정에서 인공지능 개발자가 준수해야 할 윤리 및 원칙을 다루는 '데이터 거버넌스data governance'는 국제사회의 주요 화두로 부상하고 있다.

이러한 데이터 거버넌스의 이슈가 최근 더욱 중요해지고 있는 이유에는 비국가 행위자들의 해킹과 데이터 악용 등 범죄행위가 급증한 것도 큰 부분을 차지한다. 최근 기업에서 사용하는 중앙관리형 소프트웨어, IT 시스템, 단말기기 등의 취약점을 악용한 '공급망 공격Supply Chain Attack'이 크게 증가하고 있다. 기관 및 조직의 민감하거나 중대한 정보 및 개인정보를 탈취하고 대가를 요구하면서 협상에 응하지 않는 경우 다크웹darkweb에 정보를 판매하는 사이버 범죄도 급증하고 있다. 특히 세계 곳곳의 물류 및 무역 기업에 대한 이러한 비국가 행위자들의 사이버 공격은 팬데믹 기간 동안 이미 악화된 세계의 공급망 문제를 더욱 심화시키고 있다(보안뉴스 2021.11.3.; 아웃소싱타임스 2021.7.26.).

5   민간이 구축하는 디지털 평화

디지털 평화의 대상은 세계 각국의 시민이다. 디지털 평화를 달성하기 위해서는 국가 간 협업과 다자주의만으로는 한계가 있고 민간과 시민사회와의 협력과 공조가 필요하다. 사이버 평화의 경우, 사이버 공간의 평화를 저해하는 사이버 공격은 국가만이 취하는 행위가 아니며, 해커와 테러리스트, 국제적인 범죄 조직이나 일반 개인 등 아주 다양한 수준에서의 비국가 행위자가 이러한 행위에 가담하고 있다. 따라서 랜섬웨어 생태계 시스템을 붕괴시키기 위한 국제사회의 논의에서 각국이 자국 영토 내 비국가 행위자들의 도발행위에 대해서도 책임 있는 조치를 취하는 것이 중요한 의제로 다뤄지고 있다. 반면 세계의 다양한 랜섬웨어 공격의 근원지가 되고 있는 러시아, 중국, 이란, 북한 등의 경우 비국가 행위자들의 공격 배후에 이들 정부의 지원이 존재하는 경우가 많다. 즉 국가와 비국가 행위자가 사이버 공격을 위해 공조하는 현상도 발생하고 있는 것이다.

사이버 공간이 갖는 '복잡성'은 사이버 공간을 사용하는 행위자의 다양성과 그러한 행위자가 사이버 공간을 사용하는 목적과 수단의 다양성에 기인한다. 사이버 공간은 정작 민간이 소유하고 운영하고 있으나 인류의 아주 다양한 활동의 대부분이 인터넷 공간을 통해서 이루어지고 있기 때문에 이 공간을 어떻게 사용할 것인지, 이 공간에서 발생하는 다양한 문제를 어떻게 해결해야 하는지는 국가와 같은 단일 행위자가 결정할 수 없고 민간 행위자와의 공조와 협업이 이 공간의 규범을 구축하는 데서 매우 중요하다. 이와 같은 상황으로 인해 디지털 평화를 구축하기 위한 국제사회의 다양한 노력에는 국가와 비국가 행위자, 정부와 민간 모두가 문제해결을 위한 논의와 의사결정에 참여하는 '다중이해당사자주의multistakeholde-rism' 혹은 '다중이해당사자의 접근법multi-stakeholder approach'이 중요해지게 된다. 사이버 공간에 일정한 법칙을 부여하고 규범을 형성하는 것은 국가를 포함한 다양한 행위자가 협력한다는 전제하에 가능하기 때문이다. 더불어 디지털 평화를 위한 국제사회의 협업에서 사이버 공간을 운용하는 실제 주체인 IT 기업과 같은 민간 행위자는 문제해결을 위한 노력에서 핵심적인 역할을 빈번하게 수행한다. 즉 사이버 평화와 기업이 제공하는 서비스의 사용자가 되는 시민사회의 디지털 평화는 이러한 기업의 이윤추구에서 중대한 조건이 되기 때문에 세계적인 IT 기업들은 세계 디지털 평화를 위한 다양한 이니셔티브를 빈번하게 제시하고 있다.

'디지털 평화'의 개념을 2017년 최초로 제시한 바 있는 마이크로소프트는 일부 국가의 악의적인 사이버 공격으로부터 산업계를 보호하고 사이버 공간의 안전을 지향하며 사이버전을 막기 위한 규범을 설립하기 위해 다중이해당사자주의가 가장 중요함을 국제사회에 적극적으로 설파하고 있다. 알고리즘 평화와 관련해서도 민간이나 비국가 행위자가 취하는 이니셔티브가 국가보다 더 자발적이고 역동적으로 제시되고 있다. 예컨대 AI 알고리즘에 의한 의사결정의 불완전성에 대한 우려와 관련해서 국가보다도 산업계가 더 적극적으로 대응하고 있다. 많은 세계적 IT 기업은 선제

마이크로소프트의 디지털 평화를 위한 이니셔티브

마이크로소프트는 '디지털 제네바 컨벤션(Digital Geneva Convention)'을 개최할 것도 제안하여 80개 IT기업이 서명한 '사이버 기술 협정(Cybersecurity Tech Accord)'을 이끌어낸 바 있고, 2018년 9월 시민단체들과 함께 '디지털 평화, 지금(Digital Peace Now)'과 같은 운동을 펼치기도 했다. 마이크로소프트의 사이버 공간의 평화를 위한 의제 제시는 상당히 효과적이었다. 마이크로소프트의 이니셔티브에 대해 국제사회가 적극 호응하여, 미국, 러시아, 중국은 서명하지 않았으나 2018년 프랑스의 주도로 51개국과 400여 개의 기업은 일명 "디지털 제네바 협약"으로도 불리는 "사이버 공간에서의 신뢰와 안보를 위한 파리의 요구(Paris Call for Trust and Security in Cyberspace)"에 서명하고 공동성언을 발표한 바 있다.

자료: Microsoft EU policy blog, "Digital Peace".

적으로 '믿을 수 있는 AI' 혹은 '사회적 공공재로서의 AI'와 같은 담론을 통해 신뢰할 수 있는 디지털 기술 개발을 기업의 중대한 어젠다로 제시하면서 선제적으로 대응하고 있다. 마이크로소프트, 인텔, 구글, 아마존, 딥마인드DeepMind 등 세계적 IT 기업들은 AI 기술의 인권침해 가능성에 대한 사회 내 우려와 반감에 대응하여 공정성, 포용, 신뢰성, 안전성, 투명성, 보안성, 책임성 등 AI 개발자가 준수할 윤리원칙과 가이드라인을 제시했고, 신뢰할 수 있고 사회적 공공재 창출에 기여할 수 있는 AI 구현을 위해 다양한 프로젝트를 전개하고 있다. IT 기업들은 디지털 기술에 의한 문제에 대해 자발적으로 대안을 제시함으로 AI 개발혁신에 방해가 될 수 있는 국제사회 및 시민사회로부터의 비판을 상쇄하기 위해 노력하고 있는 것이다(송태은 2021b, 29-31).

국제기구와 비정부기구, 다양한 국제 협의체들도 다양한 인공지능 기술에 의한 개인정보 및 인권 침해와 관련된 의제에 초점을 두어 강화된 규제를 통해 법제도적 규범을 구축할 것을 촉구하고 있다. '신뢰할 수 있는 AI' 어젠다는 UN과 OECD를 비롯한 다양한 국제기구와 단체가 광범위하게 공유하는 의제로서 AI의 신뢰성에 대한 논의는 유엔 차원에서 다양하게 진행되고 있다. 현재 UN인권고등판무관실은 신기술의 사용이 인권과 인간의 존엄성 및 자율성에 끼치는 영향을 평가하고 관련 지침을 마련하여 UN 전체 시스템에 적용할 예정이다.

'민간이 구축하는 디지털 평화'에는 평화의 '내용적' 측면도 중요하다. 사이버 공간은 전장이기 전에 가장 근본적으로는 개인의 정보 획득과 커뮤니케이션의 공간이기 때문이다. 인터넷의 대중화로 오늘날 전 지구적으로 확장되고 있는 사이버 공간은 개인의 일상적 소통과 정치커뮤니케이션 political communication, 모든 정보활동과 경제활동이 이루어는 공간으로서 현대인의 일상생활과 사회활동은 사실상 인터넷이나 스마트폰과 같은 디지털 네트워크와 디지털 기기의 사용과 분리되지 않는다. 개인의 사적인 영역과 공적인 영역, 정치적인 영역과 비정치적인 영역의 경계가 불분명해지고 있고, 지극히 개인적인 이슈도 전방위적 쌍방향의 실시간 소셜 미디어를 통해 전파되고 확산될 경우 사회적인 이슈로 전환될 수 있다. 요컨대 사이버 공간은 개인 수준의 문제제기가 쉽게 사회적 의제로 바뀔 수 있는, 여론이 쉽게 활성화되거나 혹은 사회갈등이 집단적으로 폭발할 수 있는 정치적인 공간이기 때문에 민간이 구축하는 디지털 평화는 세계의 디지털 평화를 이룩하기 위한 중요한 기반이다.

Ⅳ 맺음말

현대 국제사회와 학계에서 '신흥안보emerging security'는 더 이상 신조어가 아닌 개념으로서 사용되고 있다. 하지만 다양한 비전통 안보non-traditional security의 모든 이슈가 곧 신흥안보와 동일한 개념인지는 불분명하다. 또한 신흥안보의 개념이 더 이론적으로 발전되기 위해서는 개인과 국가의 '안보' 개념보다 국가 간 보다 적극적인 협력과 조화로운 관계를 지향하는 '평화'의 개념을 담는 연구가 기존의 평화 연구처럼 주요 연구 영역으로서 연구가 이루어져야 한다. 신기술과 신무기의 출현을 비롯하여 다양한 디지털 기술에 의한 군사안보적 효과를 다루고 국제사회의 세계평화를 위한 규범 형성 노력을 보다 체계적으로 다루기 위해서는 신흥평화에 대한 다양한 차원에서의 연구가 진행되어야 한다.

이 글에서 제시했듯이, 다양한 신기술의 출현과 사이버 공간에서 활동하는 다양한 비국가 행위자의 평화를 파괴하거나 구축하는 행위는 기존의 국가 간 군사안보 관계에 초점을 두었던 '국제정치'를 넘어 '탈국제정치' 차원에서 이해될 수 있다. 디지털 기술과 관련된 디지털 평화를 구축하기 위한 디지털 거버넌스는 반드시 민간과 산업계, 시민사회 등 비국가 행위자들을 포괄하는 접근법을 요구하고 있기 때문이다. 그러한 맥락에서 이 글은 '디지털 평화'의 가치와 아울러 다양한 하위개념인 '사이버 평화', '알고리즘 평화', '디지털 평화감시와 평화유지', '데이터 안보', '민간이 구축하는 디지털 평화'를 신흥평화의 주요 개념으로 제시했다. 디지털 평화의 더 다양한 하위개념은 새로운 기술, 새로운 이슈와 문제의 출현에 따라 얼마든지 확장되거나 세분화될 수 있다. 이렇게 디지털 평화의 다양한 하위개념을 만들어내는 것은 정책 현장에서 디지털 기술과 관련된 여러 복잡한 이슈를 분석하고 특정 문제에 대해 적절한 구체적 해결책을 논의하고 마련하는 데에도 실제적인 도움을 줄 것이다.

참고 문헌

송태은. 2018. "무력분쟁 재발 이론으로 보는 서해교전의 발발원인: 북한의 도발방식 변화." 『국가안보와 전략』 18(2): 69-102.

송태은. 2020. "디지털 허위조작정보의 확산 동향과 미국과 유럽의 대응." 『IFANS 주요국제문제분석』 2020-13. 국립외교원 외교안보연구소.

송태은. 2021a. "하이브리드 위협에 대한 최근 유럽의 대응." 『IFANS 주요국제문제분석』 2020-31. 국립외교원 외교안보연구소.

송태은. 2021b. "인공지능 기술을 이용한 국가의 사회감시 체계 현황과 주요 쟁점." 『정책연구시리즈』 2020-12. 국립외교원 외교안보연구소.

이원영. "중국과 AI를 통한 감시사회의 미래." Tech Recipe (2020.8.17.). https://techrecipe.co.kr/posts/19383

BBC News. 2020. "China Uighurs: Detained fro beards, veils and internet browsing." (February 17) https://www.bbc.com/news/world-asia-china-51520622 (검색일: 2020.8.2.).

Check Point. 2021. "As battle against cybercrime continues during Cybersecurity Awareness Month, Check Point Research reports 40% increase in cyberattacks." https://blog.checkpoint.com/2021/10/06/as-battle-against-cybercrime-continues-during-cybersecurity-awareness-month-check-point-research-reports-40-increase-in-cyberattacks

Microsoft EU policy blog, "Digital Peace" https://blogs.microsoft.com/eupolicy/digital-peace/

Microsoft. 2021. Microsoft Digital Defense Report. https://query.prod.cms.rt.microsoft.com/cms/api/am/binary/RWMFli

Peacedirect, "Digital Pathways for Peace" (August 2020). https://www.peacedirect.org/publications/digital-pathways-for-peace/

Sagan, Scott D. and Kenneth N. Waltz. 1995. *The Spread of Nuclear Weapons: A Debate*. W.W. Norton & Company.

SecDev Group, "Digitally-enabled Peace and Security: Reflections for the Youth, Peace and Security Agenda." (November 2017). https://www.youth4peace.info/system/files/2018-04/2.%20TP_Social%20Media_SecDev.pdf

Smoke, Richard & Willis Harman. 1987. *Paths to Peace*. Westview Press.

United Nations. 2020. "Roadmap for Digital Cooperation." Report of the Secretary-General. https://www.un.org/en/content/digital-cooperation-roadmap/assets/pdf/Roadmap_for_Digital_Cooperation_EN.pdf

10

지속가능성

SUSTAINABILITY

유인태

단국대학교 정치외교학과

I   머리말

ESG라는 용어가 기업 경영과 관련하여 회자되고 있다. 환경environmental, 사회social, 지배구조governance를 의미하는 이 단어는 지속가능성을 위해 고려해야 할 사항들을 지목하고 있다. 사실 ESG라는 용어는 새로운 가치를 내세우기보다, 기존에 국제적으로 합의된 내용들을 압축적으로 담아내고 있다. 유엔 사무총장 코피 아난은 1999년 다보스 세계경제포럼에서 글로벌콤팩트를 통해 기업이 준수해야 할 원칙을 천명한 바 있으며, 더 크게는 국제연합United Nations, UN이 지속가능성을 달성하기 위해 제시한 '지속가능한 개발 목표Sustainable Development Goals, SDGs'를 발표하고 지속적으로 추구하는 중에 있다.

디지털 전환의 시기에 지속가능성은 디지털 기술의 급격한 발전에 따라, 위와 같은 내용들이 어떻게 적용 혹은 발전되어야 할 것인가를 고민케 한다. 이 글은 그러한 시도의 일환으로 크게 ESG라는 용어를 따라 다섯 가지 하위가치를 제시한다. 첫째, 환경적 지속가능성; 둘째, 포스트 코로나 시대 보건의료체계의 디지털화; 셋째, 디지털 통합을 위한 공유; 넷째, 협력적 거버넌스; 그리고 마지막으로 포스트 휴먼과 지속가능성이다. 첫째와 둘째는 환경과 관련된 것이며, 셋째 사항은 사회와 관련이 있으며, 넷째와 마지막 세부가치는 지배구조와 관련되어 있다.

II 개념 논의: 지속가능성

지속가능성sustainability이라는 용어는 '붙잡다', '유지하다', '보호하다'라는 뜻을 가지고 있는 라틴어인 '수스티네레sustinere'에 어원을 두고 있다. 지속가능성이라는 용어는 수많은 국내외 문서에서 사용되고 있는데, 이때 이 용어의 뜻은 미래 세대를 위한 자연 자원의 접근을 안전하게 지키는 것을 의미한다. 이러한 의미에 대한 국제적 합의는 단기간에 이루어진 것이 아니다. 그 기원은 1972년 '생존을 위한 청사진A Blueprint for Survival'이라는 영향력 있는 환경주의 논문이다(Goldsmith et al. 1972). 해당 논문은 *The Ecologist*라는 저널의 편집자들에 의해 쓰였으며, 당대의 뛰어난 과학자들로부터 지지를 받았다. 그 후에 지속가능성은 정부 정책 형성에서도 광범위하게 받아들여지는 개념이 되었으며, 그리하여 1972년의 유엔의 인간 환경에 관한 스톡홀름 회의의 논의에 큰 영감을 주었다. 그리고 그 후에 유엔 브룬트란드 위원회가 발간한 1987년의 보고서에는 이제는 널리 인용되는 그 유명한 정의를 내놓게 된다. 즉, 지속가능성이란 '미래 세대가 그들의 필요를 충족할 수 있는 능력을 저해하지 않으면서 현재 세대의 필요를 충족하는 발전'을 의미한다(WCED 1987, 43).

과거 1972년에 발간된 '생존을 위한 청사진' 논문에는, 인간수와 소비 규모의 증가로 보아, 환경 생태계가 파괴되고 있으며 자원이 고갈되고 있는 상황에서, 생존의 근본적인 바탕이 붕괴되고 있으며, 따라서 급진적인 변화가 필요하며 불가피하다고 언급하고 있는 부분이 있다. 이러한 인식은 현재를 살아가고 있는 우리에게도 해당된다. 단지, 우리는 그때 당시에 미처 발현되지 못했던 혹은 주어지지 않았던 하나의 조건이 있는데, 그것은 디지털 기술의 발전이다. 디지털 기술의 변화가 우리의 지속가능성에 어떤 영향을 미쳤는지 혹은 미칠 것인지, 그리고 우리는 해당 기술을 가지고 어떻게 지속가능성을 구현해 나갈지에 대한 국내적 그리고 국제적 논의가 필요한 시점이다.

III 세부가치

1 환경적 지속가능성

'환경적 지속가능성'은 크게 나누어 자연환경과 기후변화의 영역에서 지속가능성을 담보하고자 하는 가치이다. 또한 환경적 지속가능성은 지속가능성의 원칙들 중에서 최근 가장 핵심적 영역 중의 하나로 부상하였으며, 학계와 정책 서클에서 그 중요성이 더욱 증대하고 있기 때문에(Feroz et al. 2021; Kaswan et al. 2019), 우리가 지키고 신장시켜야 할 디지털 가치로서 특별히 주목할 필요가 있다.[1]

환경 악화와 기후변화의 심각성에 대해서는 이미 주지의 사실이다. 이러한 상황은 우리의 실존적인 문제로까지 발달해 왔으며, 그에 비해 해결의 전망은 그리 밝지 않은 편이다. 이런 맥락에서 디지털 기술은 실존적인 위기를 해결하기 위한 하나의 수단으로 각광을 받기 시작했다. 오염물질의 항상적인 증가와 자원의 저하는, 국제사회뿐 아니라, 시장과 사회의 여러 이해당사자로부터 정부와 기업에 대한 압력을 증대시켰는데, 이에 따라 정부는 디지털 기술을 바탕으로 새로운 전략, 정책 그리고 규제를, 기업은 새로운 상품과 플랫폼을 내놓기 시작하였다. 여기서 환경보호 그리고 기후변화와 관련하여 근래 가장 흔히 언급되는 디지털 기술로는 인공지능 AI, 빅데이터 분석, 모바일 기술, 사물인터넷IoT, 그리고 사회 플랫폼 등이 포함된다.

환경적 지속가능성을 위한 디지털 전환이 문제 해결(혹은 완화)에 기여할 수 있는 영역을 혹은 환경적 도전을 크게 네 가지 사안으로 정리할 수 있다. 오염 통제, 폐기물 관리, 지속가능한 생산 그리고 도시 지속가능성이다(Feroz et al. 2021). 여기서 '오염 통제'라는 도전은 세부적으로 대기오염, 이산화탄소 배출, 수水 처리, 기후변화 그리고 재난 관리 등의 문제들을 포함한다. 폐기물 관리는 고형 폐기물, 전자 폐기물, 음식 폐기물, 농업 폐기물을 다루고 있다. 지속가능한 생산은 지속가능한 제조업 그리고 지속가능한 공급망의 문제들과 연관되어 있다. 마지막으로 도시 지속가능성에의 도전은 스마트 도시 그리고 지속가능한 도시를 이루기 위한 난제들을 포괄하고 있다.

---

1   환경의 악화로 인한 국내 및 국제 간 갈등의 가능성이 커질 수 있다는 측면에서, 제9장의 '평화'라는 측면과도 연결될 수 있다.

이러한 도전에 대처하고 난제들을 해결하며, 환경적 지속가능성 가치를 실현해 내기 위한 정보통신기술ICTs의 역할을 다음의 네 측면으로 나누어 생각해 볼 수 있다(Ospina and Heeks 2012; Heeks 2018). 1) e-완화, 2) e-감시, 3) e-전략, 4) 마지막으로 e-적응이다.

1) e-완화mitigation란 환경 오염물질의 지속불가능성을 완화시키는 노력들을 의미한다. 크게 세 측면에서의 노력을 고려해 볼 수 있다. (1) 녹색 green ICT, (2) 스마트 애플리케이션, 그리고 (3) e-사회society이다.

(1) 녹색 ICT는, 첫째, 제품 생산과 유통 그리고 소비에서 탄소 배출을 최소화할 수 있는 방안을 모색한다. 둘째, 생산, 유통 그리고 소비의 사이클을 마치고 난 이후의 폐기 과정에서도, 전자 폐기물의 처리 과정에서도 탄소 배출을 최소화할 수 있는 방안을 모색해야 함을 의미한다. 특히 전자폐기물과 관련해서는 모든 이해당사자들이 해당될 수 있다. 즉, ICT 생산자들, 소비자들, 재활용 산업, 정부가 포함된다(Baldé et al. 2015; Heeks, Subramanian & Jones 2015). 이러한 제품 사이클에서의 탄소 배출 관리에 있어, 종국에는 소비자의 결정이 중요하다. 소비자의 결정에 영향을 미칠 수 있는 것으로는 세 요인을 들 수 있다. 금전적 유인, 문화적 규범, 그리고 정부의 규제이다.

(2) 전통적으로 경제성장과 환경 악화 간에는 피할 수 있는 상관성이 있는데, 스마트 애플리케이션은 이 연결성을 느슨하게 할 수 있다고 전망된다. 예를 들어 Global e-Sustainability Initiative는 스마트 애플리케이션을 통해 2030년까지 지구상의 이산화탄소를 20% 감소시킬 수 있다고 한다(GeSI 2015).

스마트 애플리케이션의 주요 타깃으로는 에너지, 건물, 운송, 산업 그리고 임업이나 농업 등을 포함할 수 있다. ICT가 이 분야들에서 탄소 감축을 네 가지 방법으로 도울 수 있다(Houghton 2015). ① 물리적 탈물질화physical dematerialization이다. 이는 상품이나 서비스의 가상 혹은 디지털 형태로의 전환을 의미한다. 예를 들어, 서적을 전자 서적으로 전환하는 것이다. 이는 물리적 대체재들보다 훨씬 덜 에너지 집약적이다. ② 여정 대체jouney substitution이다. ICT를 활용하여 사람이나 물건이 이동할 때 발생하는 오염을 줄이거나 피하는 것을 의미한다. 탈물질화는 상품의 유통 과정에서 그리고 인간의 여정 가운데서, 예를 들어 비디오 컨퍼런스 혹은 자택근무를 통해 에너지를 절약할 수 있다. 일례로, 인도의 오디샤주 정부를 위한 비디오 컨퍼런스 앱은 회의당 3,000kg의 이산화탄소를 절약하는 것으로 측정되었다. ③ 스마트 최적화smart optimization이다. ICT는 디자인, 생산, 유통, 작동에서 스마트 앱을 통해 에너지 효율성을 증진시킬 수 있다. ④ 간접적 최적화indirect optimization이다. ICT는 에너지 효율이 좋은 스마트 기술 제품을 사용하기 위한 의식이나 역량을 고취하는 데 사용될 수 있다. 예를 들어, 잠비아에서는 탄소 효율의 요리용 스토브 사용을 증가시키기 위해, 라디오 방송과 모바일 전화를 통한 청취자들의 참여를 결합하는 참여적 라디오 프로그램을 활용한 바 있다(Jones and Siemering 2012).

탄소 저감을 위한 스마트 애플리케이션의 예로는 다섯 가지를 들 수 있다. ① 스마트 에너지, ② 스마트 빌딩, ③ 스마트 운송, ④ 스마트 산업, ⑤ 스마트 농업이다.

① 스마트 에너지는 전체 스마트 세이빙smart savings의 약 20%를 실현할 수 있는 잠재력이 있으며, 개발도상국의 점차 증가하는 에너지 수요를

보았을 때, 그리고 에너지 생성이 탄소 배출의 핵심 이유임을 보아 중요한 영역이라 할 수 있다. 예를 들어, 에너지 생성에 풍력, 태양, 파도 등을 사용하는 마이크로 그리고 재생 에너지는 모두 통제와 연결을 위해 ICT가 필요하다. 그리고 에너지 전송과 보급에서도 스마트 애플리케이션은 기여할 수 있다. 예를 들어, 스마트 그리드는 전력망에 대한 디지털 원격 감시와 관리를 가능케 하는데, 특히 전력의 전송에서의 손실을 발견하고 고치는 데 중요한 역할을 할 수 있다. 개도국에서는 전송상의 손실이 주요 문제이기도 하다. 그리고 에너지 소비와 관련해서도 활용될 수 있는데, 예를 들어, 스마트 미터는 소비자들이 에너지 사용 패턴을 감시하고 분석하고 나아가 줄이는 데에 도움을 줄 수 있다.

② 스마트 빌딩은 스마트 세이빙의 약 10%를 차지할 수 있을 것으로 보이며, 건물은 전 지구적 이산화탄소 배출의 약 12%를 차지하고 있으며 전기 사용과 같은 간접적인 배출까지 고려하면 대략 25%를 차지한다고 할 수 있다. 인구 증가와 이민으로, 매일 수만 개의 새로운 주택이 세워지고 있는 남반구의 사정을 감안하면 더욱 필요하다. 우선 빌딩 디자인 측면에서 스마트 빌딩을 고려할 수 있다. 즉, 디자인과 건설에서 에너지와 자재들의 최적화를 위한 정보 모델링 시스템을 구축하여 스마트 빌딩을 구축할 수 있다. 그리고 가정용 기기 관리에서도 스마트 빌딩이 추구될 수 있다. 예를 들어, 에너지를 소비하는 장치들의 탄소 발자국을 최소화하기 위해 가정용 기기를 센서 네트워크로 연결하고 통제함으로써 스마트 빌딩을 이루어 나갈 수 있다. 그리고 빌딩 관리에도 적용이 가능하다. 빌딩 관리 시스템을 통해, 난방, 환기, 에어컨, 조명 등을 사용 여부나 외부 기후 등의 변수에 따라 통제함으로써 스마트 빌딩의 실현이 가능해진다.

③ 스마트 운송을 통해 대략 25%의 스마트 세이빙이 가능해질 수 있다. 운송은 대략 20%의 직접적 탄소 배출을 차지하고 있으며, 아무런 조치가 없을 경우 세기의 중반에는 배가할 것으로 전망된다. '여정 대체'와 함께 다음의 여러 애플리케이션을 통해 탄소 저감을 이룰 수 있다. 우선, 인프라 계획에서부터 생각해 볼 수 있다. 운송 인프라 설계 시, 걷기와 자전거 타기를 장려하면서도 운송 모드의 전환이 최적화되도록 한다. 향후 여행 패턴과 관련해서도 투자가 효율적으로 이루어지도록 한다. 교통 관리에서도, 속도에 대한 지침, 도로 사용료, 경로 변경 정보, 가용 주차 공간에 대한 안내를 통해 교통체증을 통제함으로써 탄소 저감을 이행할 수 있다. 스마트 차량을 통해서도 가능하다. 차량 내비게이션, 운전 보조 시스템, 엔진 관리, 전기/하이브리드 전력 시스템의 통제를 가능케 하는 스마트 차량은 탄소 저감에 도움이 된다.

④ 스마트 산업을 통해 대략 25%의 스마트 세이빙이 가능해질 수 있다. 산업은 전 지구적 탄소 배출의 3분의 1 이상을 차지하고 있으며 교역의 증가를 수반함으로써 더욱 탄소 배출을 증가시킨다. 따라서 '탈물질화'를 통한 탄소 저감의 노력과 함께 다음의 영역에서 스마트 애플리케이션을 활용할 수 있다. 우선, 스마트 물류이다. 이는 차량의 여정, 수화물 적재를 최적화하기 위한 실시간 추적 시스템과 같은 디지털 시스템을 구축함으로써 이룰 수 있다. 그리고 스마트 제조를 들 수 있다. 생산 공정 간에 자동화된 신호제어, 사전 보수를 위한 원격 감시, 주문과 생산 계획과 발송 등의 통합을 최적화하기 위한 생산 계획 시스템의 구축을 의미한다. 마지막으로 스마트 모터를 도입함으로써 모터의 에너지 효율과 수명을 연장시킬 수 있다.

⑤ 스마트 농업은 대략 20%의 에너지 세이빙을 하며, ICT는 농업 과정의 에너지 비용의 감소를 도울 수 있다. 실시간 분석이나 모범 사례에 관한 정보 접근을 통하여, 물이나 비료 사용을 최소화할 수 있고, 생산성을 향상시키고, 식량 폐기를 최소화할 수 있다. 임업 및 삼림 벌채에도 활용될 수 있다. 스마트 농업을 위해 필요한 것으로는 우선, 지식과 기술skills이다. 개도국에서는 스마트 애플리케이션에 대한 인식이 낮으며, 그러한 애플리케이션을 발견하고, 발전시키며, 설치 및 구동시킬 수 있는 기술도 낮다. 따라서 정부는 역량 개발을 할 필요가 있다. 그리고 혁신이다. 스마트 애플리케이션 혁신은 북반구에서 주로 이루어지며, 남반구의 현실과 종종 불일치를 낳는다. 정부와 개발 행위자들은 지역적 적용과 스마트 애플리케이션의 연구 및 개발을 지원할 필요가 있다. 또한, 자금이 필요하다. 스마트 애플리케이션을 통해서 에너지 효율로 돈을 절약할 수 있지만, 초창기 비용과 장기적 수익 회수는 차용에 장애가 된다. 이를 위해 정부는 보조금과 직접 투자를 통해 개입할 수 있다. 마지막으로 정책이다. 특히 개도국은 정책과 제도적 역량을 종종 결여하고 있으며 이를 개발시킬 필요가 있다.

(3) 환경 오염물질의 지속불가능성을 완화시키는 'e-완화'를 위한 노력들의 마지막 세 번째 측면으로는 'e-사회'를 들 수 있다. 사회가 더욱 디지털 전환을 겪으면서 저에너지 ICT 부문의 성장이 고에너지 전통적 부문을 대체하는 효과가 나타난다. 그런데, ICT가 사람과 사람, 집단과 집단 간의 연결, 나아가 지구화를 더욱 진전시키며, 사람과 재화의 운행을 더욱 증가시킬 수 있으며, 이는 탄소 배출의 증가로 이어질 수 있다. 물론 사람들의 인식 전환, 기술 발전, 정부 정책 시행 등으로 "깨끗한"ICT 재화와 서비스의 사용이 성장을 가져올 수 있으며, "더러운" 재화와 서비스의 소비가 줄

수 있다. 그러나 여전히 운송비용 절감으로 인한 가격 하락, 스마트 그리드로 인한 전기값 인하 등등은 오히려 소비자들의 구매 및 사용 증가로 이어질 수 있고, ICT는 화석연료의 저장소를 더 용이하게 발견해 줄 수 있기 때문에 탄소 배출의 증가로 이어질 수 있는 위험성이 있다.

2) e-모니터링monitoring은 환경의 지속불가능성을 일으키는 오염 물질과 그 충격을 추적하기 위해 ICTs를 사용하는 것을 의미한다. 여기서 모니터링이란 데이터 캡처, 처리, 저장 그리고 환경 정보와 지식을 창출해내는 것을 의미한다. 모니터링은 아래에서 기술할 전략적 측면과 결부되어야 가치가 더 부각되기 때문에, 두 측면은 서로 긴밀히 연결되어 있다.

ICT지원ICT-enabled의 환경 모니터링 시스템은 환경의 지속가능성과 관련하여 세 측면으로 분류될 수 있다. (1) '원인 중심의 시스템'은 환경의 지속(불)가능성을 일으키는 요인들을 살핀다. 지구 탄소 배출의 4분의 1이 농업, 임업, 벌목 그리고 기타 토지 사용에서 비롯되기 때문에(IPCC 2014b), 이들이 디지털 모니터링의 주요 대상이 되어 왔다. (2) '직접적 효과 중심의 시스템'은 환경의 지속(불)가능성을 측정하는 즉각적인 지수를 모니터링한다. 대상으로는 날씨, 기후, 공기, 물, 토양의 질 등이 포함될 수 있다. (3) '간접적 효과 중심의 시스템'은 환경의 지속(불)가능성을 측정하는 간접적인 지수를 모니터링한다. 대상으로는 사막화, 동물이나 식물 종의 변화, 해수면 상승, 빙하의 축소 등이 포함될 수 있다. 또한 재난도 포함될 수 있다.

e-모니터링 시스템은 데이터 캡처의 선택지에 따른 분류도 가능하다. (1) '원격 시스템'은 위성이나 드론과 같은 비행 물체를 통해 공중에서 데

이터를 모은다. 드론은 재해지역이나 멀리 떨어진 곳에 단기 전기통신 보급을 가능케 하거나, 군사용 무기로 사용되거나, 재난 시에는 의약품 등을 나르는 운송 수단이 되기도 한다(Martini et al. 2016). 그 외에도 원격 맵팽 혹은 모니터링이 가능한데, '보존 드론conservation drones'을 통해, NGOs나 커뮤니티 그룹들이 합/불법적 벌채를 감시하기도 한다. 개발도상국에서 숲은 탄소 저장고로서도 중요할 뿐 아니라, 벌채는 탄소 배출에 큰 비중을 차지하기 때문이다(Paneque-Gálvez et al. 2014; Roeth et al. 2012). 그리고 스마트 애플리케이션을 통해, '스마트 임업'도 더욱 용이해질 수 있으며, UN의 REDD+Reducing Emissions from Deforestation and forest Degradation 프로그램의 이행을 위해서도 매우 중요하다고 할 수 있다. (2) '지상층 시스템'은 디지털 센서 혹은 휴먼 센서를 통해 데이터를 모은다. 예를 들어, 방글라데시에서는 지하수의 비소 함량 수준을 모니터링하기 위해 전자 센서를 사용한 바 있다(Ramanathan et al. 2006). 자마이카에서는 산호초의 발육과 건강을 모니터링하기 위해 시민과 자원봉사자들이 이를 사용한 바 있다(Crabbe 2012). (3) '하이브리드 시스템'은 위의 두 가지를 혼용하는 것이다. 예를 들어, 위성으로 얻은 삼림벌채에 대한 이미지를 공동체 기반의 모니터링으로 보완하여, 더욱 정확한 전체적인 사진을 얻는 것이다(Pratihast et al. 2014).

3) 'e-전략'이란 환경의 지속가능성을 위한 의사결정과 그 이행을 돕기 위한 ICTs을 활용하는 것을 의미한다. 여기서 전략이란 모니터링에 기반한 높은 수준에서의 결정과 행동을 의미하는데, 전략은 위에 기술된 모니터링을 기반으로 해야 더 효과적으로 행해질 수 있기 때문에, 두 측면은 서

로 연결되어 있다.

'e-전략'을 위한 정책 관련 행위들은 3단계로 나뉠 수 있다(Ospina and Heeks 2011). (1) 정보를 수집하고 종합하는 단계이다. 이는 현재뿐 아니라 장래의 환경 상태에 관한 정보도 포함한다. (2) 환경 정책을 디자인하는 단계이다. 이는 구체적인 대처 방안에 대한 결정도 포함한다. (3) 환경 정책을 이행하는 단계이다. 이는 정책에 대한 효과를 평가하는 것도 포함한다.

4) 환경의 지속가능성과 관련한 ICT의 역할의 마지막 측면으로, 'e-적응'을 들 수 있다. 'e-적응'은 환경의 변화와 그 충격에 적응하기 위해 ICT를 사용하는 것을 의미한다. 특히, 개도국들은 두 환경적 요인들에 적응할 필요가 있다. (1) 기후변화에 촉발된 재난들과 같은 단기적 충격들, (2) 장기적 충격으로는 기후변화나 점증하는 오염 수위이다. 마지막으로는 이들 충격으로부터의 (3) 회복탄력성이다.

(1) 기후변화와 기후변화에 의해 촉발된 재난들의 빈도와 정도가 더 심해짐에 따라, 재난 관리는 환경의 지속가능성과 밀접한 관련성을 갖게 되었다. 여기서 재난이란 "공동체나 사회 기능의 심각한 붕괴disruption를 의미하며, 광범위한 인적, 물질적, 경제적 혹은 환경적 손실과 충격을 동반한다. 그리고 그러한 재난에 스스로 대처할 수 있는 공동체나 사회의 능력을 넘는다(UNISDR 2009, 9)." 그런데, 모든 재난이 환경의 지속가능성과 관련이 있는 것은 아니다. 인재의 예들로는 교통사고나 건물의 붕괴가 있다. 환경의 상태와 상관없는 자연재해로는 지진이나 쓰나미가 있다. 기후와 어느 정도 관련이 있는 것들로는 산사태, 홍수, 들불(산림화재)이 있으며, 기후와 직접적인 관련이 있는 재해로는 가뭄, 혹서, 폭풍 등을 들 수 있다.

향후 기후변화로 인해 기후 관련 재난들의 정도와 범위는 더욱 증가할 것으로 예측된다(Banholzer et al. 2014; IPCC 2014a). 재난 관리를 이해하기 위해서는 '재난 관리 사이클'이라는 개념도가 유용하다(Chatfield and Bra-jawidagda 2013). 이 사이클은 재난, 대응, 회복, 완화, 준비 그리고 다시 재난으로 순환을 그리고 있다. 그리고 사이클 내의 국면들마다 ICT의 활용이 가능하다(Coppola 2007; Karanasios 2012; Yap 2012).

(2) 장기적 충격에 대비한 기후 적응과 관련해서도 ICTs는 활용될 수 있다. 국가들이 적응해야 할 여러 환경적 경향성이 있지만 기후변화는 가장 큰 문제이다. 기후변화의 충격은 모든 구성원에게 해당되나 특히 남반구의 가난한 자들에게 가장 큰 타격이 된다. 이들은 기후변화에 대처할 때 필요한 자원들에 대한 접근성이 크게 결여되어 있으며, 기후변화는 기존의 취약성을 더욱 악화시킨다(World Bank 2003; Ospina and Heeks 2012; Leichenko and Silva 2014). 취약성이 드러나는 영역으로는 식량, 거주, 물, 건강 그리고 생계와 금융, 사회정치 등을 들 수 있다.

(3) 위의 단기적, 장기적 충격이 불가피하다고 한다면, 중요한 것은 ICTs를 활용한 e-회복탄력성이다. 회복탄력성은 9개의 속성으로 이해할 수 있다(RABIT(Resilience Assessment Benchmarking and Impact Toolkit) of the University of Manchester). 9개의 속성 중 강인성robustness, 자율형성 self-organization, 학습learning은 주요 토대이며, 여분성redundancy, 신속성ra-pidity, 규모scale, 다양성diversity, 유연성flexibility, 평등equality은 보조적 조력자와 같은 속성이다. 이들 속성이 강할수록 시스템은 회복탄력성이 더 높다고 할 수 있다. 그리고 ICTs는 이들 각각의 속성을 도와주어 회복탄력성을 더 강화시킬 수 있다.

위와 같은 환경의 지속가능성 실현을 위한 ICT의 활용과 유사한 맥락에서, 녹색기술이 환경 친화적인 기술로 부상하고 있다. 녹색기술은, 비록 위와 같은 ICT와 직접적으로 연관되어 있지 않을 수도 있지만, 생산 과정이나 공급망에서 환경에 부담이 적게 가는 기술로서, 산업 발전과 환경 보전, 양쪽을 다 고려하고자 한다. 이러한 기술에는 깨끗한 에너지 생산, 대체 연료의 사용, 그리고 환경에 해를 덜 가하기 위한 기술들이 포괄적으로 포함된다. 그리고 이러한 기술들은 종종 청정기술과도 동의어로 사용되며, 환경의 지속가능성을 구현하기 위한 기술로 이해된다. 따라서, 녹색기술은 단순히 온실가스를 줄이거나 환경을 보호하는 데서 나아가, 과거에 손상된 환경의 복구나 자연 자원의 보존과 같은 목적을 띠기도 한다.

녹색기술은 위와 같은 다양한 목적을 가질 수 있으며 포괄적인 개념이기 때문에, 여러 범주의 기술을 포함하고 있다. 그럼에도 불구하고 몇 가지로 나눠볼 수 있는데, 첫째, 대체에너지 관련 기술이다. 태양열, 풍력은 가장 비용이 적게 드는 에너지 근원으로 알려져 있다. 그 외에도 지열이나 조력tidal 에너지 등도 제기되고 있다. 둘째, 전기자동차이다. 물론 전기자동차의 한계도 존재한다. 전기를 생성하기 위해 아직까지는 화석연료에 의존할 수밖에 없는 것이 대표적으로 지적되고 있다. 셋째, 지속가능한 농업을 위한 기술이다. 유기농 기술, 가축의 메탄가스 방출 감축 관련 혁신, 육식을 대체할 만한 식량의 개발 등이 포함된다. 넷째, 쓰레기의 재활용을 위한 기술들이다. 마지막으로, 탄소 포집 및 저장을 위한 기술 등이 포함될 수 있다.

위와 같은 맥락 때문에, 녹색기술의 사용은 기업의 ESG 비전에도 종종 포함된다. 그리고 소비자들도 기업들이 사회적으로 책임 있는 행위를 하며 지속가능성의 실현에 동참하고 있는가를 보기 위해 이러한 기술들의 사용 여부를 살펴보기도 한다. 최근 많은 국가들도 환경에 대한 부담과 자연 자원의 소중함을 깨닫고 녹색기술의 중요성에 착목하기 시작했다. 다른 한편, 온실가스 배출에서 기업들이 상당 부분 차지하기 때문에, 기업들의 실질적인 역할은 정부보다 더 중요하다고 할 수 있다. 특히, 최근 ICT 기업들은 ICT의 기후변화에의 긍정적인 역할에 대한 강조를 통해 ESG 비전 성취에 큰 기여를 하고자 하는 노력을 많이 보이고 있다(유인태·김동우 2022).

환경 악화에 대한 대처, 그리고 기후변화에 대한 적응을 위한 위와 같은 ICT의 역할이 기대가 되고 있지만, 다른 한편으론 ICT의 활용에 따른 부작용에 대한 우려도 간과할 수 없다. 첫째, ICT를 통한 혁신은 자금이 필요하다. 초창기 비용과 장기적 수익 회수 사이의 갭은 개발 행위자들에게 부담이 될 수 있고, 기대한 효과를 보기까지 시간이 지연될 수 있다. 둘째, ICT의 활용은 환경에 부담이 되는 또 다른 전자폐기물을 만들어낼 것이며, 그리고 전력 및 물질 자원의 소비를 동반할 수 있다(BOX 10.1). ICT의 활용에 따른 효율성의 증가로 사람들은 더욱 ICT 제품을 사용하게 되거나, 사람과 재화의 운행을 더욱 증가시킬 수 있다. 이 모든 활동이 추가적인 탄소 배출로 이어질 수 있다. 마지막으로, '디지털전환'과 같은 전환은 사회의 큰 변화를 가져오며, 그 과정에서 사회적 약자가 생기며, 피해를 입을 수 있다. 따라서 이러한 반대급부를 상쇄하거나 지속가능성의 가치를 구현할 수 있는 새로운 기술 그리고 정책과 제도적 보완 같은 정부의 개입이 앞으로 요구된다.

BOX 10.1

데이터 센터와 지속가능성

디지털 기술의 발달과 제품 및 서비스의 폭발적인 증가로 그리고 각 국가들이 자국의 데이터 관리에 더욱 관심을 쏟으면서 데이터 센터의 수요는 더욱 증가할 것으로 예상된다. 데이터 센터는 건설, 전력 공급, 냉각, 그리고 기기 등에서 탄소 배출의 문제가 제기되고 있다. 데이터 센터는 2021년 현재 전 세계 이산화탄소의 2%를 차지하고 있는 것으로 알려져 있는데, 2030년에는 20%까지 차지할 수 있는 것으로 예측된다. 이러한 우려에 대해 업계에서는 환경적 지속가능성을 고려한 계획을 계속해서 내놓고 있다. 예를 들어, 거대한 AWS를 운영하고 있는 아마존은 'Net-Zero Carbon by 2040'를 내놓고 있다. 그리고 구글 클라우드도 IDG 보고서를 내놓으며, 지속가능성의 중요성에 대해 환기한 바가 있다. 국가 차원에서도 계획이 나오고 있는데, 2050년까지 유럽연합의 모든 것을 기후 중립으로 만들고자 한 '유럽 녹색 딜(European Green Deal)'의 일환으로, '기후 중립 데이터 센터 협약(Climate Neutral Data Centre Pact)'이 있다. 이에 따라 많은 조직이나 기업들이 환경의 지속가능성을 추구할 것으로 예상된다.

2 보건의료체계의 디지털화

디지털 전환 가운데는 보건의학 분야도 포함되어 있어서, ICT는 보건 부문의 향상을 위해 중요한 도구로 각광받고 있다. ICT는 다음과 같은 것을 가능케 하는 것으로 기대된다. 의사소통과 원격 진료, 공공보건 정보의 확산과 주요 공공보건 위협에 대한 대화의 촉진, 텔레메디신telemedicine을 통한 진단과 처방, 배움과 훈련을 통한 보건 담당자들 간의 협업과 협력, 더욱 효과적인 보건 연구의 지원 그리고 연구 결과물의 확산, 공공보건 위협의 발생에 대한 모니터링과 적시의 대응 능력 강화, 마지막으로 보건 관련 행정 체계의 효율성 향상이다(Marolla 2019).

2005년 세계보건기구WHO는 ICT를 활용한 보건의료의 디지털화의 의미로 e헬스eHealth라는 용어를 사용하기 시작했다("Global Observatory for eHealth"). e헬스 개념에는 m헬스mhealth(모바일헬스); 텔레헬스telehealth(원격의료); e보건학습eLearing in health; 전자보건기록 시스템, 빅데이터 등 여러 하위 개념이 포함된다(WHO 2016).

m헬스는 의료 및 보건에 무선통신기술을 활용한 것을 의미한다. 많은 국가들이 m헬스를 적극적으로 받아들이고 있는데, 이는 m헬스를 통해 국민들에게 보편적 의료보장을 제공할 수 있기 때문이다. m헬스를 위해 스마트폰, 환자감시장치, 개인용 정보단말기, 무선기 등이 종종 사용되며, 예를 들어 무료긴급전화, 보건콜센터, 모바일 보건진료예약 등이 가능해진다. 원격 환자 감시와 같은 자동화된 서비스도 가능한데, 환자의 몸에 부착된 장비가 주기적으로 환자의 건강상태에 대한 데이터를 병원의 데이터 센터에 보내서, 의료진이 환자의 상태를 원격으로 확인할 수 있다. 위급 상황이 발생할 경우에는 그 상황이 자동으로 의료진에게 전달되고, 구급차를 보내거나 환자 또는 보호자에게 연락을 취하여 응급조치를 지시할 수 있다.

텔레헬스는 멀리 떨어져 있는 곳에서도 보건 서비스를 제공하는 것을 의미하며, 디지털 통신 및 영상 기술의 발전으로 더욱 활용도가 높아짐에 따라, e헬스에서 핵심적 위상을 차지하게 되었다. 예를 들어, 만성질환 환자가 내원하지 않고도 집에서 실시간 영상 장비를 통해 의료진으로부터 질병 관리를 받을 수 있다. 비슷한 예로, 인근에 보건의료 시설이 없는 산간 및 섬마을 주민이나 격오지에 준하고 있는 군인들도 의학전문가들에게 진단, 처방 그리고 조치를 받을 수 있다. 경험 혹은 장비의 부족을 겪고 있는 병원들도, 텔레헬스를 통해 다른 의료 전문가의 조언을 들을 수 있다. 텔레헬스는 환자와 의료인의 시간과 비용을 줄일 수 있다는 것과, 소규모 의료시설에서도 높은 수준의 진료와 처방을 가능케 한다.

e보건학습은 보건의료 전문요원을 인터넷, 무선통신, 디지털 영상, 가상현실 등의 기술을 활용하여 교육 및 훈련시키는 것을 의미한다. e보건학습은, 특히 저개발국이나 낙후된 지역 혹은 재난 지역에 있는 전문요원들에게 요긴한데, 왜냐하면 이들은 물리적, 지리적 요인으로 장소를 이동하여 교육을 받기 어려울 뿐 아니라, 사태의 긴급성 때문에 해당 지역에서 벗어나기 어려울 수도 있기 때문이다. 또한 e보건학습은 물리적 이동의 생략으로, 그리고 반복 재생이 가능하므로 저렴한 비용으로 수준 높은 보건의학 지식을 교육시킬 수도 있다.

전자보건기록 시스템은 ICT를 활용하여 보건의료 기록들을 전산화하거나 실시간으로 감시하여 디지털화한 데이터를 통합하는 것을 의미한다. 환자의 병력, 진단, 처방, 부작용, 알레르기, 예방접종, 보험 기록 등의 다양한 정보를 전산화하는 작업이 그 예가 될 수 있으며, 이러한 전산화 과정을 통한 데이터의 통합으로, 환자가 여러 병원 혹은 여러 의사에게 복합적인 처방 혹은 처치를 받을 수 있게 하며, 그러한 경우에 생길 수 있는 부작용과 같은 의료사고를 예방할 수 있게 한다. 이러한 긍정적인 면이 있음에도 불구하고, 통합된 데이터는 개인의 사생활 노출을 더욱 용이하게 하고, 다른 목적으로 악용될 소지를 가지고 있기 때문에, 전자보건 시스템의 도입은 우리나라 및 여러 나라에서 법률적, 사회적 문제로 남아 있다(조한승 2018).

인공지능AI 또한 보건의학 분야에서 다양하게 활용되고 있는데, 많이 알려져 있는 것이 IBM이 개발한 왓슨Watson이다. 인간의 능력으로 수십 년이 걸릴 수 있는 방대한 양의 의학전문 자료를 짧은 시간 내에 받아들이고 저장하여, 의료현장에서 환자의 질병 원인을 매우 높은 정확도를 가지고 진단할 수 있다고 알려져 있다. 그리고 흔하지 않은 특수 질병을 앓는 환자에 대해 인간보다 더 정확한 병명을 제시할 수도 있다고 한다. 머신러닝, 딥러닝을 통해 스스로 데이터를 분석하며, 질병의 미세한 차이까지 구분할 수 있게 되면서, 개별 환자의 유전적 특징을 고려한 맞춤형 의료시스템의 보편화 가능성이 보이기 시작하고 있다(Marr 2017). 이러한 기술은 임상시험을 최적화하는 신약 개발에도 사용되어 훨씬 신속하고 저렴하게 효과적인 의약품 개발을 가능케 하고 있다.

빅데이터 기술은 보건 분야에서 개별 환자의 예후를 사전에 예측하고 이에 맞게 치료와 처방을 가능케 할 것으로 기대되고 있다. 공중보건에도 큰 기여를 하고 있는데, 빅데이터 분석을 통해 전염병 발생의 시기와 범위를 보다 정확하게 예측할 수도 있게 되었다. 또한 신약 개발에 필요한 각종 의료 정보를 빅데이터 기술을 통해 수집하고 신속하게 처리할 수 있게 되어, 개발에 드는 시간을 단축하고, 비용을 줄이며, 개별 환자의 증상에 보다 적합한 약품을 개발하기가 더욱 용이해졌다.

이와 같은 e헬스 개념을 점차 여러 국가들이 자국의 보건정책에 포함시켜 나가고 있다. e헬스 개념의 도입은, 보건의료체계의 디지털 전환의 일부분이라고 할 수 있으며, 더 큰 그림에서 보자면 디지털 전환이라는 사회 전반적인 큰 흐름의 한 측면이라고 할 수 있다.

지속가능성을 위해 원헬스라는 개념도 대두하고 있다. 원헬스 개념은 인간-동물-환경의 건강이 서로 별개가 아니라 하나로 연결되어 있다는 것을 의미한다. 이들 간의 건강이 서로 연결되어 있다는 것에서 더 나아가, 이들 모두를 종합적으로 고려해 다학제적, 초국가적 차원에서 전 지구적인 협업이 필요하다는 주장으로 이어지기도 한다. 코로나19 사태로 이 개념이 더욱 회자되었는데, 이는 코로나19 팬데믹 발생이 기후변화, 환경 파괴, 무역 증대, 세계화 모두에 기인하고 있기 때문이다. 그리고 앞으로 코로나19와 같은 신종 전염병의 발생과 확산 또한 더 이상 의학 그리고 수의학만으로는 대응과 통제가 어려워졌기 때문이다. 따라서 원헬스 개념은 본래 기존에 인수 공통 감염의 차원에 주로 해당되었으나, 점차 기후변화, 항균제 내성, 야생동물의 불법거래, 정신건강 문제 등을 종합적으로 아우르는 포괄적 개념이 되었다(Waugh et al. 2020).

코로나19는 전 세계 사람들이 인간, 동물, 환경 간에 근본적인 연관성이 있음을 다시 각인시킨 경험이 되었다. 지구상의 모든 생명체는 공기, 숲, 바다, 강 등과 같은 자연을 공유할 뿐 아니라, 코로나19와 같은 치명적인 병원체도 공유하고 있다는 것이 확인되었기 때문이다. 최근 신종 감염병 전파로 인해, 이 중에서도 특히 동물 건강이 전파 위험의 핵심이 될 수 있다는 인식이 커졌다. 따라서 원헬스의 관점에서 인간의 건강과 삶의 질을 보호하는 가장 효과적인 방법이 동물 단계에서 질병을 통제하는 것이라는 생각이 대두되었다. 즉, 동물과 환경의 건강과 웰빙이 인간의 건강 및 웰빙과 밀접하게 관련이 있다는 것이다.

그리고 이러한 원헬스 개념의 실현을 위해서는 국내외 여러 조직들 간의 협력이 필요하다. 예를 들어, 국제적인 기구들인 세계보건기구, 유엔식량농업기구UNFAO, 세계동물보건기구OIE 간에는 원헬스와 관련한 협력을 더욱 강화하기로 합의한 바 있다. 그리고 이들은 공통으로, 원헬스 개념의

보건과 사이버 안보 그리고 민관 파트너십

기존에는 보건 부문과 사이버 안보를 동떨어져 있는 별개의 두 영역으로 종종 인식하였으나, 코로나19의 대유행으로 인해 상황이 많이 바뀌었다. 이 기간 동안 보건 부문과 사이버 부문은 더욱 밀접한 연관이 생성되었다. 접촉이 어려운 상황에서 그리고 가용한 의료 서비스를 수혜받지 못하는 상황에서 원격 의료가 도입되면서 사이버 공간의 활용이 필수적으로 부상했기 때문이다. 그에 따른 사이버 공격 또한 급증하게 되었다. 2017년에 있었던 워너크라이나 낫페트야가 수많은 의료 시설들을 공격한 바 있지만, 지난 2년간은 보건 부문이 금융 부문보다도 더 많은 공격을 받았다고 조사되었다. 소포스(Sophos) 회사에 의한 최근 보고서에 의하면, 2020년 전 세계적으로 34%의 보건 조직들이 공격당했으며, 65%가 랜섬웨어에 의한 암호화를 경험하였으며, 34%가 데이터를 되돌려 받기 위해 비용을 지불했다고 한다.

이러한 공격은 주요 인프라를 손상시킬 뿐 아니라, 의료 과정을 연기 혹은 중단하는 상황으로 몰기 때문에, 개인의 생명에도 직결되는 문제이기도 하다. 실제로 독일이나 체코의 대학병원에서 사이버 공격으로 인한 환자의 사망이 보고되기도 하였다. 이런 맥락에서 민관 파트너십이 중요한 이유는 우선 민간 영역이 의료 서비스의 직접적 제공자이기 때문이다. 또한 의료 상품, IT 의료 기기, 의료 시스템 소프트웨어, 앱 개발자, 그리고 네트워크 안전을 제공할 이들도 민간이기 때문이다. 그러나 동시에 사이버 공격을 막고 사이버 안보를 강화하기 위한 국내적 그리고 국제적 제도적 설비나 전문가 양성을 정부가 제공할 수 있다.

실현과 거버넌스의 최적의 작동을 위해, 위에서 언급한 ICT를 활용한 디지털화의 필요성을 피력하고 있다.

3 '디지털 통합'을 위한 공유

디지털 통합digital integration을 위해 '디지털 공공재digital public goods'라

는 말이 부상하고 있으며, 같은 맥락에서 '공유 경제sharing economy'라는 개념이 근래에 우리 사회를 휩쓴 바 있다. 이 절에서는 이러한 최근의 디지털 통합을 위한 노력뿐 아니라, 전통적으로 디지털 통합을 저해하는 디지털 격차에 대해서도 논한다.

'디지털 공공재'는 오픈 소스 소프트웨어, 오픈 데이터, 오픈 AI 모델, 오픈 기준 그리고 오픈 콘텐츠 등을 포함하며, 프라이버시나 관련 법들과 관행들을 준수하며, 지속가능한 발전을 달성하기 위해 도움을 주고자 한다. 디지털 공공재와 관련하여, 디지털 공공재 연맹은, 세 가지 접근을 취하고 있다.[2] 첫째, 디지털 공공재를 확인하는 작업이다. 신청된 재화가 특정 기준에 부합해야 하며, 평등한 세상을 위해 기여한다고 생각될 수 있어야 한다. 둘째, 디지털 공공재 등기소에 등재한 공공재에 대한 접근을 늘릴 수 있도록 한다. 마지막으로 셋째, 해결책의 광범위한 전개이다. 어떠한 문제점에 대한 해결책을 찾은 행위자로 하여금 그들의 해결 방식을 널리 알리고, 각 나라들로 하여금 적용 가능한 해결책을 찾아내도록 하는 것이다.

디지털 통합을 위한 공유 경제는 우리 사회에 계속해서 확장해 나가고 있다. 제러미 리프킨Jeremy Rifkin은 미래의 기술과 환경, 세계 경제의 흐름을 진단하면서, '소유의 종말'이 오고 '공유 경제'의 시대가 도래하고 있음을 말한 바 있다(Rifkin 2014). 소유에는 기본적으로 한계가 있으며, 시장은 혁신이 용이한 네트워크형으로 전환된다는 의미이기도 하다.

공유 경제는 우리 사회가 가지고 있는 문제들을 해결하는 대안으로도 볼 수 있다. 예를 들어, 어느 정도 시간 이상을 운행하지 않고 있는 자동차

---

2 https://digitalpublicgoods.net/who-we-are/

오픈 데이터와 지속가능한 발전(Data4SDs Toolbox)

BOX 10.3

2015년에 유엔에서 시작된 '지속가능한 개발 데이터를 위한 글로벌 파트너십'은 디지털 공공재를 공급하기 위한 목적으로 '지속가능한 개발 데이터 혁명 로드맵 도구상자(SDG Data Revolution Roadmaps Toolbox)' 프로그램을 출발시켰다. 이 프로그램의 일환으로 '오픈 데이터 모듈' 프로젝트를 시작하였으며, 이를 통해 지속가능한 개발을 감시하고 달성하기 위한 오픈 데이터의 원칙과 자원을 제공하고자 한다. '오픈'되어 있기 때문에 누구나 자유롭게 사용, 재사용 그리고 배포가 가능하다. 오픈 데이터로 사업과 직장이 늘어 경제성장에 기여할 수 있다는 기대나, 보건이나 교육과 같은 공공서비스의 시스템을 향상시킬 수 있거나, 정부의 투명성, 책임성 그리고 시민들의 참여를 증진시킬 수 있다는 기대가 있다. 예를 들어, 브라질의 Medicinia는 환자와 의사들 간의 의사소통 플랫폼을 활성화시키는 데에 오픈 데이터를 이용하고 있다.

나 자전거를 공유함으로써 이동수단에 대한 수요에 대응할 수 있으며, 교통난 해소와 온실가스 배출 삭감에도 기여할 수 있다. 나아가, 공유 경제가 국민경제의 소득창출 및 고용 확대 그리고 경제체질 혁신에 긍정적 역할을 할 수 있다는 기대도 있다.

그간 우리 사회도 자산과 서비스를 공유하는 온라인 플랫폼들이 개발돼, 자동차, 킥보드, 숙소, 주방, 오피스 등이 공유되는 사회가 되었다. 그런데 이러한 공유 경제도 코로나19 시기에 위기를 맞이하기도 하였다. 공유 경제의 대표적 기업인 에어비앤비(숙박 중개 플랫폼)나 우버(승차 공유 플랫폼)는 인력 감축을 발표했는데, 이는 코로나19 기간 동안의 셧다운이 야기한 사용자 수요의 급감 때문이기도 하다.

그러나 다른 형태의 공유 경제 모델, 예를 들어 비접촉 기반의 기술을 활용한 시장은 오히려 '코로나 특수'를 누리게 되었다. 우버이츠, 쿠팡이츠와 같은 음식 배달 플랫폼 같은 경우가 대표적이다. 나아가 구독 경제로의 전환도 더욱 심화될 것으로 예상된다. 온라인 플랫폼을 통해 비대면 서비스를 제공하는 구독 경제는, OTT 서비스 스트리밍 서비스뿐 아니라, 생필품, 꽃, 빵, 과자 등을 정해진 기간에 배송 받는 서비스를 통해 급속히 성장하고 있다. 아마존Amazon이 출시한 무인 편의점 아마존고Amazon Go도 같은 맥락의 서비스라 할 수 있다.

다른 한편, 디지털 통합을 추구하기 위해서는 극복해야 할 문제들도 있다. 기술기업의 독점과 디지털 격차 두 가지를 생각해 볼 수 있다. 첫째, 1) 기술기업의 독점 현상을 들 수 있다. 단적으로, 플랫폼 독점을 들 수 있다. 독점에 대한 두 상반된 의견이 있다. 우선 옹호의 논리를 그리고 최근 점차 커지고 있는 반대의 사회적 움직임을 본다.

우선, 전통산업 시대의 독점과 다르기 때문에, 온라인 플랫폼의 특정 기업에 의한 독점은 소비자 후생이 극대화될 수 있다는 옹호의 목소리가 존재한다. 왜냐하면 플랫폼 독점은 생산수단의 독점이 아니라 더 많은 사용자를 연결함으로써 성장하는 속성을 가지고 있기 때문이다. 그런데 온라인 서비스는 다른 플랫폼으로 갈아타는 전환 비용이 낮기 때문에, 독점 기업도 지속적으로 혁신하지 않으면 독점이 어려운 구조인 것이다. 경계해야 할 것은 독점적 지위가 아니라, 오히려 독점 기업이 휘두르는 시장 지배력의 남용인 것이다.

또 다른 이유는 글로벌 시대에 국내 기업들이 해외 기업들과 경쟁해야 하는 상황이기 때문에, 국내에서의 독점을 통한 육성이 필수불가결하다는 의견이다. 작금의 경제는 글로벌 기업 간 경쟁이 국가 간 경쟁의 축소판이자 대리전이 되었다. 이러한 예로 화웨이(통신장비), 틱톡(SNS), DJI(드론)

BOX 10.4

아마존고와 새로운 통합방식

아마존은 자율주행차에 적용되는 컴퓨터 비전, 딥러닝, 센서퓨전 기술 등 워크아웃 테크놀로지 기술(Just Walk Out technology)을 매장에 적용했다. 고객이 아마존고 앱을 설치하면 입장과 결제가 자동으로 진행되고, 고객이 쇼핑하는 동안 자율주행 센서가 부착된 카메라가 동선을 따라다니면서 구매 목록을 확인한다. 이러한 동작 인식을 통해 쇼핑을 마친 고객이 매장을 나가면 앱에 등록된 결제 수단으로 자동 계산되는 시스템을 도입하였다.[3]

이러한 아마존고는 기존의 전통적인 매장이 제공하지 못한 통합의 효과를 가져다주기도 한다. 아마존고는 기존의 전통적인 매장이 경제적 비용의 차원에서 진입하기를 꺼려하던 지역에도 인건비 절약을 통해 들어갈 수 있다. 그리고 소비자의 구매 패턴을 파악해 필요한 물품만을 구비함으로써 재고를 줄일 수 있으며, 이에 따라 식량 쓰레기를 줄이거나, 운송 과정의 탄소 배출을 줄일 수 있다. 그러나 아직 미해결된 문제도 존재한다. 생소한 시스템에 의구심을 품고 적응하기를 꺼려하거나, 적응을 못하는 소비자도 있을 수 있으며, 여러 이유로 기기의 오작동에 의한 불편함이 대량으로 발생할 경우, 인원 부족으로 대처가 어려울 수 있다.

등에 대한 미국과 동맹국들의 제재는 잘 알려져 있다. 중국도, 본토의 거대한 시장에 미국 기업인 야후, 이베이, 아마존, 구글 그리고 우버가 진출한 바 있지만, 알리바바, 바이두, 디디추싱 등 토종 플랫폼 기업의 육성을 국가 차원에서 지원했고, 글로벌 IT 및 유통 기업들이 퇴출한 바 있다. 기울어진 운동장에서 경쟁하기 위해서는 국내에서의 신산업 성장을 위한 지나친 규제를 완화하고 지원할 필요가 있다는 주장이 제기된다.

---

3 https://www.sciencetimes.co.kr/news/%EA%B3%B5%EC%9C%A0-%EC%8B%9C%EB%8C%80%EC%9D%98-%EC%A2%85%EB%A7%90%EC%83%88%EB%A1%9C%EC%9A%B4-%EB%B3%80%EA%B3%A1%EC%A0%90%EC%9D%84-%EB%A7%9E%EB%8B%A4/

독점이기 때문에 가능한 투자와 혁신이 존재한다는 목소리도 있다. 독점 기업이기 때문에 혹은 독점에 대한 기대가 있기 때문에, 소비자 후생을 위한 막대한 투자와 도전적인 사업을 벌일 수 있다는 것이다. 이러한 '독점의 역설'의 비근한 예가 국내에도 있다. 지난 7년간 국내에서 쿠팡이 5조 원에 가까운 누적 적자를 내며 로켓배송 서비스 구축에 지속적으로 투자하고 있다. 독점적 이익에 대한 기대가 없다면 애초에 시도하지 않을 사업 방식이다.

이와 반대로 독점을 반대하는 사회적 움직임이 점차 대두하고 있다. 2020년 10월 미국에서는 법무부가 구글을 상대로 반독점 소송을 제기한 바 있다. 구글이 자사 앱을 스마트폰에 선탑재되도록 스마트폰 제조사와 통신사에 수십억 달러를 제공했다는 이유에서이다. 이는 경쟁자의 시장 진입을 막고 독점적 위치를 유지하기 위한 불법적 행위로 본 것이다. 구글은 같은 해 12월 미국 주 정부들로부터 2번이나 소송을 당하기도 했다. 디지털 광고 시장에서 그리고 온라인 검색 시장에서 구글이 독점적 지위를 구축하여 소비자와 광고주에 손해를 끼쳤다는 내용이다. 같은 시기 미국 연방거래위원회FTC는 페이스북을 대상으로 반독점 소송을 제기한 바 있다. 페이스북이 자사 사업에 위협이 될 가능성이 큰 기업들을 인수합병하여 경쟁을 저해하는 불공정행위를 했다는 이유에서이다.

이런 움직임은 과거와는 달라진 모습을 보인다. 과거에는 플랫폼이 소비자에게 무료로 혹은 낮은 비용으로 서비스를 제공하고 있다는 인식 하에 플랫폼 기업 규제에 적극적이지 않았으나, 거대 플랫폼 기업들이 시장 지배력을 악용하는 사례들이 나타나자, 법적 장치를 마련하고 정부가 개입하여 규제를 하고 있는 것이다. 일례로, 2021년 1월 미국의 의회 난입 사태와 관련하여, 트위터는 추가적인 폭력 선동의 위험이 있다며 트럼프 대통령의 트위터 계정을 사용하지 못하게 한 바 있다. 같은 조치는 페이스북, 인스타그램, 스냅챗에서도 취해졌다. 그런데 이러한 플랫폼 기업들의 움직임에 대한 우려의 목소리도 있었는데, 특정 소셜 미디어 기업이 자의적 판단을 내리고 표현의 자유를 제한했기 때문이다. 그리고 이러한 문제를 제기한 이가 있었는데, 다름 아닌 트럼프 전 대통령의 앙숙으로 꼽히던 앙겔라 메르켈 독일 총리였다. 유해한 메시지를 제한할 경우, 기업 자체 규정만 적용하도록 내버려둘 것이 아니라, 국가가 법률로 제한해야 한다는 것이다. 독일은 소셜 미디어상의 유해한 메시지를 제한하는 법률을 2018년에 제정한 바 있어서, 온라인상의 증오 발언을 소셜 미디어 기업이 24시간 이내에 삭제하지 않으면 최대 5000만 유로(약 670억 원)의 벌금을 매길 수 있다.

이와 같은 독점 금지의 움직임은 세계 여러 나라에서 보이고 있다. 2020년 발표된 유럽연합의 '디지털 시장법'과 '디지털 서비스법', 중국의 '플랫폼 경제 분야 반독점 지침', 일본의 '특정 디지털 플랫폼 투명성·공정성 개정에 관한 법률', 호주의 2019년 디지털 플랫폼 규제와 관련된 로드맵 발표 등이다. 한국도 예외는 아니다. 최근 2021년 8월 31일 게임회사 에픽게임즈의 CEO인 팀 스위니가 트위터에 "나는 한국인이다!I am a Korean!"라고 적은 바 있으며, 한국도 방문하였다. 이와 함께, 그는 "오늘날 전 세계 개발자들은 자랑스럽게 '나는 한국인이다!'라고 외칠 수 있을 것"이라고 언급한 바 있다. 이러한 언급의 배경에는 한국 국회가 8월 31일에 전 세계 최초로 구글과 애플 등의 인앱 결제를 규제하는 전기통신사업법 개정안을 본회의에서 통과시켰기 때문이다. 구글과 애플의 인앱 결제는 제3자에 의한 결제를 막을 뿐 아니라, 수수료를 최대 30%까지 부과한다는 점에서 독점에 의한 횡포라는 의견이 분분했기 때문이다.

극복해야 할 심각한 문제로 2) 디지털 격차를 들 수 있다. 1990년대에는 ICT를 통한 국제 개발 이행의 가능성에 대한 큰 낙관론이 대두한 바 있다. 그런데 1990년대를 거치고 나면서 점차 이러한 낙관론의 그늘에도 주목하게 되는데, 그것이 디지털 격차이다. 즉, 만일 ICT가 혜택들을 가지고 온다면, ICT가 없는 이들은 도태될 것이라는 것이다. 기본적 ICT에 대한 접근이 불가능하거나 사용을 하지 못하는 상황을 일컫는 "디지털 빈곤"이라는 용어도 나왔으며, 그러한 접근과 사용은 기본적인 인권이라는 주장도 나왔다(Barrantes 2007; McIver et al. 2003). 이러한 우려는 디지털 전환의 시대를 맞고 있는 우리에게도 여전히 해당된다.

디지털 격차 어젠다는 1990년대 말쯤에 ICT4D 분야에서 본격적으로 논의되기 시작했다(Davison et al. 1999). 물론 그 전에도 디지털 생산 기술, 컴퓨터 전기통신에서의 간극에 대한 우려가 없었던 것은 아니다(Rada 1985; Hoffman and Hobday 1990). 초기에는 국가 간의 격차에 주목하는 경향이 있었으나 점차 주목의 대상이 늘어났다. 이에 따라 디지털 포용을 통해 극복해야 할 디지털 격차는 여러 영역에서 볼 수 있지만, 다음의 기술적 격차, 사회적 격차 그리고 가치 사슬의 격차를 중심으로 볼 수 있다.[4]

(1) 기술적 격차

ICT와 관련한 문제 중 하나가 혁신이다. 어떤 디지털 기술을 획득하거

---

[4] 이하에서는 디지털 격차의 국내 관점에서 다루고 있지만, 이는 국제적인 문제이기도 하다. 디지털 격차는 국제개발협력 이슈일 뿐 아니라 사이버 안보 이슈이기도 하다. 따라서 개발협력과 안보가 교차하는 사이버 역량 강화(cybercapacity building)가 국제적으로 중요한 어젠다로 부상하고 있다(Yoo 2022).

나 효과적으로 사용하기 시작했을 때, 이미 그 기술이 더 새롭고, 저렴하고, 좋은 모델에 의해 구모델로 떨어져 버렸을 수 있다. 예를 들어, '모바일 격차'가 2000년대 초반에 부상했을 때, 그 격차가 2007년도에 최고로 높아졌다가 점차 낮아지기 시작하며 2016년도에는 선진국과 개도국 간의 비율차가 1.3에 불과하게 되었다(Nanthikesan 2000). 그러나 그 이후로 브로드밴드에 대한 격차가 대두하며 2013년에 정점에 이르고 2016년도에는 3.7이 되었다. 이러한 패턴은 지속적으로 관찰된다. 하나의 기술에 대한 디지털 격차가 시간이 지나며 줄어들다가도, 새로운 세대의 기술에 대한 디지털 격차로 대체되는 것이다.

(2) 사회적 격차

국가 간 디지털 격차가 한편으로 주목을 받으면서, 다른 한편으론 국가 내의 그리고 다른 그룹들 간의 디지털 격차가 연구되었다. 이런 그룹들 간의 디지털 격차는 다음과 같은 요인들이 주장되었다. 첫째, 소득이다. 이는 가장 중요하고 지속적인 격차를 야기하고 있는 요인이며, 다른 요인들보다 더 영향력이 크다. 매우 거칠게 요약하자면, 부자들은 ICT를 가지고 가난한 자는 가지지 못한다는 것이다. 물론 항상 이렇게 단순하게 나눠지지는 않는다. 스리랑카의 농부들을 보게 되면 소득에 따라 더 많은 모바일 폰 소유 정도가 증가한다(Dissanayeke and Wanigasundera 2014). 둘째, 성gender이다. 예를 들어, 말라위에서 35%의 남성 가장의 가정이 모바일 폰을 소유하고 있는 것에 비해, 여성 가장의 가정은 8%에 불과하다(Steinfeld et al. 2015). 셋째, 교육 격차이다. 소득 다음으로 큰 영향력을 가지고 있는 요인이다. 예를 들어, 동아프리카 인권 MOOC을 사용하는 4분의 3은 학위 소지자들이다(Jobe and Hansson 2014). 넷째, 나이 격차이다. 태국에서 50세 이상의 경우 10% 이하로 모바일 인터넷 접속을 가지고 있으며, 40세 이하인 경우는 20%이다(Srinuan et al. 2012). 다섯째, 민족ethnicity이다. 예를 들어, 브라질에서 아프리카계 가족들은 6%가 컴퓨터를 가지고 있는 것에 비해 그렇지 않은 가족들은 23%를 소유한다(Wainer and Covic 2010). 여섯째, 장애disability이다. 예를 들어, 인도에서 장애가 있는 경우, 그렇지 않은 경우보다 50%가량 인터넷 접근이 제한된다(Kumar and Sanaman 2013). 일곱째, 지형geography이다. 예를 들어, 나미비아 도시 지역에서는 27%가 인터넷 접속을 가지는 것에 비해 지방의 경우 2%에 불과하다(Stork and Calandro 2014). 위와 같은 요인들을 요약하자면, 남성일수록, 젊을수록, 다수 민족일수록, 장애가 없을수록, 그리고 도시에 살수록 ICT4D의 수혜를 더욱 더 받을 가능성이 크다.

(3) 가치 사슬 격차

가치 사슬 격차를 보게 되면, 네 가지 격차로 나누어 볼 수 있다. 격차의 종류는 그 격차를 낳는 도전의 국면이 가용성availability에서 적용성application으로 이동해간다. 첫째, 가용성 격차이다. 몇몇 지역에서는 특정한 ICT가 아예 가용하지 않다. 예를 들어, 약 5억 명 정도가 모바일 폰 신호가 잡히지 않는 지역에 거주한다(World Bank 2016). 둘째, 접근성 격차accessibility이다. ICT가 있다고 하여도, 기술에 접근이 불가능한 경우가 있다. 여러 장벽의 형태가 있을 수 있는데, 예를 들어, 단순히 텔레센터telecentre가 주변에 있다는 것을 모를 수 있는 지식 장벽(Pick et al. 2014), 여성들은 공공장소에 나갈 수 없다는 문화적 장벽(Gomez and Camacho 2013) 등이 있다. 셋째, 채택 격차이다. ICT가 가용하고 접근 가능하다고 하더라도, 여전히 그 기술을 채택하는 이들과 그렇지 않은 이들이 있다. 예를 들어, 10억이 넘는 인구가 모바일 신호의 범위에서 살고 있지만 모바일 폰을 사용하고 있지 않다(World Bank 2016). 넷째, 적용 격차이다. ICT가 채택된다고 하더라도, 여전히 사용에서 격차가 있을 수 있다. 예를 들어, 나이로비 슬럼가에서는 여성들이, 온라인상에서 남성들로부터 괴롭힘을 당할 우려 때문에 페이스북의 사용에 더 제한이 걸린다(Wyche 2015).

이러한 국내외 디지털 격차를 극복하기 위해서는 국제적 협력 및 국내적 변화가 필요하다. 국내적으로는 정부의 재정적 지원을 생각해 볼 수 있다. 그런데 딜레마도 존재한다. 예를 들어, 일반 시민들에게 인터넷 접속을 제공해야 한다는 것은 재정적 비용이 소요되는 것이면서, 동시에 다른 정책적 목표들과의 경쟁도 존재한다. 즉, 다른 기본적 필요들, 예를 들어, 교통, 공공 안전, 사회적 서비스 등의 제공과 인터넷 경제에의 연결성이라는 두 정책 영역 가운데 하나의 선택이 요구되기도 한다. 둘째, 사회적 통합을 위해서는, 인터넷 서비스를 향유할 경제적 여력이 없는 자들에게, 그리고 물리적으로 접근이 어렵거나 불이익을 받고 있는 공동체, 혹은 장애를 지니고 있는 자들에게 접근성을 제공할 수 있어야 한다. 예를 들어 미국의 E-rate 프로그램은 전기통신 비용을 거둬들이는데 이는 디지털 격차를 해소하기 위한 것이다. 거둬들인 비용은, 공공 도서관, 인디언 보호구역, 학교, 그리고 다른 디지털 격차를 극복하기 위한 집단들에게, 인터넷 접속을 위한 비용을 위해 지원하기 위해 사용된다(Chen 2017).

공유를 통한 디지털 통합이라는 가치의 추구는 위와 같이 여러 혜택을 약속하지만 동시에 여러 측면에서 해결해야 할 문제들을 보이고 있다. 공유 거래에서는 높은 신뢰성과 안정성이 디지털 기술의 활용에 담보되어야 할 필요가 있다. 그리고 공유 경제로의 디지털 전환 과정에서, 다양한 행위자들이 모여 합의를 이끌어 낼 수 있는 공론의 장도 필요하며, 그 가운데 손실을 입은 자들의 이익을 보전하고, 그들이 새로운 디지털 기회로 전환할 수 있는 정책과 제도가 필요하다.

그리고 디지털 격차 해소를 위해 정부의 개입과 사회경제 문화의 변화를 도모해야 할 필요가 있다. 재정적인 지원을 통해, 디지털 기술이나 인터넷 접근을 제공할 수 있으며, 사회적 약자들의 접근성을 늘리기 위한 기술 표준의 제정이나 콘텐츠 제작 등을 촉진할 수 있다. 그리고 공동체적인 접근을 지원함으로써, 사회에서 건전한 인식과 이용 습관 등을 형성해 나갈 수 있다.

4 협력적 참여 거버넌스

디지털 전환의 시기에 지속가능성이라는 가치는 그 구현을 위해서 더욱 다양한 행위자의 참여와 협력을 필요로 하고 있다. 이는 첫째, 디지털 전환은 사회의 모든 분야에서 그리고 국제적 변화가 공진하는 현상이기 때문이다. 둘째, 디지털 전환에 따른 문제점을 파악하고 해결책을 모색함에 있어, 어떤 한 부류의 행위자, 예를 들어, 정부만으로는 불가능하며 바람직하지 않기 때문이다. 정책적 해결책을 자문할 수 있는 전문가들은 종종 기업이나 사회에 있으며, 정부의 정책을 이행하기 위해서도 시민사회나 기업의 협력이 필요한 문제들이 많이 발생하고 있다.

이러한 다양한 행위자의 참여를 가능케 하는 거버넌스가 디지털 전환의 시기에 요구되지만, 도전도 있다. 지속가능성이라는 가치를 구현하기 위해서 다양한 행위자들이 참여하지만 행위자들 간에는 충돌하는 이해도 있기 때문이다. 여러 이해당사자들은 그 다양성만큼 서로 다른 방식으로 지속가능성의 구현을 위한 목표의 우선순위를 매길 수 있다. 이러한 여러 이해당사자들을 포괄할 수 있는 '협력적 참여 거버넌스'를 가치로서 제시하고, 각 사회의 구체적인 문제를 위한 거버넌스를 고안해 나갈 필요가 있다(Abbott and Snidal 2001).

예를 들어, '지속가능성'이라는 가치value를 '개발/발전development'이라는 목표영역에서 체계화한 유엔의 '지속가능한 개발 목표SDGs'를 보더라도 선진국, 개발도상국, 민주주의, 권위주의 국가의 구별이 없이 협력할 것을 요구하고 있다. 그뿐 아니라, 새천년개발목표Millennium Development Goals, MDGs와는 달리, 국가, 사회, 기업, 그리고 개인에 이르기까지 여러 층위에서의 다양한 행위자의 참여와 협력을 큰 원칙적 차원에서 제시하고 있다(Eyben and Savage 2013; Horner 2020).

또 다른 예로는 국제개발협력과 '정보통신기술ICTs'의 교차점에서 사용되는 '개발을 위한 정보통신기술information and communication technology for development, ICT4D'[5] 분야에서 협력적 거버넌스가 필요하다. 이는 ICT4D의 연구 및 실행의 역사적 발전에서 보인다.

ICT4D의 연구 및 실행의 역사를 크게 세 개의 국면으로 나누어 생각해

---

[5] ICT4D는 1996년부터 두루 사용되기 시작했다. 이때 the UN's Commission on Science and Technology for Development(UNCSTD)가 ICT4D라는 이름으로 작업반을 설치한 바 있다(UNCSTD 1997).

볼 수 있는데, 첫 번째 국면은, 'ICT4D 0.0'이다(Heeks 2009). 이는 1960년대부터 1990년대 중반까지를 포괄하며, 개발을 위한 핵심 행위자로 정부를 상정하였다. 두 번째 국면인, 'ICT4D 1.0'은 1990년대 중반부터 2000년대 후반까지를 지칭하는데, 이 국면에서는 공여자나 비정부기구들이 주목을 받았다. 마지막으로, 2000년대 후반 이후인 'ICT4D 2.0' 국면이다. 2.0 국면에서는 모든 분야에서의 행위자들이 핵심 행위자로 부상하였으며 주목받았다. 이와 같이 개발을 통한 지속가능성의 구현을 위해 행위자들이 변화해 왔을 뿐 아니라, 다양한 행위자들의 참여와 협력이 지속가능성을 위해 중요한 거버넌스의 가치로 부상하였다.

ICT4D와 관련하여서 전통적으로 널리 알려진 이해당사자는 세 그룹이 있다. 첫째, 국제다자개발 기관들multilateral development agencies, 유엔 시스템 하의 개발 기관들이 여기에 속하며, 세계은행, 국제전기통신연합, 정보사회를 위한 유엔그룹이 있다. 그밖에도 정보사회 세계정상회의 이행선상의 기관들이 있다. 둘째, 국가와 국가 간 개발 기관에 속한 이해당사자들이 있다. 셋째, 연구 관련 이해당사자들이 있다. 넷째, 마지막으로 점점 그 비중이 증가하고 있는 이해당사자 집단으로서 기업과 비정부기구들NGOs을 들 수 있다.

이와 같이 전 지구적인 국제개발협력에 관한 논의는 다중이해당사자 간에 파트너십을 강조하는 방향으로 흘러왔는데, 2011년 부산에서 열린 세계개발원조총회에서도 효과적인 개발협력을 위해, 선진국과 개도국 그리고 민주주의와 권위주의 국가의 정치적 지도자들이 모여 여러 이해당사자 간에 파트너십의 원칙을 재차 확인한 바 있다.

협력적 거버넌스의 중요성은 개발영역에만 국한되지 않는다. 해당 가

제3부 구현가치

치는 여러 다른 분야에서 점증적으로 합의되어 가고 있다. 예를 들어, 글로벌 거버넌스(Gleckman 2018), 인권,[6] 보건,[7] 지속가능성(Gray and Purdy 2018), 사이버 안보(유인태 2019), 인터넷 거버넌스(Sahel 2016)와 같은 여러 분야에서 점차 해당 가치의 도입이 필요하다고 주장된다. 인터넷 거버넌스 분야에서 종종 언급되는 '다자간주의'와 대치되는 '다중이해당사자주의' 또한 서구 선진국 일부의 정치적 어젠다로 이해되기보다는(김상배 2017; 유인태 외 2017), 정부 및 비정부 행위자를 포함한 다양한 행위자들 간의 협치를 위한 파트너십으로 이해될 수 있다.[8]

전통적으로 국가는 정책 입안과 시행에서 중심적인 역할을 담당해 왔다. 그러나 이러한 접근은 매우 빨리 발전하는 기술의 속도로 인해 이전에 보여주었던 효과성과 효율성을 더 이상 담보하기 어려운 상황이다. 왜냐하면 기술의 급격한 발전은 국제사회, 국가, 사회, 경제, 문화, 그리고 개인의 생각에 이르기까지 거대하고도 급격한 변화를 야기하고 있기 때문이다. 국가만이 독점적으로 정책 입안과 시행을 담당하던 기존의 방식에 대한 회의가 커지고, 이에 대한 변화의 요구는 점점 커지고 있다.

이런 맥락에서 사회 구성원들은 지속가능성을 구현하기 위해 정부에 협력적 거버넌스로의 변화를 요구하고 있다. 흥미로운 것은 국가뿐 아니라, 기업들도 이에 동참할 것을 요구받고 있다. 그러한 예로서 기업들에 대해 소비자들뿐 아니라 피고용인들로부터도 환경적 지속가능성을 배려한

---

6 https://en.unesco.org/news/multistakeholderism-advancing-dying-evolving

7 https://www.diplomacy.edu/blog/cybersecurity-public-private-partnerships-in-the-health-sector/

8 이 세부가치는 제8장의 '민주'라는 가치와도 연결되는 부분이다.

기업 운영 정책을 추구해야 한다는 압력이 증대하고 있다는 것이다(BOX 10.5).

기업들의 상행위에 지속가능성을 요구하는 목소리는 작금의 'ESG 경영'이라는 키워드로 대변될 수 있다. '환경Environment, 사회Social, 지배구조 Governance'를 의미하는 ESG는 기업이 환경적 지속가능성을 고려하는 상행위를 해야 할 것을 요구하고 있으며, 그런 요구는 국가에서뿐 아니라, 개인, 집단, 그리고 같은 조직 내에서 이루어지고 있는 것이다. 사실 이와 비슷한 초국가기업들의 상행위에 대한 요구나 가치는 이미 유엔 사무총장 코피 아난이 1999년 다보스 세계경제포럼에서 천명한 '글로벌 콤팩트'에 들어가 있는 가치들이며, SDGs에 내포되어 있기도 하다. 환경의 지속가능성을 위해, 국제기구, 국가, 기업, 사회, 그리고 개인이 모두 목소리를 높이고, 이행을 위해 모두가 동참해야 한다는 필요가 더욱 제기되고 있다.

요약하자면, 사회 전반적인 변혁을 가져오는 디지털 대전환의 특성상, 동시에 사회에 광범위한 영향을 미치는 경제 개발의 성격상, 다양한 사회 구성원들에게 해당되는 여러 종류의 문제들이 동시다발적으로 발생할 것이다. 이런 맥락에서 보았을 때, 다양한 이해당사자들이 참여하여 그 방향성과 속도를 논의해 나가는 것이 반드시 요구된다. 따라서 지속가능성을 위한 발전을 위해, 누가 참여해야 하며, 어떻게 참여하고 있으며, 왜 참여해야 하는지를 파악하는 것은 중요하며, 협력적 거버넌스를 요구할 수 있어야 한다.

아마존의 Delivering Shipment Zero 이니셔티브

BOX 10.5

이 이니셔티브는 소비자들에게 상품의 배송 과정에서 발생하는 탄소배출량을 0으로 만들겠다는 목표이다. 이는 2019년 '기후 약속(the Climate Pledge)'의 일환으로서, 2030년까지는 모든 배송의 50%를 탄소배출량 0으로 하겠다는 목표가 설정되었다. 이는 지속가능성을 위한 아마존(Amazon)의 최초의 노력이라 할 수 있다.

흥미로운 것은 이 이니셔티브가 있기 전에, 아마존의 직원들이 2018년 12월에 '기후 정의를 위한 아마존 피고용인들(Amazon Employees for Climate Justice, AECJ)'의 모임을 세운 바 있으며, 이 모임은 결의안을 만들어 아마존 베이조스(Bezos) 사장에게 서한을 보낸 바 있다. 아마존은 이들의 압력과는 무관하게 위의 시도가 시작되었다고 언급한 바 있다.

이와 유사한 시도가 여러 다른 기술 기업들에서도 보이고 있다. 마이크로 소프트의 'Carbon Negative by 2030' 혹은 애플(Apple)의 '환경 진행 보고서(Environmental Progress Report)'의 발행 등이 그 예이다. 그밖에 기존의 월마트(Walmart)나 나이키(Nike) 같은 회사도 흐름에 동참하고 있다. 물론, 이런 시도들의 실현 가능성에 대한 회의적인 비판도 적지 않다.

5   포스트 휴먼과 지속가능성

포스트 휴먼이란 그 기본 능력이 지금의 인간 능력을 과도하게 넘어서서, 현재의 기준으로는 인간이라 부를 수 없는, 미래에 가능한 존재라고 정의할 수 있다(Bostrom 2014). 미래에는 인위적 지능으로 만들어진 인공지능이거나, 기술적으로 변형된 사이보그 생명체나, 인위적으로 만들어진 안드로이드와 같은 존재가 인간과 공존할 것이다. 이렇게 별개의 존재들도 있지만, 인공장기, 유전자조작, 줄기세포, 인공보철 등을 통해 어디까지가 생명이고 어디까지가 기술인지 구분이 어려워질 수도 있게 되면, 인간과 기계의 근본적 차이는 점차 모호해질 수 있으며, 기존의 생물학적인 의미의 휴먼이라는 정의는 재정립되어야 할 것이다. 포스트 휴먼의 시대가 먼 미래와 같지만, 이미 우리는 검색엔진에서 추천한 영상과 음악을 보고 듣는 것에 익숙하다. 검색엔진 혹은 추천된 영상과 음원 이면에 있는 기계적 사고 혹은 알고리즘에 대해서는 거의 생각하지 않으면서이다. 우리 신체는 또한 늘 기계를 가지고 다닌다. 비록 유기적으로 부착되지 않았을 뿐이다. 따라서 예를 들어, 그런 스마트폰을 놓고 오거나 배터리가 10% 이하가 되면 매우 불안해한다. 우리는 이미 이런 낯설었던 기계들과 살아가고 있고, 자연스럽게 그들과의 공존에 익숙하며, 그들의 사고와 존재 방식에 동화되어 있다.

포스트 휴먼의 시대에 지속가능성을 논할 때, 단순히 기술 발전으로 가능해진 첨단 기계(장치)에만 주목할 수 없다. 물론 새로운 존재들과의 관계 설정 문제를 더 이상 미룰 수 없으며 필수불가결하다. 나아가 그러한 기계들이 우리가 뿌리내리고 있는 환경에 어떠한 영향을 미칠 것인지에 대한 성찰 또한 필요하다. 즉, 기존에 맺어왔던 개인과 개인, 개인과 사회, 사회와 사회 그리고 사회와 자연환경 간의 관계가 기술의 진보로 어떻게 변화할 것인가에 대한 깊은 고찰이 필요하다.

이런 맥락에서 포스트 휴먼 지속가능성은 인간의 탈중심화, 에코시스템에서의 재정립 그리고 다른 생명의 예시들 간의 차이에 주의를 기울이며 그들이 번성할 수 있도록 조성하는 것을 의미하는 개념이라고 정의할 수 있다(Cielemęcka and Daigle 2019). 이러한 정의가 나온 이유는, 인류로 인한 지구온난화 및 생태계 침범을 특징으로 하는 현재의 지질학적 시기, 혹은 인류세Anthropecene에 발생한 큰 위기들 때문이다. 이 시기에 인간은 가뭄, 산불, 홍수 그리고 기후변화에 의한 다른 자연적 재해, 그뿐 아니라 토지, 식량 자원, 마실 수 있는 공기와 물의 상실을 경험하며, 인간의 취약성이 급진적으로 노출되었다. 그리고 이러한 위기의 유일하면서 주요한 원인은 다름 아닌 인간 활동이다.

지질학적인 인류세의 시기에 현재 진행형이며 미래에 예견되는 위기들은, 비단 환경적인 위기에만 그치지 않고 정치적이고 윤리적인 위기를 가져다주었다. 기후변화, 이산화탄소의 대량 배출, 방사선, 플라스틱의 사용과 이와 연관된 오염, 토지의 오염, 생물다양성의 상실, 종의 멸종, 벌채와 삼림의 황폐화, 유독성 오염, 해양 산성화, 어업자원의 과도한 착취와 고갈 등은 이제 더 이상 생소하지 않다. 그리고 이 문제들은 종종 상호 연결되어 있는데, 문제는 우리를 지탱하고 있던 이런 환경이 사라지고 있다는 것이고, 인류를 지탱하던 환경이 사라지면 인류도 멸종할 수 있다는 경종을 울리고 있는 것이다. 정치적 위기는 이러한 문제들에 대해 효과적으로 대응할 수 없는 무능력에서 나타난다. 윤리적 위기는 인간과 자연세계 혹은 인간 외의 존재에 대한 착취하는 관계를 재정립하려고 애를 쓰고 있는 과정을 나타내고 있다. 인간은 무엇이며, 새로운 포스트 휴먼 시대에는 인간의 위치를 어떻게 재정립하는가라는 질문이 제기되고 있으며, 이러한 질문은 우리의 지속가능한 미래를 위해 핵심적인 질문이다.

기존의 지속가능성 개념은 많은 국제적 문헌이나 개발 프로젝트에서 인간 중심으로 정의되어 왔으며, 기본적으로 인간에 의한, 인간을 위한, 인간의 환경 관리를 전제하고 있다. 지속가능성이란 개념은 여러 모로 정의되어 왔지만, 기본적으로 지속가능성이란 인간의 미래세대를 위한 자연자원의 접근을 보장하는 것을 의미한다. 이러한 지속가능성의 개념은, *The*

Ecologist 저널의 편집자들과 당대의 선도적인 과학자들이 쓴 '생존을 위한 청사진'이라는 영향력 있는 환경주의자 논문에서 그 기원을 찾아 볼 수 있다(Goldsmith et al. 1972). 지속가능성이라는 개념은 점차 공식적 정책결정과정에서도 널리 받아들여지기 시작하며, 1972년의 '인간 환경에 관한 유엔 스톡홀름회의'와 그후 유엔 브룬트란트 위원회에도 큰 영향을 미쳤다. 그리고 이 위원회가 1987년 발간한 보고서에서 가장 잘 알려진 지속가능성의 대표적 정의가 나타난다(WCED 1987). 즉, 지속가능성이란 미래 세대가 그들 자신의 필요를 충족하기 위한 능력을 감소시키지 않으면서 현재 세대의 필요를 채우는 것이다. 그런데, 여기서 지속가능성이라는 개념에서 미래 세대란 인간만을 전제하고 있다. 즉, 지속가능성이란 현재 인간 세대에 의한 미래 인간 세대를 위한 자연 자원의 접근을 보장하는 것을 의미하는 것이며, 이는 인간중심주의anthropocentricism를 전제하고 있다.

그러나 포용적 포스트 휴먼 지속가능성의 기념은 인간중심적 관점의 자원 관리와 미래를 탈피하고자 한다. 우선 인간 외 존재에 대해 인간을 위한 '자원'이라는 관점을 벗어나서, 그들을 자원으로 관리해야 할 대상이 아닌, 지구에서 서로 연결되어 있는 공존하는 관계로 보고자 한다. 또한 기존의 지속가능성의 개념에 포함되었던 '미래 세대'라는 의미도 인간만이 포함된 것이 아니라, 인간이 아닌 존재들 또한 포함하는 포괄적인 개념으로의 전환이 필요하다.

포스트 휴먼은 디지털 전환의 시기에, 과거 인간과 기술이 분리되었던 인식에서 벗어나, 비인간적 존재(동물, 기술, 환경 등)을 포함하는 새로운 지속가능성에 관해 깊은 사유를 요한다. 기존의 지속가능성이라는 개념은, 대표적으로 유엔의 지속가능한 개발SDGs에서도 기술과 인간을 이분법적인 것으로 취급하며, 기술은 하나의 도구이자 수단으로 취급된다. 그런데 이러한 인식은 오히려 디지털 전환의 시기의 기술이 인간에게 더 위협적인 존재로 다가오게 만들기 때문에, 인간의 존엄성을 잃게 만들 수 있다. 르네상스 이후, 인간은 모든 것의 중심에 놓였으며, 자연, 기술, 그리고 다른 비인간적인 존재들의 보편적인 법칙을 관찰하고 밝히는 자율적인 존재로 여겨져 왔다. 그런데 이러한 구분은 인간과 비인간적 존재들 간에 차별과 불평등을 낳았다. 따라서 인간은 더 이상 보편적인 가치나 기준이 될 수 없으며, 인간은 하나의 삶의 양식이며 '브랜드brand'이다(Braidotti 2018).

과거의 자유주의적 인본주의는 인간을 그 자체로서 존재가 규정된다고 보았다. 그리고 인간성인가, 기술인가라는 양자택일의 구도를 강요했었다. 그러나 포스트 휴먼 시대의 인간은, 복잡하고 현재진행형인 형성 과정 속에서, 관계적으로 형성된다. 그리고 그 과정에는 비인간적인 존재들이 포함된다. 디지털 전환의 시대에는 기술을 포함한 인간의 환경과의 관계를 맺음에서도 윤리적 책임성을 동반한 지속가능성을 지향해야 할 필요가 있다.

IV 맺음말

이 장은 크게 환경, 사회, 지배구조라는 세 기둥으로 구성되어 있으며, 각각에 해당 되는 다섯 가지 세부가치를 제시하였다. 첫째, 환경적 지속가능성, 둘째, 보건의료체계의 디지털화, 셋째, 디지털 통합을 위한 공유, 넷째, 협력적 거버넌스, 그리고 마지막으로 포스트 휴먼 지속가능성이다. 첫 번째 세부가치에서는 환경 악화와 기후변화라는 문제에 대해 디지털 기술이 가져올 수 있는 변화를 제시하고 있다. 내용적으로는 ICT를 활용한 완화, 감시, 전략 그리고 적응을 위한 구체적 방안 혹은 사례를 다루고 있다. 이것에 더하여 녹색기술에 대해서도 언급하고 있다. 인공지능, 빅데이터 분석, 모바일 기술, 사물인터넷, 사회 플랫폼 등, 새롭게 주어진 디지털 기술을 가지고 환경적 지속가능성을 추구할 필요가 있다. 본문에서는 주로 ICT의 긍정적인 측면에 초점을 맞추지만, ICT 활용의 환경적 부작용도 유의할 필요가 있다. 정부는 긍정적 측면의 활용을 최대한 장려하면서, 부정적 효과를 억제할 수 있는 정책의 도입을 서두를 필요가 있다.

두 번째 세부가치에서는, 코로나 시기가 노정한 기존 의료체계의 한계를 극복하기 위한 포스트코로나 시대 의료체계의 디지털 변화의 필요를 촉구하고 있다. 구체적으로 보건의료체계의 디지털화를 통해서 다음과 같은 효과를 기대할 수 있다. 의사소통과 원격 진료, 공공보건 정보의 확산과 주요 공공보건 위협에 대한 대화의 촉진, 텔레메디신telemedicine을 통한 진단과 처방, 배움과 훈련을 통한 보건 담당자들 간의 협업과 협력, 더욱 효과적인 보건 연구의 지원 그리고 연구 결과물의 확산, 공공보건 위협의 발생에 대한 모니터링과 적시의 대응 능력 강화, 마지막으로 보건 관련 행정체계의 효율성 향상 등이다. 물론, 보건의료체계의 디지털화를 위해서는 여러 나라에서 관련 법률과 사회적 관습 등에서 변화와 진통이 수반되었음을 기억할 필요가 있다. 이러한 사회적 진통의 과정에서 이해당사자들을 조율할 정부의 역할이 요구된다.

세 번째 세부가치에서는 지속가능성을 위해 디지털 통합이 전제되어야 함을 말하고 있다. 디지털 통합을 위해서는 디지털 공공재를 확인하고 이에 대한 접근을 늘릴 수 있는 방안이 필요하다. 그리고 공유 경제의 활성화도 더욱 기대할 수 있다. 물론, 이러한 과정에 대한 독과점의 우려도 있다. 산업 생태계의 특성상 그리고 혁신을 위해 불가피한 독과점의 구조가 대두할 수 있지만, 중요한 것은 그러한 구조를 남용하는 것을 억제할 수 있는 국가의 개입이 요구된다는 것이다. 여기서는 디지털 통합을 위한 방안뿐 아니라, 디지털 통합을 방해하는 디지털 격차의 원인에 대해서도 진단하고 있으며, 이 또한 정부의 적절한 개입과 사회 문화의 변화를 통한 격차 해소가 필요함을 말하고 있다.

네 번째 세부가치에서는 디지털 전환의 시기에 필요한 거버넌스 유형을 제시하고 있다. 디지털 전환은 사회의 각계각층에 변화를 불러오고 있으며, 다양한 행위자들을 이해당사자로 만들고 있다. 지속가능성을 내포한 디지털 전환을 위해서는 다양한 이해당사자들이 협력하며 논의하고 참여할 수 있는 거버넌스 틀이 필요하다. 왜냐하면, 다양한 행위자들은 지속가능한 디지털 전환에 대해 다양한 시각과 의견을 가지고 있을 것이기 때문이다. 이들 간에 의견을 조율하고, 때로는 상충하는 이해관계를 조율하고, 디지털 전환의 방향성에 대한 사회적 합의를 이루어 나가기 위해서는 협력적 참여 거버넌스가 필요하다. 빠르게 변화하는 디지털 기술에 대응하는 제도와 정책을 수립하고 이행해 나가기 위해서는, 정부의 대응만으로는 신속하지 못하고 필요한 역량이 결핍되어 있을 수도 있다. 민간의 참여가 필요하며, 이를 지속적으로 유지하며, 적절한 협치 관계를 수립하고 지속적으로 가꿔나갈 수 있는 거버넌스가 요구된다.

다섯 번째 세부가치에서는 포스트 휴먼 지속가능성을 위한 우리의 의식과 가치 그리고 사회적 제도의 변화를 촉구하고 있다. 기존 국내외 문서에서 사용되었던 지속가능성의 개념은 인간중심적인 의미를 가지고 있었기 때문에, 환경 및 보건의 지속가능성에 심각한 문제를 불러왔다. 다가올 미래에는 인공지능이거나, 기술적으로 변형된 사이보그 생명체나, 인위적으로 만들어진 안드로이드와 같은 존재가 인간과 공존할 것이고, 인공장기, 유전자조작, 줄기세포, 인공보철 등을 통해 어디까지가 생명이고 어디까지가 기술인지 구분이 어려워질 수도 있게 되며, 인간과 기계의 근본적 차이는 점차 모호해질 수 있다. 그런데 기존의 지속가능성의 개념은 이러한 존재들을 그 개념의 범위 내에 포용하고 있지 않았다. 그러나 포스트 휴먼 지속가능성이라는 개념을 통해, 인간, 동물, 환경 그리고 디지털 기술로 인해 생성되는 새로운 존재들도 아우를 수 있는 지속가능성을 생각할 수 있게 된다. 포스트 휴먼 지속가능성을 구현해 나가기 위해서는, 기존의 생물학적인 의미의 휴먼이라는 정의는 재정립되어야 할 뿐 아니라, 동시에 디지털 기술로 인해 새롭게 등장하는 존재들과의 관계를 정립해 나갈 필요가 대두한다. 정부는 이러한 관계 재정립을 위한 논의를 활성화해 나가고, 방향성에 대한 합의가 이루어질 수 있도록 논의의 진행을 위한 장을 마련해 나가고 상충하는 이해들 간의 조율을 해 나갈 필요가 있다. 그리고 합의된 바를 제도화하고, 이행을 위해 다양한 이해당사자들이 참여할 수 있도록 협력해 나가야 할 것이다.

참고 문헌

김상배. 2017. "사이버 안보 국제규범의 세계정치: 글로벌 질서변환의 프레임 경쟁." 『국가전략』

23(3): 153-180.

유인태. 2019. "사이버 안보에서의 다중이해당사자주의 담론의 확산." 『담론201』 22(1): 45-80.

유인태·김동우. 2022. "시민운동과 다국적 IT 대기업의 기후변화 정책: 아마존, 마이크로소프트, 구글 사례를 중심으로." 『21세기정치학회보』 32(1): 26-46.

유인태·백정호·안정배. 2017. "글로벌 인터넷 주소자원 거버넌스의 변천: IANA 관리체제 전환을 통한 다중이해당사자 원칙의 재확립." 『국제정치논총』 57(1): 41-74.

조한승. 2018. "4차 산업혁명 시대의 남북 보건안보와 보건협력 거버넌스." 『평화학연구』 19(3): 47-74.

Abbott, Kenneth W. and Duncan Snidal. 2001. "International 'Standards' and International Governance." *Journal of European Public Policy* 8(3): 345-370.

Baldé, Comelis P., Feng Wang, Ruediger Kuehr and Jaco Huisman. 2015. *The Global e-Waste Monitor 2014.* IAS - SCYCLE, Bonn, United Nations University.

Banholzer, Sandra, James Kossin and Simon Donner. 2014. "The Impact of Climate Change on Natural Disasters." In *Reducing Disaster*, edited by Zinta Zommers and Ashbindu Singh, 21-49. Dordrecht: Springer.

Barrantes, Roxana. 2007. "Analysis of ICT demand: what is digital poverty and how to measure it?" In *Digital Poverty*, edited by Herman Galperin and Judith Mariscal, 29-53. Ottawa: IDRC.

Bostrom, Nick. 2014. "Why I Want to Be a Posthuman When I Grow Up." In *Ethics and Emerging Technologies*, edited by Ronald Sandler, 218-234. New York: Palgrave Macmillan.

Braidotti, Rosi. 2018. "A Theoretical Framework for the Critical Posthumanities." *Theory, Culture and Society* 36(6): 31-61.

Chatfield, Akemi Takeoka and Uuf Brajawidagda. 2013. "Twitter Early Tsunami Warning System." In *Proceedings of 46th Hawaii International Conference on System Sciences*, 2050-60. New York: IEEE.

Chen, Yu-Che. 2017. *Managing Digital Governance: Issues, Challenges, and Solutions.* New York: Routledge.

Cielemęcka, Olga and Christine Daigle. 2019. "Posthuman Sustainability: An Ethos for Our Anthropocenic Future." *Theory, Culture, and Society* 36(7-8): 67-97.

Coppola, Damon P. 2007. *Introduction to International Disaster Management.* Oxford: Elsevier.

Crabbe, M. James. 2012. "From Citizen Science to Policy Development on the Coral Reefs of Jamaica." *International Journal of Zoology* 2012: 1-6.

Davison, Robert, Roger Harris, Doug Vogel and Gert-Jan de Vreede. 1999. "Information Technology in Developing Countries: Closing the Digital Divide." *Journal of Global*

Information Technology Management 2(3): 1-4.

Dissanayeke, Uvasara and W.A.D.P. Wanigasundera. 2014. "Mobile Based Information Communication Interactions among Major Agricultural Stakeholders." Electronic Journal of Information Systems in Developing Countries 60(1): 1-12.

Eyben, Rosalind and Laura Savage. 2013. "Emerging and Submerging Powers: Imagined Geographies in the New Development Partnership at the Busan Fourth High Level Forum." Journal of Development Studies 49(4): 457-469.

Feroz, Abdul Karim, Hangjung Zo and Ananth Chiravuri. 2021. "Digital Transformation and Environmental Sustainability: A Review and Research Agenda." Sustainability 13(3): 1-20.

Global e-Sustainability Initiative. 2015. "SMARTer2030." Brussels: Global e-Sustainability Initiative.

Gomez, Ricardo and Kemly Camacho. 2013. "Users of ICT at Public Access Centers." In ICT Influences on Human Development, Interaction and Collaboration, edited by Susheel Chhabra, 1-21. Hershey: IGI Global.

Gleckman, Harris. 2018. Multistakeholder Governance and Democracy: A Global Challenge. New York: Routledge.

Goldsmith, Edward, Robert Allen, Michael Allaby, John Davoll and Sam Lawrence. 1972. "A Blueprint for Survival." Ecologist 2(1): 1-22.

Gray, Barbara and Jill Purdy. 2018. Collaborating for Our Future: Multistakeholder Partnerships for Solving Complex Problems. Oxford, UK: Oxford University Press.

Heeks, Richard. 2009. "The ICT4D2.0 Manifesto." Development Informatics Working Paper 42. IDPM, University of Manchester.

Heeks, Richard. 2018. Information and Communication Technology for Development (ICT4D). New York: Routledge.

Heeks, Richard, Logakanthi Subramanian & Carys Jones. 2015. "Understanding e-Waste Management in Developing Countries: Strategies, Determinants, and Policy Implications in the Indian ICT Sector." Information Technology for Development 21(4): 653-667.

Hoffman, Kurt and Michael G. Hobday. 1990. "US Telecommunications Policy and the Third World." Information Technology for Development 5(3): 327-360.

Houghton, John W. 2015. "ICT, the Environment and Climate Change." The International Encyclopedia of Digital Communication and Society, 1-13.

Horner, Rory. 2020. "Towards a New Paradigm of Global Development? Beyond the Limits of International Development." Progress in Human Geography 44(3): 415-436.

Intergovernment Panel on Climate Change. 2014a. "Climate Change 2014: Synthesis

Report, Intergovernmental Panel on Climate Change." Geneva.

Intergovernment Panel on Climate Change. 2014b. "Climate Change 2014: Mitigation of Climate Change, Intergovernmental Panel on Climate Change." Geneva.

Jobe, William and Per-Olof Hansson. 2014. "Putting a MOOC for Human Rights in the Hands of Kenyans." *Electronic Journal of Information Systems in Developing Countries* 65(3): 1-17.

Jones, Ryan and Bill Siemering. 2012. "Combining Local Radio and Mobile Phones to Promote Climate Stewardship." Centre for Development Informatics, University of Manchester.

Kaswan, Vineet et al. 2019. "Green Production Strategies." In *Encyclopedia of Food Security and Sustainability*, edited by Pasquale Ferranti, Elliot Berry, Anderson Jock, 492-500. Amsterdam: Elsevier.

Karanasios, Stan. 2012. "New and Emergent ICTs and Climate Change in Developing Countries." In *ICTs Climate Change and Development*, edited by Richard Heeks and Angelica Ospina, 237-274. Centre for Development Informatics, University of Manchester.

Kumar, Shailendra and Gareema Sanaman. 2013. "Preference and Use of Electronic Information and Resources by Blind/Visually Impaired in NCR Libraries in India." *Journal of Information Science Theory and Practice* 1(2): 69-83.

Leichenko, Robin and Julia A. Silva. 2014. "Climate change and poverty: vulnerability, impacts, and alleviation strategies." *Wiley Interdisciplinary Reviews: Climate Change* 5(4): 539-556.

Marolla, Cesar. 2019. *Information and Communication Technology for Sustainable Development*. Boca Raton, FL: CRC Press.

Marr, Bernard. 2017. "The Amazing Ways How Artificial Intelligence and Machine Learining Is Used in Healthcare." *Forbes* (October 9).

Martini, Thomas, Michele Lynch, Abi Weaver and Tamieck van Vuuren. 2016. "The Humanitarian Use of Drones as an Emerging Technology for Emerging Needs." In *The Future of Drone Use*, edited by Bart Custers, 133-152. Dordrecht: Springer.

McIver, William J., William F. Birdsall and Merrilee Rasmussen. 2003. "The Internet and the right to communicate." First Monday 8(12).

Nanthikesan, S. 2000. "Trends in Digital Divide." Working Paper 9, Harvard Center for Population and Development Studies, Harvard University, Cambridge, MA.

Ospina, Angelica Valeria and Richard Heeks. 2012. "Unveiling the Links between ICTs and Climate Change in Developing Countries." In *ICTs, Climate Change and Development*, edited by Richard Heeks and Angelina Ospina, 6-38. Centre for Development Informatics, University of Manchester.

Paneque-Gálvez, Jaime, Michael K. McCall, Brian M. Napoletano, Serge A. Wich and Lian Pin Koh. 2014. "Small Drones for Community-based Forest Monitoring." *Forests* 5(6): 1481-1507.

Pick, James B., Kamala Gollakota and Manju Singh. 2014. "Technology for Development: Understanding Influences on Use of Rural Telecenters in India." *Information Technology for Development* 20(4): 296-323.

Pratihast, Arun Kumar, Ben DeVries, Valerio Avitabile, Sytze de Bruin, Lammert Kooistra, Mesfin Tekle and Martin Herold. 2014. "Combining Satellite Data and Community-based Observations for Forest Monitoring." *Forests* 5(10): 2464-2489.

Ospina, A. V. and Richard Heeks. 2011. "ICTs and Climate Change Adaptation: Enabling Innovative Strategies." *UK: Strategy Brief, Centre for Development Informatics*.

Rada, Juan. 1985. "Information technology and Third World." In *The Information Technology Revolution*, edited by Tom Forester, 571-589. MIT Press.

Ramanathan, Nithya, Laura Balzano, Deborah Estrin, Mark Hansen, Thomas Harmon and Jenny Jay. et al. 2006. "Designing Wireless Sensor Networks as a Shared Resource for Sustainable Development." 256-265. Berkeley: ICTD.

Rifkin, Jeremy. 2014. *Marginal Cost Society: The Internet of Things, the Collaborative Commons, and the Eclipse of Capitalism*. New York: St. Martin's Press.

Roeth, Helen, Leena Wokeck, Richard Heeks and Richard Labelle. 2012. "ICTs and Climate Change Mitigation in Developing Countries." *Strategy Brief* 4.

Sahel, Jean-Jacques. 2016. "Multi-Stakeholder Governance: A Necessity and A Challaenge for Global Governance in the Twenty-First Centry." *Journal of Cyber Policy* 1(2): 157-175.

Srinuan, Chalita, Pratompong Srinuan and Erik Bohlin. 2012. "An Analysis of Mobile Internet Access in Thailand: Implications for Bridging the Digital Divide." *Telematics and Informatics* 29(3): 254-262.

Steinfield, Charles, Susan Wyche, Tian Cai and Hastings Chiwasa. 2015. "The Mobile Divide Revisited: Mobile Phone Use by Smallholder Farmers in Malawi." In *Proceedings of the Seventh International Conference on Information and Communication Technologies and Development*, 1-9.

Stork, Christoph and Enrico Calandro. 2014. "Internet gone mobile in Namibia." In *ICT Pathways to Poverty Reduction*, edited by Edith Ofwona Adera, Timothy M. Waema, Julian May, Ophelia Mascarenhas and Kathleen Diga, 205-254. Warwickshire: Practical Action.

UNCSTD. 1997. "Report of the Working Group on Information and Communication Technologies for Development." UN Commission on Science and Technology for Development, Geneva.

UNISDR. 2009. "UNISDR Terminology on Disaster Risk Reduction." UN International Strategy for Disaster Reduction, Geneva.

Wainer, Jacques and Andre Covic. 2010. "Ethnic Digital Exclusion in Brazil: National and Regional Data from 2001 to 2004." *Information Technologies and International Development* 6(1): 34-47.

Waugh, Courtney. et al. 2020. "One Health or Planetary Health for Pandemic Prevention?" Lancet 396(10266): 1882.

World Bank. 2003. "Poverty and Climate Change." Washington, DC: World Bank.

World Bank. 2016. "World Development Report 2016: Digital Dividends." Washington, DC: World Bank.

World Commission On Employment and Development. 1987. *Our Common Future*. Oxford: Oxford University Press.

World Health Organization. 2016. "Global Diffusion of eHealth: Making Universal Health Coverage Achievable: Report of the Third Global Survey on eHealth." Geneva: World Health Organization.

Wyche, Susan. 2015. "Exploring Mobile Phone and Social Media Use in a Nairobi Slum: A Case for Alternative Approaches to Design in ICTD." In *Proceedings of the Seventh International Conference on Information and Communication Technologies and Development*, 1-8.

Yap, Nonita T. 2012. "Disaster Management, Developing Country Communities and Climate Change: The Role of ICTs." In *ICTs Climate Change and Development*, edited by Richard Heeks and Angelina Ospina, 140-179. Manchester: Centre for Development Informatics.

Yoo, In Tae. 2022. "Cybersecurity Crisscrossing International Development Cooperation: Unraveling the Cyber Capacity Building of East Asian Middle Powers Amid Rising Great Power Conflicts." *Korea Observer* 53(3): 447-470.

저자 소개

총론 김상배

서울대학교 정치외교학부 교수이다. 서울대학교 외교학과를 졸업하고 동 대학에서 석사 학위를 받은 뒤 미국 인디애나대학교에서 정치학 박사학위를 받았다. 2022년 한국국제 정치학회 회장을 역임하였다. 현재는 한국사이버안보학회 회장을 맡고 있다. 대표 저서 로는 『아라크네의 국제정치학: 네트워크 세계정치이론의 도전』, 『버추얼 창과 그물망 방 패: 사이버 안보의 세계정치와 한국』, 『미중 디지털 패권경쟁: 기술·안보·권력의 복합지 정학』 등이 있다.

1장 표광민

경북대학교 일반사회교육과 조교수이다. 베를린 자유대학교에서 정치학 박사학위를 받았다. 주요 연구 분야는 한나 아렌트, 칼 슈미트 등의 정치사상과 국제 정치질서의 변 화 등이다. 주요 논문으로 "정치기획으로서의 미래:기대지평들의 융합을 통한 미래의 도출"(2022), "'정치의 귀환'의 구조: 세계와 국가 사이의 대립에 관하여"(2019) 등이 있다.

2장 이원경

일본 조치대학교(Sophia University) 글로벌교육센터 부교수이다. 고려대학교 영어영문 학과 학사, 서울대학교 외교학과 대학원 석사학위를 받은 뒤 일본 와세다대학에서 정보 통신정책 연구로 박사학위를 받았다. 주요 연구 분야는 동아시아 지역연구, 과학기술과 국제정치, 디지털 커뮤니케이션 등이다. 주요 저서로 『일본 인터넷 민족주의 전개와 한 국에 대한 함의』(2013), 『인터넷 미디어를 활용한 일본 시민운동의 현황과 의의』(2018) 등이 있다.

3장 유지연

상명대학교 휴먼지능정보공학과 교수이다. 고려대학교에서 정보경영공학 박사학위를 받았고, 정보통신정책연구원(KISDI)에서 부연구위원을 지낸 바 있으며, 현재 한국인터넷윤리학회 회장을 역임하고 있다. 디지털미래전략, 기술정책, 인터넷윤리 등에 관심을 가지고 연구하고 있으며, 주요 저서로는 『20개의 핵심 개념으로 읽는 디지털 기술사회』, 『사이버 안보의 국가전략 3.0』 등이 있다.

4장 김도승

목포대학교 법학과 교수이다. 성균관대학교에서 법학 박사학위를 받고 대통령소속 국가정보화전략위원회 전문위원, 한국법제연구원 법제분석지원실장, 전자정부추진위원회 위원 등을 역임하였다. 현재 공공데이터분쟁조정위원회 위원, 국가사이버안보센터(NCSC) 자문위원, 행정안전부 데이터기반행정 실태평가 위원, 과학기술정보통신부 데이터가치평가자문단 위원, 인터넷신문자율공시기구(IDI) 검증위원장을 맡고 있다. 개인정보보호법학회 수석부회장(차기회장), 한국인터넷윤리학회 부회장, 한국정보법학회 총무이사 등을 맡아 정보법 분야에서 활발한 학술활동을 이어가고 있다. 주요 저서로는 『개인정보 판례백선』(2022), 『20개의 핵심 개념으로 읽는 디지털 기술사회』(2022), 『디지털 뉴딜 시대의 스마트관광도시』(2021), 『재정건전성과 법치』(2020), 『사이버 안보의 국가전략 3.0』(2019) 등이 있다.

5장 윤정현

국가안보전략연구원(INSS) 부연구위원으로 재직 중이며, 외교부 경제안보외교센터 자문위원 및 행정안전부 신종재난발굴 자문위원으로 활동하고 있다. 전 과학기술정책연구원(STEPI) 선임연구원, 전 국가과학기술자문회의 전문위원을 역임하였다. 서울대학교에서 외교학 박사학위를 취득했으며 전문 분야는 디지털 전환과 미래사회 전망, 메타버스, 신흥안보 및 미래리스크 연구이다. 주요 논문으로 "사이버평화론에 대한 소고"(2023), "디지털 안전사회의 의미"(2022), "메타버스 가상세계의 진화 전망과 혁신전략"(2021), "포스트 코로나, 일상의 미래"(2021), "국방분야 인공지능 도입의 주요 쟁점과 활용제고 방안"(2021), "신흥안보 거버넌스: 이론적 접근과 대안적 분석틀의 모색"(2019) 등이 있으며, 과학기술과 인문사회를 아우르는 학제 간 융합 연구에 많은 관심이 있다.

6장 안태현

서울대학교 국제문제연구소 선임연구원이다. 노트르담 대학교에서 정치학 박사학위를 취득하였다. 주요 연구로는 "플라톤 해석을 중심으로 살펴본 누스바움 연구의 변화와 특징: 인간과 행복에 대한 철학적 이해와 정치적 해법"(2020), "문화외교와 공공외교(『지구화 시대의 공공외교』중)"(2022) 등이 있다.

7장 백욱인

서울대학교 사회학과에서 공부했고 서울과학기술대학교에서 학생들을 가르쳤다. 『인공지능시대 인간의 조건』, 『번안 사회』, 『인터넷 빨간책』, 『들뢰즈의 통제사회 비판』, 『인공지능과 지적재산권』, 『한국사회운동론』, 『디지털이 세상을 바꾼다』 등을 썼다. 또한 『속물과 잉여』, 『2001 싸이버스페이스 오디쎄이』를 엮었고 니콜라스 네그로폰테의 『디지털이다』를 옮겼다.

8장 송경재

상지대학교 사회적경제학과 교수이다. 경희대학교 정치학과에서 박사학위를 받았다. 주요 연구 분야로는 디지털 민주주의(민주주의 기술), 디지털 사회혁신, 디지털 기술의 정치과정, 지역 거버넌스와 민주주의에 관한 연구 등이다. 대표 저서로는 『20개의 핵심 개념으로 읽는 디지털 기술사회』(공저, 2022, 사회평론아카데미), 『디지털 파워 2021: SW가 주도하는 미래사회의 비전』(공저, 2021, HadA) 등이 있다.

9장 송태은

국립외교원 안보통일연구부 조교수이다. 서울대학교에서 외교학 박사학위를, University of California, San Diego(UCSD)에서 국제관계학 석사학위를 취득했다. 현재 정보세계

저자 소개

정치학회 총무이사, 한국사이버안보학회 편집위원장, 한국정치정보학회 연구이사, 국회도서관 의회정보자문위원(외교분과)이며, 주요 연구 분야는 신기술, 사이버 안보, 정보전·심리전·인지전, 하이브리드전 등 신흥안보 분야이다. 주요 논문으로는 "연합 사이버 전력의 역할과 한미 사이버 안보협력의 과제"(2023), "현대 전면전에서의 사이버전의 역할과 전개양상"(2022), "러시아-우크라이나 전쟁의 정보심리전"(2022) 등이 있다.

10장 유인태

단국대학교 정치외교학과 조교수이다. 미국 사우스캐롤라이나대학에서 정치학으로 박사학위를 받았다. 국제정치(경제)가 전공이며, 사이버 안보의 정치, 디지털 무역의 국제정치경제, 인터넷 거버넌스, 디지털 이슈를 둘러싼 국제개발협력과 안보의 교차점에 관심이 있다. 최근 연구로는 "Cybersecurity Crisscrossing International Development Cooperation" (*Korea Observer* 53(4)), "Emergence of Indo-Pacific Digital Economic Order" (*Asian Journal of Peace Building* 10(2)), "Internet Governance Regimes by Epistemic Community" (*Global Governance* 25(1)) 등이 있다.

찾아보기

ㄱ

가사 돌봄 85
가짜뉴스 209, 358
강한 민주주의 303
강한 인공지능 단계 329
개인정보 108
개인정보보호 374
경제적 평등 143
공론장 304
공익데이터 171
공평 135
교육 21
구현가치 17
권위주의 레짐 362
균형성 194
근본가치 17
글로벌콤팩트 385
기밀성 194
기본가치 9
기본권 104

ㄴ

네트워크화된 개인주의 312
노동 22

노동, 일, 활동 262, 263,
265~267, 269
노모포비아(Nomophobia;
No mobile phone pho-
bia) 211

ㄷ

다중이해당사자주의 377
당위의 가치 131
대표성 299
데이터 거버넌스 375
데이터거버넌스법 174
데이터 경제 170
데이터 안보 354
데이터 이타주의 174
데이터 주권 372
데이터 현지화 372
독점 262, 279, 280, 285
드론 90
디지털 감시 307
디지털 격차 116, 359
디지털 공감 234, 240, 251,
252
디지털공화국법 172
디지털 권리 의식 245

디지털 권위주의 75, 307
디지털 기술의 평화로운 사
용 365
디지털 대전환 239
디지털 도덕성 234, 239,
245, 246
디지털 디바이드 147
디지털 디톡스 210
디지털 리터러시 80, 110
디지털 문해력 234, 240,
248, 249
디지털 사회 9
디지털 사회적 자본 299
디지털 세금 179
디지털 소통 234, 240, 251,
252
디지털 역량 359
디지털 자율성 234, 239,
241, 244, 255
디지털 저항권 305
디지털 전환 234, 248, 385
디지털 접근 234, 240, 248
디지털 정체성 241, 242,
244
디지털 족적 243
디지털 주도성 234, 239,

241, 244, 255

디지털 중독 210

디지털 창의성 234, 240, 244, 247, 254~256

디지털 통합 386

디지털 평화 353

디지털 평화감시 354

디지털포용 182

디지털 프로파간다 358

디지털 혁신 234, 240, 244, 254~256

딥페이크 79, 209

ㄹ

랜섬웨어 362

로봇세 177

로블록스(Roblox) 205

루미오(Loomio) 326

리걸테크 82

ㅁ

메타버스 205

무결성 194

미디어 107

민주 23

민주주의 퇴행 341

ㅂ

본원적 평등 137

분극화 306

비확산 371

빅데이터 123, 368

ㅅ

사이버 공간 360

사이버 보안 201

사이버 평화 354

사이버 폭력 206

사이버 행동주의 312

사회적 평등 141

사회 정의 163

생명공학 86

세부가치 25

소셜 시티즌 303

스몸비(Smombie) 211

신기술(emerging technologies) 351

신뢰성 194

신뢰할 수 있는 인공지능; 설명 가능 인공지능(Explainable AI) 334, 379

신흥안보 197

신흥평화 353

실행가치 17

ㅇ

아랍의 봄 112, 304

안면인식 370

안보 195

안전 21, 194

알고리즘 80

알고리즘 투명성 299

알고리즘 평화 354, 364

알고크라시(algocracy) 307

얼굴인식 76

역량 정의론 163

운영적 평화 356

월가 점령시위 304

유럽연합 개인정보보호법령 374

의료 로봇 84

이퀄라이저 146

익명성 106

인간 조건 261~263, 265, 269

인공지능 261, 262, 264, 265, 267~270, 272~274, 276, 282, 290, 291

인공지능 단계 329

인포데믹스(infodemics) 208

임마누엘 칸트 72

ㅈ

자동화 262
자동화된 불평등 151
자유 19, 104
자유권 104
자유화 기술 305
자율무기체계 89, 366
저항권 299
절대적 빈곤선 135
정보통신기술 357
정의 20
젠더 갈등 78
조작정보 209
존엄 18, 71
존재하는 가치 131
지속가능성 24, 386
지속가능한 개발 목표 385
지적재산권 120, 244, 247

ㅊ

참여권 299
초연결 사회 359

ㅋ

콤파스(COMPAS) 184
킬러로봇 89, 366

ㅌ

토마스 아퀴나스 72
트랜스 휴머니즘 86
트롤리 문제 88

ㅍ

파레토 최적 143
페리클레스 297
편향성 368
평등 20, 131
평등실현조치 149
평등 원칙 실행 간극 137, 138
평화 23, 353
평화유지 354
평화유지활동 356
포스트 휴머니즘 86
포스트 휴먼 197, 386
플랫폼 262, 264~291
필수설비이론 169
필터 버블 78

ㅎ

학생운동 112
해커 361
허위조작정보 활동 358
혐오 발언 78, 107

홍콩 민주화운동(우산혁명)
112, 304, 319

AI 법인격 91
AI 유럽사법윤리헌장 185
AI의 성상품화 93
ESG 385
IoT 202
On-Line Harm 199, 200